Ferdinand Kerstiens
Wachsame Geduld – Zeit für Entscheidung

Ferdinand Kerstiens
WACHSAME GEDULD – ZEIT FÜR ENTSCHEIDUNG
Glaubenswege durch das Lesejahr B

EDITION EXODUS
Luzern 2002

Ich widme dieses Buch den vielen kirchlichen Gruppen und Initiativen, die aufgrund eigener Verantwortung in vielfältiger Weise daran mitwirken, dass unsere Welt und unsere Kirche menschenfreundlicher werden. Ich denke dabei besonders an Menschen im «Freckenhorster Kreis», in der «Initiative Kirche von unten», in der Bewegung «Wir sind Kirche» und in «Pax Christi». Die Ermutigung, die ich von ihnen erfahren habe, möchte ich weitergeben.

Alle Rechte vorbehalten:
© Genossenschaft Edition Exodus, Luzern 2002
Redaktion: Odilo Noti
Titelbild: Labyrinth, aus Pergament-Codex, 12./13. Jahrhundert, Stift Zwettl, Österreich
Umschlag: Bernard Schlup (Gestaltung)/
Kurt Bläuer Typografie + Gestaltung (Satz und Lithos)
Satz: atelier hupa, CH-4462 Rickenbach
Druck: WB-Druck, Rieden im Allgäu
ISBN 3-905577-56-9

INHALT

Hinführung	11
Erster Adventssonntag Wachsamkeit (Mk 13,33–37)	13
Zweiter Adventssonntag Trost (Jes 40,1–5.9–11)	17
Dritter Adventssonntag Der Advent Gottes (Jes 61,1–2a.10–11)	21
Vierter Adventssonntag Gott wirbt um den Menschen (Lk 1,26–38)	25
Weihnachten Zeitansage (Lk 2,1–14)	29
Zweiter Weihnachtstag Menschen wie Stephanus (Apg 6,8–10; 7,54–59)	33
Sonntag nach Weihnachten Die jüdisch-christliche Hoffnung (Lk 2,22–40)	36
Oktavtag von Weihnachten: Neujahr Gute Wünsche (Num 6,22–27)	41
Zweiter Sonntag nach Weihnachten Geborgen von Anfang an (Eph 1,3–6.15–18)	45
1. Sonntag im Jahreskreis: Taufe Jesu Die Berufung Jesu (Mk 1,7–11)	49
Erster Fastensonntag Der alte Gott und die neuen Götter (Mk 1,12–15)	53
Zweiter Fastensonntag Die Rast auf dem Wege (Mk 9,2–10)	57

Dritter Fastensonntag 61
Wege zur Freiheit (Ex 20,1–17)

Vierter Fastensonntag 66
Die Wahrheit tun (Joh 3,14–21)

Fünfter Fastensonntag 70
Globalisierung (Jer 31,31–34)

Palmsonntag 74
Warum? (Mk 15,33–39)

Gründonnerstag 79
Das Mahl Jesu (1 Kor 11,17–27)

Karfreitag 83
Der öffentliche Prozess (Joh 18,33–19,8)

Ostern 87
Das erschreckend-neue Leben (Mk 16,1–8)

Ostermontag 91
Jesu Umgang mit den Menschen (Lk 24,13–35)

Zweiter Sonntag in der Osterzeit 96
Österliche Versöhnung (Joh 20,19–31)

Dritter Sonntag in der Osterzeit 101
Leibhaftige Auferstehung (Lk 24,35–48)

Vierter Sonntag in der Osterzeit 106
Ich kenne die Meinen (Joh 10,11–18)

Fünfter Sonntag in der Osterzeit 110
Barnabas (Apg 9,26–31)

Sechster Sonntag in der Osterzeit 115
Freude und Freundschaft (Joh 15,9–17)

Christi Himmelfahrt 119
Der geerdete Himmel (Mk 16,15–20)

Siebter Sonntag in der Osterzeit 123
In der Welt (Joh 17,11b–19)

Pfingsten 127
Geist in der Gemeinde (1 Kor 12,3b–7.12–13)

Pfingstmontag 131
Bitte um den Geist (Joh 15,26–27; 16,1–3.12–15)

Dreifaltigkeit 134
Einheit und Gemeinschaft (Röm 8,14–17)

Fronleichnam 138
Brot für den Weg (Mk 14,12–16.22–26)

2. Sonntag im Jahreskreis 142
Hinhören und antworten (1 Sam 3,3b–10.19)

3. Sonntag im Jahreskreis 146
Gegen die Schwarz-Weiß-Malerei (Jonas 3,1–5.10)

4. Sonntag im Jahreskreis 151
Unreine Geister (Mk 1,21–28)

5. Sonntag im Jahreskreis 155
Der erste Tag (Mk 1,29–39)

6. Sonntag im Jahreskreis 159
Die Aussätzigen (Mk 1,40–45)

7. Sonntag im Jahreskreis 163
Das Ja Gottes (2 Kor 1,18–22)

8. Sonntag im Jahreskreis 167
Hosea (Hos 2,16b.17b.21–22)

9. Sonntag im Jahreskreis 171
Zwiespältige Erfahrungen (2 Kor 4,6–11)

10. Sonntag im Jahreskreis 175
Das nötige Ärgernis (Mk 3,20–35)

11. Sonntag im Jahreskreis 179
Wachsame Geduld (Mk 4,26–34)

12. Sonntag im Jahreskreis 183
Sturm auf dem Meer (Mk 4,35–41)

13. Sonntag im Jahreskreis 187
Gott will das Leben (Weish 1,13–15; 2,23–24)

14. Sonntag im Jahreskreis 192
Der Mann aus Nazareth (Mk 6,1–6a)

15. Sonntag im Jahreskreis 196
Die Boten (Am 7,12–15)

16. Sonntag im Jahreskreis 200
Ferien – Frieden (Mk 6,30–34)

17. Sonntag im Jahreskreis 204
Hunger und Durst nach Leben (Joh 6,1–15)

18. Sonntag im Jahreskreis 208
Der mühsame Weg (Ex 16,2–4.12–15)

19. Sonntag im Jahreskreis 212
Der zweite Mut (1 Kön 19,1–8)

20. Sonntag im Jahreskreis 216
Ewiges Leben (Joh 6,51–58)

21. Sonntag im Jahreskreis 220
Zeit für Entscheidung (Joh 6,60–69)

22. Sonntag im Jahreskreis 225
Fundamentalismus (Mk 7,1–8.14–15.21–23)

23. Sonntag im Jahreskreis 230
Taubstumm (Mk 7,31–37)

24. Sonntag im Jahreskreis 234
Glauben im Zwiespalt (Mk 8,27–35)

25. Sonntag im Jahreskreis 239
Wer ist der Größte? (Mk 9,30–37)

26. Sonntag im Jahreskreis 243
Ökumene (Mk 9,38–40)

27. Sonntag im Jahreskreis 247
Ehescheidung (Mk 10,2–12)

28. Sonntag im Jahreskreis 252
Alles verlassen? (Mk 10,17–30)

29. Sonntag im Jahreskreis 256
Gewaltloser Dienst (Mk 10,35–45)

30. Sonntag im Jahreskreis 260
Blinde sehen (Mk 10,46–52)

31. Sonntag im Jahreskreis 264
Der einzige Gott (Mk 12,28b–34)

Allerheiligen 269
Die Heiligen sind unter uns (Mt 5,1–12a)

32. Sonntag im Jahreskreis 273
Das Opfer der Witwe (Mk 12,38–44)

33. Sonntag im Jahreskreis 276
Weltuntergang? (Mk 13,24–32)

Christkönigsfest 280
Trost für die Bedrängten (Off 1,5–8)

Verzeichnis der Bibelstellen 283

HINFÜHRUNG

Liebe Leserinnen und Leser.

Das vielfältige Echo auf den ersten Band zum Lesejahr A «Große Hoffnungen – erste Schritte» hat mich ermutigt, auch den zweiten Band zum Lesejahr B zu schreiben. Wenn ich alleine vor dem Computer sitze, stelle ich mir konkret Leserinnen und Leser mit ihren unterschiedlichen Lebenssituationen vor und denke an ihre Reaktionen. Dann fällt es leichter, die Meditationen zu den Schriftstellen heute zu verorten. Deswegen bin ich allen dankbar, die sich mit positiven und kritischen Anmerkungen zum ersten Band gemeldet haben.

Es ist mir nämlich wichtig, die Meditationen mit den Erfahrungen unserer Zeit in Verbindung zu bringen. Manche Leserinnen und Leser haben dem ersten Buch angemerkt, dass es vor dem 11. September mit den schrecklichen Selbstmordattentaten geschrieben wurde. Das Manuskript für *dieses* Buch wurde Ende April 2002 abgeschlossen. Bitte lassen Sie beim Lesen ihre eigenen Erfahrungen und die Zeitgeschehnisse mit einfließen, damit die Gedanken konkret werden können.

Dieses Buch ist nicht nur für «Profis» gedacht, die selber Gottesdienste und Predigten vorbereiten. Es kann auch als Grundlage für Bibelgespräche im kleinen Kreise dienen. Es möchte auch ganz persönliche Begleitung durch das Kirchenjahr anbieten für engagierte, suchende und fragende Menschen, die an einer biblischen Orientierung für ihr Leben interessiert sind, ob sie nun Kontakt zu einer Kirche oder Gemeinde haben oder nicht.

Die einzelnen Abschnitte sind jeweils gleich aufgebaut: Zuerst leitet ein Zitat auf den Text hin, der dann abgedruckt wird. Auf diese Weise werden vielfältige Bezüge zu unserer Lebenswelt hergestellt. Bei den Meditationen habe ich zum Teil zurückgegriffen auf Predigten und andere Texte von mir, die früher veröffentlicht wurden (vor allem in «Gottes Wort im Kirchenjahr», Echter-Verlag, Würzburg, und in den Reihen des Katholischen Bibelwerkes, Stuttgart). Doch wurden alle Texte für dieses Buch neu erarbeitet. Den Abschluss bildet jeweils ein Gebet, dass *einen* Gedanken besonders hervorhebt. Diese Gebete können Anregung für eigenes Beten sein, das biblische Texte und eigene Erfahrungen miteinander in Beziehung setzt.

Dieses Buch ist nicht zum einmaligen Durchlesen gedacht. Es möchte Sie vielmehr ein ganzes Jahr hindurch durch alle Sonn- und Festtage begleiten. Die Schriftstellenauswahl richtet sich nach dem Lesejahr B in der katholischen Liturgie. Das Schriftstellenverzeichnis am Schluss ermöglicht aber auch den Zugriff auf bestimmte Texte, zu denen Sie Anregungen suchen.

In einem Punkt muss ich die Leserinnen und Leser des ersten Bandes zum Lesejahr A um Entschuldigung bitten: Manche haben die Sonntage zwischen der Weihnachtszeit und der Fastenzeit vermisst. Das liegt an folgender Tatsache: Der Ostertermin verschiebt sich ja in jedem Jahr. Deswegen ist die Zahl der Sonntage zwischen der Weihnachtszeit und der Fastenzeit unterschiedlich. Da aber ein Buch wie dieses nicht nur für ein Jahr gedacht ist, sondern auch in drei Jahren wieder Anregungen geben will, ist es üblich, die Fastenzeit direkt an die Weihnachtszeit anzuschließen und die Sonntage im Jahreskreis in fortlaufender Reihenfolge zu drucken. Der langen Rede kurzer Sinn: auf den 1. Sonntag im Jahreskreis, an dem immer die Taufe Jesu gefeiert wird, folgen der 2. Sonntag im Jahreskreis und die anschließenden Sonntage bis zur Fastenzeit. Am Sonntag nach dem Fronleichnamsfest wird diese Reihe wieder aufgenommen, im Jahre 2003 mit dem 12. Sonntag, im Jahre 2006 mit dem 11. Sonntag im Jahreskreis. Ich bitte um Nachsicht, dass ich diesen Hinweis im ersten Band unterlassen habe.

Besonders danke ich Christel Bußmann, Ruth Seidensticker und Angelika Wilmes für die Hilfe bei der Fertigstellung und der Durchsicht des Manuskriptes.

Ferdinand Kerstiens

Erster Adventssonntag

WACHSAMKEIT

Wir müssen wach sein trotz herrschender Zufriedenheit,
hellwach sein in dieser eingeschlaf'nen Zeit.
Wir müssen wach sein, um nicht stillzustehen.

Wir müssen wach sein, wir schliefen schon zu lang,
hellwach sein, sonst wird uns angst und bang.
Wir müssen wach sein, um das einzusehen.

Wir müssen wach sein, was man uns auch in die Augen streut,
hellwach sein, auch wenn viele das nicht freut.
Wir müssen wach sein, um noch durch zu sehen.

Milva

1. Lesung: Jes 63,16b–17.19b; 64,3–7

2. Lesung: 1 Kor 1,3–9

Evangelium nach Markus 13,33–37:

In jener Zeit sprach Jesus zu seinen Jüngern: Seht euch vor, und bleibt wach! Denn ihr wisst nicht, wann die Zeit da ist. Es ist wie mit einem Mann, der sein Haus verließ, um auf Reisen zu gehen: Er übertrug alle Verantwortung seinen Dienern, jedem eine bestimmte Aufgabe; dem Türhüter befahl er, wachsam zu sein. Seid also wachsam! Denn ihr wisst nicht, wann der Herr kommt, ob am Abend oder um Mitternacht, ob beim Hahnenschrei oder erst am Morgen. Er soll euch, wenn er plötzlich kommt, nicht schlafend antreffen. Was ich Euch aber sage, das sage ich allen: Seid wachsam!

Wir feiern Advent, und doch ist Jesus schon lange gekommen. Wir bereiten uns vor auf die Ankunft des Herrn, und doch ist er schon lange da. Müssen wir immer wieder von vorne anfangen? Wir feiern Advent, weil sein Kommen damals auch uns heute gilt, weil Jesus auch bei uns, in uns, durch uns in unserer Welt ankommen will, ein für alle Mal und zugleich immer wieder neu. Wie können wir sein Kommen aufspüren? Wie können wir es bemerken in unserer unübersichtlichen Welt?

Jesus nennt im heutigen Evangelium die innere Haltung, mit der wir sein Kommen erahnen und uns darauf vorbereiten können: Wacht, seid wachsam!

Die «Wachsamkeit» der Angst

Nun gibt es ganz unterschiedliche Formen der Wachsamkeit: Da ist die Wachsamkeit der Angst. Sie igelt sich ein, baut Mauern, vermutet bei jedem Fremden, bei allem Neuen eine bedrohliche Aggression, gegen die man sich wehren muss. Das ist die Wachsamkeit des letzten Knechtes, der sein Talent aus Angst vor seinem Herrn und aus Angst vor den anderen, die sein Talent stehlen könnten, vergräbt, unfruchtbar macht, tötet.

Das kann sich in meinem eigenen Leben so äußern, dass ich keinen Menschen an mich heranlasse, den anderen mit Misstrauen begegne, alle Kräfte einsetze, damit es mir nur gut geht. Damit isoliere ich mich aber selbst, schneide mich von neuen Lebensmöglichkeiten ab, blockiere meine Zukunft. Oder ich reagiere aggressiv auf alles, was mich in Frage stellt, auf andere Meinungen, auf *die* Fremden. Das kann auch sehr fromm geschehen: Hauptsache, ich bete noch, feiere den Gottesdienst mit, bin mit meinem Gott im Reinen. Die böse Welt, die anderen Menschen habe ich dann schon innerlich dem Bösen preisgegeben.

Dasselbe Schema bestimmt auch vielfach das politische Geschehen: Gerade nach dem furchtbaren Anschlag auf das World-Trade-Center in New York droht im Kampf gegen den Terrorismus die Wachsamkeit der Angst alles zu bestimmen: Mühsam errungene Freiheitsrechte werden schnell preisgegeben, generelle Verdächtigungen betreffen andere Glaubensüberzeugungen, Völker, Menschen, einfach *den* Fremden. Darin ist die eigene Isolierung und die Vorverurteilung Unschuldiger eingeschlossen. Der Krieg in Afghanistan macht wieder Unschuldige zu Opfern. Wenn er auch militärisch gewonnen werden kann, der Kampf gegen den Terror wird so nicht gewonnen. Die erfahrene Ohnmacht, die Demütigung durch eine fremde Macht, wird anderswo wieder zum Humus für den Hass, der den Terror gebiert.

Wir sehen die schrecklichen Auswirkungen der Wachsamkeit der Angst auch in Israel/Palästina. Diese Wachsamkeit der Angst führt Israel dazu, auf die Selbstmordattentäter der Palästinenser mit Panzern und Raketen, mit dem in Kauf genommenen Tod Unschuldiger, mit der gezielten Ausschaltung der vermuteten Hintermänner zu antworten und so selbst neue Selbstmordattentäter zu produzieren. Die Selbstmordattentäter antworten ebenso mit blinder Gewalt, die Unschuldige in den Tod reißt. Das ist der Kreislauf der Gewalt, der keinen Ausweg kennt.

Die Wachsamkeit vor der Gefahr

Sicher gibt es auch eine berechtigte Wachsamkeit vor Gefahren im persönlichen, wie im politischen Bereich. Sicherheit ist ein hohes Gut für den Menschen. Aber es gibt keine absolute Sicherheit. Wenn man sie persönlich erreichen wollte, könnte man sich nicht mehr nach draußen trauen. Wenn man sie politisch erreichen wollte, wäre ein Zwangsstaat die Folge, der gerade das zerstört, was er sichern soll. Wir können also nur in relativer Sicherheit leben, die Balance halten zwischen Selbstisolierung und dem Wagnis, uns neuen Herausforderungen zu stellen, die Teufelskreise der Gewalt und der Einschränkung der Freiheit zu durchbrechen. Wir müssen auch politisch darauf achten, dass wir die Balance halten zwischen der Verteidigung der Freiheit und der Gefährdung oder Zerstörung der Freiheit aus Angst vor den jeweiligen Gegnern.

Die Wachsamkeit der Hoffnung

Es gibt aber auch die Wachsamkeit der Hoffnung. Darum geht es Jesus. Die Wachsamkeit der Hoffnung spürt schon das Kommende. Sie wagt sich heraus, entdeckt noch ungeahnte Möglichkeiten, traut sich Neues zu. Das muss nicht spektakulär sein. Im Evangelium heißt es: Jedem übergab der Herr eine bestimmte Aufgabe. Wachsam sein heißt also, die Aufgabe zu entdecken, die Gott *mir* anvertraut hat. Die Wachsamkeit der Hoffnung ist also nicht inhaltsleer, bloßes Abwarten. Sie lässt uns vielmehr die Ohren und Augen, die Herzen weit offen halten, damit wir das spüren, was neue Zukunft eröffnen kann. Dafür gibt es keine absolute Sicherheit. Wir können Fehlschlüssen erliegen. Aber ohne die Witterung für das Neue, ohne das Wagnis unserer Hoffnung fallen wir nur in den Kreislauf des Alten zurück.

Die Wachsamkeit der Hoffnung hat auch eine politische Variante: Herbst 1988 in der ehemaligen DDR: Wer hätte damals an den Sturz des Regimes, an die gewaltlose Wende im Herbst 1989 gedacht? Der Wandel in Südafrika: Wer hätte an eine weitgehend friedliche Veränderung der Beziehungen zwischen den Weißen und Schwarzen gedacht, wo beide Seiten in Gewalt und Hass gegeneinander standen?

In beiden Situationen gab es Menschen, die das noch Ungeahnte für möglich hielten und das Kommende schon erspürten, auch wenn sie nicht wussten, wann und in welcher Weise eine grundlegende Änderung möglich werden könnte. Sie brauchten einen langen Atem, viel Geduld und Kraft, eben die Wachsamkeit der Hoffnung. *Deswegen* wurde das Mögliche auch wirklich! Solche Menschen gibt es heute auch in Israel und Palästina. Wann ist ihre Zeit reif? Wann ist ihre Stunde gekommen? Unsere Medien verschweigen diese Friedensgruppen! Die Medien scheinen nur an der Wachsamkeit der Angst interessiert zu sein, allenfalls noch an der nötigen Wachsamkeit vor aktueller Gefahr. Das andere entgeht ihrer und deswegen oft auch unserer Aufmerksamkeit, oder es wird bewusst von den Mächtigen vorenthalten.

Kreislauf oder neuer Anfang

Wir leben im Kreislauf des Lebens: Tag und Nacht, Frühling, Sommer, Herbst und Winter. Immer wieder. Vieles spielt sich in diesem Kreislauf ab. Doch wir sind nicht mehr darin eingebunden, nicht mehr gefesselt. Das Neue ist durch

Jesus eingebrochen und hat die ewige Wiederkehr desselben aufgebrochen. Deswegen kann in unserem Leben auch das Neue Bestand haben, und es muss keinen Rückfall in das Alte fürchten. Deswegen ist unser Advent immer wieder ein *neuer* Advent.

Wenn Jesus mit uns unterwegs ist, wenn er in unserem Leben ankommt, dann ist nichts verloren, auch das nicht, was wir vielleicht schon vergessen haben. Alles zählt sich zusammen, ist bei ihm aufgehoben und anerkannt als Zeichen des neuen Lebens, das kein Ende, sondern nur die Vollendung kennt. So wurde sein eigenes Leben und Handeln, Reden und Sterben von Gott ein für alle Mal anerkannt, aufgehoben und bestätigt durch die Auferweckung von den Toten, dem entscheidenden Durchbruch in das Neue, das keine Rückkehr und keine Wiederkehr mehr kennt. Dieser Vollendung nähern wir uns Tag für Tag, Jahr für Jahr. Die Wachsamkeit der Hoffnung lässt uns das bleibend Neue erkennen und ihm dienen. Vielleicht ist es wie mit zwei Rillen einer Schallplatte: Sie liegen dicht beieinander, kaum zu unterscheiden, und doch führen sie die Musik fort, die zum Schlussakkord drängt. So können wir immer wieder Advent feiern in dem Vertrauen, dass der Advent unseres Lebens endet in seiner Fülle.

Gebet

Guter Gott,
wir sehen uns eingebunden in den Kreislauf der Vergeblichkeit.
Wir fallen immer wieder zurück hinter unsere Anfänge.
Die Erfahrung unserer Ohnmacht führt zur Resignation.
Wo bist du? Wo bleibst du?

In Jesus hast du einen neuen Anfang gemacht.
Wir feiern seine Ankunft, sein Ankommen bei uns.
Doch neue Schuld und Gewalt verdunkeln seine Nähe.

Gib uns die Wachsamkeit der Hoffnung,
die sein Kommen spürt und ihm Raum gibt
in unserem eigenen Leben und in unserer Welt.
Dann wird Neues möglich, das unsere Welt verändert
und uns deiner Vollendung entgegenführt.

Zweiter Adventssonntag

TROST

Es war einmal ein großer Fluss, an dessen Ufern sich ein riesiger Wald ausdehnte. In diesem Wald lebten unzählige Tiere: Elefanten, Löwen, Vögel, Affen und noch viele mehr. Doch eines Tages brach im Wald ein Feuer aus. Die Tiere hatten Angst, dass ihre Wohnungen und Nistplätze zerstört werden könnten, und waren verzweifelt.

Nur ein kleiner Kolibri ließ den Kopf nicht hängen, sondern flog zum Fluss, holte einen Schnabel voll Wasser und ließ diesen kleinen Wassertropfen über dem brennenden Wald fallen. Die großen Tiere lachten ihn aus: Was wollte dieser kleine Kerl schon ausrichten?

Der Kolibri antwortete nur: Ich leiste meinen Teil. Nun seid ihr dran!

Nach Adriano Martins, Brasilien

1. Lesung aus dem Buch des Propheten Jesaja 40,1–5.9–11:

Tröstet, tröstet mein Volk, spricht euer Gott. Redet Jerusalem zu Herzen und verkündet der Stadt, dass ihr Frondienst zu Ende geht, dass ihre Schuld beglichen ist; denn sie hat die volle Strafe erlitten von der Hand des Herrn für all ihre Sünden. Eine Stimme ruft: Bahnt für den Herrn einen Weg durch die Wüste! Baut in der Steppe eine ebene Straße für unseren Gott! Jedes Tal soll sich heben, jeder Berg und Hügel sich senken. Was krumm ist, soll gerade werden, und was hüglig ist, werde eben. Dann offenbart sich die Herrlichkeit des Herrn, alle Sterblichen werden sie sehen. Ja, der Mund des Herrn hat gesprochen. Steig auf einen hohen Berg, Zion, du Botin der Freude! Erheb deine Stimme mit Macht, Jerusalem, du Botin der Freude! Erheb deine Stimme, fürchte dich nicht! Sag den Städten in Juda: Seht, da ist euer Gott. Seht, Gott, der Herr, kommt mit Macht, er herrscht mit starkem Arm. Seht, er bringt seinen Siegespreis mit: Alle, die er gewonnen hat, gehen vor ihm her. Wie ein Hirt führt er seine Herde zur Weide, er sammelt sie mit starker Hand. Die Lämmer trägt er auf dem Arm, die Mutterschafe führt er behutsam.

2. Lesung: 2 Petr 3,8–14

Evangelium: Mk 1,1–8

«Tröstet, tröstet mein Volk, spricht euer Gott.» Das ist *die* Botschaft des Advents. Damals ist sie hineingesprochen in die äußerste Ohnmacht des Volkes im Exil, in die Gefangenschaft in Babylon. Gott kündigt durch den Propheten das Ende des Frondienstes, die Vergebung der Schuld an. Für die damaligen Vorstellungen galt die Schwäche eines Volkes als Schwäche seines Gottes. Der Prophet ist anderer Meinung: Die Ohnmacht des Volkes ist Folge seiner Schuld, seines Unglaubens. Gott selber hat sein Volk in die Gefangenschaft geführt, um es zur Umkehr zu bewegen. Jetzt aber ist es genug! Jetzt beginnt die Rückkehr in die Heimat. Das ist der Grund des Trostes. Der Prophet soll dem Volke zu Herzen reden, also nicht mit leeren Worten, die nur *ver*trösten, aber nicht trösten.

Wer braucht Trost?

Wer braucht heute keinen Trost? Da sind alle angesprochen, die nicht in scheinbarer Selbstsicherheit nur auf die eigenen Kräfte vertrauen. Da sind viele von den Anforderungen des Lebens, des Berufes zermürbt. Partnerschaften zerbrechen, oft ohne dass die Betroffenen den Grund dafür benennen können. Da spüren andere, dass sie nicht gebraucht oder gewollt werden: die Arbeitslosen, die Flüchtlinge, die Sozialhilfe-Empfänger, die Behinderten, die Aids-Kranken, die Alten und Gebrechlichen ... Sie fühlen sich oft so wie im Exil in der Mitte unserer Gesellschaft. Da sind andere, die trauern um den Tod eines lieben Menschen oder spüren, wie ihre eigenen Kräfte zu Ende gehen. Wer hat nicht Verletzungen zu beklagen, die er im Laufe seines Lebens von anderen erfahren hat. Da muss jeder und jede sehen, wo er oder sie Trost braucht, Trost, die andere ihm oder ihr geben können, Trost, den letztlich nur Gott selber schenken kann. Keiner oder keine braucht vor sich oder den anderen Stärke zu demonstrieren. Wir dürfen schwach sein und brauchen uns dessen nicht zu schämen. Auch das ist schon tröstlich.

Und weltweit gesehen: wie steht es mit den Ausgeschlossenen, den Opfern wirtschaftlicher, diktatorischer, militärischer Gewalt? Mit den Müttern, denen ihre Kinder dahinsterben ohne medizinische Betreuung und ausreichende Ernährung? Mit denen, die wegen ihrer Hautfarbe oder ihrer Religion missachtet werden? Wer tröstet sie in ihrem Elend, ihrem Ausgeliefertsein, ihrem Exil mitten in der Heimat?

Schuld

Vielfach ist Schuld mit im Spiel, persönliche Schuld, aber auch strukturelle Schuld, soziale Sünde, entstanden durch den Egoismus der Beteiligten im Laufe der Geschichte und der Gegenwart, Ungerechtigkeit, die Menschen den Zugang zum Leben verstellt, wirtschaftliche Vorherrschaft, die den armen Völkern die Bedingungen diktiert, gewalttätige Unterdrückung, die Menschen aufbegehren lässt, weil sie ihre Würde entdecken und sich die Gefangenschaft nicht mehr gefallen lassen. Ohnmacht und Ausgeschlossen-Sein sind nicht Strafe Gottes, sondern vielfach Schuld von Menschen. Oft sind ja gerade die Unschuldigen die Opfer.

Doch oft liegen der Not und dem Elend auch Erfahrungen zugrunde, die einfach zum Menschsein gehören, Erfahrungen der eigenen Begrenztheit und Fehlbarkeit, Erfahrungen von Krankheit, Tod und Trauer. Wir müssen lernen zu unterscheiden und zu erkennen, wo wir uns engagieren können und müssen oder wo wir uns in unseren Grenzen hinnehmen müssen.

Was bedeutet da Trost?

Wir wissen: Trösten kann nur jemand, der einem ganz nahe ist mit einem Gespür, wann er oder sie gebraucht wird; der sich nicht aufdrängt, diskret ist, Vertrauen schafft; der deutlich macht, dass er die Schwäche des anderen nicht ausnützt; der Geduld hat und nicht meint, er könne den Erfolg heute schon messen; der dem anderen nicht seine Meinung oder Interpretation aufdrängt, sondern den anderen zu seiner eigenen Antwort ermutigt, ihm in tiefer Solidarität deutlich macht, dass er ihn weiter trägt, auch wenn seine Antwort anders als erwartet ausfällt. Die Beratungspraxis in ihren vielfältigen Formen bis hin zur Sterbebegleitung und Trauerverarbeitung hat heute vielen für solches Vorgehen Ohren und Herzen geöffnet.

Gottes Trost

«Tröstet, tröstet mein Volk, redet ihm zu Herzen. Sag ihm: Seht da, euer Gott.» Gott will seinem Volk nahe sein. Das will sagen: Mitten in aller Trostbedürftigkeit ist Gott selber uns nahe. Damit ist nicht einfach alles anders. Aber der Bann ist gebrochen, der Bann der Not, des Elends und der Trauer. Ich kann neue Kraft gewinnen und es wieder wagen, um mehr Leben zu kämpfen. Ich kann versuchen, das zu tragen, was nicht zu ändern ist, aber auch das zu verändern, was möglich ist. Es ist nicht die frömmere Haltung, einfach alles als von Gott verfügt hinzunehmen.

Das, was uns die moderne Wissenschaft vom Menschen und die Erfahrungen der Beratungspraxis haben neu erkennen lassen, können wir in der Bibel vielfach als Verhalten Gottes selbst erkennen. Er hat es schon vorher «gewusst» und sich so verhalten. «Tröstet, tröstet mein Volk, redet ihm zu Herzen. Sag ihm: Seht da, euer Gott!» Das ist nicht Vertröstung, sondern wirklicher Trost, wenn wir bereit sind, ihn anzunehmen. Denn auch Gott drängt sich uns nicht auf, sondern wartet darauf, dass wir uns öffnen.

«Bahnt einen Weg für den Herrn!»

Solcher Trost ist nicht billig zu haben, mal eben so und Gott wird es schon richten. Solidarität hat ihren Preis. Für Gott selbst ist dieser Preis seine Menschwerdung in Jesus, auf dessen Geburtsfest wir uns vorbereiten, dessen Nähe in unserer Not wir erfahren dürfen, dessen Wiederkunft zur Vollendung wir erhoffen.

Auch für uns heißt das, aktive Solidarität zu üben. Wie vieles Krumme in unserem Zusammenleben, unserem Wirtschaften und Herrschen auch in unseren Demokratien muss gerade werden? Wieviel Untiefen an Misstrauen, Vorurteilen, Vorverurteilungen müssen überwunden werden? Wieviel Nähe zu den Menschen müssen wir suchen, damit wir ihre Not überhaupt wahrnehmen? Was ist an Aufmerksamkeit und Zeit, Geduld und Kraft nötig, um diesen Dienst des Trostes leisten zu können? Oft haben wir nur einen kleinen Wassertropfen ins verheerende Feuer zu werfen. Das aber ist keine Ausrede, nicht den uns möglichen Beitrag zu leisten.

Vielleicht können wir nur Tröstende werden, wenn wir uns selbst trösten lassen, wenn wir von Gott Getröstete sind. Grund genug für adventliches Nachdenken und adventliche Umkehr!

Gebet

«Wo bleibst du Trost der ganzen Welt?»
Wo bleibst du inmitten unseres Zorns und unserer Trauer
über den Zustand unserer Welt?
Wo bleibst du inmitten unserer eigenen Ohnmacht,
unserer Trauer, unserer Schuld?
Wo bleibst du inmitten der Gewalt und der Ungerechtigkeit,
inmitten der Opfer?
Wo bleibst du inmitten deiner Kirche?

Wo sind die, die uns wirklich trösten und nicht vertrösten?
Wo sind die, die die Gräben zwischen den Menschen zuschütten?
Wo sind die, die Brücken bauen und Knoten lösen?
Wo sind die, die uns deine Nähe spüren lassen?

Wo verlassen wir uns auf andere
und sind doch selbst gefragt,
Tröstende zu sein für andere,
Zeichen deines Trostes,
von dem wir selber leben?

Dritter Adventssonntag

DER ADVENT GOTTES

Adventlicher Nachmittag für Senioren: Ab heute startet der Vorverkauf für den adventlichen Nachmittag für Senioren am Dienstag, dem 4. Dezember, von 14.00 bis 16.30 Uhr, freie Platzwahl.
Veranstalter ist der Seniorenbeirat. 14 Uhr gemeinsames Kaffeetrinken, 14.30 Mühlradsänger mit vorweihnachtlichen Geschichten, 15 Uhr Seniorentheater «Spätlese» in Zusammenarbeit mit dem Kommissariat Vorbeugung, gespielt wird die turbulente Komödie «Aufregung an der Haustür», 15.45 Uhr Mühlradsänger Teil II. Der Nachmittag wird begleitet vom Seniorenorchester, das zum Schluss Weihnachtslieder zum Mitsingen spielen wird.

Westfälische Allgemeine (WAZ), 2. 11. 2001

1. Lesung aus dem Propheten Jesaja 61,1–2a.10–11:

Der Geist Gottes, des Herrn, ruht auf mir; denn der Herr hat mich gesalbt. Er hat mich gesandt, damit ich den Armen eine frohe Botschaft bringe und alle heile, deren Herz zerbrochen ist, damit ich den Gefangenen die Entlassung verkünde und den Gefesselten die Befreiung, damit ich ein Gnadenjahr des Herrn ausrufe. Von Herzen will ich mich freuen über den Herrn. Meine Seele soll jubeln über meinen Gott. Denn er kleidet mich in Gewänder des Heils, er hüllt mich in den Mantel der Gerechtigkeit, wie ein Bräutigam sich festlich schmückt und wie eine Braut ihr Geschmeide anlegt. Denn wie die Erde die Saat wachsen lässt und der Garten die Pflanzen hervorbringt, so bringt Gott, der Herr, Gerechtigkeit hervor und Ruhm vor allen Völkern.

2. Lesung: 1 Thess 5,16–24

Evangelium: Joh 1,6.8.19–28

Die Adventszeit bereitet uns nicht nur für das Weihnachtsfest, sondern sie ist Zeichen für unser ganzes Leben. Advent bedeutet immer ein Doppeltes: ein Wahrnehmen der eigenen wie der fremden Not und einen neuen Aufbruch, eine neue Hoffnung. So fallen die großen Hoffnungsverkündigungen in der Geschichte Gottes mit seinem Volk immer wieder in die großen Notzeiten. Dort, wo nichts mehr möglich erscheint, wo die Resignation die einzig angemessene Antwort zu sein scheint, wo die eigene Ohnmacht sich allzu deutlich zeigt, da bricht Gott durch seine Propheten ein und öffnet neue Zukunft. Dies gilt nicht nur für das Leben eines jeden Einzelnen, sondern auch für die Geschichte des ganzen Volkes.

Jesaja

Im Buch Jesaja – dem großen Lesebuch der Adventszeit – sind die Schriften verschiedener Propheten zusammengestellt, die vor, während und nach dem Exil, der Gefangenschaft in Babylon, gewirkt haben. Wo das Volk in Ohnmacht darniederlag, wo es den fremden Völkern ausgeliefert und die soziale Ordnung zerstört war, da kündeten die Propheten von den Verheißungen Gottes für sein Volk.

Einen dieser großen Verheißungstexte haben wir gerade gehört: Der Geist Gottes hat den Propheten gesandt, «den Armen die Heilsbotschaft zu bringen, zu heilen, die gebrochenen Herzens sind, auszurufen für die Gefangenen Entlassung und für die Gefesselten Befreiung, auszurufen ein Gnadenjahr des Herrn.» Wir wissen, dass Jesus diese Worte in der Synagoge von Nazareth auf sich und seine Sendung bezogen hat (vgl. Lk 4,18–21). Es ist also nicht bloße Zukunftsmusik, die irgendwann einmal am Ende der Zeit gespielt wird. Sondern wir leben schon mitten in dieser Zukunft. Heute wird dieser Text uns und unserer Zeit verkündet. Der Geist Gottes ist es, der *jetzt* Neues ermöglichen will, der scheinbare Selbstverständlichkeiten aufbricht, der sich mit dem Niedergang der Menschheit nicht abfindet. Armut, Gefangenschaft, gar Fesselung sollen nach dem Willen Gottes nicht sein. Keines Menschen Herz soll gebrochen, keines Menschen Würde mit Füßen getreten werden. Das soll jetzt beginnen, mitten in unserem Leben und mitten in unserer Welt.

Sicher können wir uns alle darin mit unserer persönlichen Ohnmachtsgeschichte wiederfinden. Unsere gebrochenen Herzen sollen neue Kraft gewinnen. Wir brauchen unsere Schwäche, unsere Trauer, unsere Schuld nicht zu verstecken, uns ihrer nicht zu schämen. Wichtig ist dabei, dass wir uns nicht in uns selbst verkrampfen oder meinen, es habe doch alles keinen Zweck mehr. Gott drängt sich nicht auf, aber er will uns nahe sein als Trost und Wegbegleitung auch in der kommenden Zeit, die manche mit Angst und viele mit großer Sorge kommen sehen. Doch damit ist nicht alles gesagt.

Die Verheißung gilt der ganzen Welt

Die Armen bilden die Mehrheit der Weltbevölkerung, nicht nur die einzelnen hier unter uns, sondern ganze Völker sind von dieser Armut betroffen. Gefangen sind nicht nur die in den Gefängnissen, gefangen sind auch alle, die keine Schulbildung erfahren, die keinen Arbeitsplatz haben, die keine ausreichende Krankenversorgung vorfinden. Gefesselt sind ganze Völker durch Hass und Gewalt. Ich denke an Israel und Palästina, an die Kurden, den Sudan und viele andere Völker. Gefesselt sind darüber hinaus viele Völker und Staaten in der Schuldenfalle. Sie können nicht mehr hochkommen. Ihnen allen soll das Gnadenjahr des Herrn verkündet werden, das Jesaja und Jesus angekündigt haben. Ihnen soll Gerechtigkeit zuteil werden, die Jesaja in den Farben einer Hochzeit schildert, wo Braut und Bräutigam festlich geschmückt sind. Die

Gerechtigkeit ist der Schmuck der Menschheit, aber sie ist trübe geworden, verraten und verschleudert.

Das Gnadenjahr in Israel

Das Gnadenjahr des Herrn sollte in Israel alle 50 Jahre die ursprüngliche Ordnung Gottes wiederherstellen. Alle sieben Jahre gab es den Schuldenerlass. Alle 50 Jahre sollten die ursprünglichen Eigentumsverhältnisse wieder hergestellt werden. Wenn einer durch widrige Umstände, durch Krankheit oder Schuld in Schulden geraten war, sollten ihm diese Schulden erlassen und ihm sein verpfändetes Eigentum zurückgegeben werden, damit er die Chance zu einem neuen Anfang bekäme. Alle Schuldknechtschaft hatte ein Ende. Jeder Mensch, jede Familie sollte genug an Lebensraum, an Acker und Arbeit haben und so zu einem menschenwürdigen Leben befähigt werden. So will es Gott, so hat er die Welt eingerichtet. Sicher hat die Einrichtung dieses Schuldenerlasses nicht immer gegriffen. Der Egoismus setzte sich immer wieder durch. Die Reichen wurden reicher auf Kosten der Armen, die immer ärmer wurden. Aber die Einrichtung des Erlassjahres, des Jubeljahres zeigt doch die Richtung an, die von den Propheten immer wieder angemahnt wurde und konkrete Schritte der Sozialordnung ermöglichte.

Das Erlassjahr 2000

Diese Tradition hat die Kampagne «Erlassjahr 2000 – Entwicklung braucht Entschuldung» wieder aufgegriffen. In Deutschland beteiligten sich über 1400 Organisationen an dieser Kampagne. Doch jetzt, im Jahre 2002, ist noch nicht viel geschehen. Inzwischen hat sich die Kampagne ausgedehnt. Denn die Verarmung wächst weiter. Die in der Schuldenfalle gefangenen und gefesselten Menschen und Völker sollen neue Lebenschancen bekommen. Die Schulden müssen erlassen werden, vor allem den ärmsten Völkern. Wer ist überhaupt schuld an den Schulden? Bischof Antônio Fragoso aus Brasilien sagt dazu: «Wir *brauchen* die Schulden nicht zurückzuzahlen, weil wir sie nicht gemacht haben, sondern korrupte Regierungen und leichtfertige Banken. Wir *dürfen* die Schulden nicht zurückzahlen, weil wir sie nicht mit dem Hungertod unserer Kinder bezahlen dürfen.»

Inzwischen wissen wir auch in Deutschland durch die Armutsberichte der Caritas und durch den Armuts- und Reichtumsbericht der Bundesregierung, dass die Armut größer wird und fast ein Drittel der Bevölkerung betrifft und dass die Zahl der Reichen und ihr privater Reichtum steil in die Höhe zeigen.

Gottes Verheißung ruft unsere Verantwortung

Wir können nicht die Hände in Unschuld waschen und darauf warten, dass Gott es schon richten werde. Gottes Verheißung bezieht die Menschen und ihr Handeln ein. Das Gnadenjahr des Herrn ist nicht nur Israel, es ist auch uns aufgetragen. Deswegen ist unser Engagement gefragt. Der Druck auf die großen Institutionen wie Weltbank und Internationaler Währungsfonds und auf die nationalen Regierungen soll nicht nur zu dem erhofften Schuldenerlass führen, sondern zu neuen Wirtschaftsbeziehungen, die solche Verschuldungen, solche Schuldenknechtschaft ganzer Völker in Zukunft verhindern. Damit sind noch nicht das Reich Gottes und seine Gerechtigkeit wahr geworden, aber der Weg dahin wird neu beschritten, damit gebrochene Herzen geheilt werden, Menschen und Völker aufleben können und ihren Platz finden in der Weltgesellschaft.

Der Advent Gottes

Der Advent Gottes, unsere Adventszeit an der Schwelle zum neuen Jahr öffnen unsere Hoffnung für die Menschen auf der ganzen Welt. Darin ist auch unsere ganz persönliche Hoffnung auf Leben eingeschlossen. Wenn wir nur unser persönliches Leben meinen, dann griffe unsere Hoffnung zu kurz. Nur in der großen Hoffnung für alle, in der Hoffnung auf das Gnadenjahr des Herrn für alle hat unsere Hoffnung jüdisch-christliche Dimensionen. Jesaja, Johannes der Täufer, Jesus weisen uns diesen Weg.

Gebet

Guter Gott,
sende deinen Geist wieder neu über unsere Welt
und in unser eigenes Herz.
Wecke Menschen unter uns,
die wie Jesaja und Johannes die Menschen aufrütteln
und ihnen neue Perspektiven öffnen.

Mach auch uns zu kleinen Propheten,
damit wir Unrecht beim Namen nennen
und mithelfen, Gefangene und Gefesselte zu befreien,
wie auch immer Not und Gewalt
sie gefangen hält und fesselt.

Hilf den Mächtigen in Wirtschaft, Gesellschaft und Politik,
soziale Strukturen zu entwickeln,
die dem Egoismus weniger wehren
und dem Lebensrecht und der Würde aller dienen.

Vierter Adventssonntag

GOTT WIRBT UM DEN MENSCHEN

Gegrüßet seist du, Maria,
schwanger mit den Sehnsüchten unserer Armen,
der Herr ist mir dir.
Du bist gebenedeit unter den Unterdrückten,
und gebenedeit sind die Früchte deines Leibes,
die Befreiung sind.
Heilige Maria, Mutter Lateinamerikas,
bitte für uns, damit wir auf den Geist Gottes vertrauen,
jetzt, da unser Volk um Gerechtigkeit kämpft,
und in der Stunde, da es sie in Freiheit erlangt,
damit wir in Frieden leben. Amen

Frei Betto, Brasilien

1. Lesung: 2 Sam 7,1–5.8b–12.14a.16

2. Lesung: Röm 16,25–27

Aus dem Evangelium nach Lukas 1,26–38:

In jener Zeit wurde der Engel Gabriel von Gott in eine Stadt in Galiläa namens Nazaret zu einer Jungfrau gesandt. Sie war mit einem Mann namens Josef verlobt, der aus dem Haus David stammte. Der Name der Jungfrau war Maria. Der Engel trat bei ihr ein und sagte: Sei gegrüßt, du Begnadete, der Herr ist mit dir. Sie erschrak über die Anrede und überlegte, was dieser Gruß zu bedeuten habe. Da sagte der Engel zu ihr: Fürchte dich nicht, Maria, denn du hast bei Gott Gnade gefunden. Du wirst ein Kind empfangen, einen Sohn wirst du gebären: dem sollst du den Namen Jesus geben. Er wird groß sein und Sohn des Höchsten genannt werden. Gott, der Herr, wird ihm den Thron seines Vaters David geben. Er wird über das Haus Jakob in Ewigkeit herrschen, und seine Herrschaft wird kein Ende haben. Maria sagte zu dem Engel: Wie soll das geschehen, da ich keinen Mann erkenne? Der Engel antwortete ihr: Der Heilige Geist wird über dich kommen und die Kraft des Höchsten wird dich überschatten. Deshalb wird auch das Kind heilig und Sohn Gottes genannt werden. Auch Elisabeth, deine Verwandte, hat noch in ihrem Alter einen Sohn empfangen; obwohl sie als unfruchtbar galt, ist sie jetzt schon im sechsten Monat. Denn für Gott ist nichts unmöglich. Da sagte Maria: Ich bin die Magd des Herrn; mir geschehe, wie du es gesagt hast. Danach verließ sie der Engel.

Wen Gott erwählt, den überwältigt er nicht. Er naht sich mit großer Zärtlichkeit, so sehr liegt Gott an dem freien Ja des oder der Erwählten. Er zwingt nicht in seinen Dienst. Er will keine Marionetten, sondern Freundinnen und Freunde. Denn nur in der Freundschaft, in der Liebe kann man Zeugin und Zeuge sein.

So überfällt er auch Maria nicht mit all seiner Herrlichkeit und Macht. Er sendet einen Boten, der vermitteln soll. Und Maria sagt auch nicht sogleich Ja. Sie hat ihre Fragen: Wie soll das geschehen? Wie ist das mit Josef, ihrem Verlobten? Warum überhaupt und gerade sie, ein armes Mädchen, eine junge Frau, die nichts gilt und nichts zu sagen hat? Gott wählt nicht nach den Maßstäben dieser Welt. Er ist nicht der Chef einer modernen Personalabteilung, der auf die Zeugnisse und Testergebnisse sieht. Gott wählt aus grundloser Liebe heraus.

Der Widerstand der Berufenen

So wie Maria haben alle Berufenen das Überraschende und Einfordernde durch Gott erfahren und sich zunächst dagegen gewehrt. Mose: Ich? Wer bin ich denn, dass ich zum Pharao gehen kann, um die Freilassung des Volkes zu fordern? Oder Jesaja, der große Prophet des Advents: Ich bin schuldig und unwürdig von Gott zu reden! Oder Jeremias: Ich kann doch gar nicht reden; ich bin viel zu jung.

Wir können die Berufungsgeschichten in der Schrift durchgehen: Ausreden gibt es genug. Aber damit gibt sich Gott nicht zufrieden. Er wirbt weiter um die Menschen, geduldig, aber auch eindeutig und konsequent. Er nimmt die Rückfragen ernst. Er lässt sich auf ein Gespräch mit den Berufenen ein. Alle Fragen beantwortet er mit der Zusage seiner Nähe, die heilt und stärkt, die dem Wort und dem Tun des Berufenen Kraft und Wirksamkeit verleiht. Mit dieser Zusage, dieser Verheißung antwortet er auch Maria.

Die Berufung ist groß

Die Berufung Mariens ist groß: Die Namen, die der Engel für den Sohn nennt, sind die Verheißungsnamen des Bundes Gottes mit den Menschen. Dieser Sohn ist die Erfüllung der alten und großen Hoffnungen des Volkes. Israel findet seine Erfüllung. Das Königtum Davids und der Tempel waren nur Vorzeichen der Nähe Gottes, die jetzt in Jesus endgültig geschenkt wird. Gott kommt, aber nicht als der mächtige König, als herrschaftlicher Richter, sondern als Kind armer Eltern, als Sohn der kleinen Leute, die er vor allem retten will. Irdische Macht und Herrschaft sind so verdorben, dass sie nicht mehr Bild für die Herrschaft Gottes sind.

Dieser Jesus ist die geschenkte Nähe Gottes, die wir zum Leben brauchen. Gott sagt uns in ihm: Ihr Menschen, die ihr meint, alles selber schaffen zu können – das Heil könnt ihr euch nicht machen oder verdienen. Ihr könnt es nur empfangen. Das Heil ist nicht Gipfelleistung der Menschheit, sondern das Geschenk Gottes, das Werk seines Geistes. Aber es muss in Freiheit angenommen werden, Gott drängt sich nicht auf. Maria sagt Ja.

Wir sind Berufene

Ähnlich wie Maria geht es auch uns. Warum du oder ich? Ich habe es oft in unserer Gemeinde gehört: «Warum gerade ich? Ich kann das doch gar nicht. Können Sie nicht jemand anderes fragen? Die können es doch besser.» Oder mit den Worten Marias: Wie soll das denn geschehen, wo ich doch dafür gar nicht geeignet bin?

Ich fühle mich manchmal wie der Engel im Evangelium: Ich darf Menschen Mut machen, sich selber etwas im Namen Gottes zuzutrauen. Ich sage dann oft: «Ich will Sie ja gar nicht überreden, aber ich kann Ihnen Mut machen. Ich trau Ihnen das zu! Viele haben schon vor Ihnen trotz gleicher Bedenken mit dieser Aufgabe begonnen und waren hinterher dankbar dafür, weil sie sich selbst als die Beschenkten sahen, trotz all der Mühen, die diese Aufgabe mit sich brachte.» Gott öffnet mit seiner Berufung neue Horizonte für unser Leben, die wir noch gar nicht geahnt haben. Was er uns zutraut, vielleicht auch zumutet, fordert uns ein, aber er beschenkt uns auch wie Maria.

Gott führt uns über uns hinaus

Wenn wir den Ruf überhören, dann bleibt alles beim Alten. Dann bleiben wir eingeschlossen in das, was bisher aus uns geworden ist. Gottes Ruf will uns aber zu neuen Ufern führen. Deswegen traut er den Berufenen Neues zu: Mose, Jesaja, Jeremia, Maria, dir und mir. Was geboren werden soll, stammt nicht aus unserer Vollmacht, sondern aus Gott und seinem Geist. Aber es will durch Maria, durch uns geboren werden in dieser Welt.

Vielleicht beruft er uns auch als Engel füreinander, als seine Boten, die anderen die Einladung Gottes überbringen. Ich denke, da sind alle Dienste in der Gemeinde Jesu gefragt: Die Sakramentenvorbereitung, die Besuche bei den Alten und Kranken, bei sozial schwachen Familien, die Sorge um Behinderte, Asyl Suchende, das Leben in den Gruppen und Gemeinschaften, in den Gemeindegremien, bei der Gottesdienstgestaltung und so fort. Aber auch in der weltweiten Sorge um mehr Gerechtigkeit und Frieden für die Menschen. Wir sind selber Berufene und zugleich Engel füreinander, die Gottes Wort weitergeben, seine Werbung, damit sein Reich unter uns geboren werden kann. Es geht um Großes, um das Ganze, auch wenn jeder und jede von uns nur einen kleinen Teil beizutragen vermag. Das Heil will durch uns hindurch Wirklichkeit in unserer Welt werden.

Zeichen

Maria wird auf ihre Fragen hin ein Zeichen versprochen. Aber dieses Zeichen liegt nicht einfach auf der Hand. Sie muss sich erst aufmachen. Dann erst wird sie das Zeichen sehen: Elisabeth, die auch aufgrund der Verheißung Gottes schwanger ist. Mit dem Glauben, mit der Bereitschaft, den Auftrag, die Einladung Gottes anzunehmen, kann man nicht warten, bis der Beweis erbracht ist. Vertrauen muss zunächst mit Vertrauen beantwortet werden. Dann erst werden wir auf dem Weg die Zeichen erkennen, die uns deutlich machen, dass wir auf dem richtigen Weg sind. Liebe lernt man nur, wenn man spürt, dass man geliebt ist. Das ist kein naturwissenschaftlicher Beweis, aber eine tiefe Erfahrung, die uns trägt. So wird Maria fähig zu ihrer Antwort: Ja, es geschehe, wie du es sagst.

Ja, es geschehe, wie du es sagst, auch heute mit mir und Dir, mit seiner und unserer Kirche, mit unserer zerrissenen Welt: Das Heil Gottes soll durch uns geboren werden, erfahrbare Wirklichkeit für die Menschen, damit sie wieder aufatmen und voll Vertrauen darauf leben können, dass ihr Leben nicht im Nichts endet, sondern bei ihm. Advent feiern heißt, sich darauf einzulassen mit seinem ganzen Leben!

Gebet

Maria, du unbegreifliche Frau!
Du hast dein Ja in Freiheit gesprochen.
Du hast dich eingelassen auf den unbegreiflichen Gott.
Woher hast du die Kraft und die Weisheit dazu?

Du bist nicht die arme, kleine Magd,
die man lange den Frauen vorgehalten hat,
um sie zu unterwürfigem Dienen zu bewegen,
zum fraglosen Gehorsam den Herren gegenüber.

Du bist eine starke Frau, aufrechten Ganges,
Zeichen der Hoffnung für viele Frauen von heute,
die aufstehen und ihre Würde wiederfinden,
Zeichen der Hoffnung für alle Glaubenden.

Guter Gott, lass uns darauf vertrauen,
dass auch durch uns das Heil geboren werden kann
in unserer gewalttätigen Welt.

Weihnachten

ZEITANSAGE

Auf die Frage seiner Schüler, wie man die Stunde bestimmt, in der die Nacht endet und der Tag beginnt, gab der Rabbiner zur Antwort: Es wird Tag, wenn du in das Gesicht eines jeden Menschen blicken kannst und in ihm deine Schwester und deinen Bruder erkennst.

Jüdische Weisheit

1. Lesung: Jes 9,1–3.5–6

2. Lesung: Tit 2,11–14

Evangelium nach Lukas 2,1–14:

> In jenen Tagen erließ Kaiser Augustus den Befehl, alle Bewohner des Reiches in Steuerlisten einzutragen. Dies geschah zum erstenmal; damals war Quirinius Statthalter von Syrien. Da ging jeder in seine Stadt, um sich eintragen zu lassen. So zog auch Josef von der Stadt Nazaret in Galiläa hinauf nach Judäa in die Stadt Davids, die Bethlehem heißt; denn er war aus dem Haus und Geschlecht Davids. Er wollte sich eintragen lassen mit Maria, seiner Verlobten, die ein Kind erwartete. Als sie dort waren, kam für Maria die Zeit ihrer Niederkunft, und sie gebar ihren Sohn, den Erstgeborenen. Sie wickelte ihn in Windeln und legte ihn in eine Krippe, weil in der Herberge kein Platz für sie war. In jener Gegend lagerten Hirten auf freiem Feld und hielten Nachtwache bei ihrer Herde. Da trat der Engel des Herrn zu ihnen, und der Glanz des Herrn umstrahlte sie. Sie fürchteten sich sehr, der Engel aber sagte zu ihnen: Fürchtet euch nicht, denn ich verkünde euch eine große Freude, die dem ganzen Volk zuteil werden soll: Heute ist euch in der Stadt Davids der Retter geboren; er ist der Messias, der Herr. Und das soll euch als Zeichen dienen: Ihr werdet ein Kind finden, das in Windeln gewickelt, in einer Krippe liegt. Und plötzlich war bei dem Engel ein großes himmlisches Heer, das Gott lobte und sprach: Verherrlicht ist Gott in der Höhe, und auf Erden ist Friede bei den Menschen seiner Gnade.

Das weihnachtliche Evangelium beginnt mit einer Zeitansage: Als Augustus Kaiser war und Quirinius Statthalter, als die große Steuerzählung stattfand: Da geschah es. Als Augustus Kaiser war und «Friede» im Lande herrschte, da die Römer alle anderen Völker fest in ihrer Gewalt hatten und sie unterdrückten, da musste auch das Volk Israel unter der römischen Besatzung leben. Die Macht braucht Geld für ihre Rüstung und ihr Wohlleben, deswegen die Steuerlisten, die keine Rücksicht nehmen auf die Armen und die Josef und die hochschwangere Maria zu einem beschwerlichen Fußmarsch zwingen.

So geschieht inmitten der großen Geschichte und darin eingebunden durch Macht, Politik und Geld das scheinbar Private: Ein armes Ehepaar bringt unter schwierigen Umständen ein Kind zur Welt. Noch nicht einmal in der Herberge ist Platz für sie. Irgendwo am Rande der Welt geschieht dies. Keiner erwartet, dass da etwas Wichtiges für die ganze Menschheit geschieht.

Zeitansage heute

Wenn wir heute Weihnachten feiern wollen, dann können wir das auch nur unter einer neuen Zeitansage. Denn es geht nicht um eine fromme Flucht in eine schöne andere Welt, die immer gleich bleibt. Es geht nicht um eine Illusion, um ein andächtiges Gefühl, das uns hinterher nur um so enttäuschter wieder in unsere Gegenwart entlässt. Weihnachten können wir nur mitten in unserer Zeit und Geschichte feiern. Die Botschaft dieses Festes meint uns ganz persönlich und darf doch in das Persönliche nicht eingeschlossen werden.

Wie sieht unsere Zeitansage aus? In einer Zeit, wo der Terrorismus ungeahnte Gewalt ausübt und im Kampf gegen den Terrorismus jede Gewalt gerechtfertigt erscheint, in einer Zeit, in der ein Drittel der Weltbevölkerung hungert und kein sauberes Wasser hat, wo die Reichen immer reicher werden und die Armen immer ärmer, da feiern wir Weihnachten. In einer Zeit, wo in Israel und Palästina, in Bethlehem, im Lande Jesu, Selbstmordattentäter auf der einen und Panzer und Raketen auf der anderen Seite das Sagen haben und die Menschen in Angst und Schrecken versetzen, wo der Hass das Verhalten vieler bestimmt, da feiern wir Weihnachten.

Dem hat jeder von uns seine persönliche Zeitansage hinzuzufügen. Auch wir feiern nicht jedes Jahr in der gleichen Weise Weihnachten. Vielleicht heißt unsere persönliche Zeitansage so: Mitten in meiner Ehekrise, in meiner Krankheit, in der drückenden Arbeitslosigkeit, in der Trauer um einen lieben Menschen, der mir in diesen Tagen besonders fehlt, feiere ich Weihnachten. Oder auch: in dem Jahr, wo ich meinen Partner, meine Partnerin kennen gelernt habe, wo mein Kind geboren wurde, wo ich wieder Arbeit fand, wo ich in den verdienten Ruhestand entlassen wurde, feiere ich Weihnachten.

Wir müssen unsere öffentliche und unsere private Zeitansage zusammenhalten, damit wir die Weihnachtsbotschaft spüren, die unter die Haut geht.

«Euch ist der Retter geboren!»

Mit diesem Ruf wurde damals die Geburt eines neuen Kaisers verkündet. Heute gilt dieser Ruf uns. *Uns* ist der Retter geboren, für *unsere* Zeit will er der Retter sein. Damals hörten zuerst die Hirten von der Botschaft. Sie waren die Armen am Rande, die keiner beachtete. «Das Volk, das im Dunkel lebt, schaut ein großes Licht; über denen, die im Land der Finsternis wohnen, erstrahlt ein Licht.» (1. Lesung) So gilt auch heute die Botschaft zuerst den Armen, allen, die im Dunkeln leben. In der Dreigroschenoper von Bertold Brecht heißt es: «Und die einen sind im Dunkel und die anderen sind im Licht. Doch man sieht nur die im Licht, die im Dunkel sieht man nicht.» Genau umgekehrt ist es in der Weihnachtsbotschaft: Denen im Dunkel geht das Licht auf.

Licht im Dunkel

Das will sagen: Gerade da, wo es in mir dunkel ist, gerade dahin soll das Weihnachtslicht als erstes fallen. Ich brauche mich also nicht zu verstecken, so zu tun, als ob nichts dunkel in mir wäre. Ich kann das weihnachtliche Licht, den Retter gerade dahin bitten, wo ich nicht mehr weiter weiß, wo ich mit meinen Kräften am Ende bin, mitten in meine Trauer hinein. Wir brauchen uns nicht zu Weihnachten gegenseitig eine heile Welt vorzuspielen, wir dürfen unsere Zerrissenheit und Zwiespältigkeit zugeben. Vielleicht können wir darüber auch in unseren Familien miteinander sprechen und neue Wege suchen.

Ich war am Heiligen Abend bei der Weihnachtsfeier der Alleinstehenden und Wohnungslosen – Menschen, deren Leben zum Teil verkorkst ist, Alkoholiker, erwerbsunfähig schon in jungen Jahren. Wir haben zusammen geredet und gut gegessen. Jeder und jede war angenommen, so wie er oder sie ist. Dann durfte ich die Weihnachtsbotschaft verkünden. Da gehörte sie hin. Ich hatte den Eindruck, dass diese Botschaft auch ankam. Die Geschenke, die alle Anwesenden dann bekamen, waren nur eine Bestätigung dafür, dass gerade sie gemeint waren. Wir konnten einander in die Augen schauen und uns als Mitmenschen verstehen, die miteinander unterwegs sind, wenn auch auf verschiedenen Wegen. Anschließend war ich in dem Weihnachtsgottesdienst der Gemeinde, wo das Treffen mit den Alleinstehenden und Wohnungslosen stattfand: andere Menschen, andere Stimmung, andere Lieder. Ich konnte diese beiden Weihnachtsfeiern kaum zusammenhalten.

So wartet die Botschaft darauf, dass wir sie weitertragen zu den Menschen in Not, weiter tragen in Wort und Tun. Denn nur dann ist das weihnachtliche Licht für sie erfahrbare Wirklichkeit.

«Ehre sei Gott in der Höhe»

Gott die Ehre geben, das macht die Menschen frei. Ein Doppelwort von Dorothee Sölle und Johann Baptist Metz besagt: «Nur wer aufrecht gehen kann, kann auch niederknien.» Und: «Nur wer niederknien kann, kann auch aufrecht gehen.» Aufrecht gehen, entschieden und voll Vertauen, geraden Wegs und niederknien aus Dankbarkeit vor diesem Gott in der Höhe, nicht buckeln vor den vielen Herren und Mächten dieser Welt, die sich wie Götter aufspielen. Diesem Gott die Ehre geben, heißt frei werden gegenüber all den falschen Göttern, mögen sie auch im religiösen Gewand einherkommen wie in vielen fundamentalistischen Strömungen fast aller Religionen auf dieser Welt.

«Friede auf Erden»

Dann kann Friede auf Erden werden, auch in unserer zerrissenen Welt, Frieden der auf Gerechtigkeit beruht. Gottes Ehre und die Würde eines jeden Menschen, vor allem der Armen und Ohnmächtigen, gehören zusammen. So wird die Freude dem ganzen Volk zuteil.
Ein Freund schrieb mir zu Weihnachten: «Wer sich auf Menschen einlässt mit all ihren Freuden, Sorgen und zarten Hoffnungen, steht mitten im Leben, steht bei ihnen und ist gleichzeitig selbst eine wohltuende Hoffnung, mit der man lachen, weinen, reden und gemeinsam schweigen kann. Wer sich so auf Menschen einlässt, der lebt Weihnachten.» Wenn wir so Weihnachten feiern, dann verändert das uns nicht nur für ein paar Stunden oder einen friedlichen Tag, sondern verändert auch die Dunkelheit unseres eigenen Lebens und unserer Welt. Dann können wir unter der neuen Zeitansage Gottes leben: Ehre sei Gott und Friede auf Erden!

Gebet

Guter Gott, öffne mich für dein Licht.
Lass es dort hineinfallen, wo es in mir dunkel ist,
mitten in meine Enttäuschungen und Ängste,
dorthin, wo ich unfrei bin und beengt,
mitten hinein auch in meine Schuld.

Gott sende dein Licht auch in meine Liebe,
in meine Freude, in mein Gelingen hinein.
Dann spüre ich etwas von deinem Leben in mir.

Gott, lass dein Licht hineinfallen in alle Menschen.
Öffne sie für deine Gerechtigkeit und deine Liebe.
Hilf den Menschen, dir die Ehre zu geben
und den falschen Göttern zu widerstehen.
Dann wird dein Frieden alle umfangen.

Zweiter Weihnachtstag

MENSCHEN WIE STEPHANUS

> Viele regen sich auf und sagen, dass wir übertreiben, aber es ist ein historisches Zeichen der Kirche: Sie muss immer eine verfolgte Kirche sein. Denn sie verkündet eine Botschaft, die von Christus eingesetzt ist, um die Herzen zu heiligen und die Gesellschaften zu erneuern. Wenn in dieser Gesellschaft oder in diesen Herzen Sünde und Egoismus herrschen, dann schlägt die Sünde zurück. Wenn die Kirche verfolgt wird, ist es deswegen ein Zeichen dafür, dass sie ihre Sendung erfüllt.
>
> *Oscar Arnulfo Romero*

Lesung aus der Apostelgeschichte 6,8–10; 7,54–59:

> In jenen Tagen tat Stephanus, voll Gnade und Kraft, Wunder und große Zeichen unter dem Volk. Doch einige von der so genannten Synagoge der Libertiner und Zyrenäer und Alexandriner und Leute aus Zilizien und der Provinz Asien erhoben sich, um mit Stephanus zu streiten; aber sie konnten der Weisheit und dem Geist, mit dem er sprach, nicht widerstehen. Als sie seine Rede hörten, waren sie aufs äußerste über ihn empört und knirschten mit den Zähnen. Er aber, erfüllt vom Heiligen Geist, blickte zum Himmel empor und sah die Herrlichkeit Gottes und Jesus zur Rechten Gottes stehen und rief: Ich sehe den Himmel offen und den Menschensohn zur Rechten Gottes stehen. Da erhoben sie ein lautes Geschrei, hielten sich die Ohren zu, stürmten gemeinsam auf ihn los, trieben ihn zur Stadt hinaus und steinigten ihn. Die Zeugen legten ihre Kleider zu Füßen eines jungen Mannes nieder, der Saulus hieß. So steinigten sie Stephanus; er aber betete und rief: Herr Jesus, nimm meinen Geist auf! Dann sank er in die Knie und schrie laut: Herr, rechne ihnen diese Sünde nicht an! Nach diesen Worten starb er.

Evangelium: Mt 10.17–22

Wollen wir Stephanus an uns heranlassen? Oder wollen wir ihn lieber verehren und so von uns fernhalten? Stephanus stört vielleicht unsere Weihnachtsfeier. Er zeigt die Konsequenzen. Das haben wir nicht gern.

Stephanus stört mit seinem Zeugnis, mit seinem Tod aber nur eine falsche Weihnachtsidylle. In Wirklichkeit zeigt er uns, wie ernst es Jesus mit seiner Menschwerdung genommen hat. Er ist in diese Welt voller Gewalt und Hass hineingeboren.

Wie Jesus beugt sich Stephanus nicht der Gewalt, wie Jesus lässt er sich die Weise des Handelns nicht von seinen Gegnern diktieren. Stephanus streitet mit Worten, aber nicht mit Steinen. Seine Überzeugung gibt ihm den Mut und die Kraft standzuhalten. Mitten in der Bedrängnis sieht er den Himmel über sich offen und Jesus zur Rechten Gottes für ihn eintreten. Das ist die Konsequenz von Weihnachten: «Denn verschlossen war das Tor, bis der Heiland trat hervor.» (GL 901) Viele Advents- und Weihnachtslieder sprechen davon, dass der Himmel geöffnet wird und sich ein großes Tor auftut, dass die Verbindung von Himmel und Menschen wieder intakt ist. In der Stephanusgeschichte zeigt sich die Wahrheit dieser Lieder. Das gibt Stephanus die Kraft, wie Jesus für seine Verfolger zu beten.

Einmal macht uns das Fest des Stephanus am zweiten Weihnachtstag darauf aufmerksam, wie ernst es mit der Nachfolge Jesu ist. Das heutige Evangelium spricht von der drohenden Verfolgung für die Anhänger Jesu. Aber dann tröstet uns auch dieser Tag mit seiner Botschaft, dass wir in aller Verfolgung und Bedrängnis, selbst mitten im Tod nicht alleine sind, sondern dass der Himmel über uns offen steht und dass der Geist des Vaters durch uns reden wird (Evangelium). So haben viele Zeuginnen und Zeugen im Laufe der Geschichte gelebt und haben in diesem Vertrauen auch den Tod angenommen.

Und wir?

Wollen auch wir wie Stephanus werden? Sicher braucht hierzulande keiner sein Leben zu riskieren, wenn er sich zu Jesus bekennt. In anderen Ländern unserer Welt von heute ist das anders. Aber was würde ein Leben wie Stephanus unter unseren Lebensbedingungen bedeuten? Bei Hermann Josef Coenen fand ich folgende Meditation:

> Wenn ich Stephan hieße, würde ich meinem Namenspatron alle Ehre machen.
> Dann würde ich mich wie er sozial engagieren ...
> Weihnachtsfeier mit Obdachlosen und so.
> Jede Woche einen Abend bei den Asylbewerbern ...
> Mindestens aber jede Woche die blinde Frau im Altenheim besuchen
> und ihr frische Pampelmusen bringen.
> Wenn ich Stephan hieße, dann wäre ich Diakon.
> Nicht mit Weihe, aber der Haltung nach.
>
> Wenn ich Stephan hieße, wäre ich Zeuge.
> Dann kriegte ich Ärger, weil ich Christ bin.
> Im Betrieb etwa. Und als Vertrauenslehrer.
> Dann würden die Leute merken, dass ich Profil habe und Biss.
> Dass ich nicht alles mitmache, dass es irgendwo Grenzen gibt für mich.
> Von meinen Werten her.
> Und ich würde kein Hehl daraus machen, warum.
> «Weil ich Christ bin», würde ich sagen.
> Auch wenn sie mich dann mitleidig belächeln
> und mich nicht mehr einladen zu ihrer Silvesterfete.
> Oder wenn sie mich bei der Beförderung überschlagen.
> Das nähme ich in Kauf. Da hätte ich meinen Stolz.
> Auch wenn sie Steine werfen würden. Dann erst recht.
> Ich würde nicht umkippen. Ich bliebe ein Zeuge.
> Ich bliebe konsequent. Wenn ich Stephanus hieße.

Hermann Josef Coenen, Und dennoch bleibe ich, Düsseldorf 1993, S. 49, leicht gekürzt

Wenn ich Stephanus hieße ... Wollen wir so heißen, wollen wir so sein? Hermann Josef Coenen schließt seine Meditation dann auch: «Ach wie gut, dass jeder weiß, daß ich *nicht* Stephanus heiß.»

Glauben mit Konsequenzen

Wir möchten schon glauben, aber nicht mit solchen Konsequenzen. Wir möchten schon Zeuge sein für die Menschenfreundlichkeit Jesu. Aber wie soll das gehen? Wir möchten schon Christen sein, aber es soll nicht so viel kosten. Wir können und brauchen nicht wie Stephanus zu werden. Jeden und jede von uns ruft Gott auf andere Weise. Wir sind auf dem Wege. Stephanus kann uns dabei Wegweiser sein, damit wir uns nicht zurückziehen ins private Kämmerlein, sondern unseren Glauben öffentlich leben, uns so, wie wir es können, einsetzen für die Opfer und protestieren, wo Menschenrecht und Menschenwürde mit Füßen getreten werden. Gottesdienst und öffentliches Zeugnis gehören zusammen. So wünsche ich uns eine Weihnachtsfeier, die unser ganzes Leben durchdringt und andere mit auf den Weg nimmt.

Gebet

Du naher und fordernder Gott.
Keine Zeit war so reich an Märtyrern
wie die unsrige.
Frauen und Männer wagen ihr Leben
in tätiger Parteilichkeit für die Opfer,
für Gerechtigkeit und Frieden,
im Einsatz für Menschenrecht und Menschenwürde,
für die Botschaft von deiner Menschenfreundlichkeit und Güte.

Wir danken dir für diese Menschen.
Lass sie auch für uns Wegweiser sein,
Ermutigung zu einem Leben aus deinem Geist.
Mach alle christlichen Kirchen
zu öffentlichen Zeugen deiner Botschaft,
auch wenn sie verfolgt werden.
Lass so eine Welt ohne Hass und Gewalt wachsen,
eine Welt, die von deiner menschgewordenen Liebe lebt.

Sonntag nach Weihnachten

DIE JÜDISCH-CHRISTLICHE HOFFNUNG

Im Urteil der Historiker ist es eine unbestrittene Tatsache, dass über Jahrhunderte hinweg bis zum Zweiten Vatikanischen Konzil unter den Christen eine antijüdische Tradition vorherrschte, die auf verschiedenen Ebenen die Lehrmeinung und die Lehre der Kirche, ihre Theologie und Apologetik, die Predigt und die Liturgie bestimmte. Auf diesem Boden gedieh die giftige Pflanze des Judenhasses. Von daher gibt es ein schweres Erbe mit Folgen, die kaum zu beseitigen sind – bis in unser Jahrhundert. Von daher gibt es immer noch offene Wunden ... Wir müssen feststellen, dass – auch wenn es mutiges Handeln für die Verteidigung einzelner Juden unter Christen, Klerikern, Ordensleuten oder Laien gab – die Gleichgültigkeit Vorrang vor der Entrüstung hatte und dass angesichts der Verfolgung der Juden ... das Schweigen die Regel war und das Wort zugunsten der Opfer die Ausnahme blieb. So fällt, wie Francois Mauriac schrieb «ein Verbrechen von diesem Ausmaß zu einem großen Teil auf die Zeugen zurück, die nicht aufgeschrieen haben, was auch immer ihre Gründe für das Schweigen gewesen sein mögen».

Französische Bischofskonferenz 1997

1. Lesung: Sir 3,2–6.12–14

2. Lesung: Kol 3,12–21

Evangelium nach Lukas 2,22–40:

Es kam für die Eltern Jesu der Tag der vom Gesetz des Mose vorgeschriebenen Reinigung. Sie brachten das Kind nach Jerusalem hinauf, um es dem Herrn zu weihen, gemäß dem Gesetz des Herrn, in dem es heißt: Jede männliche Erstgeburt soll dem Herrn geweiht sein. Auch wollten sie ihr Opfer darbringen, wie es das Gesetz des Herrn vorschreibt: ein Paar Turteltauben oder zwei junge Tauben. In Jerusalem lebte damals ein Mann namens Simeon. Er war gerecht und fromm und wartete auf die Rettung Israels, und der Heilige Geist ruhte auf ihm. Vom Heiligen Geist war ihm offenbart worden, er werde den Tod nicht schauen, ehe er den Messias des Herrn gesehen habe. Jetzt wurde er vom Geist in den Tempel geführt; und als die Eltern Jesus hereinbrachten, um zu erfüllen, was nach dem Gesetz üblich war, nahm Simeon das Kind in seine Arme und pries Gott mit den Worten: Nun lässt du, Herr, deinen Knecht, wie du gesagt hast, in Frieden scheiden. Denn meine Augen haben das Heil gesehen, das du vor allen Völkern bereitet hast, ein Licht, das die Heiden erleuchtet, und Herrlichkeit für dein Volk Israel. Sein Vater und seine Mutter staunten über die Worte, die über Jesus gesagt wurden. Und Simeon segnete sie und sagte zu Maria, der Mutter Jesu: Dieser ist dazu bestimmt, dass in Israel viele durch ihn zu Fall kommen und viele aufgerichtet werden, und er wird ein Zeichen sein, dem widersprochen wird. Dadurch sollen die Gedanken vieler Menschen offenbar werden. Dir selbst aber wird ein Schwert durch die Seele dringen.

Bei einer Pfarrwoche haben wir über das Verhältnis zwischen Judentum und Christentum gesprochen. Am Schluss der Woche haben wir drei Leuchter gebastelt und mit Symbolen aus der jüdischen und christlichen Tradition bemalt. Die Leuchter sind hergestellt aus den Resten des Treppengeländers einer alten jüdischen Synagoge. Diese Leuchter stehen nun an unserer Krippe, in unserer evangelischen Nachbargemeinde und in der jüdischen Synagoge.

Simeon und Anna

Diese drei Leuchter sind für mich ein Symbol des heutigen Evangeliums. Da sind Simeon und Anna. In ihnen sehe ich die große Hoffnung Israels verkörpert. Sie warten auf die Erfüllung der großen Verheißungen Gottes, wie sie die Propheten angekündigt und die Psalmen erbeten haben. Sie warten mit großem Atem. Sie stellen Gott keine Bedingungen. Tag für Tag kommen die beiden in den Tempel, damit es einmal geschehe. Dass sie warten müssen, beeinträchtigt ihren Glauben und ihre Hoffnung nicht. Einmal wird das große Licht aufgehen. Einmal wird der Messias kommen. Simeon und Anna wissen um die Dunkelheit, die über dem Volk liegt. Sie wissen um die Traurigkeit, weil Gott sich nicht zeigt wie früher. Aber, da sind sie sich sicher, einmal wird das Licht aufgehen.

Die jüdisch-christliche Hoffnung

In Simeon und Anna ist mir das ganze jüdische Volk gegenwärtig, das noch heute durch alle Wirrnisse und Verfolgungen hindurch an dieser Hoffnung festhält. Viele gläubige Juden sehen im Staat Israel, den sie nach dem Schrecken der Judenverfolgung aufbauten, schon etwas von der Erfüllung jener alten Verheißung, dass über diesem Land der Finsternis das Licht aufgeht und ein Reich der Gerechtigkeit und des Friedens nach dem Willen Gottes geschaffen werden kann.

Wir sollten uns das einmal bewusst machen: In dieser großen Hoffnung sind wir noch heute mit dem jüdischen Volk verbunden. Die großen Propheten werden noch heute in den jüdischen Synagogen und in unseren Gottesdiensten verkündet. Die meisten Adventslieder können auch jüdische Gläubige mitsingen. Wir verdanken sie ja der jüdischen Frömmigkeit: «O komm, o komm, Emanuel» – «O Heiland reiß die Himmel auf» – «Kündet allen in der Not, fasset Mut und habt Vertrauen» – «Macht hoch die Tür, die Tor macht weit, es kommt der Herr der Herrlichkeit» und viele andere mehr.

Maria und Josef richten sich nach den jüdischen Bräuchen. Sie bringen den Erstgeborenen zum Tempel, um ihn Gott zu weihen. Sie wallfahren mit ihm nach Jerusalem. So gilt auch für uns: Durch den Juden Jesus, das Kind gläubiger jüdischer Eltern, sind wir erlöst.

Wir Christen

In zwei Punkten unterscheiden wir Christen uns von den Juden. – Wir glauben, dass in diesem Jesus das endgültige Heil schon angekommen ist. In ihm, seinem Sohn, hat Gott schon begonnen, seine alten Verheißungen wahr zu machen. Simeon und Anna sind dafür ein Zeichen. Sie begrüßen das Kind armer Eltern im Tempel mit dem Lobpreis Gottes, der seine Verheißungen erfüllt.

Wir müssen aber genau hinschauen: Das Heil ist in Jesus *angebrochen, hat schon begonnen, ist aber noch nicht vollendet.* Auf die Vollendung des Reiches Gottes warten auch wir noch mit den gläubigen Juden. Darum bitten wir im Vaterunser: «Zu uns komme dein Reich, dein Wille geschehe wie im Himmel, so auf Erden.» Auch wir Christen sind noch in dieser Hoffnung unterwegs und schauen nicht nur rückwärts auf die Geburt Jesu, sondern vorwärts auf sein Kommen in offenbarer Herrlichkeit.

Und ein Zweites: Mit diesem Anbruch des Gottesreiches in Jesus Christus sind die Grenzen des jüdischen Volkes überwunden. Es war und bleibt das auserwählte Volk Gottes, das stellvertretend für alle Gottes Barmherzigkeit erfahren durfte und noch heute unter seinem Anspruch und seiner Verheißung lebt. Aber im Danklied Simeons heißt es: «Denn meine Augen haben dein Heil gesehen, das du vor allen Völkern bereitet hast, ein Licht, das die Heiden erleuchtet, und Herrlichkeit für dein Volk Israel.» Beides ist in diesem Jesus verwirklicht, so bekennt es der gläubige Jude Simeon. Beides gehört zusammen: Licht für die Heiden *und* Herrlichkeit für Israel, nicht Licht für die Heiden *auf Kosten* seines Volkes Israel, das nun verstoßen wäre. Auch hier sind wir den Juden nicht ferne: Auch sie hoffen darauf, dass alle Völker zum Berge des Herrn pilgern und das Heil finden werden, nicht nur Israel alleine. Es versteht seine Geschichte stellvertretend für die ganze Menschheit.

Judenverfolgungen

Blicken wir von hier aus auf die blutigen Verfolgungen der Juden durch die Christen, auf die Vorurteile, die Isolierung, die Feindschaft der Christen, die mit dazu beigetragen haben, das jüdische Volk zu einem Außenseiter der Geschichte zu machen. Die Juden wurden als «Gottesmörder» bezichtigt und ermordet. Alles Unrecht, das den Juden geschah, verstanden viele als gerechte Strafe Gottes. Die Christen müssen eingestehen, dass all dies zur geistigen Vorbereitung der Shoa, des systematischen Massenmords an den Juden durch die Nazis beigetragen hat. Vielleicht gab es deswegen auch keinen Aufschrei der christlichen Kirchen. Sicher, einzelne Christinnen und Christen haben Juden versteckt und ihnen zur Flucht geholfen. Propst Bernhard Lichtenberg hat in Berlin öffentlich für die Juden gebetet und ist dafür ins KZ gekommen und an den Misshandlungen gestorben. Die Rolle von Papst Pius XII. bleibt umstritten. Kardinal Clemens August von Galen, der Löwe von Münster, hat seinen öffentlichen Protest gegen die Ermordung der psychisch Kranken angemeldet und sicher dazu beigetragen, dass diese Aktion von den Nazis gestoppt wurde. Aber bei den Juden hat auch er geschwiegen. Weitgehend standen die Kirchen abseits, nur darauf bedacht, ihre eigene Struktur zu erhalten.

Umkehr

Mich überkommt das Grauen, wenn ich diesen «christlichen» Beitrag an der Judenvernichtung bedenke. Man kann nicht Eucharistie nach dem Willen Jesu feiern, wenn man es mit dem Rücken zum Elend der Menschen tut, mit dem Rücken zum Verbrechen am jüdischen Volk. «Nur wer für die Juden schreit, darf gregorianisch singen», hat Dietrich Bonhoeffer, der später selber zum Märtyrer wurde, den christlichen Kirchen ins Stammbuch geschrieben. Leider haben sie nicht darauf gehört.

Erst sehr spät, beim Zweiten Vatikanischen Konzil und bei der Synode der westdeutschen Bistümer hat eine Besinnung und eine zaghafte Umkehr begonnen. Inzwischen sind deutlichere Bekenntnisse der christlichen Schuld am Leidensweg des jüdischen Volkes laut geworden. Doch das hat noch zu wenig die Herzen der Menschen erreicht. Ein neues christliches Bedenken unserer Verwurzelung in der jüdischen Glaubensgeschichte tut dringend Not. Simeon und Anna können uns dabei an der Hand nehmen.

Wir Deutschen und wir Christen sollten deswegen auch für den Staat Israel eintreten als einen Ort, an dem die Juden sicher wohnen sollten. Dass wir um unserer Solidarität mit Israel willen heute die Politik der Gewalt kritisieren müssen, mit der Israel auf die verzweifelten und sicher auch verbrecherischen Selbstmordattentate der Palästinenser antwortet, steht auf einem anderen Blatt. Jetzt sind die Palästinenser das unterdrückte Volk, und es wird keine Sicherheit für Israel geben ohne einen gerechten Frieden und einen eigenen Staat für Palästina. Wir hoffen darauf mit vielen Juden und Palästinensern, die den Weg der Gewalt leid sind. Wir hoffen auf Frieden und Gerechtigkeit nicht nur für das Land Jesu sondern für alle Länder. Wir hoffen darauf, wie es uns die großen Propheten der jüdischen Geschichte und auch Jesus gesagt und gezeigt haben.

Als Zeichen für diese Hoffnung soll diese Kerze an unserer Krippe brennen, diese Kerze auf dem jüdischen Leuchter, der auch heute noch unser Licht trägt.

Gebet

Manchmal möchte man einfach verstummen,
verstummen aus Scham
über unsere eigene «christliche» Geschichte!
Wie konnten gläubige Menschen deinen Willen so missverstehen,
deinen Namen so missbrauchen, Gott!

Dürfen wir es wagen zu sagen:
Vater, vergib, was die Christen
und unser deutsches Volk getan
oder geduldet haben, ohne aufzuschreien?

Stärke das jüdische Volk im Vertrauen auf deine Nähe
und erfülle seine großen Hoffnungen auf deine Verheißungen!
Lass Israel Sicherheit und Frieden finden
mit all seinen Nachbarn!

Mache die christlichen Kirchen
zum Zeichen der Hoffnung für alle Menschen.
Alle sollen Gerechtigkeit und Frieden finden,
damit endlich dein Licht aufgehe über unserer ganzen Welt.

Oktavtag von Weihnachten: Neujahr

GUTE WÜNSCHE

> Wir wissen nicht, wohin wir wollen. Wir wissen nicht, wohin wir wollen können. Uns wird die Zukunft nur dargestellt als das Ergebnis gesetzmäßig ablaufender Prozesse. Das kenne ich schon aus den Zeiten, in denen ich von der Gesetzmäßigkeit des Sieges des Sozialismus überzeugt werden sollte. Wenn wir nicht mehr formulieren können, wohin wir mit unserer Gesellschaft wollen, dann ist die Politik am Ende und beschränkt sich auf die Verwaltung des Status quo. Und dass sich die Politik nur noch darauf beschränkt, das ist der Eindruck, der sich bei vielen Menschen verfestigt. Ein Volk ohne Visionen aber geht zu Grunde.
>
> *Reinhard Höppner*

1. Lesung aus dem Buch Numeri 6,22–27:

> Der Herr sprach zu Mose: Sag zu Aaron und seinen Söhnen: So sollt ihr die Israeliten segnen; sprecht zu ihnen: Der Herr segne dich und behüte dich. Der Herr lasse sein Angesicht über dir leuchten und sei dir gnädig. Der Herr wende sein Angesicht dir zu und schenke dir Heil. So sollen sie meinen Namen auf die Israeliten legen, und ich werde sie segnen.

2. Lesung: Gal 4,4–7

Evangelium: Lk 2,16–21

Zum Neuen Jahr wünschen sich die Menschen viel Gutes: ein gesundes, frohes und glückliches neues Jahr, ein friedliches, vielleicht sogar ein gesegnetes neues Jahr. Was steckt eigentlich hinter diesen Wünschen? Ich denke, etwas ganz Wichtiges, das wir sonst leicht vergessen: Dass unser Leben glückt, das können wir nicht einfach machen. Das hängt auch nicht einfach vom äußeren Erfolg ab, vom Gehalt oder der Karriere. Manchmal steht die Sorge um das höhere Gehalt und die Karriere sogar dem Glücken des eigenen Lebens im Wege, weil diese Sorge die menschlichen Beziehungen bedrohen kann, vielleicht auch, weil sie uns schuldig werden lässt, rücksichtslos und hart gegen andere Menschen.

Unser Leben glückt

Dass unser Leben glückt, hängt besonders an den menschlichen Beziehungen, in denen wir leben. Ob ich in Isolation lebe, in ständiger Auseinandersetzung mit den Menschen, die mich umgeben, in Sorge um mein Ansehen und meinen Ruf, oder ob ich gelassen und geduldig, offen bin für die anderen neben mir, offen für ihre Freundlichkeit und Liebe, aber auch offen für ihre Not und ihr Leid, für ihre Erwartungen an mich – das alles bestimmt die Qualität meines Lebens, sein «Glücken». Ob ich mich von anderen tragen lassen kann, ob ich mich ihnen so öffne, dass sie mich auch in meiner Not, mit meinen Grenzen annehmen und trösten können, ob ich in Angst vor der Zukunft, vor meinem eigenen Leben krampfhaft mich selbst zu behaupten versuche oder in Hoffnung und Vertrauen auch meine Schwächen annehmen kann – all das trägt dazu bei, ob mein Leben glücken kann.

Wie gehen wir mit unserem Leben um?

Es ist etwas anderes, was mich von draußen trifft, und etwas anderes, wie ich damit umgehe. Viele Wünsche lauten sicher in dieser Nacht: Hauptsache Gesundheit! Sicher ist die Gesundheit ein hohes Gut! Aber was nutzt mir die Gesundheit, wenn ich an zerbrechenden menschlichen Beziehungen selbst zerbreche? Manche Krankheit kann ich leichter ertragen, wenn ich spüre, dass Menschen zu mir halten und mich tragen. Leid kann mich niederdrücken und kaputt machen, aber vielleicht kann ich auch anders damit umgehen. Vielleicht werde ich später erkennen, wie ich daran gereift bin. Krisen können notwendig sein, damit ich aus alten Sackgassen herauskomme und sich mir neues Leben öffnet. Erfolg kann mich blind machen. Macht über andere kann mich zur Selbstherrlichkeit verführen.

Es gibt so viele Möglichkeiten, sich selbst zu betrügen, aber auch so viele Möglichkeiten, schöpferisch mit den Menschen und Dingen umzugehen! Es ist gut, wenn wir bei dieser Jahreswende darüber einmal nachdenken und vielleicht auch miteinander darüber sprechen, mit dem Ehepartner, der Partnerin, dem Freund oder der Freundin. Vielleicht können andere uns für Lebensmöglichkeiten öffnen, die wir selbst noch gar nicht entdeckt haben. Vielleicht ist unser Leben voll von noch ungeborenen Möglichkeiten!

Wir singen in einem neueren Kirchenlied: Wir danken dir, dass du es mit uns wagst! Damit meinen wir im Lied Gott selbst. Wir dürfen es heute singen oder beten im Blick auf das kommende Jahr: Wir danken dir, dass du es mit uns wagst trotz all unserer Halbherzigkeit und Schuld. Aber wir sollten dieses Lied auch einander zusingen: Ich danke dir, dass du es mit mir wagst, trotz all meiner Unzulänglichkeit und zerbrechlichen Liebe! Davon hängt das Glücken unseres Lebens ab! Das sollten wir am Beginn des neuen Jahres einander zusagen: Wir wagen es miteinander in der Hoffnung, dass sich Knoten lösen und neue Brücken möglich werden, dass neue Erfahrungen uns tiefer miteinander verbinden und neue Möglichkeiten eröffnen.

Gottes Segen

Die Schrifttexte des heutigen Tages begleiten uns auf diesem Weg in das neue Jahr, machen uns Mut für das schöpferische Umgehen mit unserem Leben, mit den anderen Menschen. Gottes Segen begleitet uns. «Der Herr lasse dein Angesicht über dir leuchten und sei dir gnädig.» Dieses Segensbild hat als Hintergrund die Situation eines kranken Kindes. Es liegt alleine im Bett und schreit. Da beugen sich Vater oder Mutter über das Kind, sie lassen ihr Angesicht über ihm leuchten. Oder der Arzt kommt und sieht nach dem Kind. Es ist noch krank, aber das Leuchten des Angesichts über ihm bricht den Bann. Es ist nicht mehr allein, neue Hoffnung kann aufkeimen.

So hat Gott das Elend seines Volkes in der Gefangenschaft gesehen und seinen Schrei gehört. Damit war nicht die Gefangenschaft beendet, aber ein neuer Anfang war gesetzt, die Gewissheit, dass Elend und Gefangenschaft nicht unabänderlich sind, sondern überwunden werden können. So wollen wir bitten, dass Gott sein Angesicht über uns leuchten lasse.

Ein anderes Bild für den Segen Gottes: «Der Herr wende dir sein Angesicht zu!» Das ist Begegnung Auge in Auge. Das kann man nur erleben, wenn man selber aufrecht geht, dem anderen ins Angesicht schaut mit offenen Augen. So dürfen wir Gott begegnen, trotz aller Schuld und Kleingläubigkeit! Dann kann sein Blick in unser Innerstes hineinfallen, in die Tiefen, die vor uns selbst noch verborgen sind. Dieser Segen möge uns begleiten in das neue Jahr!

Gottes neuer Anfang

Denn Gott hat sich noch nicht verausgabt mit seiner Schöpfung, mit uns. «Als die Fülle der Zeit gekommen war, sandte Gott seinen Sohn.» (2. Lesung) Maria verstand das alles nicht, noch nicht. Aber sie bewahrte alles und bewegte es in ihrem Herzen. Wer soll es auch begreifen: Gott sandte seinen Sohn, ein wehrloses Kind. Man gab ihm den Namen Jesus. So geht Gott mit den Menschen um, so wird er ihnen, so wird er mir ganz nahe. Er kann auch in meinem Leben einen neuen Anfang machen!

Er kann mit unserer Welt einen neuen Anfang machen. Denn alles, was wir jetzt für mich und dich bedacht haben, müssen wir noch einmal für unsere ganze zerrissene Welt durchbuchstabieren, die unter Gewalt blutet und unter Hunger und Durst leidet. Viele Fragen stehen da an: Wie geht der Kampf gegen den Terrorismus weiter, ohne dass wir selber zur Eskalation der Gewalt beitragen? Wie kann zwischen Israel und Palästina ein neuer Anfang möglich werden? Wie können Frieden und Gerechtigkeit auf unserer Welt ein breiteres Fundament bekommen? Und bei uns: Wie geht es verantwortlich weiter mit der Gentechnik, der Arbeitslosigkeit, der Flüchtlingsfrage, der Sicherung der sozialen Systeme, ohne die Kosten dafür auf die Ärmsten abzuwälzen, und so fort.

Doch da gilt das Gleiche wie für jeden Menschen. Gott ist mit dieser Welt noch nicht zu Ende, und deswegen brauchen und dürfen wir die Hoffnung nicht aufgeben, weder für uns, noch für die Welt. Wir können uns also getrost auf den Weg machen. Vielleicht werden wir dann auch füreinander zum Segen.

Wünschen wir also einander ein glückliches und frohes Jahr und Gottes Segen dazu! Wünschen wir in einer Hoffnung wider alle Hoffnung ein friedlicheres neues Jahr für unsere Welt und Gottes Segen dazu!

Gebet

Guter Gott,
wir stehen vor einem neuen Jahr voller Fragezeichen
und voller Hoffnungen,
voller Fragezeichen und Hoffnungen
für unser persönliches Leben und für unsere Welt.

Lass dein Angesicht über uns leuchten
und sei uns gnädig!
Löse den Bann der Vergeblichkeit,
der über uns liegt!
Mach Neues möglich,
das wir noch nicht erahnen!

Mach uns selber zum Segen für andere!
Dann werden wir ihre Trauer und Angst,
aber auch ihre Hoffnungen und Freuden teilen
und so einander stützen auf dem Weg des Heils.

Zweiter Sonntag nach Weihnachten

GEBORGEN VON ANFANG AN

Ein Recht, nicht geboren zu werden?

In Deutschland und in Frankreich haben in jüngster Zeit zwei ähnliche Urteile für große Empörung gesorgt. Der Bundesgerichtshof gab der Klage eines Elternpaares auf Entschädigung statt. Sie hatten Frauenärzte verklagt, weil diese sie nicht rechtzeitig während der Schwangerschaft darauf hingewiesen hatten, dass einer der Zwillinge, die 1995 geboren wurden, körperlich behindert sei. Hätten die Eltern dies gewusst, wäre eine Abtreibung beider Kinder erfolgt, so der Tenor der Klage. Die Eltern sehen das erstrittene Geld als finanzielle Absicherung für das Kind an. Die «Schadensersatzforderungen wegen Geburt» häufen sich in Europa. In Frankreich hat das höchste französische Gericht jüngst entschieden, dass die Familie eines Trisomie-21-Behinderten (Mongolismus) Anrecht auf Erstattung aller durch die Geburt entstandenen Auslagen habe. Im November 2000 hatte ein Behinderter bereits erfolgreich gegen seine Geburt geklagt.

Christ in der Gegenwart, Nr. 2, 2002

1. Lesung: Sir 24,1–2.8–12

2. Lesung aus dem Brief an die Epheser 1,3–6.15–18:

Gepriesen sei Gott, der Gott und Vater unseres Herrn Jesus Christus. Er hat uns mit allem Segen seines Geistes gesegnet durch unsere Gemeinschaft mit Christus im Himmel. Denn in ihm hat er uns erwählt vor der Erschaffung der Welt, damit wir heilig und untadelig leben vor Gott; er hat uns aus Liebe im voraus dazu bestimmt, seine Söhne zu werden durch Jesus Christus und zu ihm zu gelangen nach seinem gnädigen Willen, zum Lob seiner herrlichen Gnade. Er hat sie uns geschenkt in seinem geliebten Sohn. Darum höre ich nicht auf, Gott für euch zu danken, wenn ich in meinen Gebeten an euch denke; ich habe von eurem Glauben an Jesus, den Herrn, und von Eurer Liebe zu allen Heiligen gehört. Der Gott Jesu Christi, unseres Herrn, der Vater der Herrlichkeit, gebe euch den Geist der Weisheit und Offenbarung, damit ihr ihn erkennt. Er erleuchte die Augen eures Herzens, damit ihr versteht, zu welcher Hoffnung ihr durch ihn berufen seid, welchen Reichtum die Herrlichkeit seines Erbes den Heiligen schenkt.

Evangelium: Joh 1,1–18

Wir wissen heute, wie wichtig es für ein Kind ist, dass es von Anfang an angenommen und bejaht ist, schon vor der Geburt. Es bedarf der Atmosphäre des Vertrauens, um sich menschlich entwickeln zu können. Das Kind braucht die Erfahrung, dass andere Menschen, vor allem natürlich die Eltern, sich ihm zuwenden, zu ihm stehen, auch wenn es schreit oder etwas falsch macht. Dies gilt natürlich besonders für behinderte Kinder. Wenn sie Ablehnung spüren, vielleicht sogar bevor sie selbst ihre Behinderung begreifen, dann ist ihre menschliche Entwicklung doppelt gestört. Wenn die Eltern ihr behindertes Kind annehmen, dann kann es sich entwickeln, kann weiter kommen, als die Ärzte es vorher prognostiziert haben. Ich könnte aus meiner Erfahrung mit Behinderten etliche Namen nennen.

Wir Menschen sind Wesen, die aus Zuspruch und Antwort leben. Wenn uns Vertrauen geschenkt wird, können wir vertrauen. Das Vertrauen, das uns entgegengebracht wird, ermöglicht uns, Selbstvertrauen und Vertrauen zu anderen Menschen zu entwickeln. Wenn uns jemand anspricht, können wir nachsprechen, können wir antworten. Wenn uns jemand als «Du» ernst nimmt, können wir lernen, «Ich» zu sagen, Ich zu werden. Wenn wir geliebt werden, können wir lieben.

Gott nimmt uns an

All das, was moderne Wissenschaft vom Menschen entdeckt hat, hat Gott schon immer «gewusst» und praktiziert. In Jesus Christus ist das allen, die sich im Glauben darauf einlassen, offenbar geworden. Das besingt der Eingangshymnus des Epheserbriefes: «Denn in ihm hat er uns erwählt vor Erschaffung der Welt ... Er hat uns aus Liebe im Voraus dazu bestimmt, durch Jesus Christus seine Söhne und Töchter zu werden und nach seinem gnädigen Willen zu ihm zu gehören.» Das klingt wie eine feierliche Erklärung, dass Gott «im Voraus» all das schon immer getan hat und noch heute tut, was wir von guten Eltern erwarten und was wir Menschen brauchen, um Menschen zu werden. Er hat uns angenommen und bejaht bereits «vor Erschaffung der Welt»! Das hat er deutlich gemacht durch seinen geliebten Sohn.

Wir haben Weihnachten die Geburt Jesu als Sohn armer Eltern irgendwo am Rande der Welt gefeiert. Hier im Epheserbrief (und im heutigen Evangelium) wird dieses Geschehen im Rahmen der Heilsgeschichte Gottes mit der Welt, mit allen Menschen gedeutet. Es gewinnt Dimensionen, die auch die Weihnachtserzählungen von Matthäus und Lukas noch übersteigen.

Und wir?

Erkennen wir uns in dieser Perspektive Gottes wieder? Denn wir selbst sind ja damit gemeint, jede und jeder von uns! Haben wir die Kraft und die Geduld zu diesem großen Atem des Glaubens? Das stellt uns vor die Frage nach Gott und vor die Frage nach Jesus Christus.

Die Frage nach Gott: Ist er nicht vielfach für uns so verborgen und dunkel, weit entfernt und rätselhaft geworden, dass wir nicht mehr so unmittelbar von ihm sprechen können, wie es der Epheserbrief tut? Vielen Menschen ist er ganz entschwunden. Viele Gründe können wir dafür nennen: das Unheil in der

Welt, Erkenntnisse der Wissenschaften, das moderne Lebensgefühl ... Doch wir leben schon in der Postmoderne: Religiöse Gefühle regen sich neu, Sehnsüchte werden laut, die unsere Warenwelt nicht befriedigen kann, Orientierung wird gesucht in den schwierigen ethischen Fragen unserer Zeit, Maßstäbe für verantwortliches Handeln. Steht dahinter nicht unausgesprochen und vielleicht auch unbewusst die Frage nach Gott, was immer Menschen sich auch darunter vorstellen mögen?

Die Frage nach Jesus Christus: Für viele ist er anziehend in seinem Verhalten, seiner Gewaltlosigkeit, seiner Zuwendung zu den Ausgeschlossenen und Armen. Viele sehen in ihm die Alternative zu unserem gewalttätigen Umgehen miteinander, das so viele Opfer produziert. Wir brauchen dringend solche Menschen, solche Propheten, solche Vorbilder, die die Menschen inspirieren, zu neuem Handeln ermutigen. Aber was hat das mit Gott zu tun? Der ist doch viel ferner als dieser Jesus. Viele bringen diesen Jesus nicht mehr mit Gott zusammen.

Einladung

Diese Fragen gehen auch in mir um. Ich kann darauf auch keine einfache Antwort geben, schon gar nicht für andere. Ich begreife diese Stelle des Epheserbriefes als Einladung, mich auf diese Perspektive Gottes immer wieder neu einzulassen. Ist sie nicht eine Antwort auf bewegende Fragen unserer Zeit? Ist sie nicht Einladung, uns von Anfang an geborgen und bejaht zu wissen? Alle Zuwendung und alles Vertrauen, das Eltern und andere Menschen uns schenken, ist noch einmal umgriffen und durchdrungen von der Zuwendung und dem Vertrauen, das Gott uns schenkt. All das ermöglicht uns, menschliche Menschen zu werden wie Jesus, ermöglicht uns die Hoffnung, dass Unheil und Tod nicht das letzte Wort über den Menschen haben, schenkt neue Perspektiven für unser Leben und Handeln. Mit den alten Worten des Epheserbriefes: «Der Gott unseres Herrn Jesus Christus, der Vater der Herrlichkeit, gebe euch den Geist der Weisheit und Offenbarung, damit ihr ihn erkennt. Er erleuchte die Augen eures Herzens, damit ihr versteht, zu welcher Hoffnung ihr berufen seid, welcher Reichtum die Herrlichkeit seines Erbes den Heiligen schenkt.»

Sich hinauswagen

Wer tief in dem Vertrauen verankert ist, dass sein Leben nicht vergebens ist, sondern, was auch immer geschieht, von Gott gehalten wird, der kann sich weit hinauswagen in diese Welt, der kann seine Grenzen annehmen und braucht keine Angst zu haben, sich zu verfehlen oder zu kurz zu kommen. Das gilt auch für die Eltern behinderter Kinder und für die Behinderten selbst, die dann trotz ihres Leidens nicht mehr gegen ihre Geburt zu klagen brauchen. Das Wagnis des Glaubens hilft, das Wagnis des Lebens voll Vertrauen anzunehmen.

Gebet

Verborgener Gott,
große Worte des Glaubens treffen uns:
Du hast uns gewollt, von Anfang an.
In Jesus Christus ist das offenbar geworden.

Wie kann ich das glauben,
dass dir an mir, an uns, an jedem Menschen liegt?
Wir kannst du Ja zu uns sagen
trotz aller Unzulänglichkeit und Schuld?
Gib uns den Mut zu diesem Glauben,
der Vertrauen ermöglicht und Selbstvertrauen,
der Angst nimmt und Freiheit schenkt!
Dieser Glaube lehrt uns, die Welt zu begreifen
als Raum deines Lebens mit uns Menschen,
der uns Zukunft eröffnet über alles Begreifen hinaus.

1. Sonntag im Jahreskreis: Taufe des Herrn

DIE BERUFUNG JESU

In Deutschland gibt es vier Manager-Typen: Der Stratege «will die Dinge kontrollieren und erobern», das Sonnenkind fühle sich geradezu auserwählt. Die eigene Karriere habe sich «so ergeben». Der Selbstdarsteller habe eine sehr persönliche und markante Ausstrahlung. Der Hoch-Arbeiter handele nach dem Motto «Schuster bleib bei deinen Leisten».

dpa-Bericht über eine Studie «Manager auf der Couch», Marler Zeitung 11. 1. 2002

1. Lesung: Jes 42,1–4.6–7

2. Lesung: Apg 10,34–38

Evangelium nach Markus 1,7–11:

In jener Zeit trat Johannes in der Wüste auf und verkündete: Nach mir kommt einer, der ist stärker als ich; ich bin es nicht wert, mich zu bücken, um ihm die Schuhe aufzuschnüren. Ich habe euch nur mit Wasser getauft, er aber wird euch mit dem Heiligen Geist taufen. In jenen Tagen kam Jesus aus Nazaret in Galiläa und ließ sich von Johannes im Jordan taufen. Und als er aus dem Wasser stieg, sah er, dass der Himmel sich öffnete und der Geist wie eine Taube auf ihn herabkam. Und eine Stimme aus dem Himmel sprach: Du bist mein geliebter Sohn, an dir habe ich Gefallen gefunden.

Beim heutigen Evangelium ist es wichtig, einmal genau nachzuschauen, wie der Evangelist Markus sich von den anderen Evangelien unterscheidet. Bei Johannes ist die Taufe Jesu öffentliche Kundgabe seiner Bestimmung. Johannes, der Täufer, wird zum Zeugen dieser Offenbarung, die dem ganzen Volk gilt. Bei Lukas ist durch Vorgeschichte, Verkündigung an Maria, Geburt, die Erzählung vom Zwölfjährigen im Tempel, schon klar, wer das ist, der sich von Johannes taufen lässt. Bei Matthäus ist es ähnlich. Der Stammbaum Jesu, die Ereignisse um seine Geburt, die Flucht nach Ägypten und seine Rückkehr von dort als der neue Mose, der sein Volk befreien wird, machen deutlich, wer das ist, der sich von Johannes taufen lässt.

Beim Evangelisten Markus ist es anders. Johannes, der Täufer, ahnt wohl, dass er der Vorläufer ist, der das Kommen des Messias ankündigen und ihm die Wege zu den Menschen bereiten soll. Aber er weiß nichts von Jesus. Bei Markus taucht Jesus wie aus dem Nichts auf und lässt sich von Johannes taufen, der nicht ahnt, wen er da tauft. Nur Jesus selbst sieht, dass sich der Himmel teilt und der Geist wie eine Taube auf ihn herabkommt. Nur er hört die Stimme, die aus dem Himmel sprach: «*Du* bist mein geliebter Sohn, *dich* habe ich erwählt.»

Markus erzählt also die Taufe Jesu wie eine Berufungsgeschichte, wie sie vielfach in der Geschichte Israels von besonders Erwählten und Beauftragten berichtet wird (Mose, Könige, Propheten). Johannes und die Umstehenden merken von all dem nichts. Nur Jesus selbst erfährt in diesem Taufgeschehen seine Berufung. Er erkennt, dass der über Israel und der Welt verschlossene Himmel sich wieder öffnet, dass er selbst vom Geist Gottes berufen und erfüllt ist, dass Gott ihn erwählt hat als seinen beauftragten Boten.

Die Aussage «du bist mein geliebter Sohn, dich habe ich erwählt» dürfen wir nicht schon im Lichte der Dogmatik ein paar Jahrhunderte später verstehen, wie wir es im Katechismus gelernt haben: Jesus ist der Sohn Gottes, wesensgleich mit dem Vater, die zweite Person innerhalb des dreifaltig-einen Gottes.

Berufung

Warum diese – vielleicht komplizierten – Hinweise und theologischen Unterscheidungen? Weil Jesus uns in der Sicht des Markus viel näher ist. Er ist nicht der Messias, der von klein auf von seiner Aufgabe überzeugt ist und nur darauf wartet, sie offenbar zu machen. So erscheint er ja vielfach in unserer Frömmigkeitsgeschichte. Er ist vielmehr ein Mensch wie wir, aber von besonderer Offenheit Gott gegenüber. Er erfährt seine Berufung so überraschend wie die Propheten vor ihm.

Nach dieser Berufung trieb der Geist Gottes ihn in die Wüste. Das erinnert an die Prüfung Gottes für das Volk, das er aus der Knechtschaft Ägyptens durch die Wüste ins gelobte Land führt. Die Wüste ist Ort der Prüfung der eigenen Berufung. In der Wüste ist man ungeschützt Gott ausgesetzt. Nichts lenkt ab. Die Wüste liegt vor dem gelobten Land, vor der Verkündigung des Evangeliums vom Kommen des Reiches Gottes. Jesus besteht diese Prüfung und beginnt dann erst, nach der Gefangennahme Johannes', des Täufers, seine öffentliche Botschaft: «Die Zeit ist erfüllt, das Reich Gottes ist nahe. Kehrt um, und glaubt an das Evangelium!» (Mk 1,14).

Die Taufe durch Johannes ist also für Jesus das Schlüsselerlebnis seiner eigenen Berufung, die seinen kommenden Weg bestimmt.

Berufungspastoral heute

Es gibt in unserer Kirche eine offizielle Berufungspastoral, die sich aber nur auf die bisher in der Kirche etablierten «Geistlichen Berufe» richtet. Das aber ist viel zu kurz gedacht. Kann Gott nicht Menschen zu neuen Diensten berufen, die noch nicht in das amtliche Schema der Kirche passen? Woher weiß «die» (katholische) Kirche so sicher, dass Gott keine verheirateten Männer und Frauen zum priesterlichen Dienst an den Menschen berufen will? Wir erleben heute eine heftige Auseinandersetzung zwischen der Kirchenleitung und solchen Menschen, die sich berufen fühlen, aber nicht unter die bisherigen Zulassungsbedingungen fallen. Sie werden deswegen vom Weiheamt fern gehalten oder dürfen wegen der Verpflichtung zum Zölibat ihren priesterlichen Dienst nicht weiter ausüben. Da muss unsere Kirche lernfähig werden und Berufungen anerkennen, über die nicht sie, sondern Gott selber die Entscheidung hat. Diese muss die Kirche demütig und dankbar anerkennen und darf ihr nicht im Wege stehen.

Meine Berufung

Doch davon einmal abgesehen: Wie sieht eigentlich unsere, meine Berufung aus? Sicher unscheinbarer als bei Mose, bei den großen Propheten oder bei Jesus. Aber dennoch: Wie ist das bei mir? Wozu beruft Gott mich? Wie tut er dies? Worauf muss *ich* achten?

Vielleicht spricht er aus der Not anderer Menschen zu mir, weltweit oder direkt neben mir. Vielleicht ist da eine Gruppe, die ein wichtiges Anliegen erkannt hat und andere braucht, um damit voranzukommen. Vielleicht sucht die örtliche Gemeinde mich für eine dringende Aufgabe. Diese Berufung kann mit meinem Beruf zu tun haben, mit meiner Familie, kann mich aber auch auf neue Pfade führen. Vielleicht erfahre ich seine Berufung in Zeiten der Stille und des Gebetes, mitten in meiner «Wüste». Vielleicht ist es etwas ganz «Normales», vielleicht etwas ganz Neues, Außergewöhnliches, etwas, das mich in Konflikte hineinführen wird, wie die Berufung auch Jesus in Konflikte hineingeführt hat. Jede und jeden beruft Gott auf seine Weise. Jede und jeder soll teilhaben am Kommen seines Reiches, soll mitwirken, dafür die Wege zu den Menschen zu bereiten.

Es kommt darauf an, hellhörig zu werden, dass ich meine Berufung entdecke und voll Vertrauen mich auf diesen Weg mache, unabhängig davon, was andere davon meinen, geduldig und hartnäckig, wenn es nicht zu gelingen scheint, wenn Schwierigkeiten auftauchen, nachdenklich, bereit zur Umkehr, aber auch konsequent, selbst wenn ich mit meinem Anliegen scheitere. Für Jesus war sein Scheitern am Kreuz letztlich kein Scheitern, sondern ein ungeahnter Neuanfang. Das kann uns Mut machen für den noch unübersichtlichen Weg vor uns jetzt am Beginn des neuen Jahres.

Neue Spannung

Wenn wir uns so mit einbeziehen in die Berufungsgeschichte Jesu, als Empfänger seiner frohen Botschaft und als Wegbereiter dafür heute, dann kommt eine neue Spannung in unser Leben. Dann liegt unser Leben nicht hinter uns, so dass wir uns nur in Resignation und Traurigkeit danach umblicken müssten, sondern dann schenkt uns das Gute, das wir trotzdem erfahren durften, den Mut und das Vertrauen, vorwärts zu blicken, neue Horizonte zu öffnen, mit unserer Hoffnung andere anzustecken.

Es folgt nun im Kirchenjahr die Zeit im Jahreskreis ohne besondere Feste. Es ist die Zeit, einzuüben, in unserem Leben zu verwurzeln, was wir gefeiert haben, damit es Frucht bringen kann für andere und auch für uns selbst.

Gebet

Gott, du hast Jesus berufen,
dein Reich anzusagen und dein Evangelium zu verkünden.
Er hat deinen Ruf gehört und angenommen.
Menschlich gesehen ist er am Kreuz gescheitert.
Du aber bist ihm treu geblieben durch den Tod hindurch,
hast ihm Anteil an deiner Herrlichkeit geschenkt
und seiner Botschaft Geltung verschafft.

Du berufst auch heute noch Menschen in deinen Dienst,
in deinen Dienst an den Menschen.
Du berufst auch uns.
Du berufst auch mich.

Es ist so schwer,
im Gewirr unserer Zeit die Stimmen zu unterscheiden.
Lass uns dennoch deinen Ruf hören und ihm folgen.
Gib uns Kraft, auch im Dunkel durchzuhalten.
Schenk uns Erfahrungen, die uns ermutigen
und zeigen, dass wir auf dem richtigen Weg sind,
auch wenn wir ihn wie Jesus damals
noch nicht überschauen können.

Hinweis
Es folgen jetzt bis zur Fastenzeit die «Sonntage im Jahreskreis», beginnend mit dem «2. Sonntag im Jahreskreis» (Seite 142).

Erster Fastensonntag

DER ALTE GOTT UND DIE NEUEN GÖTTER

Der Kapitalismus selbst ist zur stärksten aller Religionen geworden ... Deshalb haben auch gottlose Zeiten wie die unsere eine Religion – man darf sie nur nicht in den offiziellen Kirchen suchen. Nicht die Kirchen, sondern die Konsumtempel sind heute der Ort moderner Religiosität ... Die postmoderne Werbung übernimmt die Funktion der Religion. Sie entfaltet die Spiritualität des Konsums.
Was unser Gewissen quält, ist ja nicht nur das Wissen vom Elend der Welt, sondern das Bewusstsein, dass unser Wohlstand eine Funktion jenes Elends ist ... Werbung verführt nicht nur zum Genuss, sondern erspart auch noch die Reue.
Gerade in unserer so coolen Zeit ist der Götterbedarf enorm groß.

Norbert Bolz/David Bosshart, Trendforscher und Werbestrategen

1. Lesung: Gen 9,8–15

2. Lesung: 1 Petr 3,18–22

Evangelium nach Markus 1,12–15:

In jener Zeit trieb der Geist Jesus in die Wüste. Dort blieb Jesus vierzig Tage lang und wurde vom Satan in Versuchung geführt. Er lebte bei den wilden Tieren und die Engel dienten ihm. Nachdem man Johannes ins Gefängnis geworfen hatte, ging Jesus wieder nach Galiläa; er verkündete das Evangelium Gottes und sprach: Die Zeit ist erfüllt, das Reich Gottes ist nahe. Kehrt um, und glaubt an das Evangelium.

Was suchen wir nach Gott? Wir haben doch längst einen neuen: Der «freie Markt» wird uns und der ganzen Welt als der Gott angepriesen, der alle Probleme löst, wenn man ihn nur lässt. Die verantwortlichen Marktstrategen fordern Demut dem Markt gegenüber, da Eingriffe nur sein heilsames Wirken stören. Der Neoliberalismus wird zur neuen Religion. Die Werbung, die Missionsstrategie des Neoliberalismus, braucht bewusst immer mehr religiöse Töne: «Wir machen den Weg frei» sagen die Volksbanken. Damit nehmen sie Bezug auf die Exodusgeschichte, auf die Befreiung Israels aus der Gefangenschaft, aus der Sklaverei Ägyptens. Damals brauchte man Gott dafür, heute machen das schon die Volksbanken. Eine kirchliche Darlehenskasse warb mit einem neuen Prospekt: «Wir sind die Bank, an die Sie glauben können.» Auf meine Rückfrage, ich hätte eigentlich ein anderes Glaubensbekenntnis gelernt, antwortete die Bank ganz erschrocken, den Prospekt habe ihr eine Werbeagentur gemacht und sie hätte das leider nicht bemerkt. Vielleicht ist beides typisch: So handelt eben heute die Werbung, und wir merken das gar nicht.

Die Urlaubswerbung sagt: Sie können das Glück kaufen. Der Schutzengel der Allianz ist aufmerksamer als der alte aus unserer Frömmigkeitsgeschichte. Die modernen Konfessionen heißen nicht mehr evangelisch oder katholisch, sondern Adidas oder Nike oder Puma. Es geht dabei nicht mehr um Turnschuhe, sondern um äußere Zeichen einer Lebenshaltung, einer Glaubensgemeinschaft. Gleiches gilt von der Autowerbung. Es ist interessant, sich daraufhin einmal die täglichen Prospekte anzuschauen, die einem ins Haus flattern.

Der 11. September 2001

Deswegen wussten die Attentäter vom 11. September auch genau, warum sie das World-Trade-Center als Ziel ausgewählt hatten: Der Doppelturm war das religiöse Symbol, der Tempel dieser modernen Religiosität des Neoliberalismus. Für die Attentäter war es das Symbol der Unterdrückung, der eigenen Ohnmacht, der Demütigung und der verletzten Würde, für die westliche Welt ein Symbol nicht nur für ihre wirtschaftliche Macht, sondern ihrer Überlegenheit über den Rest der Welt. Das hat auch die Reaktion auf das Attentat bei uns gezeigt. Menschen fühlten sich durch dieses Ereignis zutiefst verunsichert, als die für absolut sicher gehaltenen Zeichen der selbstverständlichen Macht zerstört wurden. Unser Bundeskanzler verkündete «Uneingeschränkte Solidarität». Auch das eine religiöse Vokabel.

Deswegen kann man auch nicht mit Bomben auf Afghanistan und (womöglich) andere Länder gegen den Terrorismus angehen. Die alten Waffen militärischer Macht sind veraltet. Sie taugen nicht für die Auseinandersetzung mit den neuen Konflikten und ihren religiösen Dimensionen. Es bedarf einer religiösen Dimension der Überwindung von Gewalt, um Frieden und Sicherheit für alle zu ermöglichen.

Das Reich Gottes ist nahe

Genau da wird die Botschaft des heutigen Evangeliums für uns aktuell am Beginn der Fastenzeit, der österlichen Bußzeit: «Das Reich Gottes ist nahe. Bekehret euch und glaubt an das Evangelium!» So beginnt das öffentliche Auftreten Jesu nach dem Markusevangelium, seine erste Predigt. Das Reich Gottes ist ein Reich der Gerechtigkeit und des Friedens, so sagen es alle Verheißungen. Vor allem den Witwen und Waisen soll Gerechtigkeit widerfahren, die ihnen von den Mächtigen dieser Welt verweigert wird. Die Witwen und Waisen stehen stellvertretend für alle, die dem Machtkampf in dieser Welt nicht gewachsen sind. Es sind die, denen Recht und Würde verweigert wird, die Ausgeschlossenen, die eigentlich nur als Ballast gesehen werden.

Das Reich Gottes ist nahe herangekommen. Es ist *sein* Angebot und *seine* Einladung, nicht unser Vermögen oder unsere Leistung. Im Blick auf die neue Religion des Neoliberalismus und im Blick auf die Gewalt in dieser Welt spüren wir ja bitter unsere Ohnmacht. Was sollen wir tun? Die Gewaltstrukturen der Wirtschaft und der militärischen Übermacht scheinen übermächtig.

Kehrt um!

Da trifft uns der Ruf zur Umkehr. Vielleicht ist das eine antiquierte Formulierung, die uns eher kalt lässt. Doch wenn die Analyse der modernen Wirtschaftswelt mit ihren religiösen Zügen richtig ist, dann ist hier auch der Ort, wo Umkehr deutlich werden kann. Ich fürchte, wir sind alle kleine Messdiener in der neuen neoliberalen Religion der Waren, des kaufbaren Glücks. Wir dürfen unser Herz nicht den modernen Ansprüchen der neuen Götzen ausliefern, wir müssen uns kritisch machen gegenüber den Heils- und Sinnangeboten unserer Welt. Umkehr setzt Einsicht in die Unrechtsstrukturen voraus, in die wir hinein verwickelt sind und an denen wir selber weiterstricken. Die Unrechtsstrukturen sind geronnener Egoismus der Menschengeschichte. Sie werden zu unserer eigenen Schuld, wenn wir sie nicht entlarven und ihnen den Dienst verweigern, Alternativen in unserem Verhalten suchen und gemeinsam mit anderen an ihrer Veränderung arbeiten. Die Umkehr ist also keine fromme Floskel, sondern will in unserem Verhalten konkret und ablesbar werden. Grund genug, um in der österlichen Bußzeit darüber einzeln und miteinander nachzudenken, um neue Wege zu finden und zu gehen.

Glaubt an das Evangelium!

Das Evangelium, das Jesus verkündet, das Jesus selber ist, soll dabei sein Wegweiser für uns sein. Da geht es nicht um abstrakte Glaubensformulierungen, sondern um Nachfolge. Seine Botschaft kündet uns von der Bereitschaft Gottes zur Vergebung der Schuld. Wir dürfen die Vergebung für uns selbst annehmen und weiterschenken. Es gibt so unendlich viel Schuld in der Welt! Aber keiner will daran schuld sein. Die Formulierungen, wie sie uns früher in den Beichtspiegeln vorgehalten wurden, fassen diese Schuld nicht. Es geht um unsere Mitschuld an der Ungerechtigkeit in der Welt, um unser gedankenloses Hinnehmen des Unheils, um die resignative Ausrede, wir könnten ja doch nichts machen.

Der Glaube an das Evangelium nimmt uns die Angst, in dieser Welt zu kurz zu kommen. Vergebung ist kein Zeichen der Schwäche, sondern der Stärke, die neues Miteinander möglich macht. Das haben uns die Kommissionen für Wahrheit und Versöhnung in Südafrika gezeigt. Nur so werden auch Israel und Palästina Gerechtigkeit und Frieden finden.

Aus Vergebung und Versöhnung wächst die Bereitschaft, sich für Gerechtigkeit einzusetzen und Strukturen zu verändern, die der Gerechtigkeit im Wege stehen. Misereor und Brot für die Welt zeigen uns in jeder österlichen Buß- und Fastenzeit erste Schritte dazu, wie wir uns beteiligen können. Natürlich sind auch unsere Politiker gefragt und die Verantwortlichen in der Wirtschaft. Die Geldvermehrung und der Warenkult dürfen nicht zum letzten Zweck werden, zu geheimen Götzen unserer Welt. Das Geld muss den Menschen dienen, ihren Lebenschancen, ihrer Zukunft. Wir können damit anfangen.

Nur so werden die Menschen fähig, Unterdrückung und Ausgrenzung zu überwinden, den Hass auszutrocknen, aus dem der Terror wächst. Die Umkehr und der Glaube an das Evangelium können dabei Orientierung geben, Kriterien für die Unterscheidung der Geister. Sie können heilsame Kräfte für unsere Welt, für das Reich Gottes mitten unter uns freisetzen.

Gebet

Gott, wozu sind die Menschen fähig?
Tausende Tote im World-Trade-Center:
Unschuldige Tote.
Und die Welt schreit auf.

30 000 oder 50 000 Tote jeden Tag,
gestorben an Hunger oder vermeidbarer Krankheit:
Unschuldige Tote.
Und die Welt schreit *nicht* auf.

Es gibt soviel Schuld in der Welt,
oft anonym und versteckt.
Keiner will daran schuld sein,
auch ich nicht.

Zeige uns die Wege des Evangeliums,
damit unsere Welt menschlicher wird
und dein Reich unter uns schon aufscheint.

Zweiter Fastensonntag

DIE RAST AUF DEM WEGE

Ich habe den Berg bestiegen. Was immer auch passieren mag, hat jetzt keine Bedeutung mehr. Ich habe auf dem Gipfel gestanden. Ich habe das gelobte Land gesehen. Ich weiß nicht, ob ich es erreichen werde. Ich hoffe aber auf den Herrn. Ich habe die Herrlichkeit des Herrn gesehen.

Martin Luther King

1. Lesung: Gen 22,1–2.9a.10–13.15–18

2. Lesung: Röm 8,31b–34

Evangelium nach Markus 9,2–10:

In jener Zeit nahm Jesus Petrus, Jakobus und Johannes beiseite und führte sie auf einen hohen Berg, aber nur sie allein. Und er wurde vor ihren Augen verwandelt; seine Kleider wurden strahlend weiß, so weiß, wie sie auf Erden kein Bleicher machen kann. Da erschien vor ihren Augen Elija und mit ihm Mose, und sie redeten mit Jesus. Petrus sagte zu Jesus: Rabbi, es ist gut, dass wir hier sind. Wir wollen drei Hütten bauen, eine für dich, eine für Mose und eine für Elija. Er wusste nämlich nicht, was er sagen sollte; denn sie waren vor Furcht ganz benommen. Da kam eine Wolke und warf ihren Schatten auf sie, und aus der Wolke rief eine Stimme: Das ist mein geliebter Sohn; auf ihn sollt ihr hören. Als sie dann um sich blickten, sahen sie auf einmal niemand mehr bei sich außer Jesus. Während sie den Berg hinabstiegen, verbot er ihnen, irgend jemand zu erzählen, was sie gesehen hatten, bis der Menschensohn von den Toten auferstanden sei. Dieses Wort beschäftigte sie, und sie fragten einander, was das sei: von den Toten auferstehen.

Das heutige Evangelium markiert eine ganz wichtige Stelle im Leben Jesu. Voraus geht der galiläische Frühling, die erste Zeit des Wirkens Jesu. Die Menschen waren auf ihn aufmerksam geworden. Jünger hatten sich um ihn gesammelt. Menschen waren geheilt worden. Viel Volk lief ihm nach.

Aber dann kamen auch Enttäuschungen. In Nazareth, seiner Heimatstadt, stieß er auf Ablehnung. Seine Forderungen waren vielen zu hart. Die Menschen wandten sich ab. Jesus begann zu ahnen, dass seine Mission nicht gut ausgehen würde. Zum ersten Mal sprach er von seinem Tod und davon, dass auch seine Jünger das Kreuz tragen würden. Entschlossen, seinem Auftrag treu zu bleiben, zog er mit seinen Jüngern nach Jerusalem. Genau zu diesem Zeitpunkt, der Wende vom galiläischen Frühling zum Leidensweg in Jerusalem, steht das Ereignis, von dem das heutige Evangelium berichtet.

Gottes Nähe

Jesus nahm ein paar Jünger mit auf einen hohen Berg. Immer sind Berge Orte besonderer Gottesbegegnung. Einen Augenblick lang durchzuckte das Licht Gottes die Gestalt Jesu. Mose und Elija erscheinen. Gesetz und Propheten des Gottesbundes bekennen sich zu Jesus. Die Heilsgeschichte läuft auf ihn zu.

Die Jünger sind ganz benommen, erschrecken, haben Angst. Sie ahnen vielleicht, was geschieht, aber sie begreifen es nicht. Petrus will den Augenblick festhalten: Verweile doch, du bist so schön. Aber mit einem Hüttenbau ist solche Erfahrung nicht festzuhalten. Sie entzieht sich menschlichem Zugriff. Sie kann nur als Geschenk angenommen und im Herzen bewahrt werden. Gott selber gewährt sich den Menschen.

Aus der Wolke, neben dem Berg ein anderes wichtiges Bild der ungreifbaren Nähe Gottes, hören sie seine Stimme. Er verweist sie auf Jesus. Auf ihn sollen sie hören, ihm sollen sie folgen, wohin auch immer. Gott ist mit Jesus und mit ihnen auf dem Weg. Darauf können sie nun vertrauen. Dann ist der Augenblick vorüber. Sie dürfen noch nicht auf dem Berg bleiben. Sie müssen wieder herab in die Ebene, mit Jesus und den anderen Jüngern auf Jerusalem zu.

Einen Augenblick lang dürfen sie erfahren, worauf alles hinauslaufen soll. Diese Szene auf dem Berg ist sicher schon in österlichen Farben gezeichnet. In ihr ist alles zusammengefasst, was die Jünger Jesu mit ihm an erfüllter Zeit, an Vertrauen und Glaubensgewissheit gewonnen haben. Auch für Jesus selbst ist es eine Vergewisserung auf seinem Weg. In der Kraft dieser Erfahrung geht er unbeirrt seinen Weg weiter. Die Jünger, auch die drei auf dem Berg, folgen ihm nur zögernd, sie haben Angst, fliehen auf seinem Kreuzweg. Ihnen wird erst nach Ostern klar geworden sein, was dieser vorübergehende Augenblick des Lichts und der Nähe Gottes ihnen sagen wollte: Verheißung der Auferstehung durch den Tod hindurch, Verheißung der Vollendung nach aller Mühsal der Nachfolge, Ermutigung auch für den Weg des Leidens.

Wir auf dem Weg

Auch unser Glaubensweg kennt helle und dunkle Erfahrungen, Zeiten, wo wir ganz erfüllt sind von der Nähe Gottes, und Zeiten, wo Dunkelheit seine Nähe kaum noch erahnen läßt, wo Leid und Trauer uns an ihm zweifeln lassen. Wir können nicht immer gleich dicht und erfüllt leben. Da gibt es viel Enttäuschungen, aber auch viel Alltag, zermürbend mit seinen Sorgen und Pflichten, ohne tiefe Erlebnisse, ein Tag wie der andere.

Da ist der Glaubensweg Jesu und seiner Jünger ein Zeichen für uns. Beides, der galiläische Frühling und der Leidensweg, die Erfahrung seiner Nähe und seiner Ferne, sind verschiedene Stationen auf demselben Weg mit Jesus. Der Glaube ist für uns heute vielfach nicht mehr so selbstverständlich wie vielleicht früher, wie damals im galiläischen Frühling. Er ist durch vielerlei Erfahrungen unserer Zeit verdunkelt. Da brauchen auch wir Augenblicke der Ermutigung wie auf dem Berg der Verklärung, damit wir die Mühen der Ebene, des alltäglichen Leidensweges, Erfahrungen der eigenen Ohnmacht, des fremden oder eigenen Sterbens durchhalten können.

Augenblicke der Vergewisserung

Es lohnt sich, den eigenen Glaubensweg immer wieder zu bedenken. Wir sind vielleicht eingeübt in die Gewissenserforschung. Darunter verstand man das Forschen nach den eigenen Sünden. Ich möchte die Gewissenserforschung einmal anders verstehen: Das Forschen nach erfüllten Augenblicken in meinem Leben. Solche Augenblicke kann man nicht mit irdischen Mitteln verlängern, gleichsam Hütten dafür bauen. Aber man kann sie in der eigenen Erinnerung festhalten, um davon zu leben. Wir sollten uns dieser Augenblicke erinnern, nicht in dem wehmütigen Rückblick: Ach, wie leicht fiel uns damals der Glaube im Gegensatz zu heute, sondern in Dankbarkeit und Freude: Gott hat uns gezeigt, wie nah er uns ist, auch wenn es wieder dunkel wird.

Solche Augenblicke der Vergewisserung können vielfältig sein: Erfahrungen von Liebe und erfüllter Freude, aber auch von getragenem Leid und von überraschender Hilfe; Momente, wo wir uns ganz im Einklang mit unserem Leben, mit Gott gefühlt haben; aber auch Augenblicke auf einem Berggipfel oder das Erlebnis eines Sonnenaufgangs, der Blumenfülle im Sommer oder einer sternklaren Nacht; Erfahrungen bei Gebet und Meditation, im Gottesdienst in der Kirche, bei der Kommunion mit ihm und der Gemeinde. Was könnte man Besseres über die Gottesdienste einer Gemeinde sagen, als dass sie solche Augenblicke der Erfahrung von Gottes Nähe sein können, nicht jedesmal, auch nicht für jeden gleich, aber doch immer wieder, vielleicht für jeden anders, so wie er sich eben berührt fühlt.

Wichtig dabei ist, dass solche Augenblicke uns ganz offen finden, dass wir sie ausschöpfen und in unserer Erinnerung wachhalten, damit sie uns Kraft geben können für den Weg, für die Nachfolge, auch wenn sie uns ins Dunkel führt. Wichtig ist, dass wir diesen Erfahrungen vertrauen und dass wir uns darauf verlassen, dass sich in ihnen die Zukunft ankündigt. Sie sind Hinweis darauf, dass Elend und Not nicht das letzte Wort über uns, über unsere Welt behalten werden. Sie sind Protest gegen die Übermacht der Gewalt und des Todes und deswegen Ermutigung zum Aufbruch zu neuen, wenn auch kleinen Schritten des Lebens.

Gebet

Vieles, was früher sicher schien, wirkt wie zerbrochen:
Glaube, Liebe, Hoffnung, ethische Perspektiven unserer Gesellschaft.
Unsere alten Kirchen wirken müde und resigniert.

Viele Christen trauen ihrem Glauben keine Kraft mehr zu,
Zukunft zu gestalten und Leben zu ermöglichen.

Schenke uns Augenblicke der Vergewisserung,
wo wir spüren,
dass wir auf dem richtigen Weg sind.
Schenke uns Menschen,
die mit uns unterwegs sind,
damit wir uns gegenseitig ermutigen.
Schenke uns deine Nähe,
damit wir nicht erliegen
in den Niederungen unseres Lebens.

Dritter Fastensonntag

WEGE ZUR FREIHEIT

Ein Redemptoristenpater kläfft uns die ganze Zeit im Hinblick auf das sechste Gebot an. Er sagt, Unreinheit ist eine so schwere Sünde, dass sich die Jungfrau Maria abwendet und weint ... Unsere Liebe Frau weint über diese Scheußlichkeiten, weiß sie doch, dass ihr jedesmal, wenn ihr an euch herumspielt, ihren heißgeliebten Sohn ans Kreuz nagelt, dass ihr Ihm abermals die Dornenkrone auf das teure Haupt rammt, dass ihr jene gräulichen Wunden abermals öffnet... Oh, ihr Knaben. Der Teufel will eure Seelen. Er will euch bei sich in der Hölle, und wisset dies, dass jedesmal, wenn ihr an euch herumspielt, jedesmal, wenn ihr euch der niedrigen Sünde der Selbstbefriedigung hingebt, dann nagelt ihr nicht nur Christus ans Kreuz, dann legt ihr einen weiteren Schritt auf dem Weg zur Hölle als solcher zurück.

Frank Mc Court

1. Lesung aus dem Buch Exodus 20,1–17:

In jenen Tagen sprach Gott auf dem Sinai alle diese Worte: Ich bin Jahwe, dein Gott, der dich aus Ägypten geführt hat, aus dem Sklavenhaus. Du sollst neben mir keine anderen Götter haben. Du sollst dir kein Gottesbild machen und keine Darstellung von irgend etwas am Himmel droben, auf der Erde unten oder im Wasser unter der Erde. Du sollst dich nicht vor anderen Göttern niederwerfen und dich nicht verpflichten, ihnen zu dienen. Denn ich, der Herr, dein Gott, bin ein eifersüchtiger Gott: Bei denen, die mir feind sind, verfolge ich die Schuld der Väter an den Söhnen, an der dritten und vierten Generation; bei denen, die mich lieben und auf meine Gebote achten, erweise ich Tausenden meine Huld. Du sollst den Namen des Herrn, deines Gottes, nicht missbrauchen; denn der Herr lässt den nicht ungestraft, der seinen Namen missbraucht. Gedenke des Sabbats: Halte ihn heilig! Sechs Tage darfst du schaffen und jede Arbeit tun. Der siebte Tag ist ein Ruhetag, dem Herrn, deinem Gott, geweiht. An ihm darfst du keine Arbeit tun: Du, dein Sohn und deine Tochter, dein Sklave und deine Sklavin, dein Vieh und der Fremde, der in deinem Stadtbereich Wohnrecht hat. Denn in sechs Tagen hat der Herr Himmel, Erde und Meer gemacht und alles, was dazugehört; am siebten Tag ruhte er. Darum hat der Herr den Sabbattag gesegnet und ihn für heilig erklärt. Ehre deinen Vater und deine Mutter, damit du lange lebst in dem Land, das der Herr, dein Gott, dir gibt. Du sollst nicht morden. Du sollst nicht die Ehe brechen. Du sollst nicht stehlen. Du sollst nicht falsch gegen deinen Nächsten aussagen. Du sollst nicht nach dem Haus deines Nächsten verlangen. Du sollst nicht nach der Frau deines Nächsten verlangen, nach seinem Sklaven oder seiner Sklavin, seinem Rind oder seinem Esel oder nach irgend etwas, das deinem Nächsten gehört.

2. Lesung: 1 Kor 1,22–25

Evangelium: Joh 2,13–25

Die Gebote kennen wir von klein auf. Die Älteren unter uns haben es so gelernt: «Ich bin der Herr, dein Gott, du sollst keine fremden Götter neben mir haben» (Katechismus von 1955). Unter den «fremden Göttern» konnte ich mir allerdings damals nichts vorstellen. Die Gebote standen im Vordergrund. Über deren Einhaltung wachte Gott mit seinen Sanktionen, seiner Strafe. Gerade der Katholizismus galt als Religion des «du sollst». Die Religion, der Glaube wurde zum ängstlichen Erfüllen der Gebote. In der Beichte konnte man allerdings die schlimmen Sachen loswerden und Verzeihung erlangen. Aber auch die Beichte war angstbesetzt.

Erst der Katechismus von 1969 nimmt den vollen biblischen Text wieder auf, wie er der heutigen Lesung entspricht: «Ich bin der Herr, dein Gott, *der dich aus dem Lande Ägypten, dem Haus der Knechtschaft, geführt hat*. Du sollst keine anderen Götter neben mir haben.» Das hört sich sofort anders an: Ich bin der Herr, dein Gott, der dich aus der Knechtschaft in die Freiheit geführt hat. Du sollst keine anderen Götter neben mir haben, die dich wieder in die Knechtschaft führen. Es geht Gott darum, dass sein Volk die Freiheit nicht an fremde Götter preisgibt, die es wieder knechten wollen. Deswegen sollen sie keine anderen Götter verehren. Die Gebote sind nicht angsterregende Gesetze, deren Übertretung Gott mit Strafen belegt, sondern sie sind Wege, die Freiheit festzuhalten und zu leben, die Gott ermöglicht hat. Die Gebote als Freiheitswege Gottes für uns! Gott öffnet einen weiten Raum, in dem wir in Freiheit und Würde miteinander vor ihm leben können. So waren seine Gebote für Israel gedacht.

Die neuen Götter und der Sonntag

Das alles sind nicht alte Geschichten, sondern Anfragen an uns und unsere Zeit. Die «fremden Götter» sind nicht irgendwelche Götzenbilder, wie ich es mir damals vorgestellt habe. Es sind die Mächte, die uns heute wieder knechten wollen. Ich denke dabei z.B. an die aktuelle Auseinandersetzung um den Sonntag. Wirtschaft, Handel und Konsum verlangen, den Sonntag von seinen antiquierten Sonderrechten zu befreien. Sie sind die neuen Götter, denen die Menschen zu dienen haben. Flexibilisierung der Arbeit und der Ladenöffnungszeiten heißt das Stichwort. Das klingt so harmlos. Aber dahinter versteckt sich der Anspruch, alles soll zur Ware werden, auch der Sonntag. Die kostbaren Maschinen sollen nicht stille stehen. Sie sollen auch am Sonntag «bedient» werden. Der Umsatz muß laufen. Deswegen muss das Verkaufspersonal zur Stelle sein. Der Mensch selber wird zur Ware.

Es können aber auch andere neue Götter sein, die uns wieder versklaven und die wir uns selbst wählen: der Fußball oder die Disko, das Fernsehen, der Computer oder einfach das Vergnügen. Alles andere wird dann schnell diesen neuen Göttern untergeordnet.

Dagegen steht das Gebot Gottes: Du sollst den Sabbat heiligen. Der Sabbat galt ausdrücklich auch für die Knechte und Mägde, für den Sklaven und die

Sklavin, ja sogar für Vieh und Felder. Der Sabbat war die Unterbrechung der Arbeitsgesellschaft, gleichsam eine erste Sozialgesetzgebung im Namen Gottes. Alle Menschen, die ganze Natur sollten teilhaben an der Ruhe Gottes. Ihm die Ehre geben, ihm danken macht den Menschen frei von dem Gebrauchtwerden und dem Verbrauchtwerden durch die Mächtigen, läßt ihn Mensch sein, aufatmen, aufrecht gehen, in Würde, so wie Gott ihn will. «Der Sabbat ist um des Menschen willen da, nicht der Mensch für den Sabbat», sagt Jesus (Mk 2,27). Die Heiligung des Sabbats ist Schutz des Menschen vor seinem Verbrauchtwerden, Zeichen seiner Würde, seiner Beziehung zu Gott. So ist der Sonntagsgottesdienst Dank an Gott, der uns in diese Freiheit führt und sie bewahren lässt. Das dürfen wir uns von unserer modernen Wirtschaftsgesellschaft nicht nehmen lassen. Wirtschaft, Handel und Konsum müssen den Menschen dienen, und nicht die Menschen diesen neuen Göttern, die uns in Beschlag nehmen wollen.

Ehre Vater und Mutter

In der Sprache der Bibel heißt das vierte Gebot: «Ehre deinen Vater und deine Mutter, damit deine Tage lang währen in dem Land, das der Herr, dein Gott, dir gibt.» Die kirchliche Tradition hat dieses Gebot verkürzt zum Gehorsam des kleinen Kindes den Eltern gegenüber. Gott wurde gleichsam zum Erziehungsgehilfen, der den Gehorsam der Kinder erzwingen sollte. Im Katechismus wurde daraus auch der Gehorsam den staatlichen und kirchlichen Autoritäten gegenüber nach der Art des unmündigen Kindes gegenüber den Eltern.

Aber das vierte Gebot meint etwas ganz anderes: Es richtet sich an die erwachsenen Söhne und Töchter. Sie sollen Vater und Mutter «ehren». Das schließt die Sorge für die Würde der alten Menschen ein, die nicht mehr für sich selber sorgen können, die Sorge für ihr Leben und ihren Lebensunterhalt. Es gab ja keine Rente und keine Pflegeversicherung, so wie es heute noch für viele Menschen in der Welt gilt. Die Kinder sind oft die einzige Lebensversicherung.

Hinter diesem Gebot steht also der Wille Gottes, dass junge und alte Menschen, zunächst in der Familie, dann aber auch im ganzen Volk, aufeinander achten, dass keiner allein gelassen wird, dass jeder in Würde leben und sterben kann. «Damit deine Tage lange währen in dem Land, das der Herr, dein Gott, dir gibt.» Die jetzt eingeladen werden, Vater und Mutter zu ehren, sollen sich auch selbst in ihrem Alter auf ihre Kinder verlassen können. Es geht um das Miteinander der Generationen, die aufeinander angewiesen sind.

So gilt dieses Gebot auch hierzulande: Einmal verpflichtet es uns, unsere Versicherungssysteme so einzurichten, dass jeder alte oder kranke Mensch genügend Geld und Raum für ein Leben in Würde hat. Aber das entbindet nicht von der persönlichen Zuwendung und Fürsorge. «Ehre Vater und Mutter», habe Zeit und Aufmerksamkeit für sie, pflege sie soweit wie möglich zu Hause, überlege dir, ob wirklich ein Heim für sie nötig ist. Es gilt für das Pflegepersonal: Ehre die alten Menschen und achte ihre Würde! Für die Gesellschaft: Sorge für genügend ausgebildete Pflegerinnen und Pfleger, damit sie Zeit für Gespräche und eine menschliche Pflege haben. Dem Gebot geht es um das gelingende Miteinander der verschiedenen Generationen, um die finanziellen und menschlichen Ressourcen. Wahrhaftig eine nötige Mahnung in unserer Zeit, damit alle in Freiheit und Würde miteinander leben können, hier und weltweit!

Freiheit gegenüber den Mächtigen in unserer Welt

Wer auf die Gebote Gottes achtet, sich von ihnen in die Freiheit führen lässt, der hat eine große Freiheit gegenüber denen, die sich hier mächtig dünken in der Welt. Das zeigen die vielen Männer und Frauen, die das Unrecht, die Ausbeutung und Unterdrückung von Menschen beim Namen nennen und die sich einsetzen für den Menschen und seine Würde, auch wenn sie deswegen Verfolgung, Folter und Mord ausgesetzt sind. Doch dann sind andere da, die ihre Aufgaben übernehmen. Die Macht der Mächtigen kann sie nicht schrecken.

Wer diesen Gott, der in die Freiheit führt, zum Gott hat, der ist immun gegen die Verführungen von Macht und Geld, der ist souverän gegenüber den Mächtigen. Solche Freiheit liebt Gott, dazu will er auch uns ermutigen. Denn er ist auch heute noch ein Gott, der aus der Knechtschaft in die Freiheit führt, die anderen, das ganze Volk, die Menschheit und auch uns selbst.

Gebet

Gott, du willst uns nicht als Marionetten,
die willenlos deinen Willen erfüllen.
Du willst uns auch nicht als ängstliche Kinder,
die zittern vor deiner Strafe.

Es ist erstaunlich:
Du willst unsere Freiheit,
auch wenn wir sie noch so oft missbrauchen.
Du willst unsere Freiheit zur Liebe,
unsere Freiheit zum Leben miteinander
in Würde und gegenseitiger Achtung.

Gib uns Einsicht und Kraft,
den Götzen von heute zu widerstehen,
die uns wieder versklaven wollen,
den Götzen, die wir uns selber machen.

Lehre uns deine Freiheitswege,
damit die Menschen aufatmen
und in Würde leben können.
Dann werden wir dich finden,
dich, den Gott der Freiheit und des Lebens.

Vierter Fastensonntag

DIE WAHRHEIT TUN

> Herr, wir haben dein Licht gesehen, es leuchtet auf unserem Gesicht und in unseren Herzen, und wir wollen nun, Herr, dein Licht mitnehmen dorthin, wo es in unserer Welt dunkel ist, zu den Verzagten und den Trauernden, zu denen, die nur Fragen, aber keine Antworten haben, zu denen, die hungern nach Brot und nach Gerechtigkeit, zu denen, die ihren Weg verloren haben, die nicht mehr lachen können, zu denen, die einsam sind, die bei uns keine Heimat haben. Herr, wir wollen dein Licht mitnehmen in unser Haus, zu unseren Lieben, und es soll bei uns und allen Menschen leuchten, jeden Tag.
>
> *Klaus Bannach*

1. Lesung: 2 Chr 36,14–16.19–23

2. Lesung: Eph 2,4–10

Evangelium nach Johannes 3,14–21:

> In jener Zeit sprach Jesus zu Nikodemus: Wie Mose die Schlange in der Wüste erhöht hat, so muss der Menschensohn erhöht werden, damit jeder, der an ihn glaubt, in ihm das ewige Leben hat. Denn Gott hat die Welt so sehr geliebt, dass er seinen einzigen Sohn hingab, damit jeder, der an ihn glaubt, nicht zugrunde geht, sondern das ewige Leben hat. Denn Gott hat seinen Sohn nicht in die Welt gesandt, damit er die Welt richtet, sondern damit die Welt durch ihn gerettet wird. Wer an ihn glaubt, wird nicht gerichtet; wer nicht glaubt, ist schon gerichtet, weil er an den Namen des einzigen Sohnes Gottes nicht geglaubt hat. Denn mit dem Gericht verhält es sich so: Das Licht kam in die Welt und die Menschen liebten die Finsternis mehr als das Licht; denn ihre Taten waren böse. Jeder der Böses tut, hasst das Licht und kommt nicht zum Licht, damit seine Taten nicht aufgedeckt werden. Wer aber die Wahrheit tut, kommt zum Licht, damit offenbar wird, dass seine Taten in Gott vollbracht sind.

«Glauben heißt: Fest für wahr halten, was Gott geoffenbart hat.» So haben es die Älteren von uns vielleicht noch vom Katechismus her im Kopf. «Gott ist wahrhaftig, weil er immer die Wahrheit sagt; er kann nicht irren und nicht lügen.» So heißt es dort.

Die Wahrheit sagen, die Wahrheit glauben: das ist also vornehmlich eine Sache von wahren Sätzen, eine Sache des Kopfes. Im heutigen Evangelium steht aber eine ganz andere Formulierung, die uns vielleicht staunen lässt: «Wer aber die Wahrheit *tut*, kommt zum Licht.» Die Wahrheit tun – damit kommt sogleich der ganze Mensch mit ins Spiel. Es reicht also nicht, bloß für wahr zu halten, was Gott geoffenbart hat. Seine Wahrheit muß mein Leben durchdringen und verwandeln. Die Menschen von heute, die oft wenig oder nichts mehr von Gott und Jesus Christus «wissen», sie lesen vielleicht doch im Leben von Christen, wer der Gott ist, an den wir glauben.

Das Glaubensbekenntnis, in der Messe gesprochen, ist nur die eine Seite, die andere ist das Glaubensbekenntnis, wie es in meinem Leben deutlich wird. Da kann es auch sein, dass ich mit meinem Leben dem widerspreche, was ich mit meinen Worten bekenne. Ja, wir werden alle bekennen müssen, dass wir mit unserem Leben hinter dem zurückbleiben, was wir glauben. Die Wahrheit *tun* – das bleibt also ständig neuer Impuls, neuer Auftrag, neue Einladung an uns.

Jesus – die Wahrheit

Auch bei Jesus geht es nicht bloß darum, dass er die Wahrheit sagt und ich ihm deswegen glauben darf, was er sagt. Im selben Johannesevangelium, aus dem unser heutiger Text stammt, heißt es: «Ich bin der Weg, die Wahrheit und das Leben.» (Joh 14,6) Jesus *ist* die Wahrheit, er sagt sie nicht nur. Seine Wahrheit ist sein ganzes Leben, seine Menschwerdung, seine Worte vom Kommen des Gottesreiches, seine Zuwendung zu den Menschen, seine Heilungen, sein Kreuz und seine Auferstehung. Die Wahrheit seines Lebens ist im heutigen Evangelium in einem Wort zusammengefaßt: «Gott hat seinen Sohn nicht in die Welt gesandt, dass er die Welt richte, sondern dass die Welt durch ihn gerettet werde.» Die Wahrheit seines Lebens, die Wahrheit, die er *tut*, heißt Rettung.

Die Menschen, die Jesus begegneten, haben etwas von seiner rettenden Kraft gespürt: Sein Wort vertrieb die bösen Geister, die den Menschen knechten. Die Begegnung mit ihm macht wieder frei zum Leben. Die Menschen atmeten auf. Die Gekrümmten und Gelähmten richteten sich auf. Die Ausgestoßenen fanden wieder in die menschliche Gemeinschaft zurück. Er aß mit den Zöllnern und Sündern. Er verkündete die Vergebung Gottes und er lebte sie.

Seine Wahrheit für uns

Wenn wir so seine Botschaft hören, dann dürfen wir uns zunächst selber darin geborgen sehen. Bei allem, was in mir kaputt ist, wo ich nicht mehr weiterkomme und immer wieder scheitere, brauche ich nicht zu verzweifeln, sondern kann mich ihm anvertrauen. Er will mich retten, nicht richten. Ich brauche mich vor ihm nicht in Angst zu verstecken. Ich kann es auch gar nicht. Wenn ich so vor ihm ehrlich sein darf auch in meinen Schwächen, meiner Schuld, dann kann ich auch ohne Angst ehrlich vor mir selbst sein, meine Fehler annehmen und eingestehen, mich immer neu auf den Weg machen. Glauben, die Wahrheit tun, macht mich frei zu mir selbst, öffnet mir neue Horizonte und schenkt mir Kraft, aufzustehen und weiterzugehen.

Die Wahrheit tun: retten

Wenn ich mich selbst nicht gerichtet, sondern gerettet weiß, dann kann ich mich auch von Jesus anstecken lassen, so wie er den Menschen zu begegnen. Das ist etwas, das keine besonderen Aktionen verlangt, sondern so oder so mitten im Alltag geschieht: Wie ich über andere denke und über sie rede, wie ich ihnen ohne Vorurteile begegne und positive Ansätze bei ihnen entdecke, wie ich mich dem Mobbing verweigere und die Schuld nicht immer auf den Schwächsten abschiebe, ... all das sagt etwas über die Wahrheit meines Lebens aus, über meinen Glauben, über mein Gottesverständnis oder eben über die Finsternis, die in mir ist.

Als Bürger unseres Landes und als Christen stehen wir in der Gefahr, schnell dabei zu sein, wenn es um die Verurteilung anderer geht, wer auch immer das sein mag. Die Frommen, die sich auf Gott berufen, sind besonders in der Gefahr, in ihren Urteilen, in ihren Verurteilungen hart und unnachgiebig zu sein, weil sie denken, sie könnten im Namen Gottes (ver-)urteilen. Dann kommt man aber nicht mehr von seinem Urteil herunter, dann ist man nicht mehr lernfähig. Dann richtet man, statt zu retten.

Viele Menschen erleben die Kirche immer wieder als Verurteilung ihres Lebens, die Homosexuellen, die geschiedenen Wiederverheirateten, die Priester, die den Zölibat nicht mehr halten wollen oder können, Jugendliche, die keine Hilfe erfahren für das Gestalten ihrer Sexualität... Viele erwarten deswegen für ihr Leben und die Bewältigung ihrer Fragen und ihrer Not vom christlichen Glauben nichts Hilfreiches mehr für ihr Leben.

Schwangerenkonfliktberatung

Ich denke dabei auch an die Auseinandersetzung um die Schwangerenkonfliktberatung im Zusammenhang mit dem Paragraphen 218. Durch die verpflichtende Beratung kann auch innerhalb der gegenwärtigen Gesetzeslage Leben gerettet werden, so bezeugen es alle Beraterinnen. Dabei geht es nicht nur um das Leben der Kinder, sondern auch um das Leben der Frauen, die in ihrer Not an einen Schwangerschaftsabbruch denken und in der verständnisvollen Beratung menschliche Nähe erfahren und vielleicht Mut zum Leben in eigener Entscheidung finden. Das ist wichtiger, als die Verurteilung des Schwangerschaftsabbruches durch eine Verweigerung der Beratung im Rahmen des Gesetzes deutlich zu machen. Dann nämlich stünde das Richten über dem Retten. So ist es zutiefst zu bedauern, dass die deutschen Bischöfe ihre Beratungsstellen aus dem Zusammenhang des Gesetzes – oft gegen ihre zuvor bekundete Gewissensentscheidung – herauslösen mussten und nun zugeben, dass Frauen, die an eine mögliche Abtreibung denken, gar nicht mehr ihre Beratungsstellen aufsuchen. Diese Beratungsstellen können deswegen nicht mehr auf diese Weise Leben retten.

Um so wichtiger war es für die Glaubwürdigkeit unserer Kirche, dass sich Laien fanden, die in den Vereinen «Donum vitae» und «Frauenwürde» die Beratung im Rahmen des Gesetzes fortführen und nun zu 60 bis 70 Prozent Schwangerenkonfliktberatung vornehmen, die zu retten versuchen, ohne über die Frauen, die in ihrer Not an einen Schwangerschaftsabbruch denken, zu richten.

Die Wahrheit tun

Wenn wir die Rettungsbotschaft Jesu für unser eigenes Leben hören dürfen, für das Leben der Menschen neben uns, für unsere Welt, dann sind wir selbst in diesen Rettungsdienst eingespannt, dann wird seine frohe Botschaft für uns zugleich zur Einladung, seinen Weg mitzugehen, damit sie alle Menschen erreiche. Die Wahrheit tun, nicht richten, sondern das Leben retten, das führt ans Licht, uns selbst und die anderen neben uns, unsere Welt. Glauben heißt nicht bloß, für wahr halten, was Gott uns offenbart, sondern Glauben heißt: die Wahrheit tun, retten nicht richten. Wer die Wahrheit tut, kommt ans Licht und wird selber zum Licht für andere.

Gebet

Guter Gott,
wir Menschen sind ständig in Gefahr,
uns ein fertiges Bild von anderen zu machen,
sie einzuschätzen und in bestimmte Schubladen zu stecken,
über andere zu richten und sie festzunageln auf ihre Schuld.
Dabei huldigen wir oft nur unseren eigenen Vorurteilen
und projizieren unsere Schwierigkeiten auf andere.

Du bist der einzige,
der uns so sieht, wie wir sind,
der in Wahrheit über uns richten könnte.
Ausgerechnet du aber willst nicht richten, sondern retten.

Hilf uns, dass wir diese Wahrheit für uns annehmen
und uns in dir geborgen wissen
mit allem, was in uns verbogen und falsch ist.

Hilf uns, dass wir diese Wahrheit tun
und einander etwas von deiner rettenden Nähe spüren lassen.
Dann können Menschen dich finden in unserem Leben.

Fünfter Fastensonntag

GLOBALISIERUNG

Unsere Welt, ein Dorf mit 100 Einwohnern:
57 Asiaten, 21 Europäer, 14 Amerikaner (Süd und Nord), 8 Afrikaner.
52 Frauen, 48 Männer. 30 Weiße, 70 Farbige.
70 Nicht-Christen, 30 Christen. 92 heterosexuelle, 8 homosexuelle.
6 besitzen 60 Prozent des Reichtums, alle 6 stammen aus den USA.
80 haben keine ausreichenden Wohnverhältnisse, 50 sind Analphabeten,
50 sind unterernährt. 8 haben ein Konto bei einer Bank.
1 hat einen PC, 1 einen akademischen Abschluss.

Materialien zur «Woche der Freundschaft»

1. Lesung aus dem Propheten Jeremia 31,31–34:

Seht, es werden Tage kommen – Spruch des Herrn –, in denen ich mit dem Haus Israel und dem Haus Juda einen neuen Bund schließen werde, nicht wie der Bund war, den ich mit ihren Vätern geschlossen habe, als ich sie bei der Hand nahm, um sie aus Ägypten herauszuführen. Diesen meinen Bund haben sie gebrochen, obwohl ich ihr Gebieter war – Spruch des Herrn. Denn das wird der Bund sein, den ich nach diesen Tagen mit dem Haus Israel schließe – Spruch des Herrn: Ich lege mein Gesetz in sie hinein und schreibe es auf ihr Herz. Ich werde ihr Gott sein, und sie werden mein Volk sein. Keiner wird mehr den anderen belehren, man wird nicht zueinander sagen: Erkennt den Herrn!, sondern sie alle, klein und groß, werden mich erkennen – Spruch des Herrn. Denn ich verzeihe ihnen die Schuld, an ihre Sünde denke ich nicht mehr.

2. Lesung: Hebr 5,7–9

Evangelium: Joh 12,20–33

Die Globalisierung unserer Welt ist eine Tatsache. Alles hängt mit allem zusammen. Die elektronische Datenverarbeitung beschleunigt den Informationsaustausch rings um die Welt. Wer Zugriff dazu hat, kann in Sekundenschnelle Entscheidungen treffen, die die Welt verändern. Für die Produktion von Waren braucht man immer weniger Menschen. Die Chaosforschung sagt: Der Flügelschlag eines Schmetterlings in China kann in Europa Unwetter auslösen. Dahinter können wir nicht mehr zurück.

Die Globalisierung ist ein politisches Schlagwort. Mit dem Hinweis auf die globalen Zusammenhänge sollen hier Sozial-, Umwelt- und Lohnstandards, die in mühsamen Kämpfen errungen worden sind, zurückgefahren werden. Sonst könne der Standort Deutschland nicht mehr gehalten werden. Die Industrie werde in Billiglohn-Länder auswandern, wo keine Umweltauflagen die Produktion behindern.

Die Globalisierung ist ein Tummelfeld des internationalen Kapitals, das weitgehend keine demokratische Kontrolle kennt. Die entfesselten Geldmärkte, die keiner Steuer unterliegen, setzen jeden Tag 1,6 bis 1,8 Billionen Dollar um, von denen nur drei bis vier Prozent für den internationalen Handel gebraucht werden. Alles andere sind reine Spekulationen, die ganze Regionen der Welt ins Chaos treiben können, wie 1997 in der Ostasienkrise, worunter immer noch Hunderte von Millionen Menschen leiden. Der so genannte freie Markt wehrt sich gegen alle Reglementierung.

Gegenbewegungen

Oft werden die, die sich gegen *diese* Globalisierung wenden, als Globalisierungsgegner bezeichnet und als die Dummen in die Ecke der Ewig-Gestrigen gestellt. Das ist (bewusste?) Irreführung. Nein, es gibt kein Zurück, doch es gibt ein Vorwärts, es gibt den Einsatz für eine Globalisierung von Menschenrechten und Sozialstandards, für weltweite Gerechtigkeit in den Handelsbeziehungen, für eine Entschuldung vieler Völker. Die Welt-Sozial-Gipfel in Porto Alegre sind dafür ein Zeichen.

An dieser Globalisierung von unten sind viele Gruppen und Institutionen beteiligt, christliche und nichtchristliche, Amnesty international, FIAN, WEED, UNICEF, Ärzte ohne Grenzen, Cap Anamur, Rotes Kreuz und Roter Halbmond, verschiedene Entwicklungsorganisationen, Brot für die Welt, Caritas internationalis, Misereor, verschiedene Orden, Pax Christi und so fort. Neuerdings versammeln sich viele Engagierte in Attac, einem Netzwerk zur demokratischen Kontrolle der internationalen Finanzmärkte.

Der Katholischen Kirche dürfte eigentlich dieses Bemühen nicht fremd sein. «Katholisch» heißt ja im Ursprung allumfassend, alle betreffend, eben global. Gerade die Kirche darf sich deswegen nicht für die Vorherrschaft der Globalisierungsgewinner einspannen lassen, sondern muss sich für die Globalisierung von unten einsetzen, zugunsten der Verlierer, der Ausgegrenzten, der Opfer dieses Systems. Wenn sie dies tut, dann ist sie ein wichtiger Koalitionspartner für alle anderen Kirchen, Religionen, Institutionen und Gruppen, die sich auf diesen Weg für Gerechtigkeit und Frieden machen.

Aber wie können diese Gruppen etwas an den globalen Machtverhältnissen ändern? Ist das nicht eine Sisyphus-Arbeit, wo man immer von vorne beginnen muss, ohne den Erfolg zu sehen?

Jesus

Jesus kam nicht, um sich dienen zu lassen. Er wollte auch nicht verdienen, sondern selber dienen. Er macht uns auf den Preis aufmerksam: «Wenn das Weizenkorn nicht in die Erde fällt und stirbt, bleibt es allein. Wenn es aber stirbt, bringt es reiche Frucht.» Die Zukunft der Welt wird nicht von der

Macht bestimmt, sondern von der Hingabe. «Wenn ich von der Erde erhöht bin, werde ich *alle* an mich ziehen.» Die Hingabe des Einen ist zum Hoffnungszeichen für viele geworden, die ihm nachfolgen, sich für die Menschen einsetzen, für die Ausgegrenzten und Armen zu allererst.

Dürfen wir nicht mit der Chaosforschung sagen: Das Leben und Sterben Jesu ist wie der weit entfernte Flügelschlag, der noch heute unsere Situation verändert?

Der neue Bund

Jeremia spricht vom neuen Bund, den Gott mit Israel schließen wird. Wir Christen glauben, dass dieser neue Bund schon in Jesus Christus anfänglich verwirklicht ist und die Grenzen des Hauses Israel sprengt. Erstaunliches wird von diesem neuen Bund gesagt: Keiner muss mehr dem anderen sagen, was richtig ist, wie man den Herrn und seinen Willen erkennt, wie man seine Wege geht. Das Gesetz wird in das Innere des Menschen gelegt, in sein Herz. Die Menschen werden aus sich heraus erkennen, was not tut.

Wir spüren sicher, wie weit wir davon noch entfernt sind. Aber ich sehe auch schon hoffnungsvolle Zeichen. Viele Christinnen und Christen warten nicht auf eine Weisung von oben, sondern erkennen selber ihre Verantwortung für die Menschen neben sich und weltweit, für Gerechtigkeit und Frieden. Sie sind verbunden mit vielen anderen Menschen, die auch dem Gesetz im eigenen Herzen folgen und aus unterschiedlichen Motivationen den gleichen Weg gehen. Ich meine damit alle, die sich für die Globalisierung von unten einsetzen, für Menschenrechte und Menschenwürde, für neue, gerechtere Strukturen in unserer Finanz- und Wirtschaftswelt. Vielleicht ist ihnen durch Christen und ihre Kirchen der Zugang zur Motivation Jesu verstellt. Es gilt, alle menschlichen Ressourcen zu aktivieren und zusammenzuführen. Nur dann können auch die natürlichen Ressourcen unserer Erde für alle fruchtbar gemacht werden und müssen nicht im ohnehin schon überfüllten Topf der Reichen enden. Wer nur egoistisch fürs eigene Profil oder Prestige arbeitet, hat noch nicht begriffen, worum es geht.

Trotz aller erfahrenen Ohnmacht: dürfen wir nicht mit der Chaosforschung sagen: Vielleicht ist all das scheinbar ohnmächtige Tun, all der vergebliche Einsatz wie der kleine Flügelschlag eines Schmetterlings, der den Anstoß gibt, damit sich die Welt verändere? Eine kleine Schneeflocke, ein Nichts, lässt letztlich den Ast brechen. Wir setzen vielleicht zu sehr auf vorweisbare Erfolge, so dass wir die Bedeutung der kleinen Schritte nicht erkennen und vorzeitig resignieren. Ich erinnere an den bekannten Spruch aus Afrika: Viele kleine Leute, die an vielen kleinen Orten viele kleine Schritte tun, können das Gesicht der Welt verändern.

Der Herrscher dieser Welt wird hinausgeworfen, sagt Jesus, der Herrscher, der die Welt nur für sich haben will. Wer sein Leben so liebt wie dieser Herrscher, der wird es verpassen. Wer aber mir dienen will, sagt Jesus, wer wie ich den Menschen dienen will, der wird das Leben verlieren wie das Weizenkorn und gerade deswegen wird er es finden, nicht nur für sich selbst, sondern auch für die anderen. Lassen wir uns dazu einladen!

Gebet

Guter Gott,
wir begreifen die Zusammenhänge in unserer Welt nicht.
Alles hängt mit allem zusammen,
und wir stecken mitten drin.
Die Globalisierung überrollt uns wie eine große Welle,
wenige spült sie nach oben, die meisten nach unten.

Schreibe dein Gesetz der Liebe und Gerechtigkeit
in unser Herz.
Dann brauchen wir keinen mehr zu fragen,
auf keine Weisung von oben zu warten,
sondern dann werden wir aufstehen und widerstehen,
dann werden wir uns mit allen verbünden,
die weltweit eintreten für das Leben.

Dann werden wir mitten in unserem Kampf um mehr Leben
dich treffen, den Ursprung und die Mitte des Lebens.

Palmsonntag

WARUM?

Tenebrae

Nah sind wir, Herr, nahe und greifbar.

Gegriffen schon, Herr, ineinander verkrallt,
als wär der Leib eines jeden von uns
dein Leib, Herr.

Bete, Herr, bete zu uns, wir sind nah.

Windschief gingen wir hin,
gingen wir hin, uns zu bücken
nach Mulde und Maar.

Es war Blut, es war,
was du vergossen, Herr.

Es glänzte.
Es warf uns dein Bild in die Augen, Herr.
Augen und Mund stehen so offen und leer, Herr.

Wir haben getrunken, Herr.
Das Blut und das Bild, das im Blut war, Herr.

Bete Herr. Wir sind nah.

Paul Celan

1. Lesung: Jes 50,4–7

2. Lesung: Phil 2,6–11

Aus der Passion nach Markus 15,33–39:

Als die sechste Stunde kam, brach über das ganze Land eine Finsternis herein. Sie dauerte bis zur neunten Stunde. Und in der neunten Stunde rief Jesus mit lauter Stimme: Eloï, Eloï, lema sabachtani?, das heißt übersetzt: Mein Gott, mein Gott, warum hast du mich verlassen? Einige von denen, die dabeistanden und es hörten, sagten: Hört, er ruft Elija! Einer lief hin, tauchte einen Schwamm in Essig, steckte ihn auf einen Stock und gab Jesus zu trinken. Dabei sagte er: Lasst uns doch sehen, ob Elija kommt und ihn herabnimmt. Jesus aber schrie laut auf. Dann hauchte er seinen Geist aus. Da riss der Vorhang im Tempel von oben bis unten entzwei. Als der Hauptmann, der Jesus gegenüberstand, ihn auf diese Weise sterben sah, sagte er: Wahrhaftig, dieser Mensch war Gottes Sohn.

Die Karwoche lädt uns ein, an das Leiden und Sterben Jesu zu denken. Sind wir uns bewusst, was wir da tun? Wir denken an eine grausame Hinrichtung! Kaum einer von uns hat eine Hinrichtung gesehen. Wir kennen sie höchstens aus dem Film oder aus dem Fernsehen. Aber es gibt sie ja auch heute noch: Hinrichtung durch Erhängen oder Erschießen, durch den elektrischen Stuhl oder die Giftspritze. Oft werden die Opfer bis zum Tod gequält und gefoltert. Sind wir überhaupt fähig, die Erniedrigung eines solchen Geschehens zu erfassen? Menschen machen sich zum Richter über Leben und Tod anderer Menschen.

In unserer Welt wiederholt es sich tausendmal: Da steht ein Mensch vor seinen Richtern. Er ist verlassen von seinen Freunden, vielleicht verraten von falschen Freunden, von solchen, die sich davon Vorteile versprechen. Ausgeliefert von denen, für die er unbequem geworden ist, deren Macht er in Frage stellt. Politische Gegner werden ermordet oder man lässt sie einfach verschwinden. Killerkommandos jagen und ermorden Straßenkinder, die den Geschäftsleuten lästig fallen wie in Brasilien. Paramilitärs wollen durch wahllose Morde die Menschen einschüchtern und ihre Macht festigen wie in Kolumbien. So könnten wir die Länder der Welt durchgehen. Wir dürfen uns dabei nicht über die anderen erheben. Auschwitz lastet noch auf unserem Volk.

Ein Menschenleben ist nicht viel wert. Die Lust am Foltern der Ohnmächtigen erfindet immer neue Möglichkeiten. Folterknechte lassen sich überall finden, auch Richter, die in scheinbar legalen Prozessen aus Überzeugung oder nur um keinen Ärger zu bekommen – wie Pilatus – den Weg des geringsten Widerstandes gehen. Was soll das schon! Regierungen, die foltern lassen, sind unsere anerkannten Wirtschaftspartner, ja sogar Bündnispartner in der Verteidigung der Freiheit wie zum Beispiel die Türkei.

Und wir?

Damals schlichen sich die Menschen aus dem Leidensweg Jesu davon oder versuchten ihr Verhalten zu rechtfertigen: Die Hohenpriester verstehen den Mord an Jesus gar als Gottes Willen! Eine Gruppe von Juden fordert seinen Tod. Pilatus wäscht seine Hände in Unschuld. Die Soldaten treiben mit ihm ihren Spott. Petrus verleugnet ihn, weil er nicht in seine Leidensgeschichte mit hineingezogen werden will. Die anderen Jünger fliehen. Nur einige Frauen begleiten Jesus stumm auf seinem Kreuzweg. Die meisten sind nur Passanten, Zuschauer. Sie lassen alles geschehen, ein gelangweilter Blick, eine kleine Abwechslung. Dann gehen sie weiter. Vielleicht haben sie sich auch schon an solche Szenen gewöhnt. Da hat man höchsten noch ein flüchtiges Mitleid, mehr nicht.

Wie stehen wir an den Leidenswegen unserer Zeit? Lassen wir uns noch betreffen? Oder ist die Rede von der Betroffenheit nicht auch schon eine bequeme Floskel geworden, mit der wir uns wirklichem Mitleiden entziehen? Sind wir schon zufrieden, wenn es nur uns nicht trifft? Die Gefahr ist groß, dass wir wie die Zuschauer damals reagieren. Dabei sind wir doch Teil dieser gewalttätigen Welt, keine unbeteiligten Passanten. Was können wir tun gegen all das, was Menschen Menschen antun?

Jesus

Nur Jesus suchte keinen Ausweg, schlich sich nicht davon, versuchte nicht durch Kompromisse dem Leidensweg zu entgehen. Gerade das Markusevangelium schildert den Leidensweg Jesu mit aller Härte bis hin zum Tod am Kreuz. Nur bei ihm stirbt Jesus mit dem klagenden Ruf: «Gott, mein Gott, warum hast du mich verlassen?» und mit einem lauten Schrei. Da ist nichts Versöhnliches zu erkennen, nichts, was diesen Tod verschleiert oder seine Härte mildert.

Und dennoch – oder gerade deswegen? – ruft der Hauptmann: «Wahrhaftig, dieser Mensch war Gottes Sohn!» Er hat sich berühren lassen. Er hat gespürt: Wenn einer so stirbt, dann hat das etwas mit Gott zu tun. Was hülfe uns auch ein Gott, der sich aus der Leidensgeschichte der Menschheit davonschleicht! Dann wären alle unschuldig Leidenden endgültig verloren. Dann wäre die Welt ein absurdes Theater. Dann hätten die Gewalttäter Recht.

Warum?

In dem Ruf Jesu kommt die ganze Tragik dieses Mannes zum Ausdruck: Er ist doch gekommen, das Reich Gottes anzukündigen, den Menschen zum Leben zu verhelfen, sie zu einer neuen Begegnung mit Gott zu befreien. Jetzt muss er selbst sterben. Was ist mit seinem Auftrag, seinem Werk, seinem Leben? Er versteht den Weg Gottes mit ihm nicht: Warum hast du mich verlassen? Aber er hat die Kraft, noch mitten in seinen Klagen und Fragen: Gott, *mein* Gott! zu sagen! Er hält fest an seinem Vater, der ihn gesandt hat. Er hält fest an ihm auch mitten im Dunkel.

In dem Schrei Jesu sind alle Fragen nach dem Warum versammelt, die in dieser Welt keine Antwort finden, die Fragen nach dem Warum im Blick auf menschliche Gewalt und Bosheit, auf sinnloses Sterben, aber auch die Fragen nach dem Warum in unserem eigenen Leben. Oft habe ich dieses Warum gehört: Ein Kind kommt bei einem Verkehrsunfall ums Leben. Die Mutter von zwei behinderten Kindern stirbt an Krebs und der berufstätige Vater muss jetzt alleine für die Familie sorgen. Eine Frau muss in die Psychiatrie. Jemand kommt vom Alkohol nicht los. Der Mann verliert seinen Arbeitsplatz und spürt, dass er nicht mehr gebraucht wird. Eine Frau, die viel für andere Menschen getan hat, stirbt qualvoll und langsam. Warum? Warum ich? Warum mein Mann? Mein Kind?

Ich kann darauf keine Antwort geben, auch keine fromme. Leid kann man nicht verrechnen. Auch Jesus hat keine Antwort bekommen, er hat die offene

Frage und Klage mit in den Tod genommen. Sich im Glauben auf Jesus einzulassen heißt auch, mit dieser offenen Frage und Klage zu leben. Die Mitfeier der Karwoche, das Betrachten des Kreuzweges Jesu will uns dazu einladen.

Dem Leiden begegnen

Wenn wir uns auf Jesus und seinen Kreuzweg einlassen, können wir uns vielleicht offener dem Leiden in unserer Welt stellen, ohne auszuweichen, aber auch ohne daran zu zerbrechen, dem Leiden in unserem eigenen Leben, in unserem unmittelbaren Lebenskreis, aber auch dem Leiden in der Welt. So können wir erfassen, was Erlösung heißt, unten auf dem Boden des Leidens. Erlösung, das ist nicht der leise Mantel der Fee, der sich über alles legt. Erlösung ist auch nicht die gute Zurede: Es ist doch nicht so schlimm. Es wird schon wieder. Die Zeit geht weiter. Die Zeit heilt Wunden. Kopf hoch. Erlösung ist ebenso wenig die fromme Zurede: Die Herrlichkeit der Auferstehung wird alles Leid wieder wett machen!

Erlösung vom Kreuz her heißt: Keine Nacht ist so schrecklich, keine Dunkelheit so endgültig, dass er sie nicht selber durchlitten hat. Erlösung gibt es nur, wenn das Elend des Menschen, seine Schuld, sein Leiden und sein Tod vom Grund her aufgehoben wird, vom allerletzten Platz, eben vom Kreuz. Da steht keiner mehr unter Jesus. Kein Leid, das nicht seines ist.

So brauchen wir im Blick auf Jesus nicht vom Elend in der Welt und in unserem eigenen Leben wegzublicken, um Erlösung zu erfahren. Wir dürfen hinblicken, tragen helfen, die Klagen aushalten in unserer Ohnmacht und zugleich alles tun, um das Leiden zu überwinden oder zu lindern. Das Kreuz Jesu lädt uns ein, heute alles zu tun, um die individuelle und strukturelle Gewalt in unserer Welt zu mindern, den Hass und die Gleichgültigkeit fremdem Leid gegenüber zu überwinden. Die Erinnerung an Jesu Kreuz, die Erinnerung an die vielen Kreuze der Geschichte bis in unsere Gegenwart lässt uns erkennen, wie es um den Menschen bestellt ist, um uns. Die Erinnerung reißt uns aus falscher Ruhe und Beruhigung, aber sie bewahrt uns auch vor endgültiger Verzweiflung. Aushalten unter dem Kreuz hat schon etwas von Auferstehung in sich.

Gebet

Gott, warum bist du so verborgen?
Du willst doch das Leben, nicht den Tod.
Du willst doch die Liebe, nicht den Hass.
Du hast keine Freude an der Gewalt.
Warum bist du so verborgen
mitten in Tod, Hass und Gewalt?

Wie sollen wir an einen guten Gott glauben?
Wie sollen wir überhaupt an einen Gott glauben,
der dies alles zulässt oder gar will,
der die Welt und uns Menschen so gemacht hat?

Wie konnte Jesus an dich glauben?
Er klagte darüber, dass du ihn verlassen hast.
Er schrie nach dir mitten im Sterben.
Doch er blieb ohne Antwort.
Dennoch rief er zugleich: Gott, mein Gott!

Auch unsere Fragen und Klagen finden keine Antwort.
Gib uns im Blick auf Jesus und sein Kreuz die Kraft,
dennoch an dir festzuhalten, auch mitten im eigenen Sterben.
Warum? Warum? Gott, mein Gott!

Gründonnerstag

DAS MAHL JESU

Wir dürfen im Dienste an der einen Kirche nicht zulassen, dass das kirchliche Leben in der westlichen Welt immer mehr den Anschein einer Religion des Wohlstandes und der Sattheit erweckt und dass es in anderen Teilen der Welt wie eine Volksreligion der Unglücklichen wirkt, deren Brotlosigkeit sie buchstäblich von unserer eucharistischen Tischgemeinschaft ausschließt ... Hier müssen wir gerade in unserem Land handeln und helfen und teilen – aus dem Bewusstsein heraus, ein gemeinsames Volk Gottes zu sein, das zum Subjekt einer neuen verheißungsvollen Geschichte berufen wurde, und teilzuhaben an der einen Tischgemeinschaft des Herrn als dem großen Sakrament dieser neuen Geschichte. Die Kosten, die uns dafür abverlangt werden, sind nicht ein nachträgliches Almosen, sie sind eigentlich die Unkosten unserer Katholizität, die Unkosten unseres Volk-Gottes-Seins, der Preis unserer Orthodoxie.

Synode der westdeutschen Bistümer 1975

1. Lesung: Ex 12,1–8.11–14

2. Lesung aus dem ersten Korintherbrief 11,17–27 (etwas erweitert):

Wenn ich schon Anweisungen gebe: Das kann ich nicht loben, dass ihr nicht mehr zu eurem Nutzen, sondern zu eurem Schaden zusammenkommt. Zunächst höre ich, dass es Spaltungen unter euch gibt, wenn ihr als Gemeinde zusammenkommt; zum Teil glaube ich das auch. Denn es muss Parteiungen geben unter euch; nur so wird sichtbar, wer unter euch treu und zuverlässig ist. Was ihr bei euren Zusammenkünften tut, ist keine Feier des Herrenmahles mehr; denn jeder verzehrt sogleich seine eigenen Speisen, und dann hungert der eine, während der andere schon betrunken ist. Könnt ihr denn nicht zu Hause essen und trinken? Oder verachtet ihr die Kirche Gottes? Wollt ihr jene demütigen, die nichts haben? Was habe ich euch zu sagen? Soll ich euch etwa loben? In diesem Fall kann ich euch nicht loben.

Denn ich habe vom Herrn empfangen, was ich euch überliefert habe: Jesus, der Herr, nahm in der Nacht, in der er ausgeliefert wurde, Brot, sprach das Dankgebet, brach das Brot und sagte: Das ist mein Leib für euch. Tut dies zu meinem Gedächtnis! Ebenso nahm er nach dem Mahl den Kelch und sprach: Dieser Kelch ist der Neue Bund in meinem Blut. Tut dies, sooft ihr daraus trinkt, zu meinem Gedächtnis! Denn sooft ihr von diesem Brot esst und aus dem Kelch trinkt, verkündet ihr den Tod des Herrn, bis er wiederkommt.

Wer also unwürdig von dem Brot isst und aus dem Kelch des Herrn trinkt, macht sich schuldig am Leib und Blut des Herrn.

Evangelium: Joh 13,1–15

Wir Älteren kennen diese Stelle: «Wer unwürdig von dem Brot isst und aus dem Kelch trinkt, macht sich schuldig am Leib und am Blut des Herrn.» Wir haben sie gehört im Zusammenhang von Beichte und Kommunion. Wir mussten vor der Kommunion erst beichten. Schwere Sünde schloss von der Kommunion aus. Und was galt nicht alles als schwere Sünde! Kommunion mit einer unvergebenen schweren Sünde galt als Gottesraub. So hatten wir Angst, unwürdig zur Kommunion zu gehen. Die Kommunion war die Belohnung für eine gute Beichte.

Die Gemeinde in Korinth

Die Kirche hat das «unwürdig» nur auf die Einzelsünde bezogen. Aber bei Paulus steht das Wort in einem anderen Zusammenhang. Er bezieht sich auf die Schuld der ganzen Gemeinde. Da ist die Gemeinde in Korinth, die das Herrenmahl feiert. Aber Paulus sagt: Das ist gar nicht mehr das Herrenmahl. Denn da gibt es getrennte Tische: den Tisch der Reichen und den Tisch der Armen. «Dann hungert der eine, während der andere schon betrunken ist.»

Paulus sagt nicht: Das ist nicht gut, wie ihr das macht. Sondern er sagt: Das ist nicht mehr das Herrenmahl. Man kann das Herrenmahl nicht an getrennten Tischen feiern. Wenn man es trotzdem tut, isst man unwürdig und macht sich schuldig an Leib und Blut des Herrn.

Unsere Eucharistiefeier

Hier geht es also fundamental um unsere Eucharistiefähigkeit. Ob wir in unseren Gemeinden das Herrenmahl feiern, ist nicht eine Frage des korrekten Ritus, der feierlichen Liturgie oder des priesterlichen Amtes, sondern eine Frage nach dem Leben der Gemeinde, nach unserem Leben.

Die Sorge für die Armen macht eine Gemeinde erst eucharistiefähig. Die Sorge für die Flüchtlinge und Wohnungslosen, für die Kranken und Alleinstehenden, für die Armen mitten unter uns, der Einsatz für Frieden und Gerechtigkeit in der Welt, die Partnerschaften mit Gemeinden in Brasilien und Afrika – das alles ist nicht das Hobby von diesen oder jenen, nicht irgendeine nette Beigabe einer christlichen Gemeinde, sondern gehört zu ihrem Fundament. Ohne Freundinnen und Freunde unter den Armen hier und weltweit können wir nicht Eucharistie feiern.

Unser Tisch, an dem wir das Herrenmahl feiern, steht heute nicht mehr bloß in Korinth oder Marl oder Berlin. Unser Tisch kann heute nur weltweit gedeckt werden. Da müssen wir die Tische zusammenrücken, damit wir gemeinsam davon essen können.

Politische Konsequenzen

Das hat natürlich auch eine politische Komponente. Auch hierzulande wächst die Armut. Vor allem Alleinerziehende mit mehreren Kindern sind oft die Opfer. Wenn wir die Tische zusammenrücken wollen, dann müssen die Christen auch für eine deutlichere Politik zugunsten der Armen hier unter uns eintreten. Ein zweites Feld ist die Entwicklungshilfe. In der UNO, hat sich Deutschland zusammen mit vielen anderen Staaten verpflichtet, wenigstens 0,7 Prozent des Bruttosozialproduktes für Entwicklungshilfe zu geben. Bei uns in Deutschland ist dieser Prozentsatz ständig gesunken und liegt jetzt bei 0,23 Prozent, in den USA bei 0,1 Prozent. Da sind wir Christen auch gefragt, die Tische der Reichen und Armen weltweit zusammenzurücken, damit nicht die einen hungrig bleiben und die anderen übersättigt und betrunken ihr Leben leben. Das erfordert gesellschaftlichen und politischen Einsatz für einen gerechteren Ausgleich, für die Erhöhung der Entwicklungshilfe, für gerechtere Weltwirtschaftsstrukuren.

Jesus

Warum das so ist, können wir am Leben Jesu ablesen. Er hat sich den Armen und Ausgegrenzten zugewandt, die Hungrigen gespeist, mit den Zöllnern und Sündern zusammen gegessen, um ihnen zu zeigen, dass sie von Gott Eingeladene sind. So wollte er auch mit seinen Jüngern das Paschamahl feiern, das große Befreiungsmahl der Geschichte Israels. Gott will nicht, dass seine Kinder in der Knechtschaft leben, weder unter der Sklavenherrschaft der Ägypter noch unter der Sklavenherrschaft von Ausgrenzung und Armut. Er hat sich hingegeben, gewaltlos, um die Gewalt von Menschen über Menschen zu überwinden, die laute Gewalt der Waffen, aber auch die schleichende Gewalt der Gleichgültigkeit und des Egoismus. Er wollte den Opfern ganz nahe sein. Er wollte sie befreien von aller Schuld, die sie von einander und von Gott trennt.

Das müssen auch seine Jünger lernen. So kniet er sich in den Dreck, um ihnen die Füße zu waschen. Petrus will erst nicht, muss dann aber doch lernen, dass auch er diesen Dienst Jesu nötig hat. Diese Geste steht im Johannesevangelium an der Stelle, wo die anderen Evangelisten vom letzten Abendmahl sprechen. Dürfen wir das nicht so deuten: Jesus will uns zeigen, welchen Dienst wir in dem Mahl, das wir feiern, von ihm annehmen? Das ist wahrhaftig Grund für Eucharistie, für das Danken aus vollem Herzen! Das Mahl Jesu, die Kommunion ist nicht Belohnung für die Guten, auch nicht für eine gute Beichte, sondern Kraft für den Weg aus dem Geiste Jesu: Ein Beispiel habe ich euch gegeben, damit auch ihr tut, was ich euch getan habe.

Sich in den Dreck hineinknien, den anderen die Füße waschen und sie an den gemeinsamen Tisch einladen, die getrennten Tische zusammenrücken – all das macht uns erst fähig, das Herrenmahl zu feiern. Wir wissen, dass wir nie damit fertig sind. Es geht um ein lebenslanges Einüben für jeden einzelnen, aber auch um ein Lernen der einzelnen Gemeinde und der Kirche als ganzer. Nur so wird unsere Eucharistiefeier zum Befreiungsmahl, zum Mahl Jesu mit den Sündern und Zöllnern, zum letzten Abendmahl mit seinen Jüngern und zum Bild des großen Gastmahls, mit dem Jesus uns das Reich Gottes zeichnet. Wir dürfen jetzt schon daran teilnehmen.

Gebet

Guter Gott,
wir sehen die Zerrissenheit unserer Welt
in Arm und Reich, oben und unten, Freund und Feind.
Die Zerrissenheit geht oft durch unser eigenes Herz hindurch.
Wie können wir da das Mahl deines Sohnes miteinander feiern?

Lass uns aufeinander achten und uns an den Tisch holen.
Lass uns Einladende sein,
wie wir selbst Eingeladene sind.
Lass uns Freundinnen und Freunde unter den Armen finden,
damit wir mit ihnen das Herrenmahl feiern können.

Wir haben Sehnsucht nach dem Mahl des Lebens,
an dem alle teilnehmen können.

Karfreitag

DER ÖFFENTLICHE PROZESS

> Unsere Armee wird überall eingreifen, wo unsere Interessen gefährdet sind. Ich gehe sogar so weit zu behaupten, dass Amerika ohne zu zögern auch in Westeuropa intervenieren würde, wenn dies gegenwärtig manchen Leuten auch als eine absurde Idee vorkommen mag. Die USA würden eine europäische nukleare und wirtschaftliche Großmacht nicht lange dulden ... Unsere ausländischen Kriegszüge sind so alt wie unsere Geschichte. Wir haben eine Tradition der Gewalt, die von unseren verschiedenen Präsidenten mit mehr oder weniger großem Geschick gehandhabt wurde.
>
> *Ramsey Clark, früherer US-Generalstaatsanwalt 2001*

1. Lesung: Jes 52,13–53,12

2. Lesung: Hebr 4,14–16; 5,7–9

Aus der Passion nach Johannes 18,33–19,8:

> Pilatus ging wieder in das Prätorium hinein, ließ Jesus rufen und fragte ihn: Bist du der König der Juden? Jesus antwortete: Sagst du das von dir aus, oder haben es dir andere über mich gesagt? Pilatus entgegnete: Bin ich denn ein Jude? Dein eigenes Volk und die Hohenpriester haben dich an mich ausgeliefert. Was hast du getan? Jesus antwortet: Mein Königtum ist nicht von dieser Welt. Wenn es von dieser Welt wäre, würden meine Leute kämpfen, damit ich den Juden nicht ausgeliefert würde. Aber mein Königtum ist nicht von hier. Pilatus sagte zu ihm: Also bist du doch ein König? Jesus antwortete: Du sagst es, ich bin ein König. Ich bin dazu geboren und dazu in die Welt gekommen, dass ich für die Wahrheit Zeugnis ablege. Jeder, der aus der Wahrheit ist, hört auf meine Stimme. Pilatus sagte zu ihm: Was ist Wahrheit? Nachdem er das gesagt hatte, ging er wieder zu den Juden hinaus und sagte zu ihnen: Ich finde keinen Grund, ihn zu verurteilen. Ihr seid gewohnt, dass ich euch am Paschafest einen Gefangenen freilasse. Wollt ich also, dass ich euch den König der Juden freilasse? Da schrien sie wieder: Nicht diesen, sondern Barabbas! Barabbas aber war ein Straßenräuber. Darauf ließ Pilatus Jesus geißeln. Die Soldaten flochten einen Kranz aus Dornen; den setzten sie ihm auf und legten ihm einen purpurroten Mantel um. Sie stellten sich vor ihn hin und sagten: Heil dir, König der Juden! Und sie schlugen ihm ins Gesicht. Pilatus ging wieder hinaus und sagte zu ihnen: Seht, ich bringe ihn zu euch heraus; ihr sollt wissen, dass ich keinen Grund finde, ihn zu verurteilen. Jesus kam heraus; er trug die Dornenkrone und den purpurroten Mantel. Pilatus sagte zu ihnen: Seht, da ist der Mensch! Als die Hohenpriester und ihre Diener ihn sahen, schrien sie: Ans Kreuz mit ihm, ans Kreuz mit ihm! Pilatus sagte zu ihnen: Nehmt ihr ihn, und kreuzigt ihn! Denn ich finde keinen Grund, ihn zu verurteilen. Die Juden entgegneten ihm: Wir haben ein Gesetz, und nach diesem Gesetz muss er sterben, weil er sich als Sohn Gottes ausgegeben hat. Als Pilatus das hörte, wurde er noch ängstlicher.

Der Charakter der Passionsgeschichte ist in den Evangelien sehr unterschiedlich. Während bei Markus (vgl. Palmsonntag) der leidende Jesus als Opfer der Gewalt und sein schrecklicher Tod im Mittelpunkt standen, liegt bei Johannes der Akzent auf dem öffentlichen Prozess vor dem Vertreter der römischen Besatzungsmacht. Es geht um die Auseinandersetzung darüber, was Herrschaft bedeutet. Jesus ist nicht so sehr das Opfer als vielmehr der geheime Souverän seiner Leidensgeschichte.

Königsherrschaft

Pilatus ist Statthalter des Kaisers. Er hat dessen Macht zu sichern. Aber er erscheint bei Johannes als ein nachdenklicher Mann, der nicht auf brutale Machtausübung setzt, sondern sich einlässt auf diesen merkwürdigen Jesus, von dessen Unschuld er überzeugt ist. Er lässt sich mit ihm in ein Gespräch über Herrschaft ein, ein riskantes Unternehmen für den, der die Herrschaft ausübt. Den König der Juden muss er beseitigen, weil von ihm Unruhe ausgehen könnte, womöglich ein Aufstand gegen die Römerherrschaft. Aber wer ist dieser Jesus? Ein König? Das passt nicht in das Bild des Römers.

«Ja, ich bin ein König», sagt Jesus. Jetzt bekennt er sich dazu. Als die Juden ihn nach der Brotvermehrung zum König machen wollten, hat er sich ihnen entzogen. Er will kein Brotkönig sein, auch kein Machtkönig, wie ihn sich Pilatus vorstellt. «Mein Königreich ist nicht von dieser Welt.» «Welt» meint im Johannesevangelium oft die böse, die verkehrte, von der Sünde verdorbene Welt, die Welt, die die Finsternis mehr liebt als das Licht. Jesu Königsherrschaft ist nicht *von der Art dieser* Welt. Sonst hätten seine Diener für ihn mit Waffengewalt gekämpft. Aber seine Königsherrschaft will *mitten in dieser* Welt zur Geltung kommen. So bekennt er sich erst jetzt, wo er ohnmächtig vor dem Herrscher steht, der Macht über Leben und Tod hat, zu seiner Königsherrschaft. – Jetzt ist kein Missverständnis mehr möglich.

Auseinandersetzung um die richtige Herrschaft

Ursprünglich sollte es anders sein: Die ersten Könige Israels sollten Gottes Herrschaft über die Menschen deutlich machen. Aber sie haben versagt. Irdische Herrschaft ist zutiefst korrupt geworden. Sie taugt nicht mehr als Bild der Herrschaft Gottes. Herrschaft nach der Art dieser Welt ist Unterdrückung, Gewalt, Herrschaft *über* Menschen. Herrschaft im Sinne Gottes ist aber Dienst am Leben der Menschen, an ihrem Leben in Fülle. Dazu gehört nicht nur, dass sie Wasser und Brot haben (Gespräch mit der Samariterin Joh 4 und Brotvermehrung Joh 6), sondern dass ihr Hunger und Durst nach Leben, nach ewigen Leben gelöscht wird. «Wer zu mir kommt, wird nie mehr hungern, und wer an mich glaubt, wird nie mehr Durst haben.» (Joh 6,35) Dem dient die Königsherrschaft Jesu mitten in dieser Welt. Weil er irdische Herrschaft, wie sie faktisch ist, in Frage stellte, musste er sterben. «Wir haben keinen König als den Kaiser!» (Joh 19,15), rufen die Hohenpriester. Sie haben sich entschieden.

Jesu Wort meint nicht ein schiedlich-friedliches Nebeneinander der beiden Herrschaftsformen. Die Auseinandersetzung, was den Menschen dient, muss in aller Öffentlichkeit erfolgen, denn es geht um den Sinn und die Weise von Herrschaft. Damit stehen wir mitten in den Auseinandersetzungen unserer Zeit:

Terrorbekämpfung mit allen Mitteln? Sorge für den Wohlstand der Reichen, koste es den Armen, was es wolle? Sauberes Wasser und Brot für alle, Freiheit und Würde! Sind wir als Christen Diener dieser Königsherrschaft Jesu?

Wahrheit

Jesus ist gekommen, um von der Wahrheit Zeugnis abzulegen. Wieder ein Wort, das Pilatus in Verlegenheit bringt. Was ist Wahrheit? Pilatus wartet die Antwort Jesu nicht ab. Er kommt mit diesem Jesus nicht klar. Nur eins ist ihm deutlich: Jesus ist unschuldig. Deswegen will er ihn freilassen. Er sieht noch eine Chance, aus der Sache herauszukommen. «Wollt ihr, dass ich euch den König der Juden freigebe?» Doch das Volk vor der Türe will den Räuber.

Wenn wir uns im Johannesevangelium umschauen, wird deutlich, was Jesus unter Wahrheit versteht. Es ist das Gegenteil von dem, was er an Lebenslüge unter den Menschen erkennt, an Egoismus und Machtkämpfen auf Kosten anderer, an festgefahrener, verbogener Religiosität. Das alles ist von der Art dieser Welt, die Jesu Königsherrschaft nicht wahrhaben will. «Wahrheit» – das ist er selbst, nicht irgendeine Formel. Diese Wahrheit will erkannt und getan werden (vgl. 4. Fastensonntag), damit die Menschen das Leben in Fülle finden. Aber die Menschen haben sich in der Lüge eingerichtet. Deswegen muss Jesus sterben.

Was ist Wahrheit? Die Frage ist für uns noch schwieriger geworden. Nicht nur, dass Reklame und Propaganda die Wahrheit für ihre eigenen Zwecke verbiegen, dass in Kriegszeiten die «Wahrheit» gefiltert und manipuliert wird, sondern auch dass es unendlich viele «Wahrheits»-Angebote auf dem Seelenmarkt gibt. Es gibt viele Sinnangebote, aber auch viel Orientierungslosigkeit und Suche. Wie können die Christen die Wahrheit, von der sie leben und die sie tun sollen, so in unserer Welt präsent machen, dass andere darin die Wahrheit ihres Lebens erkennen können? Auch das ist nicht schiedlich-friedlich in unserer Welt möglich. Das wird – wie für Jesus damals – auch für uns nicht ohne Konflikte abgehen. Haben die Christen und ihre Kirchen den Mut dazu?

Mensch

Pilatus gibt noch nicht auf. Er lässt Jesus foltern und verspotten und hofft, damit dem Hass der Leute Genüge getan zu haben: Seht da den Menschen!

«Schaut euch dieses Gesicht an. Diesen Kopf. Diesen Körper. Mantelverhüllt. Purpurfarben ... ‹Das ist der Mensch!› Darin vollenden sich für Johannes alle Titel, die Menschen für Jesus gefunden haben: Sohn, Herr, Messias, König, Rabbi ... Der königliche Mensch. Blutend. Eingefurcht. Zum Weglaufen. Und doch zum Hinschauen, weil dieses Gesicht eine Würde hat, die den Tätern abgeht. Von diesem Gesicht wird kein Fluch ausgehen. Nicht gegen die Welt! Nicht gegen Gott! Nicht gegen den Menschen!» (Wilhelm Bruners)

Aber in *dieser Welt* ist kein Platz für solche Menschen! Deswegen muss Jesus sterben. Pilatus knickt ein. Er wollte ja Jesus retten. Aber letztlich ist auch Pilatus ein Mensch *dieser Welt*. Deswegen siegen das Machtkalkül und die Feigheit über den nachdenklichen Menschen Pilatus.

Haben wir nicht alle Sehnsucht nach glaubwürdigen Menschen, die unverbrüchlich auf ihrem Weg bleiben, koste es, was es wolle? Sie lassen sich ihre Methoden nicht von den Gegnern aufzwingen, aber sie mischen sich ein in das Ringen um den Menschen, getrost und gelassen, voll Entschiedenheit und Mut, weil sie von der Wahrheit ihres Weges überzeugt sind.

Heute feiern wir diesen Menschen Jesus, seine Wahrheit und seinen Tod als Zeichen der Hoffnung auch für uns, für die Menschen heute. Er lädt uns ein, ihm nachzufolgen, wenigstens Schritt für Schritt.

Gebet

Was ist Wahrheit?
Wenn wir das wüssten, Gott!
Wahrheit ist verbogen durch Interessen und Macht.
Wahrheit ist verborgen unter vielen Angeboten.
Wahrheit ist verborgen, weil du verborgen bist.

Wir haben uns ganz gut eingerichtet
in den Lebenslügen unserer Welt und unseres eigenen Lebens.
Wir möchten auch die Konflikte vermeiden, die entstehen,
wenn diese Lebenslügen aufgedeckt werden.
Wir möchten vermeiden,
dass wir dann auch uns selbst ändern müssten.

Lass uns vor der Frage nach der Wahrheit nicht ausweichen!
Lass uns hartnäckig und geduldig weiterfragen.
Lass uns die Wahrheit erkennen und leben,
die du uns in Jesus gezeigt hast,
die Wahrheit, wenigstens etwas davon.

Ostern

DAS ERSCHRECKEND-NEUE LEBEN

Manchmal feiern wir mitten am Tag ein Fest der Auferstehung.
Stunden werden eingeschmolzen und ein Glück ist da.

Manchmal feiern wir mitten im Wort ein Fest der Auferstehung.
Sätze werden aufgebrochen und ein Lied ist da.

Manchmal feiern wir mitten im Streit ein Fest der Auferstehung.
Waffen werden umgeschmiedet und ein Friede ist da.

Manchmal feiern wir mitten im Tun ein Fest der Auferstehung.
Sperren werden übersprungen und ein Geist ist da.

Ansgar Albrecht

1. Lesung: Jes 54,4a.5–14

2. Lesung: Röm 6,3–11

Evangelium nach Markus 16,1–8:

Als der Sabbat vorüber war, kauften Maria aus Magdala, Maria, die Mutter des Jakobus, und Salome wohlriechende Öle, um damit zum Grab zu gehen und Jesus zu salben. Am ersten Tag der Woche kamen sie in aller Frühe zum Grab, als eben die Sonne aufging. Sie sagten zueinander: Wer könnte uns den Stein vom Eingang des Grabes wegwälzen? Doch als sie hinblickten, sahen sie, dass der Stein schon weggewälzt war; er war sehr groß. Sie gingen in das Grab hinein und sahen auf der rechten Seite einen jungen Mann sitzen, der mit einem weißen Gewand bekleidet war; da erschraken sie sehr. Er aber sagte zu ihnen: Erschreckt nicht! Ihr sucht Jesus von Nazaret, den Gekreuzigten. Er ist auferstanden; er ist nicht hier. Seht, da ist die Stelle, wo man ihn hingelegt hatte. Nun aber geht und sagt seinen Jüngern, vor allem Petrus: Er geht euch voraus nach Galiläa; dort werdet ihr ihn sehen, wie es euch gesagt hat. Da verließen sie das Grab und flohen; denn Schrecken und Entsetzen hatte sie gepackt. Und sie sagten niemand etwas davon; denn sie fürchteten sich.

Wie bei der Passion hat auch die Ostergeschichte bei Markus einen eigenen Akzent. Sie ist alles andere als ein Happyend. Alles ist für die Frauen so überraschend und fremd, dass sie es nicht fassen können. So erschreckend und furchterregend, dass sie davor fliehen.

Der große Stein

Da ist zuerst der große Stein vor dem Grab, zu schwer für sie. Wie sollen sie an ihren Toten kommen? Der Stein ist wie ein Bild für die undurchdringliche

Wand, die uns von den Toten trennt. Diese Wand ist der Grund unserer Trauer beim Tod eines geliebten Menschen. Wir können ihn nicht mehr streicheln, nicht mehr salben, wie die Frauen es vorhaben. Das ist auch die Wand, vor die wir rennen bei den Fragen nach unserem eigenen Tod.

Dieser Stein ist schon weggerollt. Die Frauen brauchen es nicht mehr zu tun. Da gerät alles Vorstellbare ins Wanken. Tod und Leben können wir noch einordnen, so schwer es uns auch fällt. Aber wenn es diese Mauer zwischen Tod und Leben nicht mehr gibt? Dann müssen wir alles Gewohnte verlassen und uns ganz neu einstellen.

Der junge Mann

Sie gingen in das offene Grab. Sie wagen sich in die Höhle des Todes. Ein unerhörter Vorgang! Das einmal geschlossene Grab war den Juden heilig. Die Ruhe des Toten durfte nicht gestört werden. Doch die Frauen gehen hinein. Aber sie finden den Toten gar nicht mehr, statt dessen einen jungen Mann. Ein erneuter Grund des Schreckens. Sie begreifen nichts mehr. Deswegen die erste Botschaft des jungen Mannes: Erschrecket nicht!

Wenn Menschen mit dem Göttlichen konfrontiert werden, das plötzlich und unerwartet hereinbricht, dann reagieren sie mit Furcht und Schrecken, weil auf einmal das Fundament wackelt, auf dem man sicher zu stehen meinte. Selbstverständlichkeiten zerbrechen. Deswegen steht am Beginn der Botschaft an den entscheidenden Wenden der Heilsgeschichte immer wieder die Einladung, die Aufforderung: Fürchtet euch nicht! Erschrecket nicht! So bei der Verkündigung an Maria und bei der Botschaft an die Hirten bei der Geburt, so auch jetzt am Grab und bei den ersten Begegnungen mit dem Auferstandenen. Erst durch dieses Erschrecken hindurch können wir die Botschaft richtig hören.

Die Botschaft

Und dann die Botschaft des jungen Mannes: Der Gekreuzigte lebt! Nicht nur die Mauer, die Tod und Leben trennt, ist weg, sondern der Tod selbst! Das sollen sie auch noch den anderen Jüngern verkünden. Sie waren doch nur zu einem bescheidenen Liebesdienst am Toten aufgebrochen. Sie waren doch nur Frauen, die nichts zu sagen hatten, und jetzt dies! Das erfüllt sie nicht mit Freude, dazu sind sie noch nicht fähig. «Da verließen sie das Grab und flohen. Denn Schrecken und Entsetzen hatte sie gepackt. Sie sagten niemand etwas davon, denn sie fürchteten sich sehr.» Mit diesen Worten endet das Markusevangelium. Es folgt kein versöhnlicher Schluss.

Der Schluss des Markusevangeliums mit der Begegnung mit dem Auferstandenen, der sich an den heutigen Text anschließt, ist erst im 2. Jahrhundert von einem Unbekannten angefügt worden, wohl weil er das harte Ende des

Markusevangeliums nicht ertragen konnte und schon die Auferstehungserzählungen der anderen Evangelien kannte.

Unser Weg auf Ostern zu

Es ist gut und nötig, dass auch wir erst einmal durch dieses Erschrecken der Frauen hindurchgehen. Wir sind vielleicht immer zu schnell bei Ostern, bei der Auferstehung. Dann aber nehmen wir das Leiden und Sterben Jesu nicht ernst, auch nicht das Leiden und Sterben heute in der Welt. Ostern macht nichts von dem gleichgültig oder rückgängig, was wir in der vergangenen Woche bedacht und gefeiert haben.

Wir lernen Ostern nur schrittweise. Wenn wir zu schnell bei Ostern sind, vernehmen wir nicht das Umwälzende der Botschaft: Der Stein zwischen Leben und Tod ist weggerollt. Der Tod selber hat seine Macht über diesen Menschen, über Jesus, verloren. Da zerbricht das Grab. Es ist keine letzte Ruhestätte mehr.

An Ostern darf man sich nicht gewöhnen wie an das Wiedererwachen der Natur im Frühling. Ostern ist ein neuer Anfang, der nicht wieder überholt wird. Der Stein rollt nicht zurück. Die Tradition spricht vom Gang Jesu durch das Reich des Todes. Das will sagen: Jesus macht die Todeszone leer, holt die Toten in das Leben, das keinen Tod mehr kennt. Er öffnet den Lebensraum Gottes, der größer ist als unsere sichtbare und erfahrbare Welt.

Die Mitte der Botschaft

Jetzt ahnen wir vielleicht die Mitte der Osterbotschaft: Gott rehabilitiert diesen hingerichteten Verbrecher Jesus, diesen furchtbar zugerichteten und verachteten Menschen. Gott bekennt sich zu ihm als seinem Sohn und nimmt ihn auf in sein Leben. Jesu Leben, seine Predigt und Zuwendung zu den Armen, zu den von bösen Geistern Umhergetriebenen, seine Heilungen waren nicht ein kurzes Zwischenspiel, bevor das Elend wieder alles überrollte. Sondern das war der Anfang vom Leben, das sein Licht schon vorauswarf.

Damit geschieht die Umwertung aller Werte, die die Frauen so ins Erschrecken getrieben hat: Die verachteten und weggeworfenen Menschen, die sonst auf den Müllhaufen der Geschichte gekippt werden, die Gefolterten, Ermordeten, Hingerichteten, die in Auschwitz Verbrannten, die Kinder, die buchstäblich auf den Müllhaufen der Städte dahinvegetieren müssen, die Hungernden, denen das Recht auf Leben vorenthalten wird – alle sie sind in Jesus, in seiner Auferstehung rehabilitiert, wieder aufgerichtet. Ihnen gilt die Botschaft des Lebens, die auch uns einschließt.

Alles, was aus Liebe getan wird, was Menschen aufleben läßt, aller Einsatz für das Lebensrecht des «unwerten Lebens» ist schon Anfang *des* Lebens, das in der Auferstehung endgültig wird. Kein Leid ist umsonst gelitten worden, keine Liebe umsonst geschenkt. Alles wird eingesammelt und aufgehoben bei Gott. Das meinen wir, wenn wir sagen: ewiges Leben. Wir sind geborgen bei Gott, wir selbst mit all unserem Tun, Lieben und Leiden, so wie Jesus bei ihm geborgen ist. Endgültig werden wir das nur begreifen in unserer eigenen Auferstehung.

Zu Ostern feiern wir, dass die Versöhnung, die Gott schenkt, alle Opfer umgreift. So ist Ostern Einweisung in das Leben, das schon hier beginnt und dem Leben aller dient, der Gerechtigkeit, die alle Menschen leben lässt, der Berufung und Würde eines jeden Menschen. Ostern kennt kein lebensunwertes Leben, sondern bekennt sich zu dem Leben, das immer seinen Wert vor Gott hat und diesen Wert deswegen auch vor den Menschen beanspruchen darf. Das gilt gerade für das unvollständige, bedrängte, bedrückte, gebrochene Leben, zu dem wir oft nur fähig sind und an dem wir nur zu oft selber mitwirken.

Nur durch das Erschrecken der Frauen, durch ihre Furcht und Angst hindurch, nicht daran vorbei, können wir Zugang zu dieser Versöhnung finden, die Tod und Leben umgreift, auch uns selbst, unser Leben und Sterben. Wir sind seit der Taufe endgültig dazu eingeladen: mit ihm zu sterben, damit wir und alle mit ihm leben.

Gebet

Es übersteigt unsere Phantasien und Utopien, Gott,
was du mit Jesus gemacht hast.
Wir ahnen etwas davon,
aber sind weit davon entfernt, es zu begreifen.

Was ist der Mensch, dass du seiner gedenkst?
Was ist der Mensch, dass du ihn zu dir erhebst?
Was ist der Mensch, dass dir so viel an ihm liegt?
Was ist der Mensch, dass du solches an uns tust?

Du hebst uns auf aus all unserem Dreck.
Du bringst Licht in all unser Dunkel.
Du erfüllst unsere Hoffnung nach Leben und Sinn.
Wir danken dir, unbegreiflicher Gott.

Ostermontag

JESU UMGANG MIT DEN MENSCHEN

> Lasst uns Gehende bleiben. Wir sind nicht ganz zu Hause auf dieser Welt ... Wenn wir pilgern, sind wir nicht nur wir ... Er geht mit. Er ist dabei ... Wir sind unterwegs mit dir, Gott, ... durch Dunkel und Nässe, durch Nebel und oft ohne Weg und nicht selten ohne Ziel ... Wir sind Wanderer. Wir sind Gehende. Wir sind noch nicht ganz angekommen ... So wandert Gott mit uns und lehrt uns das Gehen – und das Suchen.
>
> *Dorothee Sölle*

1. Lesung: Apg 2.14.22–32

2. Lesung: 1 Kor 15,1–8

Evangelium nach Lukas 24,13–35:

> Am ersten Tag der Woche waren zwei von den Jüngern Jesu auf dem Weg in ein Dorf namens Emmaus, das sechzig Stadien von Jerusalem entfernt ist. Sie sprachen miteinander über all das, was sich ereignet hatte. Während sie redeten und ihre Gedanken austauschten, kam Jesus hinzu und ging mit ihnen. Doch sie waren wie mit Blindheit geschlagen, so dass sie ihn nicht erkannten. Er fragte sie: Was sind das für Dinge, über die ihr auf eurem Weg miteinander redet? Da blieben sie traurig stehen, und der eine von ihnen – er hieß Kleopas – antwortete ihm: Bist du so fremd in Jerusalem, dass du als einziger nicht weißt, was in diesen Tagen dort geschehen ist? Er fragte sie: Was denn? Sie antworteten ihm: Das mit Jesus von Nazaret. Er war ein Prophet, mächtig in Wort und Tat vor Gott und dem ganzen Volk. Doch unsere Hohenpriester und Führer haben ihn zum Tod verurteilen und ans Kreuz schlagen lassen. Wir aber hatten gehofft, dass er der sei, der Israel erlösen werde. Und dazu ist heute schon der dritte Tag, seitdem das alles geschehen ist. Aber nicht nur das: Auch einige Frauen aus unserem Kreis haben uns in große Aufregung versetzt. Sie waren in der Frühe beim Grab, fanden aber seinen Leichnam nicht. Als sie zurückkamen, erzählten sie, es seien ihnen Engel erschienen und hätten gesagt, er lebe. Einige von uns gingen dann zum Grab und fanden alles so, wie die Frauen gesagt hatten; ihn selbst aber sahen sie nicht. Da sagte er zu ihnen: Begreift ihr denn nicht? Wie schwer fällt es euch, alles zu glauben, was die Propheten gesagt haben. Musste nicht der Messias all das erleiden, um so in seine Herrlichkeit zu gelangen? Und er legte ihnen dar, ausgehend von Mose und allen Propheten, was in der gesamten Schrift über ihn geschrieben steht. So erreichten sie das Dorf, zu dem sie unterwegs waren. Jesus tat, als wolle er weitergehen, aber sie drängten ihn und sagten: Bleib doch bei uns; denn es wird bald Abend, der Tag hat sich schon geneigt. Da ging er mit hinein, um bei ihnen zu bleiben. Und als er mit ihnen bei Tisch war, nahm er das Brot, sprach den Lobpreis, brach das Brot und gab es ihnen. Da gingen ihnen die Augen auf, und sie erkannten ihn; dann sahen sie ihn nicht mehr. Und sie sagten zueinander: Brannte uns nicht das Herz in der Brust, als er unterwegs mit uns redete und uns den Sinn der Schrift erschloss? Noch in derselben Stunde brachen sie auf und kehrten nach Jerusalem zurück, und sie fanden die Elf und die anderen Jünger versammelt. Diese sag-

ten: Der Herr ist wirklich auferstanden und ist dem Simon erschienen. Da erzählten auch sie, was sie unterwegs erlebt und wie sie ihn erkannt hatten, als er das Brot brach.

Dieses Evangelium gehört für uns zum Osterfest. Es ist uns von früher Kindheit an vertraut. Da besteht die Gefahr, dass man gar nicht mehr genau hinhört, weil man den Ausgang der Geschichte schon kennt. Einen neuen Zugang zu diesem Evangelium haben mir Befreiungstheologen aus Lateinamerika erschlossen. Wir haben an einem Bibeltag miteinander darüber gesprochen, wie Jesus mit den beiden Jüngern umgeht.

Die Tagesereignisse

Die beiden Jünger sprachen miteinander über das, was sich ereignet hatte, und tauschten ihre Meinungen darüber aus. Sie sprachen über ihre Trauer, ihre enttäuschte Hoffnung. Da kam Jesus dazu und ging mit ihnen. Er sagte offenbar zunächst nichts. Er hörte zu.

So geht Jesus auch mit uns um. Wenn wir miteinander sprechen über unsere Enttäuschungen und unsere Trauer, über die Tagesereignisse, die uns beschäftigen, über Armut und Arbeitslosigkeit, über Terror und Krieg oder was auch immer, dann ist Jesus schon da und geht mit uns. Er hört zu. Er weiß nicht alles besser und fällt über uns her mit Vorwürfen oder Vorschlägen, schon gar nicht mit Vorschriften. Es interessiert ihn wirklich, wie es uns geht, womit wir uns beschäftigen, was uns interessiert. Er möchte uns verstehen.

Das also dürfen wir wissen, darauf dürfen wir vertrauen: Wenn wir die Zeitung lesen oder die Tagesschau sehen, wenn wir miteinander reden, wenn uns etwas aufregt, dann ist er immer schon dabei.

Die Fragen

Sein erstes Wort ist eine Frage: Was sind das für Dinge, die euch beschäftigen? Sein Interesse an diesen beiden schafft einen Raum des Vertrauens, in dem sie sich aussprechen können. Sie reden dann nicht nur über die Ereignisse, sondern auch darüber, was diese Ereignisse für sie bedeuten, über ihre Betroffenheit, über ihre Trauer, über ihre Hoffnung.

Die heutige Psychologie sagt uns, wie wichtig es ist, dass wir nicht nur *über* irgend etwas reden, sondern auch über unsere Empfindungen und Gefühle. Sonst kann man herrlich streiten über dies und das, aber wir selbst bleiben aus dem Spiel. Wie viele Gespräche, Diskussionen, Talkshows bleiben auf dieser oberflächlichen Ebene, gehen nicht in die Tiefe und helfen deswegen so wenig!

Jesus schafft durch sein Nachfragen einen Raum des Vertrauens. Die beiden nehmen es ihm offenbar ab, dass er sich wirklich für das interessiert, was sie beschäftigt. Deswegen können sie offen reden. Machen wir auch einen solchen Eindruck? Wenn wir fragen: «Wie geht es dir?», wollen wir das denn wirklich wissen? Haben wir Zeit zuzuhören? Wir sind oft so mit uns selbst beschäftigt, mit dem, was wir vorhaben, dass kein Raum bleibt, um dem anderen wirklich zuzuhören.

Das Zuhören

Jesus hat Zeit. Er begleitet und hört zu. Es ist ja oft schon hilfreich, wenn da jemand ist, der uns zuhört. Die Telefonseelsorge weiß davon zu berichten, aber es ist auch unsere eigene Erfahrung. Wenn wir traurig sind, wenn uns etwas aufgeregt hat, dann brauchen wir einen Menschen, der einfach da ist und zuhört. Ich erlebe oft bei Trauergesprächen nach dem Tod eines lieben und nahen Menschen, wie wichtig es den Angehörigen ist, von dem oder der Toten zu erzählen, auch von seinem oder ihrem Sterben. Geht uns das in anderen Situationen nicht ähnlich? Aber oft trauen wir den anderen nicht oder meinen, sie hätten keine Zeit. So bleibt vieles Wichtige ungesagt, auch unter Freundinnen und Freunden, unter Ehepartnern.

Noch einmal Fragen

Jetzt wird Jesus schon deutlicher. Das Gespräch hat die beiden geöffnet. Jesus fragt nach, aber seine Fragen zielen nicht mehr nur auf das, was in ihnen steckt. Er will sie vielmehr zu weiterem Nachdenken anregen: Begreift ihr denn nicht? Wie schwer fällt es euch zu glauben? Musste der Messias nicht dies alles leiden?
　Vielleicht gab es auf diesem Weg auch Augenblicke der Stille. Die Jünger mussten über Worte des Fremden nachdenken, damit fertig werden. Ihr Nachdenken öffnet sie erst für das, was Jesus ihnen sagen will.

Jesu Gesprächsbeiträge

Dann erst kommt Jesus mit seinem Wissen, seiner Überzeugung, seinen Verstehenshilfen. Jetzt ist der Raum geöffnet, wo die Jünger das aufnehmen können, was Jesus zu sagen hat. Wenn er früher damit gekommen wäre, dann hätten sie sich dagegen gewehrt, es wie eine Bevormundung verstanden, als Nicht-ernst-Nehmen ihrer Trauer. Jetzt merken sie auf einmal, wie wichtig Jesus ihnen schon auf dem ganzen Weg gewesen ist und wollen ihn nicht ziehen lassen: Herr, bleibe bei uns!

Das Mahl

Aber das Sprechen alleine genügt noch nicht. Sie setzen sich zum gemeinsamen Mahl. Miteinander-Essen besiegelt das Miteinander-Reden. Da erst erkennen sie den Herrn. Nun ist seine Gegenwart nicht mehr nötig. Er entzieht sich ihren Blicken. Und die beiden Jünger laufen zurück, um den anderen von ihren Erfahrungen zu berichten. Sie «wissen» jetzt nicht mehr als vorher. Die Frauen hatten ihnen ja schon alles gesagt. Aber sie hatten das für Weibergeschwätz gehalten. So kann es manchmal gehen: Was andere sagen, interessiert uns nicht besonders. Darunter haben auch in der heutigen Gesellschaft immer noch besonders Frauen zu leiden. Wir trauen anderen nicht zu, dass sie etwas für uns Wichtiges sagen. Erst im Nachhinein wird uns das manchmal deutlich.

So gehört für die zwei Jünger beides zusammen: das Zeugnis der Frauen und die Begleitung durch Jesus. Nur so sind sie zum Osterglauben gekommen. Jetzt sind sie selber zu Zeugen geworden mit ihrem ganzen Leben.

Befreiende Gespräche

Bei unserem Gesprächstag mit den Befreiungstheologen über das Emmausevangelium wurde uns deutlich, wie befreiend alleine die Gesprächsweise Jesu ist. Er hört zu, fragt, erzählt, befreit. Schon die Weise, wie Jesus mit den Jüngern umgeht, hat österlichen Charakter. Form und Inhalt entsprechen einander. Denn es geht hier nicht um psychologische Gesprächsmethoden, sondern grundlegend darum, wie Gott mit den Menschen umgeht, wie er sich ihnen behutsam nähert und sie langsam für das Leben aufschließt, das er ihnen schenken will.

Ich erinnere mich an befreiende Gespräche in schwierigen Situationen, wo ich mal der Betroffene, mal der Fragende war. Könnte eine christliche Gemeinde, eine Gruppe, eine Familie nicht ein Raum sein, wo die Menschen so miteinander umgehen, wie Jesus mit den Jüngern umging? Das wäre schon eine österliche Erfahrung!

Und dann möchte ich mir wünschen, dass das Lehramt der Kirche so mit den Menschen umgeht! Dass es zunächst einmal zuhört, sich wirklich dafür interessiert, was die Menschen beschäftigt, was ihre Trauer, ihre Enttäuschungen, ihre Hoffnungen sind! Dass es nicht mit fertigen Lehren oder Normen über die Menschen herfällt! Ich zumindest wäre froh, wenn Menschen sich in der Kirche ungeschützt mit dem Vertrauen äußern könnten, gehört und ernst genommen zu werden, ohne Sorge zu haben, dass sofort Sanktionen oder schleichende Ausgrenzung drohen. Kirche als Ort befreiender Gespräche ohne Angst – eine österliche Emmaus-Hoffnung!

Gebet

Wir reden miteinander.
Wir reden aneinander vorbei.
Wir reden über dies und das.
Aber nicht über uns selber.

Wir hören nicht zu.
Wir wollen gar nicht zuhören.
Wir sind mit uns selber beschäftigt.
Die anderen können uns doch nicht helfen.

Bist du anders, Gott?
Höre uns zu!
Schenke uns deine begleitende Nähe.
Öffne uns für ehrliches Sprechen und gutes Zuhören.
Öffne uns für befreiende Gespräche!

Zweiter Sonntag in der Osterzeit

ÖSTERLICHE VERSÖHNUNG

> Wie er selbst auf Erden Sünden vergeben hatte, so erteilte er nun auch den Aposteln die Sündenvergebungsgewalt. Die mitgeteilte Gewalt ist zweigliedrig: Sie kann sich im Nachlassen und im Behalten der Sünden betätigen und hat zur Wirkung, dass die Sünden auch vor Gott nachgelassen bzw. gehalten sind ...
> Die Sündenvergebungsgewalt wurde den Aposteln nicht als persönliches Charisma verliehen, sondern der Kirche als dauernde Einrichtung übertragen. Sie sollte ebenso wie die Gewalt zu predigen, zu taufen, die Eucharistie zu feiern, auf ihre Nachfolger übergehen, weil der Grund ihrer Übertragung, die Tatsache der Sünde, die Fortdauer der Gewalt für alle Zeiten notwendig macht.
>
> *Ludwig Ott, Dogmatik 1954*

1. Lesung: Apg 4,32–35

2. Lesung: 1 Joh 5,1–6

Evangelium nach Johannes 20,19–31:

> Am Abend des ersten Tages der Woche, als die Jünger aus Furcht vor den Juden die Türen verschlossen hatten, kam Jesus, trat in ihre Mitte und sagte zu ihnen: Friede sei mit euch! Nach diesen Worten zeigte er ihnen seine Hände und seine Seite. Da freuten sich die Jünger, dass sie den Herrn sahen. Jesus sagte noch einmal zu ihnen: Friede sei mit euch! Wie mich der Vater gesandt hat, so sende ich euch. Nachdem er das gesagt hatte, hauchte er sie an und sprach zu ihnen: Empfanget den Heiligen Geist! Wem ihr die Sünden vergebt, dem sind sie vergeben; wem ihr die Vergebung verweigert, dem ist sie verweigert.
> Thomas, genannt Didymus – Zwilling –, einer der Zwölf, war nicht bei ihnen, als Jesus kam. Die anderen Jünger sagten zu ihm: Wir haben den Herrn gesehen. Er entgegnete ihnen: Wenn ich nicht die Male der Nägel an seinen Händen sehe und wenn ich meinen Finger nicht in die Male der Nägel und meine Hand nicht in seine Seite lege, glaube ich nicht.
> Acht Tage darauf waren seine Jünger wieder versammelt, und Thomas war dabei. Die Türen waren verschlossen. Da kam Jesus, trat in ihre Mitte und sagte: Friede sei mit euch! Dann sagte er zu Thomas: Streck deinen Finger aus – hier sind meine Hände! Streck deine Hand aus und leg sie in meine Seite, und sei nicht ungläubig, sondern gläubig! Thomas antwortete ihm: Mein Herr und mein Gott! Jesus sagte zu ihm: Weil du mich gesehen hast, glaubst du. Selig sind, die nicht sehen und doch glauben. Noch viele andere Zeichen, die in diesem Buch nicht aufgeschrieben sind, hat Jesus vor den Augen seiner Jünger getan. Diese aber sind aufgeschrieben, damit ihr glaubt, dass Jesus der Messias ist, der Sohn Gottes, und damit ihr durch den Glauben das Leben habt in seinem Namen.

Die Angst der verschlossenen Türen

Da sitzen die Jünger hinter verschlossenen Türen. Sie sind unsicher und haben Angst vor dem Neuen, das über sie hereingebrochen ist, und Furcht vor den Juden, die Jesus umgebracht haben. Sie haben nicht nur die Türen von innen verschlossen, sie haben ihre Herzen verschlossen. Trauer, Enttäuschung und Angst halten sie gefangen. So konnten sie sich auch nicht öffnen lassen durch die frohe Botschaft von Jesu Auferstehung.

Eine geschlossene Gesellschaft unter dem Zeichen der Angst ist unfähig, Neues aufzunehmen, Neues zuzulassen. Sie ist auch unfähig, die eigene Vergangenheit anzuschauen und anzunehmen: die eigene Schuld, den Verrat am Rande des Kreuzweges, die Flucht vor dem Kreuz.

Welche Versuchung der Kirche bis heute: die Angst vor den Menschen, vor neuen Entwicklungen. Aus Angst sich stellen zu müssen, schließt man sich ein. Burgmentalität ist angesagt: drinnen zusammenrücken, keinen Widerspruch wagen, die Augen und Türen verschlossen halten, abwarten, überwintern. Das hat viele Epochen der Kirchengeschichte bestimmt. Johannes XXIII. hat wenigstens die Fenster aufgemacht im Konzil. Aber die Burgmentalität setzt sich vielfach wieder durch. Der österliche Wind, der die lateinamerikanische Kirche neu hat aufbrechen lassen, soll abgehalten werden. Der theologische und geistliche Dialog mit der Weisheit und Religiosität des fernen Ostens wird gestoppt. Angst beherrscht vielfach das kirchliche Leben. Wenn Papst Johannes Paul II. versucht, die Schuld der Kirche zur Sprache zu bringen und um Vergebung zu bitten, dann sagt die Angst: Das bringt die Heiligkeit der Kirche ins Zwielicht. Wenn der Papst die Führer der anderen Religionen zum Friedensgebet in Assisi einlädt, dann sagt die Angst: Das fördert den religiösen Synkretismus. Wenn die Frauen in der Kirche aufstehen und Beteiligung an der Leitung der Kirche, an Verkündigung und Gottesdienst fordern, dann sagt die Angst: Das darf doch um des Glaubens willen nicht sein! Maria von Magdala klopft auch heute wieder an die verschlossenen Türen, hinter die sich die männlichen Jünger zurückgezogen haben. Diese neue Angst in der Kirche gilt gar nicht in erster Linie den vermuteten Feinden draußen, sondern Schwestern und Brüdern, die drinnen sind. Deswegen haben die verschlossenen Türen auch gar keinen Sinn.

Jesus tritt ein

Jesus, der alle Ängste bis in die letzte Todesangst hinein selbst erfahren hat, kann nun selber durch die verschlossenen Türen der Angst gehen. Er tritt ein bei seinen Jüngern. Und was tut er? Er klagt sie nicht an, macht ihnen keine Vorwürfe wegen ihrer feigen Flucht und ihres Verrates, im Gegenteil: Er wünscht ihnen den Frieden. In dieser Situation kann dieser Gruß nur die zuvorkommende, grundlose Vergebung bedeuten. Es ist die Frucht von Ostern. Jesus nimmt seine Jünger an, obwohl sie noch nicht einmal wieder zu ihm aufgebrochen sind wie der verlorene Sohn auf dem Rückweg zum Vater. Er zeigt ihnen seine Todeswunden. Sie bleiben Zeichen seiner hingebenden Liebe. Er ist der verwundete Arzt, der Leben bringt. Auch der Tod ist eingebracht in sein Leben. Deswegen braucht es keine Angst mehr zu geben, auch nicht bei seinen Jüngern: Der Friede sei mit euch! Der Friedenswunsch, die angebotene, noch nicht einmal erbetene Versöhnung und die Todeswunden am Lebendigen öffnen die Jünger: Da freuten sie sich, als sie den Herrn sahen.

Die Kirche

Eine Kirche, die dem auferstandenen Herrn folgt, wird man nicht zuletzt daran erkennen, wie sie zu ihren Wunden und Niederlagen steht. Verschließt sie sich vor Angst in Selbstrechtfertigung, gar Selbstherrlichkeit oder kann sie selbstkritisch ihre Vergangenheit aufarbeiten im Vertrauen, dass Gott sie bei aller Schuld nicht fallen lässt? Ist sie zum Mit-Leiden fähig? Lernt sie aus den Erfahrungen, dem Leiden und den Freuden der Menschen? «Freude und Hoffnung, Trauer und Angst der Menschen von heute, besonders der Armen und Bedrängten aller Art, sind auch Freude und Hoffnung, Trauer und Angst der Jünger Jesu.» So lautet der Eingangssatz des Konzilstextes über «Die Kirche in der Welt von heute». Nur in dieser Offenheit kann die Kirche, kann auch der einzelne Christ die eigenen Verletzungen und Schatten wahrnehmen. Die Kirche und der Christ brauchen die eigene Schuld nicht mehr zu verdrängen. Sie können sich ihr stellen, ohne Angst, im Vertrauen auf den zugesagten Frieden. Solches Vertrauen kann dann auch die von innen verschlossenen Türen aufschließen, sie ohne Angst den Menschen davor öffnen. So wird die Kirche frei, die empfangene Versöhnung weiterzuschenken an alle.

Die Sendung

«Wie mich der Vater gesandt hat, sende ich euch!» Die Jünger können die Sendung nicht aus eigener Kraft weitertragen. Das wissen sie aus ihrer eigenen schuldigen Vergangenheit. «Empfangt den heiligen Geist.» Alle Ostergeschichten sind Sendungsgeschichten. Man kann nicht an die österliche Vergebung glauben und sie für sich behalten! Hier wird deutlich, dass diese Stelle sich nicht an besondere Amtsträger wendet, denen die Verwaltung des Bußsakramentes übertragen wird, wie wir das früher gelernt haben. Hier ist jeder Christ, jede Christin gemeint, denen die Vergebung, der österliche Friede zugesagt ist und die daran zu glauben wagen. Es ist bei dieser Begegnung der Jünger mit dem auferstandenen Herrn gerade nicht wie bei der Beichte: Da erfolgt erst das Bekenntnis, dann die Vergebung. Hier im Evangelium geschieht zuerst die Vergebung, die dann zu neuem Anfang befähigt, auch zum selbstkritischen Bedenken der eigenen Vergangenheit. Weil uns vergeben ist, können wir ohne Angst auch unsere eigene Schuld anschauen. Die grundlose

Vergebung befreit von Angst, öffnet alle Selbstverschließung und befreit zum neuen Anfang. Das dürfen und sollen alle weitergeben, die diese österliche Botschaft für sich selbst anzunehmen wagen. Wer möchte sich da ausschließen?

Verweigerung der Sendung

«Wem ihr die Sünden vergebt, dem sind sie vergeben; wem ihr die Vergebung verweigert, dem ist sie verweigert.» Wenn wir einander Sünden vergeben, dann öffnen sich die verschlossenen Türen, dann wird Raum frei für Selbstbejahung und Vertrauen, für Neuanfang und Verständigung. Dann wird Raum frei für seinen Frieden, damit er alle erreichen kann.

Wenn wir das allerdings verweigern, dann blockieren wir den Fluss der göttlichen Vergebung. Dann sind wir dafür verantwortlich, dass die Versöhnung nicht weitergegeben wird. Die Weigerung, die Versöhnung weiterzugeben, ist dann nichts anderes als die Verweigerung der österlichen Sendung, ja eine Verweigerung des österlichen Glaubens selbst. Jesus weist die Jünger auf die Gefahr hin, sie könnten der österlichen Weitergabe der Vergebung selbst im Wege stehen.

Aus dieser Stelle kann also keinesfalls das Recht abgeleitet werden, im Bußsakrament die Lossprechung zu verweigern, wie man in einer engen Auslegung lange gedacht hat. Wie könnten und dürften auch die Jünger, denen grundlos vergeben wurde, selber die Vergebung anderen verweigern!

Österliche Gemeinde

Eine österliche Gemeinde ist eine Gemeinde mit offenen Türen, wo Schuldige angenommen werden und Vergebung finden, wo auch Thomas mit seinem anfänglichen Unglauben dazu gehört, wo gegenseitig Versöhnung und Vergebung geschieht. Da blockiert keine Angst mehr, da lockt der Friede des auferstandenen Herrn. Dieses Evangelium ist Einladung Jesu an die Menschen, seine österliche Gemeinde zu werden.

Gebet

Gott,
es gibt so viel Angst in der Welt.
Es gibt so viel Gründe der Angst.
Es gibt Angst im Leben der Menschen
und es gibt so viele Gründe dafür.
Es gibt so viel Angst in der Kirche,
doch gibt es auch Gründe dafür?

Jesus hat alle Angst selber erlitten,
aber er ist hindurchgegangen im Vertrauen auf dich.
Er durchschreitet auch heute alle Türen,
die vor Angst verschlossen sind.

Schenke uns deinen Geist,
damit wir einander helfen können,
das zu begreifen und seine Nähe zu erfahren
und die Angst zu durchbrechen im Vertrauen darauf.

Dann werden wir selbst den österlichen Frieden erfahren
und ihn weiterschenken,
damit alle davon leben können.
Mach uns, deine Kirche,
zu einer offenen, österlichen Gemeinde.

Dritter Sonntag in der Osterzeit

LEIBHAFTIGE AUFERSTEHUNG

Glauben Sie fragte man mich – An ein Leben nach dem Tode
Und ich antwortete: ja
Aber dann wusste ich – Keine Auskunft zu geben
Wie das aussehen sollte – Dort

Ich wusste nur eines
Keine Hierarchie von Heiligen auf goldenen Stühlen sitzend
Kein Niedersturz – Verdammter Seelen
Nur

Nur Liebe frei gewordene
Niemals aufgezehrte
Mich überflutend ...

Mehr also, fragen die Frager
Erwarten Sie nicht nach dem Tode?
Und ich antwortete
Weniger nicht.

Marie Luise Kaschnitz

1. Lesung: Apg 3,13–15.17–19

2. Lesung: 1 Joh 2,1–5a

Aus dem Evangelium nach Lukas 24,35–48:

Die beiden Jünger, die von Emmaus zurückgekehrt waren, erzählten den Elf und den anderen Jüngern, was sie unterwegs erlebt und wie sie Jesus erkannt hatten, als er das Brot brach. Während sie noch darüber redeten, trat er selbst in ihre Mitte und sagte zu ihnen: Friede sei mit euch! Sie erschraken und hatten große Angst, denn sie meinten, einen Geist zu sehen. Da sagte er zu ihnen: Was seid ihr so bestürzt? Warum lasst ihr in euren Herzen solche Zweifel aufkommen? Seht meine Hände und meine Füße an: Ich bin es selbst. Fasst mich doch an, und begreift: Kein Geist hat Fleisch und Knochen, wie ihr es bei mir seht. Bei diesen Worten zeigte er ihnen seine Hände und Füße. Sie staunten, konnten es aber vor Freude immer noch nicht glauben. Da sagte er zu ihnen: Habt ihr etwas zu essen hier? Sie gaben ihm ein Stück gebratenen Fisch; er nahm es und aß es vor ihren Augen. Dann sprach er zu ihnen: Das sind die Worte, die ich zu euch gesagt habe, als ich noch bei euch war: Alles muss in Erfüllung gehen, was im Gesetz des Mose, bei den Propheten und in den Psalmen über mich gesagt ist. Darauf öffnete er ihnen die Augen für das Verständnis der Schrift. Er sagte zu ihnen: So steht es in der Schrift: Der Messias wird leiden und am dritten Tag von den Toten auferstehen, und in seinem Namen wird man allen Völkern, angefangen in Jerusalem, verkünden, sie sollen umkehren, damit ihre Sünden vergeben werden. Ihr seid Zeugen dafür.

Es war in einer Osterwoche. Ich hatte darüber nachgedacht, wie das denn damals geschehen sei, und mich redlich bemüht, über die Auferstehung Jesu zu predigen. Wenn man zur Ruhe kommt nach Tagen der Anstrengung, dann gehen einem die Gedanken noch durch Kopf und Herz, im Wachen oder auch im Traum. Da hatte ich einen Traum: Jesus war zu Gast im Pfarrhaus. Wir sprachen mit ihm über verschiedene Fragen, über das Alte Testament, über den jüdischen Glauben. Da fragte ich ihn: «Wie ist das denn mit der Auferstehung? Das ist so schwer zu verstehen.» Jesus daraufhin: «Ja, das kann ich gut verstehen. Ich bin ja auch der einzige Mensch, der das mitgemacht hat.» Da wurde ich wach. Leider konnte ich nicht nachfragen.

Ja, wie ist das mit der leibhaftigen Auferstehung? Im heutigen Evangelium geht es ja ganz drastisch zu, demonstrativ. «Fasst mich doch an und seht! ... Habt ihr etwas zu essen hier?» Das war den Gläubigen in der zweiten oder dritten Generation ganz wichtig: Man erzählte sich Geschichten, um das Unbegreifliche zu begreifen. Diese Erzählungen von den Begegnungen mit dem Auferstandenen wollen keine Reportagen sein von dem, was sich damals zugetragen hat. Es sind Glaubensgeschichten, die das Unerzählbare erzählbar machen sollen. Deswegen steigerte sich auch die Handgreiflichkeit der Begegnungen, so wie wir es im heutigen Evangelium hören. Diese Berichte sind nicht der Ursprung des Osterglaubens. Sie sind später entstanden, als man versuchte, sich das Ostergeschehen und die Begegnungen mit den Jüngern und Jüngerinnen nachträglich konkret vorzustellen.

Am Anfang wurde allein von dem Gott gesprochen, der Jesus von den Toten *auferweckt* hat. Beim Wort «Auferweckung» ist deutlich, dass Gott selbst der Handelnde ist. Ohne diesen Glauben gäbe es keine Evangelien. Sie sind ja nur entstanden, weil die erste Christenheit an die Auferweckung Jesu von den Toten glaubte. Ohne diesen Glauben gibt es keine Erinnerung an Jesus, keine Kirche, auch heute nicht. Das Wort von der *Auferstehung* Jesu kommt erst später auf. Es schildert den Vorgang als Tat Jesu selbst, hat also einen anderen Akzent als die ersten Osterzeugnisse.

Osterglaube heute

Viele Umfragen heute zeigen, dass selbst ein Großteil derer, die sonntags den Gottesdienst mitfeiern, auf die Frage nach dem Glauben an die Auferstehung Jesu mit «Nein» oder mit «Ich weiß nicht» antworten. Wie kann das sein, wo doch in jeder Eucharistiefeier der Tod und die Auferstehung Jesu gefeiert werden?

Eine Ursache ist nach meiner Erfahrung: Viele machen sich falsche Vorstellungen von der Auferstehung und sagen deswegen: Ich glaube nicht daran. Wir können uns nicht vorstellen, wie sich das Grab Jesu öffnet und wie Jesus dem

Grab entsteigt und den Jüngerinnen und Jüngern begegnet, wie das mit unserer leibhaftigen Auferstehung einmal sein soll. Ob sich da die Gräber öffnen und die Toten wieder herauskommen? Vielleicht stehen uns die Ostererzählungen sogar im Wege, weil sie das Geschehen so handgreiflich schildern. Wir sind es zudem gewohnt, dass uns die Kunst zeigt, wie Jesus aus dem zerbrochenen Grab aufsteht. Doch diese Bilder werden leicht nicht als *Bilder* verstanden, sondern als wirkliche Darstellung des Geschehens.

Ein Naturwissenschaftler sagte einmal in einem Glaubensgespräch: «Das mit der leiblichen Auferweckung können Sie mir als Naturwissenschaftler nicht zumuten zu glauben.» Er verstand die Auferstehung Jesu, wie sie üblicherweise dargestellt wurde. Ich darauf: «Das glaube ich auch selber so nicht. Denn wie Jesus auferweckt wurde, dazu schweigen die Evangelien in großer Diskretion, weil sie wissen, dass sie dazu nichts sagen können. Das ist mir sehr wichtig.» Der Naturwissenschaftler war sehr erstaunt, und dann begann das Glaubensgespräch erst richtig.

Unsterbliche Seele

Aber wie ist es denn mit der leibhaftigen Auferstehung? Lange haben wir das nach dem Schema: Unsterbliche Seele – hinfälliger Leib verstanden. Im Tod wird die Seele aus dem Leib befreit, in der Auferstehung nimmt sich die Seele den Leib zurück in neuer Gestalt. Aber warum eigentlich? Ist das denn mehr als die unsterbliche Seele selbst, die schon bei Gott ist? Diese Redeweise entspricht nicht der Bibel. Sie spricht nicht von einer unsterblichen Seele. Für sie stirbt der ganze Mensch und der ganze Mensch wird von Gott neu geschaffen. Aber mit welchem Leib denn? Wie war das bei Jesus, wie soll es bei uns sein?

Paulus

Da kann uns Paulus helfen. Sein erster Korintherbrief ist das älteste Zeugnis des Glaubens an die Auferweckung Jesu durch Gott, das wir in der Schrift haben, und da stoßen wir schon auf dieselben Fragen, die uns bewegen (1 Kor 15,35–44): «Man könnte fragen: Wie werden die Toten auferweckt? Was für einen Leib werden sie haben?» Paulus gibt darauf keine Antwort. Er sagt: «Das ist eine dumme Frage!» So kann man gar nicht fragen, weil die Wirklichkeit jenseits des Todes nicht unsere jetzt erfahrbare Welt ist. Wir können gar nichts darüber aussagen. Paulus versucht es uns deutlich zu machen, warum das so ist: Auch das, was du säst, wird nicht lebendig, wenn es nicht stirbt. Dem Samenkorn sieht man nicht an, was daraus wird. Jedes Wesen hat einen anderen Leib: Sonne, Mond, Gestirne und Menschen, Tiere, Fische ... Wir können also jetzt noch gar nicht ahnen, wie das mit dem Auferstehungsleib sein wird.

Ein Beispiel aus dem Urlaub: In einem Vogelpark gab es auch einen Schmetterlingsfreiraum. Wir sahen Raupen, aber auch viele Puppen, die wie tot aussahen. Einige hingen an Sträuchern. Da erlebten wir mit, wie ein Schmetterling sich in seinen herrlichen bunten Farben aus einer grauen Hülle befreite. Kein Mensch könnte von der Raupe oder der Puppe auf diese Gestalt und diese prächtigen Farben schließen. So ist in der christlichen Tradition auch das Schlüpfen des Schmetterlings aus der Hülle als Bild für die Auferstehung benützt worden. So unbegreiflich schön wird das sein, so anders als Raupe und Puppe, was da entsteht. Und doch gibt eine Kontinuität zwischen Raupe, Puppe und Schmetterling. Es ist und bleibt dasselbe Lebewesen.

Paulus beschreibt den Auferstehungsleib mit solchen Gegensatzpaaren: verweslich – unverweslich, schwach – stark, armselig – herrlich, irdisch – überirdisch, eben überirdisch, und deswegen irdisch nicht zu beschreiben. Daher muss die Frage nach dem Wie der Auferweckung und des Auferstehungsleibes offen bleiben. Es ist gut so, dass wir diese Frage nicht beantworten können. Denn alle möglichen Antworten denken zu klein von diesem Geschehen und es geht nicht um die Befriedigung unserer Neugier, sondern um unsere Hoffnung, die alles jetzt Erdenkbare übersteigt.

Unsere Auferweckung

Auf uns bezogen: ich werde durch Sterben und Auferweckung ganz anders, aber *ich* bin es, der anders wird. Durch die Diskontinuität der Form hindurch hält sich die Kontinuität des Ichs. Es ist Jesus, der auferweckt wurde. So lautet der entscheidende Satz im heutigen Evangelium auch: «Ich bin es selbst!» Ich bin es, der auferweckt wird. Mein Leben wird endgültig. Darum geht es. Gott nimmt mein ganzes Leben an. Nichts daran ist verloren. Alles wird eingesammelt und verwandelt. Gott sei Dank verwandelt, damit nicht wieder das alte Elend neu anfängt mit Gewalt und Schuld.

Wie geht das, wollte ich im Traum von Jesus wissen. Er konnte es mir nicht sagen, sondern nur: Ich bin ja der einzige, der das bisher durchgemacht hat. Das ist für mich tröstlich. Das macht mir den Glauben an die Auferweckung leichter. Das zeigt mir, dass alle Versuche, die Auferstehung zu begreifen, vergeblich sind. Gerade das Nichtwissen und das Offenlassen von vielen Fragen hilft mir in meinem Osterglauben, in meinem Staunen, dass auch mir und dir solches geschehen soll, dass mein Leben und deins vor Gott so wichtig sind, das wir nicht im Tod untergehen, sondern in die Fülle des Leben hinein gerettet werden. Wie – das weiß nur Gott. Und das ist gut so. Wir können getrost darauf warten, dass sich die Auferweckung auch an uns vollzieht. Dann brauchen wir keinen mehr zu fragen. Dieses vertrauensvolle Warten in der Dunkelheit der offenen Fragen ist die uns mögliche Form des österlichen Glaubens. So dürfen wir bekennen: Ich glaube an die Auferweckung Jesu und hoffe auf meine eigene Auferweckung mit ihm.

Gebet

Auferweckung – Auferstehung.
Fremde Worte – vertraute Worte.
Worte aus dem Alltag:
Morgens geweckt werden, aufstehen.
Worte aus einer neuen Welt:
Aufgeweckt werden, auferstehen zum ewigen Leben!

Wer kann das begreifen, Gott?
Das ist gegen alle Erfahrung.
Das ist gegen alle Vorstellungsmöglichkeit.
Wie soll das geschehen?
Mit mir, mit uns, mit den Toten?

Du deckst den Schleier der Zukunft darüber aus.
Du weckst unser Staunen und unsere Hoffnung.
Du rufst uns in dein Leben.
Du vollendest, was du schon mit uns begonnen.
Das mag uns genug sein,
genug zum Schweigen, zum Danken.

Vierter Sonntag in der Osterzeit

ICH KENNE DIE MEINEN

> Auf die Hintergründe solcher Motive wird die Pastoral erst in jüngster Zeit aufmerksam, und zwar angestoßen durch die Kritik der »pastoralen Macht». Die Eigenart des pastoralen Handelns als Praxis «individualisierender Macht» besteht auch darin: Der «gute Hirt», der jedes seiner Schafe kennt und vor Gott für ihr Heil verantwortlich ist, versorgt seine Herde mit Heilsgütern und bewahrt sie zugleich vor dem Verderben.
>
> Nicht nur das Ineinander von Versorgung und Kontrolle prägt die (nicht selten unbewusst) in diesem Sinne «machtförmige» Bewusstseinsform und Handlungsmotivation des «Pastors»; es ist vielmehr noch die im Bild von Hirten und Herde implizierte Subjekt-Objekt-Struktur: Der Hirt weiß immer schon, was den Schafen «frommt», und vermittelt es ihnen – notfalls auch ohne und gegen ihren Willen.
>
> *Hermann Steinkamp*

1. Lesung: Apg 4,8–12

2. Lesung: 1 Joh 3,1–2

Evangelium nach Johannes 10,11–18:

> In jener Zeit sprach Jesus: Ich bin der gute Hirt. Der gute Hirt gibt sein Leben hin für die Schafe. Der bezahlte Knecht aber, der nicht Hirt ist und dem die Schafe nicht gehören, lässt die Schafe im Stich und flieht, wenn er den Wolf kommen sieht; und der Wolf reißt sie und jagt sie auseinander. Er flieht, weil er nur ein bezahlter Knecht ist und ihm an den Schafen nichts liegt. Ich bin der gute Hirt; ich kenne die Meinen und die Meinen kennen mich, wie mich der Vater kennt und ich den Vater kenne; und ich gebe mein Leben hin für die Schafe. Ich habe noch andere Schafe, die nicht aus diesem Stall sind; auch sie muss ich führen, und sie werden auf meine Stimme hören; dann wird es nur eine Herde geben und einen Hirten. Deshalb liebt mich der Vater, weil ich mein Leben hingebe, um es wieder zu nehmen. Niemand entreißt es mir, sondern ich gebe es aus freiem Willen hin. Ich habe Macht, es wieder zu nehmen. Diesen Auftrag habe ich vom Vater empfangen.

Irgendwo habe ich einmal gelesen: «Es gibt zwei Sorten von Hirten: die einen interessieren sich für die Wolle, die anderen für das Fleisch. Für die Schafe interessiert sich keiner.» Von solchen Hirten ist heute keine Rede. Andere sehen in dem Hirten den, der Macht hat über die Schafe. Davon ist im heutigen Evangelium auch nicht die Rede. Auch die sprichwörtlichen «dummen Schafe» kommen nicht vor. Ganz im Gegenteil: es sind außerordentlich kluge Schafe, denn sie kennen ihren Hirten und laufen nicht jedem nach.

«Ich kenne die Meinen und die Meinen kennen mich.» Sollen wir uns darüber freuen, dass Jesus uns so kennt? Die Älteren unter uns werden sich daran noch erinnern, wie man uns damals Angst damit machte: «Ein Auge ist, das alles sieht, auch was in dunkler Nacht geschieht.» Gott wurde als allgegenwärtiger Polizist gesehen, dem man nicht entkommen kann, der ständig bereit ist, meine Fehltritte zu Protokoll zu nehmen. So wurde er zum Erziehungsgehilfen der Eltern, der die Fehler der Kinder registriert, auch wenn die Eltern selber nichts davon merken. Ist er das Auge des «großen Bruders», der das ganze Leben überwacht, die allgegenwärtige Video-Kamera, der man nicht entrinnen kann, noch nicht mal in der Dusche, oder der Computer, der alles speichert und vor dem es keinen Datenschutz gibt?

Was heißt «kennen»?

Das Wort, das in der Sprache Jesu unserem Evangelium zugrunde liegt, meint etwas anderes und viel Tieferes: «Kennen» heißt verstehen, von innen her verstehen, wie man sich von einem Freund, einem Partner, einer Partnerin verstanden fühlt. Hier rühren wir an eine tiefe Sehnsucht gerade des heutigen Menschen inmitten aller Anonymität und Massengesellschaft: Ich brauche einen Menschen, der mich versteht in meinen Fragen und Sorgen, in meinen Dunkelheiten und vielleicht auch in meiner Schuld, der mich versteht auch in meinem guten Willen, in meiner Sehnsucht nach Liebe und Leben. Solches «Kennen» kann nicht aus kalter Distanz heraus geschehen, sondern nur aus Liebe, die sehend macht für den anderen. Die Liebe ermöglicht ein Verstehen, das mich trägt und in dem ich mich geborgen fühle.

Anderes «Kennen» verletzt. Ich fühle mich dann durchschaut, entlarvt. In unserer Konkurrenzgesellschaft werden meine Fehler, die andere kennen, gnadenlos ausgenützt. Gegen solches «Kennen» hilft nur Verstecken. Ich zeige dann nur meine Fassade, aber wie es drinnen aussieht, geht keinen was an. Weil die Menschen in der Regel so in unserer Gesellschaft miteinander umgehen, misstrauen sie den anderen und ziehen sich zurück.

Daher rührt so viele Einsamkeit von Menschen. Daher rührt aber auch die große Sehnsucht nach jemand, der uns versteht. Ein Wohnungsloser erzählt von seiner Rückkehr ins Leben: «Da kam Frau ... setzte sich neben mich und hörte mir zu. Es war das erste Mal, dass mir jemand zuhörte, weil er Interesse an mir hatte. Alle anderen vorher wussten immer schon, wer ich war: ein fauler Nutznießer des sozialen Netzes. Für sie war ich nur ein Fall.» Sensible Sozialarbeiter, Eheberater und Psychologen, Seelsorgerinnen und Seelsorger kennen diese enttäuschte Sehnsucht nach Verstehen und Verstanden-Werden und sehen darin die Ursache vieler Krankheiten und Belastungen.

Kennen heißt lieben

Vielleicht wird jetzt verständlich, warum dieses Wort «kennen» in der biblischen Sprache auch die tiefe leibseelische Geschlechtsgemeinschaft bedeuten kann. Manche erinnern sich vielleicht noch an die alte Übersetzung in der Verkündigungsszene. Da hieß es nach der Verheißung des Engels an Maria, dass sie Mutter würde: «Wie kann dies geschehen, da ich keinen Mann erkenne», also mit keinem Mann in Geschlechtsgemeinschaft lebe. Hier steht im griechischen Text der Bibel dasselbe Wort wie in unserem Text heute: «Ich kenne die Meinen und die Meinen kennen mich.» Hier rühren wir an die tiefe Gemeinschaft, die Gott mit uns aufnehmen will und auf die wir antworten dürfen.

Dürfen wir sagen: Darum ist Gott Mensch geworden, damit er die Menschen nicht nur von oben her kennt, gleichsam aus göttlicher Ferne, sondern aus leibseelischer, menschlicher Nähe, wie sich nur Menschen in der Liebe nahe sind? «Wir haben nicht einen Hohenpriester, der nicht mit uns leiden könnte in all unseren Schwächen», heißt es im Hebräerbrief (Hebr 4,15). Er schämt sich nicht, uns seine Schwestern und Brüder zu nennen (vgl. Hebr 2,11). In diesem Erkennen, in dieser menschlichen Nähe dürfen wir uns geborgen fühlen, so wie es im Psalm 139 heißt:

> Herr, du hast mich erforscht und du kennst mich.
> Ob ich sitze oder stehe, weißt du von mir.
> Von ferne erkennst du meine Gedanken.
> Du bist vertraut mit all meinen Wegen.
> Wohin könnte ich fliehen vor deinem Geist,
> wohin mich vor deinem Angesicht flüchten?
> Du hast mein Inneres geschaffen,
> mich gewoben im Schoß meiner Mutter.

Der Beter gerät nicht in Schrecken darüber, dass er vor Gott nicht fliehen kann, sondern in Staunen und Dankbarkeit:

> Zu wunderbar ist für mich dieses Wissen,
> zu hoch, ich kann es nicht begreifen.
> Ich danke dir, dass du mich so wunderbar gestaltet hast.

Liebe, aber nicht ohne Einsatz

Solche Liebe und Gemeinschaft gibt es nicht ohne Opfer. Der gute Hirt, der so seine Schafe kennt, setzt sich für sie ein, für ihr Leben, ihre Zukunft. Gott lässt sich seine Liebe zu uns, sein Erkennen, etwas kosten. Der gute Hirt gibt sein Leben für seine Schafe. Er ist ganz für uns da, endgültig, ohne Vorbehalte. Was wir Menschen einander nur anfangshaft zu schenken vermögen und wohin doch unsere ganze Sehnsucht geht: Hier wird es uns als frohe Botschaft angeboten. Hier ist einer, der uns versteht, in dessen Verstehen wir uns geborgen wissen dürfen.

Die Meinen kennen mich

Das Erstaunliche: Jesus versteht dieses Erkennen als gegenseitiges: Wie er uns kennt, dürfen wir ihn kennen in dieser tiefen leibseelischen Gemeinschaft. Dieses Erkennen kann nur in gegenseitiger Liebe geschehen, von innen heraus. «Ich lege ihnen mein Gesetz in ihr Inneres und schreibe es ihnen aufs Herz» (Jer 31,33).

Jesus geht noch einen Schritt weiter: «Wie mich der Vater kennt und ich den Vater kenne.» Die Gemeinschaft zwischen ihm und dem Vater soll ein Bild sein für die Gemeinschaft zwischen ihm und uns. Wir sind einbezogen in die Gemeinschaft Gottes selbst. Hier rühren wir an den tiefsten Grund dessen, was wir mit dem vielleicht etwas abgegriffenen und verblassten Wort «Gnade» meinen, reines Sich-Schenken Gottes in Jesus, das uns in ihre Gemeinschaft einbezieht. Hier findet unsere Sehnsucht nach Verstehen und Verstanden-Werden ihr Ziel, ihre Erfüllung.

Das Wort des Paulus «Stückwerk ist unser Erkennen» (1 Kor 13,9) gilt natürlich auch hier. «Jetzt erkenne ich unvollkommen, dann aber werde ich durch und durch erkennen, so wie ich auch durch und durch erkannt worden bin.» (1 Kor 13,12) Wir sind also auf dem Wege, aber dürfen jetzt schon darauf vertrauen, dass er uns durch und durch erkannt und angenommen hat.

Gebet

Guter Gott,
ich habe Angst davor,
dass mich jemand durchschaut.
Ich habe Sehnsucht danach,
dass mich jemand versteht.

Du durchschaust mich *und* verstehst mich.
Du nimmst mich so an, wie ich bin.
Ich kann und brauche mich nicht vor dir zu verstecken.
Du hast mich erkannt und angenommen.

Lass mich mehr von deiner Nähe spüren!
Lass mich dich tiefer erkennen.
Jesus hat gezeigt, wer du bist.
Seiner Hand will ich mich anvertrauen.

Fünfter Sonntag in der Osterzeit

BARNABAS

> In einer Welt billiger Arrangements, die Spannungen und Konflikte zu vermeiden sucht, obwohl Grausamkeiten und Mitleiden dazu herausfordern; in einer Welt, die außer dem Eigeninteresse nichts mehr ernst nimmt, die beharrliches Engagement verlacht, also genau das, was zum wirklichen Glück führt und wozu Glaube und Ethik dringend anhalten – in einer solchen Welt wird Romero zum Symbol dafür, dass man ein engagierter Mensch und Christ sein kann, der bis zum Ende geht. Darin besteht sein Martyrium.
>
> *Jon Sobrino über Oscar A. Romero*

1. Lesung aus der Apostelgeschichte 9,26–31:

> In jenen Tagen, als Saulus nach Jerusalem kam, versuchte er, sich den Jüngern anzuschließen. Aber alle fürchteten sich vor ihm und konnten nicht glauben, dass er ein Jünger war. Barnabas jedoch nahm sich seiner an und brachte ihn zu den Aposteln. Er erzählte ihnen, wie Saulus auf dem Weg den Herrn gesehen habe und dass dieser mit ihm gesprochen habe und wie er in Damaskus mutig und offen im Namen Jesu aufgetreten sei. So ging er bei ihnen in Jerusalem ein und aus, trat unerschrocken im Namen des Herrn auf und führte auch Streitgespräche mit den Hellenisten. Diese aber planten, ihn zu töten. Als die Brüder das merkten, brachten sie ihn nach Cäsarea hinab und schickten ihn von dort nach Tarsus. Die Kirche in ganz Judäa, Galiläa und Samarien hatte nun Frieden; sie wurde gefestigt und lebte in der Furcht vor dem Herrn. Und sie wuchs durch die Hilfe des Heiligen Geistes.

2. Lesung: 1 Joh 3,18–24

Evangelium: Joh 15,1–8

Barnabas war ein ganz wichtiger Mann in der Urkirche. Seiner Bedeutung nach ist er viel zu wenig bekannt. Auch in der Leseordnung kommt er kaum vor. Es lohnt sich aber, seinen Spuren nachzugehen.

Schon in den Bericht über die Gütergemeinschaft in der Jerusalemer Gemeinde wird er erwähnt: «Auch Josef, ein Levit aus Zypern, der von den Aposteln Barnabas, das heißt Sohn des Trostes genannt wurde, verkaufte einen Acker, der ihm gehörte, brachte das Geld und legte es den Aposteln zu Füßen.» (Apg 4,36) Barnabas stand also mit seinem Eigentum für das Wohl der Armen ein. Wenn er von den Aposteln «Sohn des Trostes» genannt wurde, dann lässt das auf seine Tätigkeit schließen. Vielleicht kümmerte er sich in besonderer Weise um die Armen und die Trauernden, um alle, die in Not waren. Eine solche Namengebung hat in der Bibel eine große Bedeutung. Sie lässt auf den Charakter und die Bedeutung eines Menschen schließen.

Das weitere Auftreten des Barnabas ist eng mit dem Weg des Paulus verknüpft. Paulus, der ja zunächst die Christen verfolgt hatte, kommt nach seiner Bekehrung nach Damaskus. Dort gerät er in Gefahr, da die Juden ihm nach dem Leben trachten. Nach einer abenteuerlichen Flucht kommt er nach Jerusalem. Da setzt unsere heutige Lesung ein. Alle fürchten sich vor Paulus, weil sie ihm die Bekehrung nicht glauben und dahinter nur eine List vermuten, um die Verfolgung der Christen noch besser fortsetzen zu können. Nur einer setzt sich über die Verdächtigungen hinweg und nimmt sich seiner an: Barnabas. Er glaubt ihm seine Bekehrung und hat offenbar ein Gespür für das, was noch von diesem Mann zu erwarten ist. So geht er mit Paulus zu den Aposteln, erzählt von seiner Bekehrung und seinem erfolgreichen Wirken in Damaskus. So versucht er, das Misstrauen zwischen Paulus, den Aposteln und der Gemeinde abzubauen. Damit ebnet er Paulus den Weg zu einem fruchtbaren Wirken in Jerusalem. Wieder gerät Paulus in Schwierigkeiten und muss verschwinden. Er wird zurück in seine Heimat Tarsus geschickt. Die Gemeinde in Jerusalem will seinetwegen keine Unruhe.

Die Gemeinde in Antiochia, neben Jerusalem und Damaskus eine der drei wichtigsten Gemeinden der Urkirche, entwickelt sich sehr lebendig. Hellenistische Wanderprediger, die nach der Ermordung des Stephanus aus Jerusalem geflohen waren und überall umherzogen, um das Evangelium zu verkünden, wirken auch in Antiochia. Sie predigen auch den Griechen und bekehren viele von ihnen. Die Berichte davon kommen nach Jerusalem und stimmen viele skeptisch. Zwar hatte Petrus schon einen Heiden getauft. Aber das wurde als Ausnahme anerkannt. Aber wenn jetzt viele Griechen, die den Juden, also auch der jüdischen Gemeinde in Jerusalem, als Heiden galten, Christen wurden, in welche Zukunft führte das? So schickten sie Barnabas nach Damaskus, um nachzuschauen, was da geschieht.

Barnabas ist ein offener Mann. Er lässt sich nicht von Vorurteilen leiten, sondern sieht, was vor sich geht. Er freut sich über den Glauben der Heiden und erkennt darin die Gnade Gottes, der keine Grenzen kennt und alle Menschen zum Glauben berufen will. «Denn er (Barnabas) war ein trefflicher Mann, erfüllt vom Heiligen Geist und vom Glauben.» (Apg 11,24) Da erinnert Barnabas sich an Paulus, der immer noch isoliert in Tarsus sitzt. Barnabas denkt: Den können wir jetzt hier gebrauchen. Er geht nach Tarsus und holt den Paulus nach Antiochia, wo sie ein Jahr lang gemeinsam die Menschen, Juden und Heiden, im Glauben unterrichten. Dann ziehen Paulus und Barnabas wieder nach Jerusalem und bringen Gaben aus Antiochia für die notleidende Gemeinde in Jerusalem mit. Darauf kehren sie wieder nach Antiochia zurück und nehmen Johannes Markus mit.

Erste Missionsreise

Während eines Gottesdienstes «sprach der Heilige Geist: Wählt mir den Barnabas und den Paulus zu dem Werk aus, zu dem ich sie berufen habe. Da fasteten und beteten sie, legten ihnen die Hände auf und ließen sie ziehen.» (Apg 13,2f) Ein erstaunlicher Vorgang! Die Gemeinde feiert Gottesdienst und hört den Ruf des Geistes, der zu neuen Wegen einlädt. Die Gemeinde legt den beiden die Hände auf und macht sie so zu Aposteln, zu Gesandten des Glaubens. Hier hat die Auflegung der Hände und die Sendung noch nichts von der späteren Verengung auf die Priesterweihe an sich. Die Gemeinde selbst ist das Subjekt der Sendung und der Beauftragung im Heiligen Geist. Die beiden nehmen wieder den Johannes Markus mit auf ihre Reise, die sie über mehrere Monate nach Zypern und durch Kleinasien führt. Oft werden sie verfolgt und müssen fliehen. Aber sie können auch kleine Gemeinden gründen und ihnen Zuversicht und Kraft im Glauben schenken. Sie wählen schon nach wenigen Tagen oder Wochen Älteste aus, legen ihnen die Hände auf, empfehlen sie Gott im Gebet und vertrauen ihnen die Sorge für die Gemeinden an. Sie geben damit den Segen weiter, den sie selbst von der Gemeinde in Antiochia empfangen hatten. Dann kehren sie nach Antiochia zurück und berichten voll Freude darüber, dass Gott «den Heiden die Tür zum Glauben geöffnet hat» (Apg 12,27).

Das Apostelkonzil

Der Erfolg der einen weckt das Misstrauen der anderen. Einige Judenchristen kommen von Jerusalem und bringen die Gemeinde durcheinander. Sie sagen: Nur Beschnittene nach dem Gesetz des Moses dürfen Christen werden. Die Heiden müssen das ganze Gesetz halten. So stellen sie die Praxis der Gemeinde in Antiochia in Frage. Es gibt «große Aufregung und heftige Auseinandersetzungen zwischen ihnen und Paulus und Barnabas» (Apg 15,2). Aber die Gemeinde und ihre beiden Kronzeugen halten an ihrem Weg fest. Die Gemeinde schickt sie nach Jerusalem zu den Aposteln und Ältesten dort, um die Frage zu klären. Wieder gibt es heftige Auseinandersetzungen mit einigen gläubig gewordenen Pharisäern, die die Beschneidung für alle Christen fordern. Aber auch Barnabas und Paulus halten an ihrer Überzeugung fest und erzählen auf einer großen Gemeindeversammlung unerschrocken von ihren Erfahrungen. Sie sagen: Gott hat den Heiden durch den Heiligen Geist den gleichen Glauben geschenkt, in dem auch wir leben. Vor Gott gibt es keine Unterschiede. Deswegen darf man ihnen nicht noch das Joch des Gesetzes auflegen! Sie sind wie wir durch Gott gerettet.

Ihren Erfahrungen und ihrer Überzeugung können die Apostel, die Ältesten und die ganze Gemeinde nicht widerstehen. Sie stimmen Paulus und Barnabas zu und schicken sie mit einigen anderen Brüdern wieder zurück nach Antiochia, um diese Botschaft zu überbringen. Der große Durchbruch ist geschafft! Der christliche Glaube sprengt endgültig die jüdischen Grenzen und öffnet sich zur Weltreligion. Barnabas und Paulus haben dazu ihren wichtigen Teil beigetragen.

In Antiochia werden die beiden zu einer neuen Missionsreise ausgesandt. Barnabas will den Johannes Markus wieder mitnehmen. Paulus will nicht. Da kommt es zwischen diesen beiden langjährigen Weggefährten selber zu heftigen Auseinandersetzungen. Sie setzen getrennt ihre Wege fort und Barnabas zieht mit Johannes Markus nach Zypern. Danach sind keine sicheren Informationen mehr über Barnabas und sein Wirken erhalten.

Barnabas

Barnabas war ein großartiger Mann, ein Zeuge des Glaubens, der Wege durch unübersichtliches Gelände bahnte. Unerschrocken stand er zu seiner Überzeugung und ließ sich von niemanden seine Erfahrungen ausreden. Seine Offenheit gegenüber dem Geist Gottes, der die Gemeinde neue Wege führt und Grenzen überspringt, hat ihn auch dort seinen Weg gehen lassen, wo andere Aufweichung und Verlust des wahren Glaubens befürchteten. Er hatte alleine den Mut, den verdächtigen Paulus aufzunehmen, ihm Brücken zu bauen und Wege zu ebnen. Später holte er ihn, den in die Verbannung Geschickten, auf eigene Faust zurück und arbeitete mit ihm zusammen. Paulus und sein Wirken ist ohne Barnabas nicht zu denken. Er scheute nicht die nötigen Konflikte und trug sie im großen Vertrauen auf den Geist Gottes durch. Die jüdischen Fundamentalisten in der christlichen Gemeinde konnten ihn mit ihren Verdächtigungen nicht erreichen oder erschüttern.

Barnabas heute

Solche Leute wie Barnabas brauchen wir heute! Menschen mit wachen Augen und Ohren, die das Wirken Gottes in unserer Welt erkennen, auch dort, wo es die Gemeinde am Ort oder die Kirche als ganze noch nicht wahrhaben will, wo Verdächtigungen und Misstrauen herrschen. Wir brauchen Menschen, die trösten und Geld und Zeit teilen, Aufmerksamkeit für Fremde aufbringen und Gespür für Gerechtigkeit allen Menschen gegenüber. Wir brauchen glaubwürdige Zeuginnen und Zeugen, die sich in der Kirche von heute nicht den Angriffen der Fundamentalisten beugen, die verdächtigte und verurteilte Theologen wieder zurück in die Gemeinschaft der Kirche führen und die in den Konflikten zwischen Rom und den Landeskirchen vermitteln. Wir brauchen natürlich auch heute die Offenheit der Jerusalemer Gemeinde, der Apostel und Ältesten, die sich von der Erfahrung anderer überzeugen und öffnen lassen für die neuen Wege Gottes mit seiner Kirche.

Vielleicht können wir selber Schritte in diese Richtung tun, uns zu Wort melden mit unseren Erfahrungen, unseren Widerspruch anmelden, wo es nötig ist. Vielleicht können wir selber mithelfen, dass Gottes neue Wege heute geebnet werden und sein Geist Menschen erfasst und erfüllt, denen wir es vielleicht gar nicht zugetraut hätten. Nur so kann die Kirche, die Gemeinschaft der Glaubenden, Zukunft gewinnen.

Gebet

Guter Gott,
wo ist Barnabas heute?
Vielleicht in Basisgemeinden Lateinamerikas,
in indischen Ashrams
oder in den kleinen kirchlichen Gemeinschaften Afrikas.
Vielleicht unter den Witwen Guatemalas und anderswo,
die neue Wege der Versöhnung suchen.
Vielleicht in der Friedensbewegung,
der Gewaltlosigkeit verpflichtet auch in Konflikten.
Vielleicht bei Amnesty, der UNO oder dem Roten Kreuz.
Vielleicht in Gemeinden, die neue ökumenische Wege gehen
und so mithelfen, die Spaltung in der Christenheit zu überwinden.
Vielleicht unter den Theologinnen und Theologen,
die heute verdächtigt und ausgegrenzt werden.
Wir brauchen solche Glaubenszeuginnen und Zeugen,
damit deine Kirche Zukunft gewinnt.

Schenke uns allen den Geist und die Kraft,
wenigstens ein wenig wie Barnabas zu werden!

Sechster Sonntag in der Osterzeit

FREUDE UND FREUNDSCHAFT

> Glücklich die Armen – die sind frei von den Ansprüchen der Macht, der Geltungssucht, der irdischen Reichtümer, die nichts haben. Euch ist das Himmelreich verheißen.
> Glücklich die Trauernden – die nicht gleichgültig bleiben gegenüber den Zuständen in der Welt, die teilnehmen, leiden, klagen und weinen. Ihr aber werdet lachen.
> Glücklich die Sanften – die das Leben gedeihen lassen, die erhalten und aufziehen, die wilde Natur besänftigen. Euch ist die Erde anvertraut.
>
> *Wilhelm Gössmann*

1. Lesung: Apg 10,25–26.34–35.44–48

2. Lesung: 1 Joh 4,7–10

Aus dem Johannesevangelium 15,9–17:

> In jener Zeit sprach Jesus zu seinen Jüngern: Wie mich der Vater geliebt hat, so habe auch ich euch geliebt. Bleibt in meiner Liebe! Wenn ihr meine Gebote haltet, werdet ihr in meiner Liebe bleiben, so wie ich die Gebote meines Vaters gehalten habe und in seiner Liebe bleibe. Dies habe ich euch gesagt, damit meine Freude in euch ist und damit eure Freude vollkommen wird. Das ist mein Gebot: Liebt einander, so wie ich euch geliebt habe. Es gibt keiner größere Liebe, als wenn einer sein Leben für seine Freunde hingibt. Ihr seid meine Freunde, wenn ihr tut, was ich euch auftrage. Ich nenne euch nicht mehr Knechte; denn der Knecht weiß nicht, was sein Herr tut. Vielmehr habe ich euch Freunde genannt, denn ich habe euch alles mitgeteilt, was ich von meinem Vater gehört habe. Nicht ihr habt mich erwählt, sondern ich habe euch erwählt und dazu bestimmt, dass ihr euch aufmacht und Frucht bringt und dass eure Frucht bleibt. Dann wird euch der Vater alles geben, um was ihr ihn in meinem Namen bittet. Dies trage ich euch auf: Liebt einander!

Jesus spricht vom Ziel seiner Botschaft, von dem, worauf alles, was er sagt und tut, hinauslaufen soll: Dies habe ich zu euch gesagt, damit meine Freude in euch ist und damit eure Freude vollkommen wird. Freude als Ziel, wie kann es denn auch anders sein, wenn die Berichte über sein Wirken «Evangelium» heißen, zu deutsch: Frohe Botschaft. Wurde das immer in der Praxis der Kirche deutlich?

Das Kirchenvolksbegehren nennt als eine seiner Grundforderungen: Frohbotschaft statt Drohbotschaft. Denn viele haben andere Erfahrungen gemacht: Angst vor der Sünde, Angst vor dem strafenden Gott, Gehorsam den Geboten gegenüber, die das Leben einschränken. Vor allem der Bereich der Sexualität war angstbesetzt. Von der Lust und Freude an der Geschlechtsgemeinschaft, an der eigenen Sexualität, am eigenen Körper war nicht die Rede. Bei einer Erstkommunionvorbereitung hörte ich einmal von Eltern: Zum ersten Mal erleben wir, dass etwas mit Freude verbunden ist, was in der Kirche geschieht. Sicher hat sich vieles im Laufe der letzten Jahre verändert, aber die Erfahrung steckt tief und wirkt noch fort.

Jesu Botschaft ist eine andere: Er lädt uns geradezu zur Freude ein, zu der Erfahrung von gelingendem Leben, von gelingenden Beziehungen zwischen Menschen und zwischen den Menschen und Gott. Dazu gehört vieles, was wir an Jesu Botschaft und an seinem Handeln ablesen können: Wir brauchen uns nicht mehr in unserer Schuld gefangen zu fühlen. Sie kann vergeben werden. Er befreit von den bösen Mächten, die über uns zu herrschen versuchen. Er will uns zu neuem Leben führen. Er stiftet Hoffnung wider alle Hoffnung und lebt sie vor. Er ermöglicht neue menschliche Beziehungen und erlöst die Menschen aus ihrer Einsamkeit. Er lehrt uns, dass wir im Vertrauen auf Gott leben dürfen auch inmitten aller Dunkelheit, allen Leides, ja selbst mitten im Tod.

Liebe

Die Begründung solcher Freude: wie mich der Vater geliebt hat, so habe ich euch geliebt. Bleibet in meiner Liebe! Alles, was er den Menschen getan und gesagt hat, ist in der Liebe begründet. Wir wissen es doch im Tiefsten unseres Herzens, das Entscheidende ist, dass wir uns, dass ich mich als geliebt erfahre. Da ist ein anderer Mensch, da ist Gott, der mich liebt, in dessen Liebe ich vorbehaltlos angenommen bin.

Wir wissen es heute von den Wissenschaften über den Menschen, wie wichtig es für ein Kind ist, von Anfang an willkommen, geliebt zu sein, schon vor der Geburt. Sonst entstehen große Schädigungen für den heranwachsenden Menschen, mit denen er oft ein Leben lang nicht fertig wird. Liebe lernen wir erst im Geliebtwerden. All unsere Liebe ist immer schon Antwort. So können und brauchen wir mit der Liebe auch nicht selber anzufangen. Ihr seid schon geliebt, sagt Jesus, «bleibet in meiner Liebe». Im Anfang steht also nicht ein Gebot: Liebt einander oder liebt Gott. Dann müsste ich mich immer schon ängstlich fragen, ob ich genug liebe, ob ich das Gebot erfülle. Das Liebesgebot kann ich sowieso nie als erfüllt abhaken. Es eröffnet eine Zukunft, die immer neu beginnen kann. Das Liebesgebot ist eine Einladung zu erfülltem Leben, zum Weiterschenken dessen, wovon man selber immer schon lebt.

Solche Liebe bleibt nicht ohne Folgen. Sie fordert den eigenen Einsatz, unter Umständen auch das eigene Sterben. «Es gibt keine größere Liebe als die, wenn einer sein Leben hingibt für seine Freunde.» Auch das ist im Leben Jesu, wie im Leben vieler seiner Jüngerinnen und Jünger ablesbar.

Freundschaft

So führen Liebe und Freude zum dritten Element der heutigen Frohbotschaft: Ich nenne euch nicht mehr Knechte. Ich habe euch Freunde genannt. Wir kamen einmal beim Glaubensgespräch in der Frauengemeinschaft auf diese Stelle. Viele der anwesenden Frauen sagten darauf: Wir sind aber als Mägde erzogen worden, in Demut und Gehorsam den Männern und Gott gegenüber. Mägde und Knechte wissen nicht, worum es geht. Sie haben nur Befehle auszuführen. Die Arbeit selbst interessiert sie gar nicht. Sie haben auch keine Beziehung zum Produkt ihrer Arbeit. Um es in heutiger Sprache auszudrücken: Sie leisten fremdbestimmte, entfremdete Arbeit.

Der Freund, die Freundin brauchen keine Befehle von außen. Sie ahnen von innen her, was dem anderen gut tut. Sie tun es, weil es dem anderen und ihnen selbst Freude macht. Freundschaft ist ein gemeinsamer Prozess, in dem es keine Unter- oder Überordnung gibt. Geben und Nehmen sind ineinander verschränkt. Solche Freundschaft bietet Jesus den Menschen an und schenkt sie schon einmal vorweg, einfach so, grundlos. Deswegen macht diese Freundschaft frei, sich hinauszuwagen. Sie schenkt Freiheit und Mut. Ich brauche mich nicht meines Lebens zu versichern. Es ist versichert und getragen. Das macht frei, sich anderen zuzuwenden, absichtslos. Ich brauche auch nicht mit der Menge zu schreien, brauche keine neuen Gurus in Politik und Gesellschaft, in Wirtschaft oder Religion, die mich nur wieder verknechten und an mir profitieren wollen. Ich kann gegen den Strom schwimmen.

Rückblick auf mich selbst

Lebe ich aus einem solchen Glaubensverständnis, das Liebe, Freude und Freundschaft einschließt? Nehme ich die frohe Botschaft auch für mich als frohmachende wahr? Es gibt ja so viele Ausflüchte, so viele Angebote an käuflicher Freude. Man kann sich vollstopfen mit vermeintlichen Freuden, die aber nur kurzfristig betäuben und die innere Leere überdecken. Deswegen gibt es ja auch immer tollere Angebote. Was gestern möglich war, muss heute schon wieder überboten werden. Man läuft der Freude und dem Glück hinterher.

Wenn ich aus dem Bewusstsein heraus lebe, dass ich in Liebe angenommen bin und in Freundschaft mit Gott und den Menschen leben darf, können Ruhe und Gelassenheit wachsen, aber zugleich auch das Engagement, mit dem ich mit meinen Möglichkeiten, mit meiner Zeit und Aufmerksamkeit, Freude weiterschenken kann. Das kann in meinem persönlichen Umkreis geschehen, aber auch im Rahmen der Gemeinde derer, die in dieser Perspektive leben, und darüber hinaus. Denn die Einladung Jesu zur Freude kennt keine Grenzen.

Rückblick auf die Kirche

Es ist nach den Worten und Taten Jesu ein Kriterium für alles kirchliche Leben, dass es aus dieser Freundschaft lebt und der Freude dient. Gottesdienste und Sakramente, Verkündigung, das Leben und Handeln der Gemeinde, der Kirche als ganzer sollten davon glaubwürdig zeugen. Das ist nicht idyllisch gemeint, die Gemeinde als kleine Oase im Strudel der Zeit. Auch in der Gemeinde gibt es unterschiedliche Interessen und Begabungen, Konflikte, die ausgetragen werden müssen, um die Entwicklung weiterzutreiben. Eine christliche Gemeinde bewährt sich nicht darin, dass sie Konflikte vermeidet, sondern darin, wie sie mit Konflikten umgeht, ohne dass eine Seite ausgegrenzt oder gedemütigt wird, ohne dass Freundschaft und Freude zerstört werden.

Dies gilt auch für die Kirche(n) als ganze. Der Dienst an der Einheit und Wahrheit des Glaubens darf der Freude nicht im Weg stehen, sondern muss der Freude dienen. Machtansprüche, die die Menschen wieder zu Mägden und Knechten machen, haben in der Kirche Jesu Christi nichts zu suchen. Dazu gehört auch das Engagement der Kirche im Dienst an Gerechtigkeit und Frieden. Die Menschen müssen spüren, dass es der Kirche nicht um den eigenen Einfluss geht, um eigene Machtansprüche, sondern dass es ihr wirklich um die Menschen geht, um ihre Freiheit und Würde, im selbstlosen Einsatz auch dort, wo die Kirche mit den Mächtigen in Konflikt kommt, wo sie vielleicht verfolgt wird. Wenn sich die Kirche so verhält im Innenbereich und nach außen, dann wird sie neue Glaubwürdigkeit erlangen, weil eine Institution, die nicht ihrer eigenen Macht dient, sondern den Menschen, in unserer Welt der Interessen, des Geldes und der Macht Aufmerksamkeit erregt, weil sie eine einladende Perspektive bietet gerade für die, die von Macht, Geld und Interessen ausgegrenzt werden.

Die Einladung Jesu, aus Liebe, Freude und Freundschaft zu leben, kann eine Fährte sein, eine Fährte durch das unwirtliche Land, in dem wir leben, vielleicht auch durch eine vielfältig unwirtliche Kirche. Sie kann eine Fährte sein, auf der wir nicht zufrieden sind, wenn wir uns nur selber durchretten, sondern die alle durch eine blühende Steppe führen kann.

Gebet

Guter Gott,
du hast uns in Jesus Liebe, Freude und Freundschaft angeboten,
und doch bestimmen oft Hass, Gewalt und Ohnmacht unser Leben.

Deswegen bitten wir dich
um Liebe für die Ungeliebten, Ausgegrenzten und Verachteten,
um Freude für die Freudlosen, Leidenden und Trauernden,
um Freundschaft für die Alleingelassenen, Enttäuschten und Verratenen.

Deswegen bitten wir dich auch
um Liebe, Freude und Freundschaft für uns selbst,
damit wir davon leben können,
damit wir weiterschenken können, was wir selbst empfangen,
damit deine Kirche glaubwürdig wird als Zeugin deiner frohen Botschaft.

Christi Himmelfahrt

DER GEERDETE HIMMEL

> Wir wurden als Christinnen und Christen nicht dazu berufen, für das Überleben der Kirche zu sorgen, sondern für das Wohl und Heil der Menschheit. Wir sind nicht Mitglieder der Kirche, um Strukturen und Kircheninstitutionen besser zum Funktionieren zu bringen, sondern um uns an dem Projekt Jesu Christi zu beteiligen, das da heißt: Die Menschen sollen das Leben in Fülle haben.
>
> *Jacques Gaillot*

1. Lesung: Apg 1,1–11

2. Lesung: Eph 1,17–23

Aus dem Markusevangelium 16,15–20:

> In jener Zeit erschien Jesus den Elf und sprach zu ihnen: Geht hinaus in die ganze Welt und verkündet das Evangelium allen Geschöpfen! Wer glaubt und sich taufen lässt, wird gerettet; wer aber nicht glaubt, wird verdammt werden. Und durch die, die zum Glauben gekommen sind, werden folgende Zeichen geschehen: In meinem Namen werden sie Dämonen austreiben; sie werden in neuen Sprachen reden; wenn sie Schlangen anfassen und tödliches Gift trinken, wird es ihnen nicht schaden; und die Kranken, denen sie die Hände auflegen, werden gesund werden. Nachdem Jesus, der Herr, dies zu ihnen gesagt hatte, wurde er in den Himmel aufgenommen und setzte sich zur Rechten Gottes. Sie aber zogen aus und predigten überall. Der Herr stand ihnen bei und bekräftigte die Verkündigung durch die Zeichen, die er geschehen ließ.

Bei allen Festen im Kirchenjahr feiern wir nicht bloß etwas, was damals geschah, sondern wir feiern immer auch unser eigenes Leben und unsere Hoffnung, dass sich vollende, was damals begann. Das ist besonders wichtig beim heutigen Fest. Der Name und die Bilder der Kunst verleiten ja zu einem Missverständnis: Himmelfahrt Jesu, also ist er weg von der Erde, entrückt in einen fernen Himmel, zurückgekehrt nach einem kurzen irdischen Zwischenspiel? Sollen wir feiern, dass er von uns weggegangen ist? Dass es wenigstens für ihn gut ausgegangen ist? Das kann doch nicht alles sein.

«Jesus ist nicht weg. Er ist in ihre Herzen eingezogen. Deswegen können ihn die Jünger nicht mehr sehen.» So ein Mitglied in einer brasilianischen Basisgemeinde. Aber – so dürfen wir den Gedanken weiterdenken – die Jünger werden es merken an den heilenden Kräften, die nun von ihrem Leben ausgehen. In der Sprache des heutigen Evangeliums heißt das: «In meinem Namen werden sie Dämonen austreiben; sie werden in neuen Sprachen reden; wenn sie Schlangen anfassen oder tödliches Gift trinken, wird es ihnen nicht schaden;

und die Kranken, denen sie die Hände auflegen, werden gesund werden.» Von der Gemeinde Jesu werden heilende Kräfte ausgehen. Daran zeigt sich, dass Jesus mit seiner Kraft, mit seinem Geist in ihre Herzen eingegangen ist, dass der Himmel geerdet ist.

Dämonen austreiben

Die Dämonen sind die anonymen Kräfte, die den Menschen in ihren Krallen haben, die vergiftete Atmosphäre, die den Menschen nicht atmen lässt, die öffentliche Lüge, die die Wahrheit verschleiert, die unterdrückenden Strukturen unserer Weltgesellschaft, die den Menschen nicht zu sich selber kommen lassen, zu seiner Würde, seiner Einmaligkeit und Kraft, und die die Offenheit und Freiheit der menschlichen Gesellschaft beeinträchtigen.

Wo Christen und christliche Gemeinden mithelfen, die Dämonen des anonym schleichenden oder offenen Fremdenhasses, der Vorurteile, der Verdächtigungen zu durchbrechen, da erden sie den Himmel, in den Jesus aufgefahren ist. Da helfen sie mit, Menschen frei zu machen, sie zum aufrechten Gang zu befähigen.

Die Christen werden den Verführungen der Schlange, die Selbstherrlichkeit, Macht und souveräne Entscheidung über Gut und Böse anbietet, nicht erliegen. Das tödliche Gift der Gewalt und Gegengewalt wird die Christen nicht von ihrem Weg abbringen. Sie werden die Spirale der Gewalt wieder herunterschrauben, damit Verständigung und Versöhnung möglich werden.

Sie werden Kranken die Hände auflegen, Verlorenen eine Heimat geben, Enttäuschte und Verletzte annehmen und den Schuldig-Gewordenen durch Vergebung eine neue Zukunft eröffnen. Sie werden in anderen Sprachen reden, weil das, was sie tun, in allen Sprachen verstanden wird.

Gemeinde als Lebensraum

Wo solches geschieht, da beginnt der Himmel auf Erden. Da entsteht das Bild einer Gemeinde als Raum, in dem Menschen heil werden können, heil an Leib und Seele. Das Evangelium von heute spricht davon, dass die Jünger die Wahrheit dieser letzten Verheißung Jesu selber erfahren haben: Der Herr ist nicht weg, irgendwo hin, sondern er begleitet ihr Wirken und «bekräftigte ihr Wort durch Zeichen, die er geschehen ließ».

Rückfrage an meine eigene Erfahrung: Wo habe ich erlebt, dass von anderen eine helfende und heilende Kraft für mich ausging? Wo andere mich annahmen trotz meiner Fehler, wo sie mich wieder zurückholten in die Gemeinschaft? Aber auch: Wo habe ich erlebt, dass ich anderen helfend nahe sein konnte, ohne sie zu vereinnahmen? Wo ging ein Trost, eine Ermutigung, eine heilende Kraft von mir aus, so dass andere aufleben konnten? Überall da ist schon «Himmel».

Das alles muss nicht spektakulär sein, sondern es kann auch ganz alltäglich, unscheinbar, übersehbar geschehen. Es lohnt sich darüber nachzudenken, dem auf die Spur zu kommen. Ich bin sicher, dass sehr viel mehr in unserem Leben geschieht, als wir bemerken. Der Herr begleitet auch heute seine Boten und «bekräftigt ihr Wort und ihr Zeugnis durch Zeichen, die er geschehen lässt». Wenn wir diese Zeichen nur wahrnehmen und offen dafür sind! Himmel ist da, wo Menschen das Leben wagen mit der Macht seiner wehrlosen Liebe. Christen wohnen schon mitten auf Erden in *dem* Himmel, in den Christus eingegangen ist.

Deswegen ist es wichtig, wie die Boten es den Jüngern sagen: Schaut nicht gen Himmel. Da oben werdet ihr ihn nicht finden. Das ist das Bild einer Kirche, die Welt und Menschen aus den Augen verliert und nur scheinbar fromm zum Himmel emporschaut. «Jesus ist nicht weg. Er ist in ihre Herzen eingezogen. Deswegen können die Jünger ihn nicht sehen.» Schaut auf die Erde, in euer eigenes Herz, schaut nach vorne, schaut auf die Menschen: Da werdet ihr ihn finden. «Was ihr den Geringsten meiner Schwestern und Brüder getan habt, habt ihr mir getan.» (Mt 25,40) Da werden wir ihn finden, der in den Himmel aufgefahren ist.

Auf dem Wege

Natürlich wissen wir, dass dies immer nur zeichenhaft und bruchstückhaft geschieht. Wir kommen ja von schlimmen Erfahrungen und Erkenntnissen her: Autobiografische Berichte vieler Christinnen und Christen, aber auch die wissenschaftliche Forschung der letzten Jahre haben deutlich gemacht, wie weit die Kirchen davon entfernt sind, den Menschen einen angstfreien Lebensraum zu ermöglichen, ja, wie sie selber krank machen und zerstören können. Die katholische Kirche ist schuldig geworden, nicht nur einzelne ihrer Söhne und Töchter, wie es immer wieder heißt. Die Schuldbekenntnisse des Papstes weisen in die richtige Richtung, sind aber noch nicht radikal genug. Erst wenn die Kirche ehrlich zurückblickt und ihre Schuld eingesteht, kann sie sich von den Dämonen ihrer eigenen Geschichte frei machen.

Wir feiern Christi Himmelfahrt nicht auf irgend einer Insel, sondern mitten in unserer Welt und Kirche. Dieses Fest lässt uns nicht resignieren oder verzweifeln, sondern schickt uns mitten hinein in Kirche und Welt, damit da der Himmel aufgehen kann und Menschen heil werden.

Gebet

Jesus, unser Bruder,
wir suchen dich oft vergeblich
in unserem eigenen Leben
in unserer Kirche, in unserer Welt.

Sind wir zu blind für die Zeichen deiner Nähe?
Sind wir zuviel mit uns selbst beschäftigt?
Sind wir zu «fromm»,
so dass wir dich nur jenseits unserer Welt suchen?

Begegne uns in Menschen, die uns nahe sind.
Begegne uns in unserem eigenen Leben,
in den guten Kräften, die von uns ausgehen.
Mach die Kirche zu einem Ort,
wo Menschen heil werden.
Dann werden viele dich finden.

Siebter Sonntag in der Osterzeit

IN DER WELT

Nein, schlaft nicht, während die Ordner der Welt geschäftig sind!
Seid misstrauisch gegen ihre Macht, die sie vorgeben für euch erwerben zu müssen!
Wacht darüber, dass eure Herzen nicht leer sind, wenn mit der Leere eurer Herzen gerechnet wird!
Tut das Unnütze, singt die Lieder, die man aus eurem Mund nicht erwartet. Seid unbequem, seid Sand, nicht das Öl im Getriebe der Welt!

Günter Eich

1.Lesung: Apg 1,15–17.20a.20c–26

2. Lesung: 1 Joh 4,11–16

Evangelium nach Johannes 17,11b–19:

In jener Zeit erhob Jesus seine Augen zum Himmel und betete: Vater, ich habe deinen Namen den Menschen offenbart, die du mir aus der Welt gegeben hast. Heiliger Vater, bewahre sie in deinem Namen, den du mir gegeben hast, damit sie eins sind wie wir. Solange ich bei ihnen war, bewahrte ich sie in deinem Namen, den du mir gegeben hast. Und ich habe sie behütet, und keiner von ihnen ging verloren, außer dem Sohn des Verderbens, damit sich die Schrift erfüllt. Aber jetzt gehe ich zu dir. Doch dies rede ich noch in der Welt, damit sie meine Freude in Fülle in sich haben. Ich habe ihnen dein Wort gegeben, und die Welt hat sie gehasst, weil sie nicht von der Welt sind, wie auch ich nicht von der Welt bin. Ich bitte nicht, dass du sie aus der Welt nimmst, sondern dass du sie vor dem Bösen bewahrst. Sie sind nicht von der Welt, wie auch ich nicht von der Welt bin. Heilige sie in der Wahrheit: dein Wort ist Wahrheit. Wie du mich in die Welt gesandt hast, so habe auch ich sie in die Welt gesandt. Und ich heilige mich für sie, damit auch sie in der Wahrheit geheiligt sind.

Manchmal ist es so weit: Man möchte alles hinwerfen. Es geht einfach nichts mehr. Fragen erdrücken. Sorgen belasten. Enttäuschungen mit Menschen oder im Beruf töten. Man möchte einfach weg. Man erträgt nicht mehr die Menschen neben sich, wird ihnen und sich selbst zur Last. Man erträgt nicht mehr die Bilder des Elends im Fernsehen, den Krach in der Familie oder von nebenan. Das alles kann sich bis zu Depressionen steigern, die einem die Lust am Leben rauben. Manche nehmen sich aus Verzweiflung selbst das Leben. Doch ist vielleicht gerade dies ein verzweifelter Schrei nach Leben.

Wenn man als Christ an Gott glaubt, der einen selbst im Tode nicht fallen lässt, liegt es da nicht nahe, sich aus dieser Welt weg zu Gott zu sehnen? So heißt es bei Paulus: «Ich sehne mich danach aufzubrechen und bei Christus zu sein – um wieviel besser wäre das! Aber», so unterbricht er sich selber, «euretwegen ist es notwendiger, dass ich am Leben bleibe» (Phil 1,23f).

In der Welt

So heißt es auch im heutigen Evangelium: «Ich bitte nicht, dass du sie [die Jünger] aus der Welt nimmst, sondern, dass du sie vor dem Bösen bewahrst.» Der Glaube ist nicht eine fromme Flucht, mit der wir uns aus dieser harten Welt hinüberträumen in eine andere. *Hier* ist der Ort der Liebe (2. Lesung). Hier ist der Ort der Sendung. Wir können uns nicht unsere Zeit aussuchen. *Jetzt* ist die Zeit, jetzt ist die Stunde unseres Lebens. Wir können uns auch nicht die Probleme aussuchen, die sich uns stellen. Manche Probleme schaffen wir uns selber, manche finden wir vor.

Der Glaube will die Christen nicht aus der Welt und ihren Problemen weglocken. Er will ihnen auch nicht alle Fragen und Sorgen abnehmen. Er will uns vielmehr mitten darin bestehen lassen. Bewährung gibt es nicht an dieser Welt vorbei, sondern nur mitten darin. Zeigt sich da nicht die größere Kraft des Glaubens, als wenn er uns einfach aus dieser Welt entführte und die Welt ihrem Elend überließe? Mitten darin bestehen zu können, die Fragen und Probleme nicht nur hinzunehmen, sondern an ihrer Veränderung für sich selbst und für andere mitzuwirken, geduldig, hartnäckig, mit der Kraft, Enttäuschungen anzunehmen, ohne daran zu zerbrechen, mit unerschütterlicher Hoffnung, unter Umständen auch wider alle irdisch ausrechenbare Hoffnung durchzuhalten, darum geht es. Wenn man von den Problemen nicht mehr gebannt ist, wenn man nicht vor ihnen kapituliert, dann kann man auch mit ihnen schöpferisch umgehen, dann können sich Lösungen abzeichnen, mit denen man vorher nicht gerechnet hat.

Aber nicht von der Welt

In der Welt zu sein, aber nicht von der Art dieser Welt, nicht von ihr abhängig, darum geht es; in dieser Welt, aber nicht abhängig von ihren Gewaltstrukturen, die nichts anderes sind als geronnener Egoismus. So kann sich eine neue Freiheit ergeben, eine Souveränität in allen Auseinandersetzungen.

Ein Beispiel für viele: wir erleben es in der Diskussion über die Gentechnik, in dem Streit um die Forschung mit embryonalen Stammzellen. Die Wissenschaft will forschen, auch ohne ethische Grenzen anzuerkennen. Was machbar ist, wird gemacht. Man übersieht aber dabei, dass der Mensch immer mehr zum Objekt wird. Die Manipulation des Menschen geschieht immer, so sagt man, im Dienste des Fortschritts, der Heilung. Babies sollen mit den gewünschten Gen-Eigenschaften im Reagenzglas gezüchtet und ausgewählt werden. Die anderen Embryos werden getötet und der Wissenschaft für Forschungszwecke zur Verfügung gestellt. In den USA werden jetzt schon Embryos gegen Bezahlung an Eispenderin und Samenspender für Tötung und Forschung gezüchtet. So geht man in der Art dieser Welt mit menschlichem Leben um! Der Schaden reicht bis tief in unsere Gesellschaft hinein.

Da ist der Widerstand der Christen und ihrer Kirchen erforderlich, wie er in der gegenwärtigen Diskussion auch erfolgt. Ähnliches gilt von vielen anderen Problemen dieser Welt, die die Mächtigen nach der Art dieser Welt zu lösen versuchen: Auf der einen Seite: Kampf gegen den Terrorismus durch Krieg, Kampf gegen Selbstmordattentäter mit Panzern und Raketen, mit Besetzung fremden Territoriums und Missachtung des Völkerrechtes, so dass unbeteiligte Zivilisten auf beiden Seiten getötet werden. Auf der anderen Seite: Gleichgültiges Hinnehmen des Hungers und der Hungerlöhne in der Welt, wenn nur die eigene Wirtschaft gut verdient, Waffenexporte in Bürgerkriegsländer oder zur Unterstützung diktatorischer Regime auf Kosten der betreffenden Völker und gnadenloses Ausnützen von Währungsspekulationen, die ohnmächtige Staaten ins Unheil stürzen. Da sind Christen zum Widerstand aufgerufen und eingeladen, Alternativen zu entwickeln, die den betroffenen Menschen und Völkern dienen.

In der Welt, aber nicht von der Art dieser Welt – das führt hinein in alle Konfliktfelder, die heuzutage viele Menschen zu Opfern machen. In der Welt, aber nicht von der Art dieser Welt – das hat auch Jesus in den Konflikt gebracht, der vor der jüdischen Führungselite und Pilatus ausgetragen wurde und letztlich für ihn tödlich ausging (vgl. die Gedanken zum Karfreitag).

Hoffnung wider alle Hoffnung

In der Welt, aber nicht von der Art dieser Welt – das ist eine Einladung zur Freiheit, eine Ermutigung zu Geduld und Kampf, zum Vertrauen, das angefochten, aber nicht letztlich erschüttert werden kann. Es ist eine Einladung zu kreativen Alternativen, zu neuen Initiativen, die beim Menschen ansetzen und ihn aufheben aus dem Schmutz, retten vom Abfallhaufen, auf den die Machtgeschichte ihn weggeworfen hat. Wenn sich die Christen und ihre Kirchen darauf einlassen, kann die Welt anders werden, nicht heil – da steht die bleibende Schuldfähigkeit der Menschen im Wege –, aber heiler und menschenfreundlicher, als sie jetzt ist. Dafür lohnt es sich einzusetzen ohne Resignation und Flucht – in einer Hoffnung wider alle Hoffnung.

Gebet

Gott,
manchmal möchte ich einfach weglaufen,
mich zurückziehen in irgendeine Idylle,
mich einmauern in ein Ghetto,
damit ich nichts mehr höre vom Elend in der Welt,

damit die Erfolglosigkeit des eigenes Einsatzes
mich nicht erdrückt.

Aber ich kann gar nicht fliehen.
Die Probleme und Fragen schleppe ich
ja immer mit mir herum.
Sie gehen quer durch mein eigenes Herz.

Du hast mich in diese Welt verwiesen.
Ich habe sie mir nicht ausgesucht.
Du erwartest von mir nicht,
dass ich alle Fragen löse,
aber, dass ich dem Bösen widerstehe.
Darum hat Jesus selber gebetet.
Du wirst sein Gebet erhören.
Darauf will ich vertrauen.

Pfingstsonntag

GEIST IN DER GEMEINDE

> Das Wort «GEIST» kennt die Verwandtschaft mit dem Wort «Gischten» – ein schönes Bild. Wenn der Wind die Wellen peitscht, bis sie sich, einander überstürmend, an den Strand werfen, dann bilden sich Schaumschleier, in denen sich das Sonnenlicht bricht, rasch verlöschende Blasen, die aufsteigen, sich zurücknehmen, wieder entstehen – dieser Wirbel, dieser Tumult im kleinen und im großen, diese Veränderung in der Mischung von Wasser und Luft, gerade das ist GEIST: eine Verschmelzung der Elemente, eine nie festgelegte Form, eine nie festzumachende Struktur.
>
> *Ernst Dertmann*

1. Lesung: Apg 2,1–11

2. Lesung aus dem ersten Korintherbrief 12,3b–7.12–13:

> Brüder! Keiner kann sagen: Jesus ist der Herr!, wenn er nicht aus dem Heiligen Geist redet. Es gibt verschiedene Gnadengaben, aber nur den einen Geist. Es gibt verschiedene Dienste, aber nur den einen Herrn. Es gibt verschiedene Kräfte, die wirken, aber nur den einen Gott: Er bewirkt alles in allen. Jedem aber wird die Offenbarung des Geistes geschenkt, damit sie anderen nützt. Denn wie der Leib eine Einheit ist, doch viele Glieder hat, alle Glieder des Leibes aber, obgleich es viele sind, einen einzigen Leib bilden: so ist es auch mit Christus. Durch den einen Geist wurden wir in der Taufe alle in einen einzigen Leib aufgenommen, Juden und Griechen, Sklaven und Freie; und alle wurden wir mit dem einen Geist getränkt.

Evangelium: Joh 20,10–23

Pfingsten ist Anlass, über unseren Glauben nachzudenken. Wo stehe ich in meiner persönlichen Glaubensgeschichte, wo stehen wir als Gemeinde und als Kirche? Es ist eine nüchterne Analyse notwendig, eine Klärung des Weges, den ich, den wir gegangen sind. Denn die, die heute als Gemeinde zusammenkommen oder ihren eigenen Glaubensweg gefunden haben, kommen ja aus unterschiedlichen Epochen und Traditionen des Glaubens.

Herkunft des Glaubens

Manche sind noch bestimmt von ihrer Herkunft aus einer geschlossenen katholischen Gesellschaft, wo die Kinder und Jugendlichen selbstverständlich in das fertige System hineinwuchsen. Man wurde katholisch, wie man in Bayern oder Westfalen geboren wurde. Mit der Taufe wurde man auf ein Geleise gesetzt und mit der Letzten Ölung davon heruntergenommen. Dazwischen gab es nicht viele Weichen, die eine andere Richtung erlaubt hätten. Sicher macht ein solches geschlossenes System manches leichter, es ist ja alles vorgegeben – aber es engt auch ein, es deckt die persönliche Entscheidung zu. Wenn sich vielleicht auch mancher dahin zurücksehnt: diese Zeiten werden sicher nie wieder kommen. Wir müssen uns in unserer offenen, pluralistischen Welt zurechtfinden, in *dieser* Welt glauben und Glauben weitergeben.

Das Konzil

Andere sind bestimmt in ihrer Glaubensgeschichte vom Zweiten Vatikanischen Konzil. Das gilt auch für mich persönlich. Ich bin zwar noch vor dem Konzil Priester geworden. Aber das Vatikanum II war für mich und für viele damals ein Hoffnungszeichen für eine verkrustete Kirche. Die menschliche Gestalt von Johannes XXIII hatte erlösende und befreiende Kraft für den Glauben. Man durfte auf einmal Mensch sein in der Kirche, aufatmen, nachdenken! Die Kirche gewann eine neue Glaubwürdigkeit bei den Gläubigen, aber auch darüber hinaus. Die Gläubigen lernten, sich selber als Kirche zu begreifen, als Volk Gottes, das unterwegs ist. Die Kirche begann neu, sich auf die Seite der Menschen zu stellen, auf die Seite der Schwachen und Armen. Doch – wie es manchmal bei Neuaufbrüchen in der Kirche, in Orden, aber auch bei anderen Institutionen geht – der neue Geist versickerte wieder in den Amtsstuben. Die Angst ließ die Fenster wieder schließen. Durch Geschlossenheit versuchten manche, die Einheit von oben wieder zu festigen. Man verdächtigte den «Geist des Konzils» der Auflösung des Glaubens, einer gefährlichen Liberalisierung. Gläubige, für die der «Geist des Konzils» Befreiung und Ermutigung zum Glauben bedeutete, viele Theologen, vor allem aus dem Bereich der Theologie der Befreiung, der feministischen Theologie und des interreligiösen Dialogs wurden des mangelnden Glaubens verdächtigt. Die Personalpolitik der Kirche auf Weltebene ist ein Kennzeichen für das Zurückdrängen des Konzils. Da haben sich viele resigniert abgewandt und ihre eigenen Wege gesucht.

Heutige Generation

Das Konzil ist schon 40 Jahre her, also mehr als eine Generation. Für jüngere Leute ist es vielleicht die Geschichte ihrer Eltern, zumindest nichts, was sie berührt. Sie kennen nicht mehr die vorkonziliare Enge der Kirche. Sie wachsen in einer neuen Unübersichtlichkeit und Beliebigkeit auf. Viele schreiben die Kirche ab, weil sie nichts für ihr Leben austrägt, sondern höchstens im Wege steht, zum Beispiel mit ihren Aussagen zu Sexualität und Ehe. Andere finden dennoch ihren persönlichen Glaubensweg, entscheiden sich für den Glauben inmitten all der vielen anderen Angebote. Doch sie sind – wenn ich das recht sehe – oft nicht mehr eingebunden in die kirchlichen Traditionen, in die sonntägliche Messfeier, in die Gemeinde. Sie leben ihren Glauben in eigener Entscheidung und Auswahl, besuchen besondere Gottesdienste mit ihrer Musik, Kirchen- und Katholikentage, Taizé, große Ereignisse. Manche sehnen sich allerdings auch zurück in die alte Klarheit und Enge.

Glaube heute

Für alle Glaubensgenerationen gilt, dass viele irritiert sind und dass ihnen durch das Verhalten der Kirchenleitungen auf allen Ebenen oder das Verhalten von Mitchristinnen und Christen der Zugang zum Glauben verstellt wird. Da ist es gut und richtig, dass der Glaube heute persönlicher wird, dass wir ihn nicht mehr als das selbstverständliche Produkt der Erziehung oder einer katholischen Gesellschaft verstehen. Ich weiß, dass diese Erkenntnis schmerzlich ist für die Eltern, die sehen, dass die Kinder andere Wege gehen. Aber es führt kein anderer Weg in die Zukunft des Glaubens. Jeder und jede einzelne wird nur dann am Glauben festhalten können, wenn er oder sie spürt, was der Glaube als Orientierung und Sinn für das eigene Leben bedeutet, als Halt und Kraft.

Solcher Glaube kann letztlich nur geschenkt werden. Wir können Bedingungen dafür schaffen, dass dies geschehen kann, aber wir können den Glauben nicht «machen». Er ist Gnade, wie die Schrift sagt. Diese Gnade kann ich nur in Freiheit annehmen. Deswegen kann der Glaube nur in eigener freier Entscheidung durchgetragen werden. Manche Einzelfragen des Glaubens können da ruhig offen bleiben, wenn ich nur bereit bin, mich von Jesus mit auf seinen Weg nehmen zu lassen. Das ist die entscheidende Frage an meinen Glauben, auch wenn Unsicherheit bleibt, wenn ich spüre, dass ich nur in kleinen Schritten weiterkomme, dass ich oft zurückfalle. Die Gestalt des Glaubens wird weniger selbstsicher sein, weniger triumphalistisch, weniger überheblich.

Doch damit ich diesen holprigen Weg weitergehen kann, brauche ich die anderen, brauchen die Gläubigen einander. Alleine kann ich diesen Glauben nicht finden und nicht durchhalten. Wir brauchen neue Erfahrungsräume von Glauben, neue Lebensräume. Der Ort dafür ist zunächst die eigene Familie, dann die Gemeinde. Für viele ist es aber besonders die selbstgewählte Gruppe. Den Glauben teilen und mitteilen kann man nur, wenn man auch wenigstens ein Stück weit das Leben miteinander teilt.

Die pfingstlichen Schrifttexte

In den beiden Lesungen wird deutlich, dass der Glaube Geschenk des Geistes Gottes ist. Er bewirkt, dass Menschen glauben können. Er ruft in die Freiheit der Entscheidung. Wir können Ja oder Nein sagen. Die Glaubensweitergabe hat also nichts Automatisches, Selbstverständliches. Unsere heutige Glaubenserfahrung macht das gerade wieder neu bewusst. Wir können ruhig verschiedene Sprachen sprechen und uns dennoch im Glauben verstehen. Die Gaben, die der Geist schenkt, sind ganz unterschiedlich, es ist aber dennoch der eine Geist, der zusammenführt und Einheit schafft. Diese Einheit im Glauben braucht also nicht krampfhaft von kirchlichen Instanzen hergestellt zu werden. Glaubende aus den verschiedenen Generationen mit ihren unterschiedlichen Erfahrungen können durchaus *eine* Gemeinde miteinander bilden, wenn sie sich nicht gegenseitig des mangelnden Glaubens bezichtigen, sondern anerkennen, dass es unterschiedliche Wege gibt. Dann können die unterschiedlichen Gaben im Hören aufeinander zur Bereicherung aller führen. Das alles geschieht nicht ohne Konflikte und Turbulenzen. Aber mitten darin können sich neue Konstellationen entwickeln, neue Möglichkeiten und Bewährungen des Glaubens, die wir jetzt noch gar nicht überblicken und einordnen können.

Das Evangelium macht deutlich, dass eine Kirche hinter vor Angst verschlossenen Türen nur eine vorpfingstliche Kirche ist, die noch ihre Befreiung braucht, den Geist, der die Türen öffnet und sie – wehrlos, aber geisterfüllt – zu den Menschen schickt.

Also kein Grund zur Resignation angesichts der Glaubenssituation unserer Tage, sondern Einladung zum Vertrauen, dass die Gläubigen auch auf unterschiedlichen Wegen gemeinsam gehen und glaubwürdige Zeuginnen und Zeugen sein können, damit die unterschiedlichen Sprachen und Erfahrungen unserer Zeit für den Glauben geöffnet werden.

Gebet

Guter Gott,
der Glaube an deine Nähe in Jesus Christus
ist nicht mehr selbstverständlich,
wie es früher oft schien.
Viele sind verunsichert.
Andere meinen, nicht mehr glauben zu können.
Jugendliche können dich kaum finden
in der Vielzahl der Angebote.

Sende deinen Geist aus in alle Unsicherheiten.
Schenke uns Vertrauen und Mut,
dass wir neue Wege finden und gehen können.
Lass uns in den verschiedenen Gaben und Erfahrungen
den Reichtum des Glaubens entdecken,
den keiner alleine für sich besitzen kann.

Schenke uns und deiner Kirche heute deinen Geist!

Pfingstmontag

BITTE UM DEN GEIST

> Was befleckt ist, wasche rein,
> Dürrem gieße Leben ein,
> heile du, wo Krankheit quält.
>
> Wärme du, was kalt und hart,
> löse, was in sich erstarrt,
> lenke, was den Weg verfehlt.
>
> Gib dem Volk, das dir vertraut,
> das auf deine Hilfe baut,
> deine Gaben zum Geleit.
>
> *Pfingstsequenz*

1. Lesung: Apg 10,34a.42–48

2. Lesung: Eph 4,2–6

Evangelium nach Johannes 15,26–27; 16,1–3.12–15:

In jener Zeit sprach Jesus zu seinen Jüngern: Wenn der Beistand kommt, den ich euch vom Vater aus senden werde, der Geist der Wahrheit, der vom Vater ausgeht, dann wird er Zeugnis für mich ablegen. Und auch ihr sollt Zeugnis ablegen, weil ihr von Anfang an bei mir seid. Noch vieles habe ich euch zu sagen, aber ihr könnt es jetzt nicht tragen. Wenn aber jener kommt, der Geist der Wahrheit, wird er euch in die ganze Wahrheit führen. Denn er wird nicht aus sich selbst heraus reden, sondern er wird sagen, was er hört, und euch verkünden, was kommen wird. Er wird mich verherrlichen; denn er wird von dem, was mein ist, nehmen und es euch verkünden. Alles, was der Vater hat, ist mein; darum habe ich gesagt: Er nimmt von dem, was mein ist, und wird es euch verkünden.

Es ist auffallend: die Weihnachts- und Osterlieder sind Lob- und Danklieder. Die Pfingstlieder sind allesamt Bittlieder. Weihnachten und Ostern feiern wir die Heilsereignisse selbst. Pfingsten erbitten wir die Wirksamkeit dieser Heilsereignisse für die Menschen von heute, für uns. Pfingsten ist die Nahtstelle, wo das Walten Gottes auf die Menschen übergreift, wo es uns betrifft und verwandelt. Dieses Geschehen ist noch im vollen Gange. Es bleibt für Kirche und Welt bis zum Ende, der Vollendung, immer noch Zusage und Verheißung vom Kommenden, Noch-nicht-Erahnten.
   Der Heilige Geist ist es, der Gott dazu treibt, aus sich herauszugehen. Gott ist nicht vernünftig in seiner Liebe zu den Menschen. Er kennt keine Grenzen,

er geht unvernünftig weit. Das ist ablesbar an Jesus. Er ist verrückt, von Sinnen, wie die Verwandten von ihm sagen (Mk 3,21). Der Geist Gottes bewegt ihn von der Stelle, lässt ihn all seine Herrlichkeit und Würde vergessen bis hin ans Kreuz. Er stört die Kreise der Frommen, die alles so schön eingerichtet und geordnet haben. Jesus bringt alles durcheinander. Er wendet sich den Dirnen, den Zöllnern und Sündern zu, heilt gerade am Sabbat, berührt Aussätzige, vergibt Sünden. Er ruft Männer und Frauen in seine Nähe, die nichts bedeuten oder sogar von zweifelhaftem Ruhm sind. Er wendet sich selbstvergessen den Menschen zu, die ihn jetzt gerade brauchen. All das ist unvernünftig, gegen die Regel, bringt nur Schwierigkeiten. Deswegen wird er beseitigt.

Der Geist

Doch damit findet sich Gott nicht ab. Er ist hartnäckig in seiner Liebe. Durch die Auferweckung Jesu zeigt er, dass Jesus Recht hatte, dass in ihm die Welt aufleuchtete, wie Gott sie will, eben nicht schön geordnet nach oben und unten, Arm und Reich, Fromme und Sünder, Mann oben und Frau darunter, sondern eine Welt von Schwestern und Brüdern. Gott sendet den Geist, der die Bewegung fortsetzen soll, die Jesus ausgelöst hat. Der Geist Gottes ist nicht vernünftig. Er kennt keine Grenzen. Er ist ein Unruheherd, der in Sturm und Feuerszungen einbricht in diese Welt, alles durcheinander bringt, was Menschen so schön sortiert haben. Er ist der Neue, der sich noch nicht verausgabt hat, der immer für Neues gut ist, für neue Wege, neue Erfahrungen, neue Aufbrüche. Pfingsten ist die große Einmischung Gottes in diese Welt, seine Weigerung, diese Welt sich selbst und ihrem tödlichen Treiben zu überlassen.

Unsere Welt

Wir erleben eine Welt, die aus den Fugen geraten ist, deren Ordnung vielfach Unordnung bedeutet. Überall gerät sie an ihre Grenzen oder baut neue Grenzen auf. Die Welt wächst immer mehr zusammen und zerfällt zugleich. Die Probleme wachsen. Die Handlungsmöglichkeiten wachsen schneller als sie ethisch verantwortet werden können. Das Rad dreht sich immer rascher.

Die auf den Geist vertrauen, dürfen sagen: Wir erleben eine Welt, die nach dem Heiligen Geist schreit. Nicht Gott ist verrückt, nicht der Geist ist verrückt, sondern unsere Welt ist verrückt. Da brauchen wir den Geist, der sie wieder zurechtrückt, der unsere unordentliche Ordnung durchbricht, der nicht nach der Vernunft des Geldes und der Macht funktioniert.

Gott sei Dank – hier ist dieser Ruf angebracht – gibt es viele Menschen, die auf diesen Wegen des Geistes sind und die sich je an ihrem Ort um eine neue Ordnung mühen, die den Menschen und ihrem Leben dient. Der Geist Gottes weht durch alle Religionen und ist auch bei denen, die meinen, nicht glauben zu können. Er kennt keine Grenzen.

Bitte um den Geist

Seien wir also vorsichtig, wenn wir um den Geist Gottes bitten. Er kann auch uns verrückt machen oder besser zurechtrücken, dass wir plötzlich Dinge tun, die wir uns bisher noch nicht zugetraut haben, so dass andere vielleicht den Kopf schütteln oder sich ärgern, weil sie in ihrem bisherigen Ordnungsgefüge verunsichert werden. So ist es vielen gegangen, die sich auf den Geist Gottes eingelassen haben.

Nein, seien wir ruhig und gelassen unvorsichtig und bitten um den Heiligen Geist, dass er uns tiefer in die volle Wahrheit Gottes einführe, dass er uns ergreift und durch uns die Welt verändert, damit sie wieder mehr ins richtige Koordinatensystem Gottes passt. Wir selbst, gläubige oder ungläubige Menschen, die Natur und seine Schöpfung brauchen das, damit alle heil werden und das Heil finden.

Gebet

Gott, du bist verrückt.
Dein Geist treibt dich immer weiter in die Welt hinein.
Du lässt dich ein mit uns Menschen.
Du gerätst oft unter die Räder,
wirst zum Außenseiter, zum Störenfried,
abgeschoben, ausgegrenzt, beseitigt.

Nein, nicht du bist verrückt, sondern unsere Welt.
Lass dich nicht abschrecken!
Sende deinen Geist,
dass er sich in Feuer oder Sturm,
mit leichtem Säuseln oder unbemerkt einmischt.
Lass uns offen werden für sein Wirken!

Gib unsere Welt, gib uns nicht auf!

Dreifaltigkeitssonntag

EINHEIT UND GEMEINSCHAFT

> Mit deinem eingeborenen Sohn und dem Heiligen Geist bist du der eine Gott und der eine Herr, nicht in der Einzigkeit einer Person, sondern in den drei Personen des einen göttlichen Wesens. Was wir auf deine Offenbarung hin von deiner Herrlichkeit glauben, das bekennen wir ohne Unterschied von deinem Sohn, das bekennen wir vom Heiligen Geiste. So beten wir an im Lobpreis des wahren und ewigen Gottes die Sonderheit in den Personen, die Einheit im Wesen und die gleiche Fülle in der Herrlichkeit.

Präfation vom Dreifaltigkeitsfest

1. Lesung: Dtn 4,32–34.39–40

2. Lesung aus dem Römerbrief 8,14–17:

> Brüder! Alle, die sich vom Geist Gottes leiten lassen, sind Söhne Gottes. Denn ihr habt nicht einen Geist empfangen, der euch zu Sklaven macht, so dass ihr euch immer noch fürchten müsstet, sondern ihr habt den Geist empfangen, der euch zu Söhnen macht, den Geist, in dem wir rufen: Abba, Vater! So bezeugt der Geist selber unserem Geist, dass wir Kinder Gottes sind. Sind wir aber Kinder, dann auch Erben; wir sind Erben Gottes und sind Miterben Christi, wenn wir mit ihm leiden, um mit ihm auch verherrlicht zu werden.

Evangelium: Mt 28,16–20

Wer ist Gott? Wie ist Gott? Wie ist das Verhältnis Jesu zu Gott? Wie verhalten sich Gottheit und Menschheit in diesem Jesus? Was ist und bedeutet der Heilige Geist? Diese Fragen haben die Glaubenden in den ersten Jahrhunderten umgetrieben. Daraus ist eine sehr komplizierte theologische Spekulation über das Verhältnis von Einheit und Dreiheit in Gott geworden, die sich bis in die heutige Zeit hinzieht und oft nur für Fachtheologen durchschaubar ist. Das Anliegen war auf der einen Seite, an dem *einen* Gott festzuhalten, und auf der anderen Seite, das Göttliche in Jesus und im Heiligen Geist ins Wort zu bringen. Dies geschah oft in Begriffen und Vorstellungen, die einer vergangenen Philosophie und theologischen Sprache entstammen, aber heute kaum noch verständlich sind.

Ich möchte hier versuchen, einen Zugang zum Geheimnis des dreifaltig-einen Gottes zu erschließen, der mir heute wichtig erscheint. Einen Zugang zum Geheimnis – mehr nicht. Mehr können wir auch gar nicht, wenn wir uns nicht anmaßen wollen, wir hätten Gottes Geheimnis durchschaut und wüssten über Gott Bescheid.

Ich will ich sein.

Das ist die *eine* Wirklichkeit unseres Lebens. Wir wollen je ganz wir selbst sein. Ich will ich sein, nicht nur eine Nummer in der Statistik, irgendeine Stelle hinter dem Komma einer Prozentzahl, nicht nur eine Rolle, die ich zu spielen habe. Ich will ich sein mit meiner unauswechselbaren Geschichte, mit meinen Erfahrungen, meinen Freuden und Leiden, auch mit meiner Schuld und vor allem mit meiner Liebe. Ich möchte nicht nach irgendeinem Schema von anderen beurteilt werden, eingeteilt in rechts oder links, in gut oder schlecht. Ich habe mein eigenes Gewissen, mein eigenes Leben. Das ist ein wesentlicher Teil meiner Würde als Mensch, als Mann oder Frau. Ich möchte, daß meine Einmaligkeit von anderen respektiert wird. Ich fühle mich verletzt, wenn ich irgend etwas tun soll, nur weil andere mir das verordnen, ohne das vorher mit mir zu besprechen. Ich möchte begründet handeln, auch nur begründet gehorchen, wo ich die Notwendigkeit einsehe. Meine eigene Freiheit ist mir wichtig und durch nichts zu ersetzen. Ich will *mein* Leben leben, nicht bloß den Erwartungen der anderen entsprechen.

Ich suche Gemeinschaft.

Zugleich, auch das gehört zu meiner Wirklichkeit, ist da die *andere* Seite: Ich sehne mich nach dem Du, nach dem Wir. Ich weiß, dass ich mich nicht selbst gemacht habe, dass ich mich anderen verdanke. Allein bin ich eben allein, aufgeschmissen, ohnmächtig, verloren. Ich sehne mich nach einer Gemeinschaft, die mich trägt, aber nicht vereinnahmt, gar vergewaltigt. Ich suche ein Miteinander der Menschen, in dem jeder Einzelne seine Fähigkeiten einbringen kann, ein Miteinander, das von Kommunikation geprägt ist und nicht von verordneter Uniformität. Einheit kann es nur im lebendigen Austausch geben, der den Reichtum in der Vielgestaltigkeit findet. Ich möchte keine anderen Menschen über mir und keine unter mir, aber viele neben mir. Ich will keine Herren über mir, keine Diener unter mir, aber Mitmenschen neben mir, von gleichem Rang und gleicher Würde. Ich möchte, dass so das Miteinander gelingt, dass ich mich da auch selber einbringen kann: in der Familie, in der Gemeinde, in der Kirche, in der Gesellschaft.

Ist das eine Illusion?

Es gibt unterschiedliche Begabungen und Fähigkeiten. Keine und keiner kann alles. Das ist richtig und gut. Es kommt also darauf an, dass jede das Ihre, jeder das Seine tut, damit alle leben können. Die, die etwas zu sagen haben, bedürfen meines Einverständnisses. Es muss auch ihren Fähigkeiten und Einsichten entsprechen. Ungefragte Autoritäten will ich nicht. Demokratische Verhaltensweisen dienen der Einbeziehung aller in nötige Entscheidungsprozesse.

Weil der andere das Geld hat, steht ihm nicht schon das Recht zu, mich einzukaufen. Menschen dürfen nicht gekauft oder verkauft werden. Die Arbeit eines Menschen darf nicht ge- oder verkauft werden. In der Kirche dürfen Amtsträger nicht Macht über mein Gewissen ausüben wollen. Sie müssen sich durch ihre Gründe verständlich machen. Die bloße Berufung auf die von Gott übertragene Autorität reicht mir da nicht. Sie kann zu leicht nur eine Tarnung für eigene Machtansprüche sein, die nicht hinterfragt werden sollen.

Gibt es eine solche Gemeinschaft, die mir meine eigene Würde schenkt und bestätigt? Die nicht vergewaltigt, wie die Einheitsparteien früher im Osten oder wie die allmächtige Wirtschaft, die alles für käuflich hält, oder wie manche kirchlichen Autoritäten, die meinen, mich im Namen Gottes zurechtstutzen zu können.

Der dreifaltige Gott

Von da suche ich einen Zugang zum heutigen Fest. In der Schöpfungsgeschichte heißt es: Der Mensch ist nach dem Bild Gottes geschaffen. Ist nicht dann auch meine Sehnsucht nach Eigenständigkeit und helfender, nicht vergewaltigender Einheit ein Bild Gottes selbst? In Gott ist das verwirklicht, was ich mir erhoffe: Da sind Vater, Sohn und Geist. Keiner herrscht über den anderen, keiner ist dem anderen untertan. Jeder ist er selbst in Eigenständigkeit und Freiheit. Zugleich bilden Vater, Sohn und Geist eine so enge Gemeinschaft, dass wir von *einem* Gott sprechen. Der eine Gott birgt in sich eine lebendige Gemeinschaft. Er ist nicht der einsame, der über Allem thront. Deswegen kann er auch uns in seine Gemeinschaft einbeziehen. Ich bin getauft auf den Namen des Vaters und des Sohnes und des Heiligen Geistes, wie es Jesus im heutigen Evangelium seinen Jüngern aufträgt. Wenn irgendeiner das Recht hätte, uns als seine Knechte zu betrachten, dann wäre das Gott selbst. Aber gerade er will das nicht: Er hat seinen Geist gesandt, der uns nicht zu Knechten macht, auch nicht zu unmündigen Kindern, sondern zu erwachsenen Söhnen und Töchtern, Schwestern und Brüdern seines Sohnes, deswegen auch zu seinen Miterben der Herrlichkeit Gottes.

Meine Hoffnung

Das ist für mich tröstlich: Meine Hoffnung auf Eigenständigkeit und Gemeinschaft geht nicht ins Leere. Sie ist in Gott selber begründet. Dann müssen doch Eigenständigkeit und Gemeinschaft wenigstens annäherungsweise auch unter den Menschen möglich sein, die nach Gottes Bild geschaffen sind. Dann dürfen wir so miteinander leben in unseren Familien, in unserer Gemeinde, in unserer Kirche. Wenn es uns gelänge, solche Gemeinschaft in unserem Leben abzubilden, dann wäre auch die ökumenische Gemeinschaft mit den anderen christlichen Kirchen kein Problem mehr. Dann müsste sich nicht eine Kirche vor der anderen beugen.

Dieses Zeichen würde in unserer zerrissenen Welt verstanden. Überall ringen verschiedene Kräfte miteinander, oft auf mörderische Weise. Jeder will Macht über andere und hält dies für seine nötige Selbstbehauptung. Könnten nicht da die Christinnen und Christen, die christlichen Kirchen miteinander ein hoffnungsvolles und ermutigendes Zeichen werden für die weltliche Gesellschaft, für das Miteinander der Religionen und Völker werden? Die Welt braucht solche Zeichen der Heilung, da sie sich selber immer mehr in ihre Zerrissenheit und die Eskalation der Gewalt verstrickt.

Unsere doppelte Sehnsucht nach Eigenständigkeit und Gemeinschaft geht nicht ins Leere. Wir können ein neues Miteinander lernen, das Menschen und Welt gut tut. Das heutige Fest kann dazu Ermutigung und Orientierung sein.

Gebet

Rätselhafter Gott,
wir reden von Vater, Sohn und Geist,
weil wir nicht ganz verstummen wollen,
wenn wir von dir sprechen.
Wir reden von dir als dem *einen* Gott,
und glauben an die dreifaltige Fülle in dir,
die wir nicht beschreiben können.

Rätselhafter Gott,
warum hattest du in dir selbst nicht genug?
Warum hast du uns nach deinem Bild geschaffen
und nicht als deine Mägde und Knechte?
Jetzt steckt in uns die Sehnsucht nach Einheit und Fülle,
nach Selbstständigkeit und Geborgenheit,
nach Freiheit und Gemeinschaft,
wie sie in dir verwirklicht sind.

Rätselhafter Gott,
ich glaube, dein Rätsel ist deine Liebe,
Liebe, die man nie verstehen kann,
wohl aber staunend annehmen darf.
Wir danken dir, dass du es mit uns wagst!

Fronleichnam

BROT FÜR DEN WEG

> In der Notiz über die katholisch-assyrische Eucharistiegemeinschaft (Nr. 45, S. 378) fehlt ein wichtiges Detail: Mit der Anerkennung der Anaphora der Apostel Addai und Mari wird erstmals von Rom ein Eucharistiegebet als gültig anerkannt, das die Einsetzungsworte nicht enthält. Dieser Text ist theologisch wie liturgiegeschichtlich von höchstem Rang, auch im Blick auf weitere ökumenische Debatten über Eucharistie und Amt.
>
> *Professor Dr. Albert Gerhards, Bonn, Leserzuschrift in Christ in der Gegenwart, Nr. 48, 2001*

1. Lesung: Ex 24,3–8

2. Lesung: Hebr 9,11–15

Evangelium nach Markus 14,12–16.22–26:

> Am ersten Tag des Festes der Ungesäuerten Brote, an dem man das Paschalamm schlachtete, sagten die Jünger zu Jesus: Wo sollen wir das Paschamahl für dich vorbereiten? Da schickte er zwei seiner Jünger voraus und sagte zu ihnen: Geht in die Stadt; dort wird euch ein Mann begegnen, der einen Wasserkrug trägt. Folgt ihm, bis er in ein Haus hineingeht: dann sagt zu dem Herrn dieses Hauses: Der Meister lässt dich fragen: Wo ist der Raum, in dem ich mit meinen Jüngern das Paschalamm essen kann? Und der Hausherr wird euch einen großen Raum im Obergeschoss zeigen, der schon für das Festmahl hergerichtet ist. Dort bereitet alles für uns vor! Die Jünger machten sich auf den Weg und kamen in die Stadt. Sie fanden alles so, wie er es ihnen gesagt hatte, und bereiteten das Paschamahl vor. Während des Mahles nahm Jesus das Brot und sprach den Lobpreis; dann brach er das Brot, reichte es ihnen und sagte: Nehmt, das ist mein Leib. Dann nahm er den Kelch, sprach das Dankgebet, reichte ihn seinen Jüngern, und sie tranken daraus. Und er sagte zu ihnen: Das ist mein Blut, das Blut des Bundes, das für viele vergossen wird. Amen, ich sage euch: Ich werde nicht mehr von der Frucht des Weinstocks trinken bis zu dem Tag, an dem ich von neuem davon trinken werde im Reich Gottes. Nach dem Lobgesang gingen sie zum Ölberg hinaus.

Das heutige Fest ist in seiner Tradition von der Prozession bestimmt. Doch der Charakter hat sich gewandelt. Früher waren es oft prunkvolle Feste für die ganze Stadt. Wenn sich dagegen heute Gemeinden zu Gottesdienst und Prozession versammeln, sind die Straßen weitgehend leer, vielleicht ein paar Radfahrer oder Ausflügler, die den freien Tag nutzen, oder ein paar Mitbürger, die ihre Hunde ausführen. Wenn sie nach dem Gottesdienst in der Prozession durch die Gemeinde ziehen, ist es nicht viel anders: ein paar zufällige Zuschauer am Straßenrand, ein paar Autos, die sich durch die Prozession gestört fühlen in ihrer freien Fahrt für freie Bürger, hier und da vielleicht ein Fähnchen oder ein anderes Zeichen dafür, dass hier gläubige Christen wohnen. Sonst nichts. Das Fronleichnamsfest hat sich gewandelt wie die Welt, in der wir leben. Manche trauern der alten Festlichkeit nach. Ich kann das gut verstehen. Doch es geht darum, den Glauben zu bekennen und zu feiern mitten in der heutigen Welt, nicht in der gestrigen oder in irgendeiner anderen gewünschten Welt. Manche gläubige, katholische Christen können mit diesem Fest und seiner Tradition nichts mehr anfangen und bleiben deswegen zu Hause. Auch ich habe meine Schwierigkeit mit diesem Fest und suche einen Weg, wie ich es ehrlich feiern kann. Das heutige Evangelium hilft mir dabei.

Das letzte Abendmahl

Das letzte Abendmahl Jesu lag zwischen dem Jubel des Palmsonntags und dem Leid des Kreuzweges. Früher war das Fronleichnamsfest wohl näher dem Palmsonntag, heute näher dem Karfreitag. Der Blick auf unsere Welt lässt uns den Atem stocken: so viel Elend, Leid und Gewalt, soviel sinnlos vergossenes Blut. Da ist nicht Platz für lauten Jubel und triumphalistisches Gehabe der Kirche.

Aber da ist Platz für Jesus, der alledem nicht ausweicht, der es mitträgt, entschlossen, wenn auch nicht ohne Angst, der sich nicht in die Resignation, nicht in Hass und Gegengewalt treiben lässt. Er fasst seine ganze Liebe zu den Menschen im Zeichen dieses Mahles zusammen, das er mit seinen Jüngern feiert. Es ist das Paschamahl, das erinnert an den Auszug der Juden aus der Sklaverei Ägyptens. Es ist das Mahl der Befreiung für alle Unterdrückten auch heute. Es ist das Mahl des Bundes, für dessen Erneuerung er sein Leben hingibt, sein Blut vergießt. Es ist das Mahl, das Jesus den Reichen und Frommen zum Trotz mit den Armen und Kleinen, den Zöllnern und Sündern gehalten hat, um ihnen zu zeigen, dass Gott neue Gemeinschaft mit ihnen will. Es ist das Mahl mit seinen Jüngern, den Kleingläubigen und Feigen, die ihn auf dem Kreuzweg verlassen. Dieses Mahl ist nicht die Belohnung für die Frommen und Guten, sondern ein Mahl der Stärkung für alle, die sonst unterwegs zu erliegen drohen. Nach dem Mahl ziehen Jesus und die Jünger zum Ölberg hinaus. Der Leidensweg beginnt, der bis zum Kreuz führt.

Das Mahl heute

Wenn Christen heute das Mahl Jesu weiter feiern, dann sind sie diejenigen, die in der vielfachen Sklaverei heute gefangen sind und frei werden sollen, wenn auch auf mühsamen und beschwerlichen Wegen. Sie brauchen das Brot, um nicht zu erliegen. Dann sind sie die Armen und Ausgesetzten, die Zöllner und Sünder, die kleingläubigen und feigen Jünger, die Jesus zum Mahl einlädt, um ihnen die Liebe Gottes zu zeigen, der sie aufnimmt, so wie sie sind. Kommunion ist nicht Belohnung für die Guten und Reinen, sondern Kraft für diesen

Weg. Deswegen sind alle eingeladen, die sich von ihm stärken lassen wollen, auch die Geschiedenen und Wiederverheirateten, die Frau, die gerade in ihrer Not keinen anderen Weg wusste, als ihr Kind abtreiben zu lassen, alle, die sich ausgeschlossen fühlen und meinen, nicht würdig zu sein für dieses Mahl; natürlich auch die Christen anderer christlicher Kirchen, die in diesem Mahl Kraft für ihren Glauben suchen. Wenn Jesus keine Grenzen setzte, dürfen das auch nicht seine Kirchen tun. Sonst würden sie zu den frommen Kritikern Jesu gehören, die ihm seine Mähler mit den Zöllnern und Sündern vorhielten, und nicht zu seinen Jüngern.

Die Prozession

Das Mahl Jesu setzt sich heute in den Christengemeinden fort. Am Fronleichnamstag tragen die katholischen Christen das verwandelte Brot durch ihre Straßen, auf denen sie auch sonst unterwegs sind. Sie wollen damit ihren Glauben zeigen, dass auch die heutige Welt und ihre Straßen nicht gottverlassen sind. Wir leben nicht mehr in einer christlichen Gesellschaft. Unsere Welt ist weltlich geworden. In dieser Welt sind die Christen unterwegs und bekennen ihren Glauben, demütig, voll Vertrauen, dass der Herr immer mit ihnen unterwegs ist. Auch wenn sie dann morgen oder übermorgen über dieselben Straßen gehen zur Schule oder zum Einkaufen, zur Arbeit oder zum Schwätzchen unterwegs, zu Fuß, mit dem Fahrrad oder dem Auto: Er ist dabei. So drückt die Prozession aus, was täglich unscheinbar und verborgen geschieht.

Wenn die Christen an diesem Fest ihren Herrn in seiner Hingabe für die Menschen feiern und ihn mit ihrer Prozession ehren, dann können sie das nicht, ohne an die zu denken und mit denen zu teilen, die heute Hunger haben, Hunger nach Brot und Hunger nach Liebe. Wenn sie mit dem Rücken zum Leid dieser Welt ihren Herrn verehren wollten, wäre das nicht mehr Jesus, der Christus, sondern nur der eigene Götze. Dieses Fest mit seiner Prozession nimmt die Christen in Dienst für die Menschen, die in diesen Straßen wohnen, durch die sie ziehen. Es nimmt sie in Dienst für alle, die auf ihrem Lebensweg zu erliegen drohen, die Solidarität, Aufmerksamkeit und Hilfe brauchen. Die Prozession ist ein öffentliches Versprechen, sich für das Leben dieser Menschen zu interessieren und zu engagieren, Alltag für Alltag. Ohne diese Verpflichtung wäre das Fronleichnamsfest mit seiner Prozession nur ein frommer Selbstbetrug. Vielleicht ist das der besondere Akzent, den die heutige Christenheit einzutragen hat in die Frömmigkeitsgeschichte dieses Festes.

Das Mahl der Zukunft

Die Gläubigen vertrauen darauf, dass sie von der Hingabe Jesu leben, die den Weg öffnet zu Gott, dem Vater, bei dem alle Menschen einmal endgültig ankommen sollen. «Nimmermehr werde ich trinken von der Frucht des Weinstockes – bis zu jenem Tag, da ich neu davon trinke im Königtum Gottes.» Der Weg durch die Straßen wird zum Zeichen für den ganzen Lebensweg, für den beschwerlichen Weg von Kirche und Welt zu mehr Gerechtigkeit und Frieden, zum Reich Gottes, das Jesus vorstellt als königliches Hochzeitsmahl, zu dem alle Menschen als Gäste eingeladen sind. So sind die Christen unterwegs in geduldiger Hoffnung, nicht in großspuriger Siegesmanier, im Vertrauen auf Gott, nicht in Selbstsicherheit, gespeist vom Brot als Kraft für ihren Weg, für ihren Glauben und ihre Liebe.

Gebet

Jesus, Freund der Menschen,
du hast auch uns eingeladen zu deinem Mahl.
Wir leben von deiner Hingabe.
Du bist das Brot für unseren Lebensweg.
Hilf uns immer wieder auf, wenn wir fallen.

Begleite uns auf unseren Straßen, durch die wir gehen.
Segne die Häuser und die Menschen, die darin wohnen,
den Kindergarten, die Schulen, unsere Kirche,
die Geschäfte und alle Arbeitsplätze.

Segne die Menschen, die hier unterwegs sind,
die Menschen, die hier eine neue Heimat suchen,
die Armen, die unsere Aufmerksamkeit brauchen,
alle, die in seelischer Not und Einsamkeit unterwegs sind.
Segne sie und lass sie neue Zugänge zum Leben finden.

Segne unsere Stadt und uns, deine Weggefährten,
damit wir deine Liebe weitergeben ohne Grenzen.

Hinweis
Es folgen die weiteren «Sonntage im Jahreskreis», im Jahr 2003 der «12. Sonntag» (Seite 183), im Jahr 2006 der «11. Sonntag» (Seite 179).

2. Sonntag im Jahreskreis

HINHÖREN UND ANTWORTEN

> Unsere Kirche in Brasilien hat heute keine Angst. Sie setzt sich ein für das Volk. Volk bedeutet hier der arme Mensch, der Mensch, der ganz am Rande der Gesellschaft steht. Der Mensch, der behandelt wird wie ein Nicht-Mensch. Der Mensch, von dem man denkt, er sei unterentwickelt. Vielleicht sind *wir* die Unterentwickelten. Dieser Mensch ist eher ein Unterdrückter. Man hat ihm die Stimme geraubt. Man hat ihm die Sprache weggenommen. Man hat ihn zum Schweigen gebracht. Und nun, so meinen wir, ist die Zeit gekommen, dass diese Leute auch zur Sprache kommen können ... Wir müssen lernen zu schweigen, auch wir als Kirche, die wir bis jetzt immer gesprochen haben. Wir müssen lernen zuzuhören. Denn diese Leute haben uns sehr viel zu sagen. Sie haben schon zu lange geschwiegen.

Kardinal Aloísio Lorscheider, 1984

1. Lesung aus dem ersten Buch Samuel 3,3b–10.19:

> In jenen Tagen schlief der junge Samuel im Tempel des Herrn, wo die Lade Gottes stand. Da rief der Herr den Samuel, und Samuel antwortete: Hier bin ich. Dann lief er zu Eli und sagte: Hier bin ich, du hast mich gerufen. Eli erwiderte: Ich habe dich nicht gerufen. Geh wieder schlafen! Da ging er und legte sich wieder schlafen. Da rief der Herr noch einmal: Samuel! Samuel stand auf und ging zu Eli und sagte: Hier bin ich, du hast mich gerufen. Eli erwiderte: Ich habe dich nicht gerufen, mein Sohn. Geh wieder schlafen! Samuel kannte den Herrn noch nicht, und das Wort des Herrn war ihm noch nicht offenbart worden. Da rief der Herr den Samuel wieder, zum drittenmal. Er stand auf und ging zu Eli und sagte: Hier bin ich, du hast mich gerufen. Da merkte Eli, dass der Herr den Knaben gerufen hatte. Eli sagte zu Samuel: Geh, leg dich schlafen! Wenn er dich wieder ruft, dann antworte: Rede, Herr; denn dein Diener hört. Samuel ging und legte sich an seinen Platz nieder. Da kam der Herr, trat zu ihm heran und rief wie die vorigen Male: Samuel, Samuel! Und Samuel antwortete: Rede, denn dein Diener hört. Samuel wuchs heran, und der Herr war mit ihm und ließ keines von all seinen Worten unerfüllt.

2. Lesung: 1 Kor 6,13c–15a

Evangelium: Joh 1,35–42

Unser Leben ist bestimmt von vielen Faktoren, die wir nicht selber bestimmen können, sondern vorfinden: Eltern, Erbgut, die Zeit mit ihren aktuellen Problemen und der Ort in der einen Welt, in den wir hineingeboren werden. Unser Leben ist dadurch vorgeprägt, aber nicht endgültig festgelegt. In wachsendem Maße werden dann Begegnungen mit anderen Menschen für uns wichtig. Zunächst sind auch die noch vorgegeben: Wie die Eltern sich zueinander und zu ihrem Kind verhalten, das prägt entscheidend das Wesen und die Zukunft des Kindes, oft unbewusst, aber wirksam für das ganze Leben. Aber zunehmend sind wir selber daran beteiligt, wie wir reagieren, wie wir Begegnungen zulassen oder abbrechen. Wie wähle ich meine Freunde aus, den Partner, die Partnerin? In welche Beziehungen lasse ich mich ein, in welche Clique? Da kann es Begegnungen geben, von denen ich erst später sagen kann, dass sie mir gut oder schlecht getan haben. Ich kann auch wichtige Begegnungen verpassen, die mich vielleicht hätten weiterführen können. Wo suche ich Orientierung für mein Leben? Bei all diesen Fragen fange ich zwar nicht am Nullpunkt an – ich bin immer schon vorgeprägt –, doch die weitere Entwicklung liegt in meiner Verantwortung. Da kommt es darauf an, hellhörig zu sein, aufmerksam hinzuschauen, wo sich etwas für mich anbahnt. Denn die Anfänge sind oft unscheinbar. Man kann den Anruf hören, aber auch überhören.

Samuel

Samuel war schon vorgeprägt. Seine Mutter Hanna bekam keine Kinder. Sie betete in ihrer Not zum Herrn und der erhörte ihre Bitte. Samuel wurde geboren und dem Herrn geweiht. Er wurde dem Priester Eli anvertraut, der im Tempel Dienst tat. Es war eine dunkle Zeit. «In jenen Tagen waren die Worte des Herrn selten; Visionen waren nicht häufig.» (1 Sam 3,1) Das Volk war ohne Orientierung. Da setzt die heutige Lesung ein: Samuel hört nachts einen Ruf, hört seinen Namen. Er weiß nicht, wer ihn da ruft. Er läuft zu Eli. Aber der war es nicht. Samuel bleibt auf Empfangsstation. Er stellt Ohren und Herz weit auf. Da ist auch der alte Eli, der Samuel hilft, den Ruf zu verstehen. Samuel hört den Ruf ein zweites, ein drittes Mal. Da antwortet er: «Rede, Herr, dein Diener hört.» Er wagt sich in diese Begegnung hinein und spricht sein Ja.

Begegnungen werden wohl geschenkt, aber ich muss mich hineinwagen, damit es eine wirkliche Begegnung wird. Ich weiß im Augenblick noch nicht, wohin mich diese Begegnung führt, wie sie mich verändert. Ohne die Bereitschaft zur Veränderung gibt es keine Begegnung, die weiterführt. Das gilt den Menschen und Gott gegenüber. Vielleicht können wir einander helfen, solche Begegnungen wahrzunehmen, wie Eli dem jungen Samuel hilft, den Ruf zu verstehen und anzunehmen. Samuel wird zum anerkannten Gottesmann und salbt Saul auf göttliche Weisung zum ersten König in Israel. So steht Samuel an einer entscheidenden Wende in der Geschichte Israels. Durch ihn ermöglicht Gott einen neuen Anfang nach der immer unübersichtlicheren Richterzeit.

Die beiden Jünger des Johannes

Johannes der Täufer hatte den Ruf gehört und verstand sich als Prediger in der Wüste: Bereitet dem Herrn die Wege. Er sammelte Jünger um sich, die ihm nachfolgten. Doch wusste Johannes, dass er nicht das letzte Wort hatte, sondern der Herr, auf den er verweisen wollte, den er aber noch nicht kannte. Da sah er Jesus, richtete seinen Blick auf ihn und verwies seine Jünger auf den Größeren: Seht das Lamm Gottes.

Auch das kann es also geben: dass da einer seine Freunde wieder freigibt für eine Begegnung, die sie weiterführt. So wie Johannes seine Jünger entlässt, so entlassen vielleicht schweren Herzens Eltern ihre Kinder in eine neue Partnerschaft. Das erleichtert aber die Betroffenen: Sie brauchen mit ihren alten Beziehungen nicht zu brechen und können sich ganz dem Neuen widmen.

Die Begegnung mit Jesus beginnt für die Jünger ganz vorsichtig und zurückhaltend, fast zärtlich. Weder die Jünger noch Jesus fallen mit der Tür ins Haus der anderen. Ein Dialog beginnt: Was wollt ihr? – Wo wohnst du? Eine große Achtung vor dem Menschen wird hier sichtbar, eine Aufmerksamkeit in der Begegnung mit dem Neuen. Gott vergewaltigt nicht, wenn er Menschen beruft. Vergewaltigungen schaffen keine Begegnungen. Die können nur in Freiheit geschehen. Vergewaltigungen machen den anderen zum bloßen Objekt. Das gilt nicht nur für sexuelle Vergewaltigungen.

Begegnungen sind immer Einladungen an die Freiheit des anderen. Wo wohnst du? Wo einer wohnt, wie einer wohnt, das zeigt etwas über den anderen Menschen. Wir können uns einlassen auf den anderen, ihn aufsuchen, mit ihm umgehen. Die beiden blieben den ganzen Tag bei ihm. Solche Begegnungen kann man dann nicht für sich behalten. Andreas holt seinen Bruder Petrus und führt ihn zu Jesus. So setzt sich die Begegnung, die Berufung fort.

Die anderen

Andere Menschen können helfen, auf solche Begegnungen vorzubereiten und sie zu bemerken. Samuel wäre ohne Eli nie offen geworden für den Ruf Gottes. Andreas nicht ohne Johannes, den Täufer, Petrus nicht ohne seinen Bruder Andreas. Partnerschaft mit Menschen, Hinhören auf die anderen neben mir und Partnerschaft mit Gott, Hinhören auf seinen Ruf, gehören zusammen. Heute geschieht es sicher anders als bei Eli und Samuel, auch anders als bei Johannes, Andreas und Jesus. Manche lateinamerikanischen Bischöfe, Dom Hélder Câmara, Dom Adriano Hypólito, Dom Aloísio Lorscheider haben gesagt, dass erst die Armen sie, als sie schon Bischof waren, zu Jesus bekehrt hätten.

Wer bekehrt uns? Wir haben das nie ein für alle Mal hinter uns. Das ist ein lebenslanger Prozess. Wer macht uns hellhörig für den Ruf, der uns, der mich meint? Können wir einander helfen, diesen Ruf zu entdecken? Das Evangelium ist Einladung für uns, einander mit solcher Wachheit und Offenheit zu begegnen, dass unsere Begegnung mit anderen offen wird zur Begegnung mit Gott. Wir brauchen solche Menschen, die uns öffnen , und die anderen brauchen vielleicht uns. Das gilt besonders heute, wo wieder die Worte des Herrn selten sind, und die Visionen nicht häufig, wo der Glaube nicht mehr vorgegeben oder selbstverständlich ist.

Dabei geht es natürlich nicht bloß um die Berufungen in die geistlichen Ämter, die sich im Laufe der Zeit verfestigt und auch abgekapselt haben, sondern um die Berufung einer jeden Frau, eines jeden Mannes, die sich auf Jesus einlassen wollen. Es geht – wie bei den Begegnungen und Berufungen in den heutigen Schrifttexten – um neue Wege, neue Visionen Gottes mit uns Menschen, die neue Zukunft eröffnen. Wenn wir uns darauf einlassen, wissen wir noch nicht, wohin uns das führen wird. Die einzige Gewissheit ist, wie bei Eli und Samuel, bei Johannes, Andreas und Petrus, dass er uns dabei begleitet. Das gilt auch dann, wenn es auf diesem Wege wieder dunkel wird und Fragen kommen. Ohne das Ja dazu gibt es keinen Glauben und keine Nachfolge.

Gebet

Guter Gott,
lass uns deinen Ruf hören, der uns meint,
lass mich deinen Ruf hören, der mich meint.
Im Gewirr unserer Zeit ist das nicht leicht.
Zu viele wollen etwas von uns, von mir.
Wie können wir die Geister unterscheiden?

Dein Ruf erreicht uns in den großen Fragen unserer Welt.
Dein Ruf erreicht uns in der Not der Menschen.
Dein Ruf erreicht uns in Begegnungen mit anderen.
Dein Ruf erreicht uns in der Stille, im Nachdenken, im Gebet.

Mach uns hellhörig wie Samuel und Andreas.
Mach uns hilfreich füreinander wie Eli und Johannes.
Denn deine Worte scheinen auch heute selten
und deine Visionen nicht häufig.
Doch wir brauchen sie dringend,
um uns zurechtzufinden.

3. Sonntag im Jahreskreis

GEGEN DIE SCHWARZ-WEISS-MALEREI

Im Kampf des Guten gegen das Böse ist es immer das Volk, das die Toten stellt. Die Terroristen haben in New York und Washington Arbeiterinnen und Arbeiter aus fünfzig Ländern getötet, im Namen des Guten gegen das Böse. Und im Namen des Guten gegen das Böse schwört Präsident Bush Rache: «Wir werden das Böse auf dieser Welt auslöschen», kündigt er an.
Das Böse auslöschen? Was wäre das Gute ohne das Böse? Nicht nur die religiösen Fanatiker brauchen Feinde, um ihren Wahnsinn zu rechtfertigen. Auch die Waffenindustrie und der gigantische Militärapparat der Vereinigten Staaten brauchen Feinde, um ihre Existenz zu rechtfertigen. Gute und Böse, Böse und Gute: die Akteure wechseln die Masken, Helden werden zu Monstern, und die Monster zu Helden, so wie es diejenigen, die das Drehbusch schreiben, verlangen.

Eduardo Galeano

1. Lesung aus dem Buch Jona 31,1–5.10:

Das Wort des Herrn erging an Jona: Mach dich auf den Weg, und geh nach Ninive, in die große Stadt, und droh ihr all das an, was ich dir sagen werde. Jona machte sich auf den Weg und ging nach Ninive, wie der Herr es ihm befohlen hatte. Ninive war eine große Stadt vor Gott; man brauchte drei Tage, um sie zu durchqueren. Jona begann, in die Stadt hineinzugehen; er ging einen Tag lang und rief: Noch vierzig Tage, und Ninive ist zerstört! Und die Leute von Ninive glaubten Gott. Sie riefen ein Fasten aus, und alle, groß und klein, zogen Bußgewänder an. Und Gott sah ihr Verhalten; er sah, dass sie umkehrten und sich von ihren bösen Taten abwandten. Da reute Gott das Unheil, das er ihnen angedroht hatte, und er führte die Drohung nicht aus.

2. Lesung: 1 Kor 7,29–31

Evangelium: Mk 1,14–20

Was geht uns die alte Geschichte von Jona und Ninive an? Ninive ist doch eine Sache der Archäologen. Jona eine Figur aus vergangener Zeit. Doch das Überraschende: als dieses Buch geschrieben wurde, war Ninive schon 150 Jahre zerstört. Dem Autor ging es offenbar nicht um eine historische Erzählung, sondern um ein Gleichnis für seine Zeit. Ninive war der Inbegriff des Schreckens und der Sünde. Ninive wünschte man nur Schreckliches, am liebsten die Vernichtung. Es war das Zentrum der feindlichen Macht. Ausgerechnet dahin wird Jona geschickt.

Aber er wollte nicht. Er wollte vor diesem Auftrag fliehen: Flucht per Schiff, ein schrecklicher Sturm, Jona bekennt sich, wird vom Schiff geworfen, ein Fisch verschlingt und rettet ihn, erneute Berufung. Dann geht er doch in die schreckliche Stadt und verkündet das Strafgericht Gottes. Jetzt wartet er auf die Vollstreckung des Strafurteils. Jetzt wird sich zeigen, wer der Herr ist!

Aber wiederum geschieht das Überraschende: Ninive bekehrt sich, Gott zieht seine Strafandrohung zurück und der Prophet ist ärgerlich. Was soll das Ganze?

Gott

Jona muss lernen: Gott ist der Gott aller, auch derer, die ich für Feinde halte, für meine Feinde und für die Feinde Gottes. Gott will nicht die Vernichtung von Menschen, auch nicht der Sünder, sondern ihre Bekehrung, ihr Leben. Gott ist nie der Gott auf meiner Seite gegen die anderen. Gott ist größer, als dass er sich von mir vereinnahmen ließe.

Auch Jona muss sich bekehren. Er muss lernen, dass die Gnade Gottes größer ist, als er es sich denkt und wünscht. Alle Menschen sind auf die Vergebung Gottes angewiesen, auch Jona selbst. Keiner ist vom Ruf zur Bekehrung ausgenommen: Ninive nicht, Jerusalem nicht, auch Jona selbst nicht. Dieser Ruf gilt für alle: Jesus im heutigen Evangelium beginnt damit sein öffentliches Auftreten: Kehret um und glaubt an das Evangelium, an die frohe Botschaft, dass Gott alle Menschen liebt, meine Feinde, alle, die ich für Sünder halte, meine Freunde und mich selbst.

Der Kampf gegen den Terrorismus

Es gilt also nicht die Schwarz-Weiß-Malerei, der die Menschen so gerne verfallen. Wir sind die Guten und die anderen sind die Bösen. So erleben wir es im Augenblick im Kampf gegen den Terrorismus. Wir sind die Guten: der Präsident der USA, das amerikanische Volk, der Westen, der die Freiheit verteidigt gegen die Verbrecher, die überall lauern. Präsident Bush: «Entweder ist jemand für uns oder er ist für den Terrorismus.» Wir haben das Recht und die Pflicht, unser Ninive zu zerstören, auch wenn viele Unschuldige darunter leiden und sterben müssen. Dabei wird nicht nur übersehen, dass die USA im Laufe der jüngsten Geschichte viele diktatorische System unterstützt haben, die ihre politischen Gegner foltern, morden und verschwinden ließen. Dabei wird auch davon abgesehen, dass das westliche Wirtschaftssystem ganze Völker in Schuldhaft nimmt und nicht hochkommen lässt, so dass die erfahrene Ohnmacht und Demütigung zum Humus von Wut, Hass und Terrorismus werden. Die USA und die westliche Welt, also auch wir selber, sind in den Kreislauf der Gewalt verstrickt. Erst wenn den Menschen und Völkern Gerechtigkeit widerfährt, kann der Terrorismus überwunden werden.

In Israel und Palästina zeigt sich das gleiche Spiel: Israel hält seine Raketenangriffe, seine Missachtung des Völkerrechts und der UNO-Beschlüsse, die systematische Ermordung von politischen Gegnern und das In-Kauf-Nehmen von zivilen Opfern für legitime Selbstverteidigung gegen die bösen Terroristen. Israel hat kein Verständnis für das, was die permanente Demütigung des palästinensischen Volkes und seines Rechtes auf Selbstbestimmung bei den Palästinensern bewirkt. So produziert Israel selbst die Selbstmordattentäter, gegen die es sich wehren will. Auch die Palästinenser schüren den Hass und zeigen keine Achtung vor unschuldigen Menschen. So wird auf beiden Seiten gemordet. Die Friedensgruppen auf beiden Seiten werden dazwischen zerrieben. Alle müssen sich bekehren und Gerechtigkeit für alle suchen, damit dann Frieden und Sicherheit wachsen können. Ninive und Jerusalem müssen zusammen geführt werden.

Die christlichen Kirchen

Die christlichen Kirchen haben da kein Recht, mit den Fingern auf die anderen zu zeigen. Sie sind in ihrer Geschichte oft der Schwarz-Weiß-Malerei verfallen. Ketzerverfolgungen, «Heilige» Inquisition, Konfessionskriege, gegenseitige Verdächtigungen haben oft und bis heute zur Gewalt geführt. Wenn auch in Nordirland vielfache soziale Probleme die Ursache der Auseinandersetzungen sind, so ist der gewalttätige Kampf gegeneinander heute für viele *auch* ein Konfessionskrieg. Der religiöse Fundamentalismus in vielen Religionen führt oft zu gewalttätigen Auseinandersetzungen.

Die Schwarz-Weiß-Malerei beginnt schon im Denken. Wenn ich mich im Besitz der Wahrheit wähne und mich alleine für die wahre Kirche Jesu Christi halte und den anderen das Kirche-Sein abspreche, wenn ich von den anderen Bekehrung verlange, aber meine, ich selber hätte das nicht nötig, dann bin ich schon der Verteufelung des anderen verfallen.

Ninive ist überall

Das setzt sich fort in Auseinandersetzungen zwischen den Parteien und Gruppen, zwischen der Mehrheit der Bevölkerung und den Minderheiten. Manchmal werden Fußballspiele zu Konfessionskriegen zwischen den Anhängern. Der Rechtsradikalismus in seinen verschiedenen Formen führt zur Gewalt oder zumindest zur geheimen Billigung der Gewalt, die andere ausüben. Gleiches gilt von der Fremdenfeindlichkeit, wo der Fremde von vornherein der Verdächtige ist, der eigentlich hier nicht hingehört, und an vielen anderen Stellen unserer Gesellschaft.

Auch im persönlichen Leben lassen sich die Spuren verfolgen. Manche Formen der Auseinandersetzung in Familien, am Arbeitsplatz (Mobbing), manche Vorurteile anderen gegenüber zeigen das gleiche Schema: Ich bin im Recht und die anderen sind im Unrecht.

Nötige Auseinandersetzungen

Das alles ist nicht gegen nötige Auseinandersetzungen um die besseren Wege in die Zukunft gesagt. Das gilt für alle genannten Problemfelder. Doch diese Auseinandersetzungen dürfen nicht zur Verteufelung des Gegners führen. Denn diese Verteufelung führt zur Rechtfertigung aller eigenen Gewalt, für die dann kein Maß mehr gilt und wo es bald gleichgültig wird, wie viele Unschuldige Opfer werden. Die Gegner werden dann unmenschlich behandelt. Man kann ihre Menschenwürde missachten, wie es viele führende Amerikaner zur Behandlung der gefangenen Taliban und Al-Qaeda-Kämpfern im Hochsicherheitsgefängnis auf Kuba geäußert haben.

Jona heute

Jona musste lernen, dass auch Ninive unter dem Schutz Gottes steht. Er musste sich selbst bekehren wie die Leute aus Ninive. Vor dem Weg in eine menschlichere Welt nach dem Willen Gottes steht der Ruf zur Umkehr an alle, an Amerikaner und Terroristen, an Israelis und Palästinenser, an mich und meine Gegner. Dieses Bewusstsein der Bekehrungsbedürftigkeit aller gehört zu den Voraussetzungen von Gerechtigkeit und Frieden. Da können uns Jona und Jesus Lehrmeister sein. Ninive und Jerusalem müssen zusammenfinden.

Die Friedensgebete der Religionen in Assisi haben deutlich gemacht: Kein Frieden ohne Gerechtigkeit, kein Friede ohne Vergebung und Versöhnung. Es gibt keinen Krieg im Namen Gottes. Es gibt keinen heiligen Krieg, sondern nur einen heiligen Frieden.

Gebet

Gott,
man könnte verzweifeln
angesichts der Gewalt in unserer Welt,
angesichts der Gewalt in deiner Welt.
Was soll da ein ohnmächtiges Gebet?

Doch es gibt auch viele Menschen,
die sich für gewaltfreie Lösungen einsetzen.
Es gibt sie in den USA
und in den so genannten Terror-Staaten,
in Israel *und* Palästina.
Oft werden sie von der eigenen Seite
als dumm, illusionär oder sogar als gefährlich verdächtigt
und zwischen den Fronten zerrieben.
Stärke diese Menschen in ihrem Engagement!

Gib ihnen Kraft und Geduld.
Unterstütze ihren Bekehrungsruf an die Mächtigen,
schaff ihrer Stimme Gehör!

Lass die christlichen Kirchen den Ruf Jonas
und den Bekehrungsruf Jesu glaubwürdig weitergeben,
damit Vergebung, Versöhnung und Frieden möglich werden.

4. Sonntag im Jahreskreis

UNREINE GEISTER

Mobbing ist das andauernde, krank machende Schikanieren und Entwürdigen von schwachen Mitarbeitern – in den meisten Fällen durch Kollegen, aber auch durch Führungskräfte. Dieser tägliche Terror reicht vom ständigen Anschreien bis zum völligen Übersehen der gemobbten Person, vom Betrauen mit sinnlosen Aufgaben bis zum Lustigmachen über eine Behinderung, von Gerüchten über eine Geisteskrankheit bis zu sexuellen Handgreiflichkeiten ... Großraumbüros lassen die Wahl. Wer will, hält mit allen Kontakt; aber er kann sich auch hinter seiner Trennwand verschanzen. Also wegschauen, wenn dem hypernervösen älteren Herrn ständig die Computerkabel gelockert werden, anonyme Anrufe ihm die Konzentration rauben und er in Pausengesprächen wie Luft behandelt wird? Bin ich nicht bald ebenso schuldig wie die aktiven Mobber, wenn ich mich nur heraushalte?

Hans Josef Joest

1. Lesung: Dtn 18,15–20

2. Lesung: 1 Kor 7,32–35

Evangelium nach Mk 1,21–28:

In Kafarnaum ging Jesus am Sabbat in die Synagoge und lehrte. Und die Menschen waren sehr betroffen von seiner Lehre; denn er lehrte sie wie einer, der göttliche Vollmacht hat, nicht wie die Schriftgelehrten. In ihrer Synagoge saß ein Mann, der von einem unreinen Geist besessen war. Der begann zu schreien: Was haben wir mit dir zu tun, Jesus von Nazaret? Bist du gekommen, um uns ins Verderben zu stürzen? Ich weiß wer du bist: der Heilige Gottes. Da befahl ihm Jesus: Schweig und verlass ihn! Der unreine Geist zerrte den Mann hin und her und verließ ihn mit lautem Geschrei. Da erschraken alle, und einer fragte den andern: Was hat das zu bedeuten? Hier wird mit Vollmacht eine ganze Lehre verkündet. Sogar die unreinen Geister gehorchen seinem Befehl. Und sein Ruf verbreitete sich rasch im ganzen Gebiet von Galiläa.

Da ist im Evangelium von einem Mann die Rede, der von einem unreinen Geist besessen ist. An anderen Stellen des Evangeliums heißt es: Da ist einer von Dämonen besessen. Im Epheserbrief heißt es: Unser Kampf richtet sich nicht gegen Fleisch und Blut, sondern gegen die Mächte, gegen die Weltherrscher der Dunkelheit und gegen die Geister des Bösen in den himmlischen Regionen. (Eph 6,11f). – Ist das nicht ein antiquiertes Weltbild, uns aufgeklärten Menschen nicht zumutbar? Was sind diese unreinen Geister, diese Dämonen, diese Mächte der Dunkelheit?

Unreine Geister heute

Die Ausdrücke und Bilder mögen einem überholten Weltbild entsprechen, die gemeinte Wirklichkeit aber ist – leider Gottes – ganz aktuell:
Da ist ein Mensch von seinem Auto besessen. Immer wieder poliert er daran herum. Es muss das neueste Modell sein. Jeder Kratzer bringt ihn zum Wahnsinn. Für einen anderen ist es der Sport, der Fußball, der eigene Verein. Da ist ein Mensch von seiner Karriere besessen. Rücksichtslos setzt er sich durch. Jedes Mittel ist ihm recht. Mit Mobbing sucht er die Konkurrenten auszuschalten. Die anderen Menschen neben ihm interessieren ihn nicht. Für die Familie hat er keine Zeit. Sie zerbricht.

Im Büro, am Arbeitsplatz, in der eigenen Gruppe, dem eigenen Verein, vielleicht sogar in der eigenen Familie herrscht eine vergiftete Atmosphäre. Keiner traut dem anderen. Hinter dem Rücken anderer wird getuschelt. Manche werden herausgedrängt.

Weltherrscher der Dunkelheit haben die Gewissen vieler Mächtiger im Griff. Geld und Macht gehen unheilige Ehen ein. Korruption in der Wirtschaft, bei den Ärzten, bei Abgeordneten und Beamten, schwarze Konten in der Politik, Geldwäsche im Drogengeschäft – die Wissenden schweigen und gefährden Vertrauen. Das gilt nicht nur für irgendwelche bösen Länder, sonder hier mitten unter uns. Die Ehrlichkeit, das Engagement vieler kleiner Leute, unsere demokratische Gesellschaft, Gesetze, die man selber beschlossen hat, interessieren dabei nicht. Oft scheint auch das Unrechtsbewußtsein zu fehlen. Es ist doch nur für die gute Sache, die eigene Partei, das eigene Konto, die eigene Macht. – Man ist eben davon besessen.

Die Reichen werden immer reicher auf Kosten der Armen, die immer ärmer werden! Das Geld wird zum Dämon in vielen Herzen, an der Börse, in unserer Gesellschaft.

Dabei ist es oft schwer, die Verantwortlichen zu stellen. Sie verschwinden hinter dem System, das sie selbst aufgebaut haben, in das sie nun selbst verstrickt sind. Die Verantwortlichen verlieren sich in der Anonymität. Keiner kann sie fassen. Es heißt dann schnell: Das sind Sachzwänge; da kann man nichts machen. Doch die Sachzwänge sind von Menschen gemacht, die von Macht und Geld besessen sind. Sie können deswegen auch von Menschen geändert werden.

Alles, was andere Menschen niederhält, unfrei macht, unterdrückt, knechtet, nicht zu sich selber kommen lässt, ist unreiner Geist, dämonische Macht, Weltherrscher der Dunkelheit. Irgendwo haben wir da alle unsere Erfahrungen.

Jesus

Mit diesen Mächten lässt Jesus sich ein. Er steht auf der Seite der Opfer. Sein Wort deckt die Verstrickungen auf. Die unreinen Geister werden unruhig. Sie wehren sich. Je geheimer sie wirken können, desto lieber ist es ihnen. Jetzt fühlen sie sich entdeckt, entlarvt, werden ihrer unheimlichen Macht beraubt. Da redet einer, der Vollmacht hat, der sich nicht abschrecken lässt.

Und das geschieht am Sabbat, am Tag Gottes. Jesus macht deutlich, dass Gott die Freiheit des Menschen will, sein Leben, seinen aufrechten Gang. Jesus macht deutlich, dass Gott ein freies Miteinander der Menschen will, getragen von Wahrheit und Vertrauen, von gegenseitiger Wertschätzung und Würde. Er macht deutlich, dass es Gottesdienst ist, wenn Menschen von den bösen Geistern befreit werden.

Wir

Wir müssen uns zunächst selber befreien lassen, bevor wir andere befreien können. Vielleicht haben wir uns selber schon gut eingerichtet in der schlechten Atmosphäre, halten manches für selbstverständlich und richtig, was doch andere Menschen niederhält, ausgrenzt, kaputt macht. Vielleicht spüren wir das Unrecht, doch wir spüren auch, was es uns für Schwierigkeiten macht, wenn wir es beim Namen nennen. Deswegen schweigen wir lieber und werden so mitschuldig an dem anonymen Wirken der bösen Kräfte unter uns.

Jesus ist diesen Konflikten nicht ausgewichen, wenn sie ihn auch letztlich bis zum Kreuz getrieben haben. Er hat sich den Blick nicht vernebeln lassen.

Solches Nachdenken hilft uns, unsere Gegenwart besser zu verstehen und zugleich unseren Auftrag als Christen in dieser Gesellschaft. Es reicht eben nicht, schöne Gedanken unserer Gottverbundenheit zu pflegen, aber der Wirklichkeit der bösen Mächte in unserem Leben und in unserer Welt auszuweichen.

Frohe Botschaft

Schauen wir auf die frohe Botschaft, die Jesus mit seinem Wort und seinem Handeln verkündet: Er will, dass wir frei sind, aufrechten Ganges, die Dinge, auch die bösen Mächte, beim Namen nennen, sie entlarven, ihnen die Macht nehmen, damit auch andere Menschen frei werden, ihrer Würde bewusst. Er will, dass wir uns nicht den Mut abkaufen lassen mit Geld oder mit einem ruhigen und angepassten Leben. Es gibt so viele Gelegenheiten, im Alltag aufmerksam zu sein, wo Unrecht geschieht und wo man es geschehen lässt. Vor allem die Kinder, die Opfer von Gewalt werden, sind hinterher wütend und enttäuscht über die Erwachsenen, die es sahen und vorübergingen. Die Opfer fordern meine Solidarität, meine Unerschrockenheit und meine Phantasie, wie ich mithelfen kann, die Szene gewaltlos zu entschärfen. Oft reicht schon ein offenes Wort. Die Mobber und die Gewalttätigen sind oft selber schwach und wollen das durch ihr Verhalten anderen gegenüber nur vertuschen. Sicher gibt es kein Rezept für alle Situationen, doch mit Wachheit und kreativer Antwort lässt sich mancher unreine Geist austreiben.

Ich wünsche mir eine Kirche, die diese Wachheit lebt und aus diesem kreativen Geiste handelt; die selber nicht auf Macht und auf Koalitionen mit den Mächtigen setzt und nicht mit Druck auf die Gewissen zu herrschen sucht, sondern die Menschen frei macht zum Leben, zur eigenen Verantwortung; die sie ermutigt, die unreinen Geister, die Dämonen, die Weltherrscher der Dunkelheit in unserer Zeit beim Namen zu nennen und zu überwinden. Eine solche Gemeinde, eine solche Kirche lebte sicher nicht ohne Konflikte in unserer Gesellschaft, aber sie würde zum Hoffnungszeichen für die Opfer, zur Zeugin der frohen Botschaft Jesu. Wir können damit anfangen.

Gebet

Gott,
unreine Geister überall.
Sie tarnen sich als «normales Verhalten»,
als «Sachzwänge», als «legitime Verteidigung».
Wer nicht mitmacht, ist Spielverderber
und bekommt es zu spüren.
Immer sind Menschen die Opfer.

Oder sind die Täter auch Opfer?
Sie sind doch selber unfrei, besessen,
handeln wie unter Zwang,
können nicht heraus aus ihrer Rolle.
Wer befreit sie?
Wollen sie sich befreien lassen?

Wo stehe ich?
Auf wessen Seite stehe ich?

Gib uns den Mut,
die unreinen Geister zu enttarnen,
Knoten der Gewalt zu lösen,
Brücken zu schlagen zwischen Opfern und Tätern,
damit beide frei werden
und neu zueinander finden können.

5. Sonntag im Jahreskreis

DER ERSTE TAG

Wussten sie schon,
dass die nähe eines menschen
gesund machen
krank machen
tot und lebendig machen kann
wussten sie schon
dass die nähe eines menschen gut machen
böse machen
traurig und froh machen kann
wussten sie schon, dass das wegbleiben eines menschen
sterben lassen kann
dass das kommen eines menschen
wieder leben lässt

Wilhelm Willms

1. Lesung: Ijob 7,1–4.6–7

2. Lesung: 1 Kor 9,16–19.22–23

Evangelium nach Markus 1,29–39:

> In jener Zeit ging Jesus mit Jakobus und Johannes in das Haus des Simon und Andreas. Die Schwiegermutter des Simon lag mit Fieber im Bett. Sie sprachen mit Jesus über sie, und er ging zu ihr, fasste sie an der Hand und richtete sie auf. Da wich das Fieber von ihr, und sie sorgte für sie. Am Abend, als die Sonne untergegangen war, brachte man alle Kranken und Besessenen zu Jesus. Die ganze Stadt war vor der Haustür versammelt, und er heilte viele, die an allen möglichen Krankheiten litten, und trieb viele Dämonen aus. Und er verbot den Dämonen zu reden; denn sie wussten, wer er war. In aller Frühe, als es noch dunkel war, stand er auf und ging an einen einsamen Ort, um zu beten. Simon und seine Begleiter eilten ihm nach, und als sie ihn fanden, sagten sie zu ihm: Alle suchen dich. Er antwortete: Lasst uns anderswohin gehen, in die benachbarten Dörfer, damit ich auch dort predige; denn dazu bin ich gekommen. Und er zog durch ganz Galiläa, predigte in den Synagogen und trieb die Dämonen aus.

«Es wurde Abend und es wurde Morgen: erster Tag.» (Gen 1,5) An diesen Satz aus dem Schöpfungsbericht erinnert mich das heutige Evangelium. Es geht um den ersten Tag im öffentlichen Wirken Jesu, wie ihn das Markusevangelium als große Ouvertüre seines Lebens und Sterbens schildert: Dieser Tag beginnt damit, dass Jesus das Reich Gottes ankündigt und alle Menschen zur Umkehr ruft. Dann beruft er Fischer zu seinen Jüngern und heilt den Mann, der von einem unreinen Geist besessen war. Mit Petrus geht er in dessen Haus, wo dessen Schwiegermutter krank liegt. Jesus heilt sie, und sie bewirtet die Gäste. Das spricht sich herum. Am Abend kommen die Menschen und bringen ihre Kranken, auch die Besessenen. Jesus heilt viele. Seine Nacht ist kurz: Er geht hinaus, um zu beten. Als seine Jünger ihn zurückholen wollen, sagt er: Nein, wir wollen weitergehen. Ich muss auch anderswo predigen.

Der erste Tag im öffentlichen Wirken Jesu, der Beginn der neuen Schöpfung. An diesem Tag sind schon alle Elemente erkennbar, die sein Leben prägen.

Verkündigung

An erster Stelle steht die Verkündigung. Der Tag ist eingerahmt von der ersten Ankündigung des Reiches Gottes und von dem Aufbruch von Kafarnaum in die anderen Dörfer, um auch dort zu predigen. Er hat das Wort Gottes zu verkünden, die frohe Botschaft von seiner Barmherzigkeit, seiner Bereitschaft zur Vergebung und von seiner Liebe zu den Menschen. Mit dieser Zuwendung Gottes beginnt die Neuschöpfung. Gott ergreift erneut die Initiative, weil er Welt und Menschen nicht verloren gehen lassen will. Jesus lädt die Menschen ein, ihm auf diesem Wege zu folgen. Sie sollen nicht Objekt göttlichen Handelns sein, sondern Weggefährten. Gott schaltet die Menschen bei seinem Heilshandeln ein, nicht aus. Das gilt auch für die Verkündigung.

Heilwerden

Die Nähe Jesu lässt die Menschen heil werden. Da wird von körperlich Kranken gesprochen, aber auch von Besessenen, von den Menschen, die körperlich oder seelisch krank waren, deren Krankheit man sich nur erklären konnte indem man sie den bösen Geistern zuschrieb oder sie als Gottes Strafe für Sünde und Schuld ansah. Doch Krankheit gehört zum Menschen. Jede Form von Krankheit erinnert den Menschen an die Vorläufigkeit und Begrenztheit seiner Existenz, an sein Angewiesensein auf andere Menschen, die ihm beistehen. An der Krankheit zerbricht alle Selbstmächtigkeit und Selbstherrlichkeit des Menschen.

Jesus nimmt die Menschen an, so wie sie sind, auch in ihrer Krankheit. Seine Menschenfreundlichkeit und Nähe lässt die Menschen wieder aufleben. Er hat offenbar eine wohlwollende Ausstrahlung, die die Menschen spüren und wieder Hoffnung und Kraft schöpfen lassen. Doch auch bei den Heilungen sind die Menschen nicht bloßes Objekt. Die Offenheit der Kranken und ihr Vertrauen, ihr Glaube, die sie Jesus entgegenbringen, bereiten den Weg zu seinen Heilungen. Auch hier schließt Gott die Menschen ein, nicht aus.

Seine Heilungen sind wesentlicher Bestandteil seines Wirkens, nicht bloß Beigabe oder Illustration seiner Botschaft, schon gar nicht Beweis seiner Göttlichkeit, wie man es zum Teil verstanden hat. Solche Wunder lehnt er gerade ab. Seine Botschaft ist nicht nur eine inwendige. Er kennt keine Reduktion auf das Verhältnis zwischen Gott und meiner Seele. Es geht ihm um das Heilwerden des ganzen Menschen, eben um seine Neuschöpfung. Es geht ihm auch um ein Heilwerden der menschlichen Beziehungen untereinander. Immer wieder sind es andere Menschen, die die Kranken zu ihm bringen und immer stiftet er durch seine Heilungen neues Miteinander der Beteiligten.

Gewiss: die Geheilten werden wieder krank und müssen sterben. Davor bewahrt Gott sie nicht. Aber in den Heilungen kündigt sich schon das endgültige Heilwerden des Menschen an. Alle Heilungen sind Vorzeichen der Auferstehung.

Gebet

Als drittes Element seines Lebens ist schon am ersten Tag das Gebet erkennbar. Er entflieht dem Trubel, um allein zu sein, allein mit seinem Vater. Wir wissen nicht, wie Jesus sich selbst verstanden hat in seiner Beziehung zum Vater. Wir dürfen in diesen Anfang nicht das in der späteren theologischen Lehre entwickelte Verständnis von Vater und Sohn in der Dreifaltigkeit hineinlesen. Auf jeden Fall war es ein tiefes Vertrauensverhältnis. Er wusste sich von Gott wie von einem guten Vater getragen. Im Gebet hat er sich immer wieder dieser tiefen Beziehung vergewissert und daraus Kraft geschöpft. Er musste ja auch selbst seine vielfältigen Erfahrungen mit den Menschen verarbeiten, sowohl ihre Zuneigung und Begeisterung als auch ihre Ablehnung und ihre Feindschaft. Das Beten verhalf ihm immer wieder dazu, in den überraschenden und manchmal auch schmerzlichen Erfahrungen und Begegnungen seines Lebens die Orientierung zu finden. Vor allen wichtigen Entscheidungen hören wir, dass er sich zum Gebet zurückzog.

Die Jünger haben mitbekommen, wie Jesus betete und was dieses Beten für ihn bedeutete. So kamen sie später zu ihm mit der Bitte: Herr, lehre uns beten (Lk 11,1). Da lehrte er sie das «Vaterunser», er ließ sie teilnehmen an seinem Gebet, an seinem Verhältnis zum Vater. Jesus beanspruchte keine Exklusivität beim Beten.

Verkündigung, Heilung und Gebet: diese drei Elemente prägen das Leben Jesu, nicht nur seinen ersten Tag.

Gemeinde

Wenn Verkündigung, Heilung und Gebet die Kennzeichen des Lebens Jesu waren, müssten sie dann nicht auch die Kennzeichen der Gemeinde sein, die sich auf ihn beruft? Gott schließt ein, nicht aus. Auch heute sucht er Menschen, die seine Botschaft weitertragen, die seine Menschenfreundlichkeit leben und die beten, ihre Orientierung und Kraft bei Gott finden.

Die Verkündigung geschieht nicht nur im Gottesdienst, sondern in vielfältigen Diensten, durch das Wort und das Handeln. Es ist auch nicht auf die amtlichen Verkünder beschränkt, sondern betrifft alle Glaubenden. «Weh mir, wenn ich das Evangelium nicht verkünde», sagt Paulus (2. Lesung). Leben aus dem Glauben ist Verkündigung.

Damit eng verbunden ist das Heilwerden von Menschen: Gemeinde als ein Ort, wo Menschen in ihren Belastungen angenommen werden und wieder aufatmen können, wo sie Vertrauen erfahren und schenken können, wo Einsamkeit und Ausgegrenztsein aufgebrochen werden; Gemeinde und Kirche aber auch als gemeinsame Anstrengung, die krankmachenden Strukturen der Ungerechtigkeit und Gewalt in unserer Gesellschaft zu überwinden, die Menschen am Leben hindern.

Und mitten im Leben und Handeln, nicht nur in gemeinsamen Gottesdiensten: Gemeinde als Ort des Gebetes, nicht abgehoben, sondern alltäglich, Gemeinde als Gemeinschaft von betenden Menschen. So bleibt all ihr Tun menschen- und gottverbunden, auch dann, wenn sie sich dessen vielleicht gar nicht bewusst sind.

Keiner kann alles zugleich machen. Es gibt unterschiedliche Begabungen. Diese drei Elemente – Verkündigung, Heilwerden, Gebet – sind natürlich in den unterschiedlichen Lebensphasen und Entwicklungen unterschiedlich gemischt. Aber keines dürfte im Leben der Christen und ihrer Gemeinden ganz fehlen.

Ein Tag im Leben Jesu, ein Tag im Leben seiner Gemeinde, ein Tag in meinem Leben. Jesus hat nicht nur damals Menschen eingeladen, seine Weggefährtinnen und Weggefährten zu sein. Heute gilt seine Einladung uns.

Gebet

Guter Gott,
dein Handeln schließt uns ein
und nicht aus.
Wir sind nicht nur Adressaten deiner Botschaft,
sondern auch ihre Verkünderinnen und Verkünder.

Wir können es kaum begreifen,
dass du uns deine Botschaft anvertraust,
trotz unseres Kleinglaubens und unserer Schuld,
dass du uns so wichtig machst für einander,
für andere Menschen.

Wir staunen darüber und danken dir.
Gib unserem Reden Glaubwürdigkeit und Kraft.
Lass unser Leben deine Menschenfreundlichkeit widerspiegeln.
Gib unserem oft so oberflächlichem Beten Tiefe.
Wir gehören zu dir in Jesus, deinem Sohn und unserem Bruder.

6. Sonntag im Jahreskreis

DIE AUSSÄTZIGEN

> Künftig soll bundesweit möglich werden, was einige Bundesländer bereits erproben: Flüchtlinge, denen man zum Beispiel aufgrund fehlender Papiere falsche Angaben zur Identität unterstellt, müssen in so genannten «Ausreisezentren» leben, in denen eine «intensive soziale Betreuung» Flüchtlinge zur Ausreise nötigen soll. Dies kann ausdrücklich auch Kinder und Traumatisierte treffen, wie dies aus der Gesetzesbegründung hervorgeht. Die bisherige Erfahrung zeigt, dass viele Flüchtlinge zu Unrecht in Ausreisezentren landen. Psychische Zermürbung ist die Taktik und das Abdrängen der hier Untergebrachten in die Illegalität das kaum verhohlene Ziel der «Ausreisezentren». Eine Maximaldauer der Unterbringung dort ist nicht vorgesehen.

Aus der Stellungnahme von «Pro Asyl» zum Entwurf des neuen Zuwanderungsgesetzes Frühjahr 2002

1. Lesung: Lev 13,1–2.45–46

2. Lesung: 1 Kor 10,31–11,1

Evangelium nach Markus 1,40–45:

> In jener Zeit kam ein Aussätziger zu Jesus und bat ihn um Hilfe; er fiel vor ihm auf die Knie und sagte: Wenn du willst, kannst du machen, dass ich rein werde. Jesus hatte Mitleid mit ihm; er streckte die Hand aus, berührte ihn und sagte: Ich will es – werde rein! Im gleichen Augenblick verschwand der Aussatz und der Mann war rein. Jesus schickte ihn weg und schärfte ihm ein: Nimm dich in acht! Erzähl niemand etwas davon, sondern geh, zeig dich dem Priester und bring das Reinigungsopfer dar, das Mose angeordnet hat. Das soll für sie ein Beweis meiner Gesetzestreue sein. Der Mann aber ging weg und erzählte bei jeder Gelegenheit, was geschehen war; er verbreitete die ganze Geschichte, so dass sich Jesus in keiner Stadt mehr zeigen konnte; er hielt sich nur noch außerhalb der Städte an einsamen Orten auf. Dennoch kamen die Leute von überallher zu ihm.

Aussätzige gibt es auch heute noch, jedoch nur in den armen Ländern. Es ist leicht und billig, den Aussatz zu heilen, wenn er früh genug erkannt und behandelt wird. Der finanzielle Aufwand für fünf Fernbomber reichte aus, um den Aussatz rechtzeitig zu erkennen und weltweit als Krankheit zu besiegen. Aber keine Militärmacht der Welt ist dazu bereit.

Die Aussätzigen sind eigentlich Leprakranke. Wegen der Ansteckungsgefahr wurden sie «ausgesetzt» (1. Lesung), aus der Gesellschaft ausgegliedert. Die hygienische Schutzmaßnahme wurde immer mehr zur gesellschaftlichen Ausgrenzung. Man überließ die Aussätzigen weitgehend sich selbst. So wurde der Vorgang «aussetzen» zum Namen der Krankheit: «Aussatz». Nur die Priester durften eine mögliche Heilung feststellen und die Menschen wieder in die Gemeinschaft eingliedern. So gewann diese Krankheit auch eine religiöse Dimension. Sie galt im Mittelalter als Geißel Gottes, als Strafe Gottes. So wurde ja auch die moderne Krankheit Aids nach ihrem Bekanntwerden bezeichnet.

Aussätzige unter uns

Doch «Aussätzige» gibt es auch mitten unter uns: Sie versammeln sich an bestimmten Punkten der Stadt mit ihren Flaschen; sie sitzen verschämt im Arbeitsamt und suchen Arbeit; sie wohnen in Containern und suchen Asyl; sie sind behindert oder leben von der Sozialhilfe und können deswegen den Ausflug nicht mitmachen; sie sind gerade aus dem Gefängnis entlassen; sie haben Aids; für manche sind immer noch die Schwulen oder Lesben wie Aussätzige. Manchmal reicht schon eine bestimmte Wohnadresse, um wie gebrandmarkt zu sein, ohne Chancen auf eine Lehrstelle oder einen Beruf. Die Aussätzigen sind mitten unter uns. Sie erleben dasselbe, was die Aussätzigen damals erfahren mussten: Sie sind ausgeschlossen vom normalen Leben, gemieden von den «anständigen» Bürgern, ohne Zukunft. Wer heilt ihren Aussatz? Wer holt sie zurück in die Gesellschaft? Wer ist eigentlich für mich ein Aussätziger, mit dem ich lieber nichts zu tun habe und mit dem ich nicht gesehen werden möchte?

Aussätzig sind nicht nur einzelne Gruppen hier unter uns. In Lateinamerika spricht man von den «Ausgegrenzten» und meint damit all jene, die ohne Ausbildung und Lebenschancen sind, die in den Elendsvierteln wohnen, die Kinder, die sich selber prostituieren müssen, um überleben zu können. Diese Ausgegrenzten umfassen mehr als ein Drittel der Bevölkerung in der ganzen Welt. Oft sind ganze Völker ausgegrenzt, uninteressant für Weltwirtschaft und politische Macht, deswegen auch ohne Hilfe in ihrer Not. Wer führt sie zurück in die Weltgesellschaft?

Jesus

Jesus hat keine Berührungsängste. Ein Aussätziger kommt ihm gefährlich und verboten nahe und bittet ihn um Heilung. «Er berührte ihn und sagte: Ich will es: Werde rein!» Jesus schert sich nicht um die hygienischen Vorschriften und um die Vorurteile der Menschen. Ich kann mir gut denken, welchen Schock sein Verhalten bedeutete für die Umstehenden, auch für seine Jünger. Weil Jesus keine Berührungsängste hat, geht eine heilende Kraft von ihm aus. Er schickt den Geheilten zu den Priestern, damit der Prozess der Wiedereingliederung den gewohnten Verlauf nimmt. Sonst könnte der Geheilte nicht zurück zu seiner Familie und in sein Dorf.

Der Evangelist Markus erzählt in seinem ersten Kapitel nach der Jüngerberufung sofort eine Reihe von Heilungsgeschichten. Sie erscheinen wie die

Konkretisierung seiner Botschaft vom Nahen des Reiches Gottes. In der Jüngerschaft Jesu und auch in den ersten Gemeinden wurde offenbar immer wieder davon erzählt. Auch am Schluss des heutigen Evangeliums hören wir, wie der Geheilte allen davon erzählt. Die Leute kommen deswegen von überall her und suchen nach Jesus, der sich zurückgezogen hat, weil er nicht als bloßer Wunderheiler missbraucht werden will.

Grenzen überwinden

Vielleicht haben wir in unserer religiösen Erziehung von der heilenden Kraft Jesu zu wenig mitbekommen. Die Wunder galten nur als Beleg seiner Göttlichkeit. Es ging in der religiösen Erziehung vor allem um die Sündenvergebung, um die Beziehung zu Gott. Sicher, das ist auch das Anliegen Jesu, aber eben nicht allein und nicht isoliert vom konkreten Leben der Menschen. Es geht ihm um die Überwindung der Spaltung zwischen den Menschen und Gott und um die Überwindung der Spaltung zwischen den Menschen untereinander. Alle Heilungsgeschichten Jesu führen zu einer neuen Kommunikation unter den Menschen und zum Lobpreis Gottes.

Nachfolge Jesu

Wenn wir von der Nachfolge Jesu hören, dann stellen wir uns dabei schnell irgend etwas Besonderes vor, etwas Außergewöhnliches und Anstrengendes. Hier wird ein ganz naher und moderner Weg eröffnet: Überall da, wo wir die Aussätzigen und Ausgegrenzten in unserer Welt nah und fern wahrnehmen und Kontakt mit ihnen aufnehmen, da leben wir in der Nachfolge Jesu. Wo wir ohne Berührungsängste ihnen zuhören und mit ihnen sprechen, sie als Menschen in ihrer besonderen Situation, ihrer Not, annehmen ohne sie zu verurteilen, wo wir den vielfältigen «Aussatz» mit seinen gesellschaftlichen Gründen zu überwinden versuchen, da gehen auch von uns heilende Kräfte aus. Da sind wir oft selbst die Beschenkten. Das können viele bestätigen, die sich auf diesen Weg eingelassen haben.

Diesen Weg kann jede und jeder Einzelne von uns gehen, aber auch jede christliche Gemeinde oder Gruppe. In diesem offenen Raum werden die üblichen Abgrenzungen zwischen den Menschen überwunden. Das gilt schon für die verschiedenen Wohnbezirke in der Gemeinde, aber auch für alle anderen Arten von Aussatz und Ausgrenzung. Das gilt aber auch für das gemeinsame politische Bemühen um ein menschliches Klima in unseren Städten, wo Ausgrenzungen überwunden werden und nicht eine Stadtwache dafür sorgt, dass bestimmte Menschen uns gar nicht erst unter die Augen kommen. Schließlich gilt das auch für das Bemühen um eine menschliche Asylgesetzgebung und -praxis und für den Aufbau von Partnerschaften mit Menschen in den armen Völkern, um nur wenige Beispiele zu nennen.

Freundinnen und Freunde unter den Armen

Jede einzelne Christin, jeder einzelne Christ, die christliche Gemeinde oder Gruppe wird so Freundinnen und Freunde gewinnen unter den Armen, den Ausgegrenzten, den Aussätzigen unserer Tage. Das ist keine Randfrage unseres Christseins. Für Markus stehen solche Geschichten programmatisch am Beginn seines Evangeliums. Sie sind Einladung zur Nachfolge.

Gebet

Guter Gott,
Jesus, unser Bruder, hat keine Berührungsängste mit uns,
mit den Aussätzigen damals und heute.
Er will keine Spaltung unter den Menschen.

Hilf uns, unsere Ängste voreinander
und vor den Fremden zu überwinden,
Isolierungen zu durchbrechen
und eine offene Gesellschaft zu gestalten,
in der alle willkommen sind,
mit welchen Belastungen sie sich auch plagen.

Lass uns so miteinander heil werden,
dich finden und dir danken.

7. Sonntag im Jahreskreis

DAS JA GOTTES

An einer Straßenkreuzung hatten sich sechs Soldaten aufgestellt und schossen wild um sich. In Panik klammerten sich vier kleine Schulmädchen, die am Straßenrand standen, aneinander fest und schrien vor Angst. Ich warf meine Tasche zu Boden, lief mit erhobenen Händen auf die Soldaten zu und sagte auf englisch: «Bitte, hört mit dem Schießen auf, nur fünf Minuten, damit die Mädchen nach Hause gehen können. Danach könnt ihr, wenn ihr wollt, weiterschießen.» Auf einmal war Stille. Die Soldaten starrten mich an. Ich ging auf die Mädchen zu, nahm sie bei der Hand, überquerte mit ihnen die Straße und hieß sie, schnell weiterzugehen. Dann ging ich zu den Soldaten zurück, hob meine Tasche auf und sagte: «Vielen Dank! Jetzt könnt ihr weitermachen.» Sie schauten einander an und verließen den Ort.

Sumaya Farhat-Naser, aktiv in der palästinensischen Friedensbewegung

1. Lesung: Jes 43,18–19.21–22.24b–25

2. Lesung aus dem zweiten Korintherbrief 1,18–22:

Brüder! Gott ist treu, er bürgt dafür, dass unser Wort euch gegenüber nicht Ja und Nein zugleich ist. Denn Gottes Sohn Jesus Christus, der euch durch uns verkündet wurde – durch mich, Silvanus und Timotheus – ist nicht als Ja und Nein zugleich gekommen; in ihm ist das Ja verwirklicht. Er ist das Ja zu allem, was Gott verheißen hat. Darum rufen wir durch ihn zu Gottes Lobpreis auch das Amen. Gott aber, der uns und euch in der Treue zu Christus festigt und der uns alle gesalbt hat, er ist es auch, der uns sein Siegel aufgedrückt und als ersten Anteil am verheißenen Heil den Geist in unser Herz gegeben hat.

Evangelium: Mk 2,1–12

Wir wissen aus eigener Erfahrung, wie wichtig es ist, dass wir angenommen sind, dass wir von anderen bejaht werden. Das gilt schon von Kindesbeinen an (vgl. 2. Sonntag nach Weihnachten) und für Menschen jeden Alters. In einer Gruppe, in der ich mich nicht angenommen fühle, wo die anderen gegen mich sind, werde ich leicht unsicher, aggressiv und kann meine Fähigkeiten nicht einsetzen. Da werde ich lustlos und ziehe mich zurück.

In einer Gruppe, wo andere Menschen zu mir stehen, kann ich meinen Beitrag einbringen. Ich kann mich äußern, meine eigenen Möglichkeiten entfalten, vielleicht neue entdecken. Da brauche ich mich nicht zu verstellen oder zu verstecken. Da kann ich auch meine Schwächen zugeben, ohne Angst, die anderen könnten sie ausnützen. Da öffnet sich eine neue Zukunft miteinander und im gemeinsamen Handeln für andere. Gelassenheit und Freude werden möglich; Gelassenheit wächst aus dem Vertrauen, dass andere mich stützen, dass ich nicht alles alleine schaffen muss, dass ich auch versagen kann. Freude hat etwas mit Gelingen zu tun, mit der Erfahrung von Geborgenheit und Sinn. Doch wo gelingt solches Miteinander? Es ist immer wieder gefährdet. Neue Entwicklungen, gruppendynamische Prozesse können das Miteinander vertiefen, aber auch gefährden, sogar sprengen. Wir können ja auch für uns selbst keine Zukunftsgarantie abgeben. Es bleibt die Sehnsucht, dass menschliche Begegnungen dauerhaft sind und tragen.

Jesus Christus als das Ja Gottes

Paulus weiß um die innere Zwiespältigkeit der Menschen. Er hat sie selber immer wieder erfahren: Zustimmung und Ablehnung, Freundschaft und Verrat. In uns Menschen stecken immer das Ja und das Nein zugleich. Mal gewinnt dieses, mal jenes die Oberhand. Paulus hat dies auch in der Gemeinde in Korinth erfahren. Die einen halten zu ihm, die anderen verdächtigen ihn. Er ist in Sorge, dass die Botschaft darunter leidet, die er zu verkünden hat. Da nimmt er Zuflucht zur letzten und tiefsten Begründung, die seiner Predigt Glaubwürdigkeit verleiht: Es geht gar nicht um ihn, Paulus. Da mag auch Ja und Nein gemischt sein. Nein, es geht um Jesus, der nicht als Ja und Nein zugleich gekommen ist, «nur das Ja ist in ihm verwirklicht.»

Für mich ist dies eine der schönsten Aussagen über Jesus, die mir mehr sagt als viele der sogenannten Hoheitstitel, die ihm in den Schriften beigegeben werden. Er ist das Ja Gottes zu all seinen Verheißungen. Sie sind nicht einfach in ihm erfüllt, aber erneut und endgültig bestätigt.

Dieses Ja Gottes durchdringt Paulus und gibt ihm Mut, in allen Schwierigkeiten durchzuhalten und immer neu zu beginnen, mit sich selbst, mit der Gemeinde in Korinth, mit den Menschen.

Jesus als das Ja Gottes zu den Menschen wird deutlich im heutigen Evangelium, der Sündenvergebung und der Heilung des Gelähmten. Jesus wendet sich ihm zu, meint ihn ganz persönlich in seiner doppelten Not. Die Menschen spüren dieses Ja zu ihnen und leben auf, atmen auf, stehen auf. Dieses Ja gilt auch uns.

Geborgen im Ja

Alles menschliche Ja, das wir zueinander sprechen, ist von diesem Ja durchdrungen. Was wir ersehnen an Dauerhaftigkeit und Zuwendung, ist in ihm verwirklicht. Er gibt Halt und Kraft in all unserer Vorläufigkeit. Alle Sakramente sind Gestalt gewordenes Ja Gottes zu uns. Glauben heißt, sich auf dieses Ja zu verlassen und daraus zu leben, nicht ein für alle Mal wie Jesus – das wird uns kaum gelingen –, sondern in immer neuen Anfängen, bei allen neuen Schritten.

Dann werden wir vielleicht auch selbst fähig, dieses Ja anderen erfahrbar zu machen. Dann findet alle Sehnsucht nach Zuspruch und Bejaht-Sein durch andere seine Bestätigung. Damit sind nicht alle Fragen und Unsicherheiten weg, aber es wird der Grund unserer Hoffnung deutlich, dass es gut werden wird mit uns und mit den Menschen. Da wächst auch uns die Kraft zu, das Unsrige zu tun, dass es gut wird.

Die kleinen Anfänge

Mag es auch unscheinbar und vergänglich sein, was wir zu tun vermögen. Aber ich kann diesem oder jenem Menschen an den gefährlichen Straßenkreuzungen unserer Welt und des eigenen Lebens ein Stück Halt und Rettung geben. Sicher, es gibt berechtigte Enttäuschungen in unserem Leben und in unserer Welt, Hoffnungen, die zunichte werden. Vielfach machen sich Resignation und Trauer breit, die lähmen und Besseres verhindern. Doch vielleicht sind auch die Hoffnungen zu groß: Wir werden nie *die* Gerechtigkeit und *den* Frieden schaffen, *das* Gelingen erreichen, wie wir es vielleicht möchten. Aber wir können *mehr* Gerechtigkeit, *mehr* Frieden, *mehr* Gelingen erreichen, wenn wir in der Kraft dieses Ja, das Gott zu uns in Jesus spricht, leben und handeln.

Das Ja Gottes in Jesus ist nicht schon das Reich Gottes, aber es ist die Bestätigung seiner Verheißung, dass dieses Reich kommt. Wir müssen nur wahrnehmen, wo es schon wächst. «Seht, ich schaffe Neues; schon sprosst es, merkt ihr es nicht?» – so lädt Gott durch seinen Propheten zum neuen Sehen ein (1. Lesung). Die Welt ist noch nicht endgültig verändert. Ich bin noch nicht endgültig verändert. Die Rückkehr des Volkes Israel aus der Gefangenschaft in Babylon, die Sündenvergebung und die Heilung des Gelähmten durch Jesus, die Durchhaltekraft des Paulus sind schon das Neue, das sprosst. Wir dürfen dieses Neue auch in den kleinen und großen Erfahrungen unseres eigenen Lebens erkennen, auch in dem, das wir vielleicht anderen an Bejahung in aller Bedrohung weiterschenken können.

Hoffnung

Sumaya Farhat-Naser sagt im Blick auf ihren Einsatz und den ihrer palästinensischen und israelischen Freundinnen und Freunde: «Wir können uns den Luxus der Hoffnungslosigkeit nicht leisten.» Im Blick auf das Ja Gottes zu seinen Verheißungen und zu uns, wie es in Jesus Christus verwirklicht ist, dürfen wir sagen: Wir brauchen uns auch «den Luxus der Hoffnungslosigkeit nicht zu leisten». Wir dürfen Hoffnung haben und auf das Ja vertrauen.

Gebet

Gott,
es gibt viel Enttäuschung und Verzweiflung
in der Welt und auch in meinem eigenen Leben.
kann ich noch Hoffnung haben
mit der Welt und mit mir selbst?

Es gibt auch viel Einsatz für andere,
Freude und Geborgenheit durch andere.
Leben wächst aus der Begegnung,
Frieden aus der Gerechtigkeit.

Du hast in Jesus dein Ja gesprochen
zu all deinen Verheißungen,
zu allen Menschen, zu mir.
Durchdringe mit deinem Ja unser Ja,
das wir zueinander sprechen und leben.
Durchdringe mit deinen Ja das Ja,
das ich zu mir selber sprechen möchte,
damit ich lebe.
Dann kann ich auch das Ja zu dir sprechen.

8. Sonntag im Jahreskreis

HOSEA

Der Stellenwert der Ehe geht in der Europäischen Union zurück. Das zeigen die rückläufigen Zahlen von Eheschließungen und die gestiegene Häufigkeit von Scheidungen. So ist in Deutschland von 1990 bis 1998 die Zahl der Eheschließungen je 1000 Einwohner von 6,5 auf 5,1 zurückgegangen, zugleich sind die Ehescheidungen von 2,0 auf 2,4 je 1000 Einwohner gestiegen.

Statistisches Bundesamt 2000

1. Lesung aus dem Propheten Hosea 2,16b.17b.21–22:

So spricht der Herr: Ich will Israel, meine treulose Braut, in die Wüste hinausführen und sie umwerben. Sie wird mir dorthin bereitwillig folgen wie in den Tagen ihrer Jugend, wie damals, als sie aus Ägypten heraufzog. Ich traue dich mir an auf ewig; ich traue dich mir an um den Brautpreis von Gerechtigkeit und Recht, von Liebe und Erbarmen, ich traue dich mir an um den Brautpreis meiner Treue: Dann wirst du den Herrn erkennen.

2. Lesung: 2 Kor 3,1b–6

Evangelium: Mk 2,18–22

Der Prophet Hosea ist ein interessanter Mann. Doch lässt die ausgewählte Stelle zu wenig von der Brisanz seines Lebens und seiner Verkündigung erkennen. Er wirkte im Nordreich Israel etwa von 750 bis 722 v. Chr. Das Buch des Propheten beginnt mit seiner überraschenden Berufung und mit einem merkwürdigen Auftrag: «Geh, nimm dir eine Kultdirne zur Frau und zeuge Dirnenkinder!» (Hos 1,2) Als Begründung wird hinzugefügt: «Denn das Land hat den Herrn verlassen und ist zur Dirne geworden.» (Hos 1,2)

Die Heirat mit einer Dirne wird zur prophetischen Zeichenhandlung: Gott wirbt um sein Volk. Aber sein Volk läuft immer wieder zu anderen Göttern über und taktiert mit unterschiedlichen politischen Mächten, um zu überleben. Vier Könige werden innerhalb von 15 Jahren ermordet. Der Herrschaftselite kommt es nur auf die Erhaltung der eigenen Macht und auf das eigene Luxusleben an. Der Prophet soll durch seine Heirat mit der Dirne zweierlei deutlich machen: Gott versteht die Untreue des Volkes ihm gegenüber als Ehebruch wie das Huren mit einer Dirne. Und: Hosea soll durch seine Treue zu dieser Dirne deutlich machen, dass Gott weiterhin zu seinem Volk steht, auch wenn es ihm untreu wird und mit anderen Göttern und Mächten hurt.

Vor dem Hintergrund dieser Treue Gottes zu seinem Volk soll der Prophet diesem Volk das Gericht ankündigen. Das geschieht in einer anderen prophetischen Zeichenhandlung, nämlich durch die Namensgebung seiner Dirnenkinder: Der erste Sohn heißt Jesreel, erinnert an die Königsmorde und kündigt das Ende der Königsherrschaft Israels an. Der Name der Tochter heißt: Lo-Ruhama (zu Deutsch: Kein Erbarmen), der Name des dritten Kindes, wieder eines Sohnes: Lo-Ammi (zu Deutsch: Nicht mein Volk). Die Namensgebung ist Programm, prophetische Verkündigung. Das Gericht Gottes naht.

Der Bund Gottes

Doch vor dem Hintergrund des Gerichtes wird frohe Botschaft laut: Der Prophet soll ja seiner Dirne treu sein, trotz aller Verfehlungen. Seine Ehe wird zum Bild für den Bund, den Gott mit seinem Volk geschlossen hat. Wenn sein Volk auch untreu wird, Gott bleibt treu. Er steht zu seinem Volk, will es nicht verlassen und nicht vernichten. Da beginnt die heutige Lesung: Gott umwirbt das Herz seines Volkes und will es zurückgewinnen. Aber das geht nicht so ohne Weiteres. Das Volk hat sich an seine neuen Götter und Mächte so versklavt wie einst in der Sklaverei Ägyptens. Es bedarf also eines neuen Auszugs aus der Sklaverei durch die Wüste der Erprobung und der Läuterung. Darauf bezieht sich der Anfang der heutigen Lesung, der ohne diese Vorgeschichte unverständlich bleibt: «Ich führe mein Volk in die Wüste und umwerbe sein Herz.» Gott ist bereit dazu, sein Volk auch jetzt wieder aus der neuen, jetzt selbstverschuldeten Sklaverei herauszuführen und seinen (Ehe)Bund mit dem Volk zu erneuern.

Die Gottesrede der heutigen Lesung bleibt in diesem Bild: «Ich traue dich mir an auf ewig. Ich traue dich mir an um Heil und Recht, um Huld und Erbarmen. Ich traue dich mir an um Treue.» Da wird deutlich, was Gott will. Die Verheißungen von Heil, Recht, Huld, Erbarmen und Treue machen die Unheilsbotschaften der Kindesnamen wieder wett und geben dem Ehebund Gottes mit seinem Volk die innere Prägung. Daran wird das Volk den Herrn «erkennen», also tiefe leibseelische Einheit mit Gott gewinnen, eine innere Verbundenheit, die Gott und seine Liebe von innen her verstehen lässt (zur Bedeutung von «erkennen» vgl. 4. Sonntag in der Osterzeit). Darauf will Gott hinaus. Darauf kann und soll sich das Volk, sein Volk, seine Braut verlassen. Hosea ist der erste Prophet, der so von der Liebe Gottes zu seinem Volke spricht.

Und wir?

Das alles mag uns heutigen Menschen in seiner Sprach- und Bildwelt sehr fremd erscheinen, und doch ist es uns ganz nah. Das alte Bild von der Befreiung aus der Sklaverei Ägyptens und der Zug durch die Wüste ins verheißene Land, das Hosea in seiner Verkündigung aufgreift und lebt, drückt eine tiefe Sehnsucht der Menschen aus, die uns auch heute bewegt: Wie werden wir frei von all dem, was uns bedrängt, unterdrückt, nicht zum Leben kommen lässt? Was und wer sind unsere Götter, denen wir uns unterwerfen? Was sind die Mächte, an die wir uns innerlich verkaufen, um unsere Macht und unser Luxusleben zu retten ohne Rücksicht auf die Opfer?

Die Werbung weiß um diese Sehnsucht und die Kraft der alten Bilder: «Wir machen den Weg frei» verkünden uns die Volksbanken und beziehen sich damit auf den Befreiungsweg durch die Wüste. Die Botschaft, die darin steckt: Früher brauchten die Menschen Gott dafür. Heute machen es die Volksbanken (vgl. 1. Fastensonntag). Das Versicherungswesen gibt vor, uns vor allen Risiken dieses Weges zu bewahren und so unser Glück zu sichern. Die Tourismusindustrie führt in die gelobten Länder, wo Milch und Honig fließen. Kult-Bands, Gurus und Stars sammeln ihre Fan-Gemeinden und versprechen Erfolg in dieser oder Entrückung in eine andere Welt. Der Sport entwickelt seine eigene Liturgie und erwartet eine Identifikation mit seinen Helden.

Unsicherheit und Sehnsucht

Doch steckt dahinter nicht eine tiefe Unsicherheit und Angst? Wer garantiert mir mein Leben? Wer steht zu mir, auch wenn ich versage? Wo finde ich den Weg, auf dem ich ich selber werden kann, und wo finde ich die Kraft dazu, diesen Weg zu gehen? Wie kann ich mich den verschiedenen Ansprüchen dieser Welt und ihrer Mächte entziehen, die nicht mich meinen, sondern nur mein Geld, meinen Konsum, meine bedingungslose Identifikation, damit sie mich gebrauchen und mißbrauchen können für ihre eigenen Ziele?

Hinter diesen Fragen steht die Sehnsucht nach Freiheit und Leben, nach Geborgenheit und Sinn, oder, um es mit den Worten der heutigen Lesung zu sagen, nach Heil und Recht, nach Huld und Erbarmen, nach Treue.

Ehe als Bild

Viele Ehen scheitern heute. Scheitern muss nicht immer Scheidung bedeuten, sondern auch inneres Scheitern bei äußerem Schein der aufrecht erhaltenen Ehe. Und dennoch heiraten viele Menschen, weil sie sich eine Partnerschaft ersehnen, die sie trägt und in der sie sich selbst finden können. Auch viele Singles träumen von einer solchen Partnerschaft, trauen sie aber einem anderen Partner oder vielleicht auch sich selbst nicht zu.

Ist da das Bild der Ehe für die Liebe Gottes zu den Menschen, für seine Treue, mit der er an seinem Volk festhält und wieder neu um seine antwortende Liebe wirbt, so abwegig oder nicht vielmehr ganz naheliegend, der Sehnsucht vieler Menschen entsprechend? Gott will den Menschen nicht von oben her vergewaltigen, mit seiner Übermacht überfallen, sondern er will in die Freiheit führen, zum Selbststand ermutigen, um dann mit freien Menschen seinen Bund zu schließen.

Evangelium

Das heutige Evangelium spricht von der Erfüllung dieser Verheißung. Äußerlich geht es um die Frage des Fastens. Doch Jesus verweist auf das Größere, das geschieht: «Können die Hochzeitsgäste fasten, solange der Bräutigam bei ihnen ist?» Er versteht seine Botschaft, sein Leben mit den Menschen, die auf ihn hören, als die Hochzeit Gottes mit seinem Volk, von der schon der Prophet Hosea gesprochen hat. Jesus schildert die noch ausstehende verheißene Zukunft unter vielfältigen Bildern des königlichen Hochzeitsmahles. Das Vertrauen darauf kann uns frei machen den vielfältigen Ansprüchen heutiger Glücksgötter und Mächte gegenüber. Das Vertrauen auf die Treue Gottes zu uns kann auch uns frei machen zum Leben.

Gebet

Gott,
deine Treue zu uns Menschen ist unverständlich.
Was liegt dir an uns?
Warum willst du an uns festhalten?

Warum hältst du dich so zurück?
Die Götter dieser Welt versprechen schnelleres Glück.
Sie wollen uns schon den Weg frei machen.
Was brauchen wir dafür noch dich?
Deine Freiheit ist so anstrengend.

Deine einzige Rechtfertigung und Erklärung:
Du liebst uns.
Lass uns das Leben wagen mit deiner Liebe!
Dann werden wir dich und uns selbst finden.

9. Sonntag im Jahreskreis

ZWIESPÄLTIGE ERFAHRUNGEN

> Schatten, mein dunkler Bruder,
> du verfolgst mich, du erschreckst mich,
> machst mir Angst.
> Schatten, du mein dunkler Bruder,
> du beschämst mich, du verwirrst mich
> und du störst.
> Schatten, du mein dunkler Bruder,
> du gehörst zu mir, ich werde dich nicht los.
>
> Schatten, du mein dunkler Bruder ...
>
> *Hermann Josef Coenen*

1. Lesung: Dtn 5,12–15

2. Lesung aus dem zweiten Korintherbrief 4,6–11:

> Schwestern und Brüder! Gott, der sprach: Aus Finsternis soll Licht aufleuchten!, er ist in unseren Herzen aufgeleuchtet, damit wir erleuchtet werden zur Erkenntnis des göttlichen Glanzes auf dem Antlitz Christi. Diesen Schatz tragen wir Apostel in zerbrechlichen Gefäßen; so wird deutlich, dass das Übermaß der Kraft von Gott und nicht von uns kommt. Von allen Seiten werden wir in die Enge getrieben und finden doch noch Raum; wir wissen weder aus noch ein und verzweifeln dennoch nicht; wir werden gehetzt und sind doch nicht verlassen; wir werden niedergestreckt und doch nicht vernichtet. Wohin wir auch kommen, immer tragen wir das Todesleiden Jesu an unserem Leib, damit auch das Leben Jesu an unserem Leib sichtbar wird. Denn immer werden wir, obgleich wir leben, um Jesu willen dem Tod ausgeliefert, damit auch das Leben Jesu an unserem sterblichen Fleisch offenbar wird.

Evangelium: Mk 2,23–3,6

Paulus spricht von seinen zwiespältigen, widersprüchlichen Erfahrungen: Auf der einen Seite wird er in die Enge getrieben, der Weg wird ihm abgeschnitten, er wird gehetzt und niedergestreckt; auf der anderen Seite findet er dennoch Raum, er kann entrinnen und wird nicht eingeholt, nicht vernichtet.

Erste Runde

Wir haben diesen Text einmal zur Grundlage eines Einkehrtages von Mitarbeiterinnen und Mitarbeitern in der Seelsorge gemacht. In einer ersten Runde waren alle eingeladen, sich den negativen Erfahrungen des Paulus zu stellen und sich zu fragen, welche eigenen Erfahrungen damit übereinstimmen. Stichwortartig hielten alle ihre Erkenntnisse fest. Die Kärtchen wurden an eine Wand geheftet und gemeinsam besprochen. Es zeigte sich, dass viele negative Erfahrungen sich entsprachen: die Defizite religiöser Sozialisation der Kinder, Enttäuschungen über die Reaktion der Angesprochenen, vor allem von Jugendlichen; mühselige Arbeit und mangelnde Kontinuität der Mitarbeit, das Desinteresse der Eltern, keine positiven Reaktionen; das Sprechen wie in eine Leere hinein; Klagen über die Missachtung der Frauen in der Kirche, über das Machtgehabe der Pfarrer; Schwierigkeiten mit den Anordnungen und Gesetzen der Kirchenleitung. Enttäuschungen und Resignation wurden laut. Viele trauten sich, endlich einmal davon zu reden, ohne sich oder den anderen etwas vormachen zu müssen. Das Scheitern wird als belastend erfahren und nagt am eigenen Selbstverständnis, am eigenen Beruf. Das «burn-out-Syndrom», das Ausgebranntsein, ist ja ein häufiges Symptom der sozialen und pädagogischen Berufe und kann bis zur Berufsunfähigkeit führen. Auch die pastoralen Berufe sind dagegen nicht gefeit.

Aber es war auch entlastend, das voneinander zu hören. Man war nicht mehr mit seinen negativen Erfahrungen, mit seinen Fragen und Zweifeln alleine. Das tat gut und bewirkte eine tiefe Solidarität unter den Beteiligten.

Zweite Runde

In einer zweiten Runde wurden alle eingeladen, bei sich nachzufragen, ob sie sich auch in den positiven Erfahrungen des Apostels wiederfanden. Das Verfahren war das gleiche. Die Summe der Kärtchen war deutlich kleiner als bei der ersten Runde. Aber auch hier wurden Übereinstimmungen festgestellt: Mein Glaube macht sich fest an dem Glauben und dem glaubwürdigen Leben anderer; Erfahrungen in der eigenen Kindheit und Jugend; Gottesdienst, Meditation und Gebet als Vergewisserung und Trost; aber auch überraschende Erfahrungen mit Menschen, die dankbar waren für die Begleitung, die deutlich machten, dass man für sie wichtig war.

Im Gespräch haben wir dann festgestellt, dass wir diese positiven Erfahrungen oft gar nicht zulassen wollen, um nicht zu selbstsicher und überheblich zu werden. Wir sind in unserer religiösen Sozialisation viel zu sehr darauf getrimmt, Sünden, Fehler und Schwächen zu suchen, nicht stolz zu werden, dass wir oft die positiven Erfahrungen verdrängen, nicht wahrhaben wollen, uns darüber nicht wirklich freuen können, sie nicht anderen erzählen, nicht dafür dankbar sind, obwohl wir insgeheim davon leben.

Die zwiespältigen Erfahrungen des Apostels sind vielfach auch die meinen. Auf der einen Seite möchte ich davonlaufen, auf der anderen staune ich über viele dankbare Reaktionen.

Gewissenserforschung

Es ist für alle wichtig, beide Erfahrungen in sich zuzulassen und sie «im eigenen Herzen zu bewegen», wie es in der Schrift von Maria heißt. Es gehört zur Wirklichkeitsnähe unseres Lebens und unseres Glaubens, beides wahrzunehmen als Teile unseres eigenen Lebens. Das bewahrt uns vor billigem Optimismus, der das Negative nicht wahrhaben will. «Du musst positiv denken!» wird uns eingeredet, also die Augen zu machen und verdrängen, was dich belastet. Das führt aber nicht weiter als zur eigenen Betäubung.

Die Haltung des Paulus bewahrt uns aber auch vor abgrundtiefem Pessimismus, der nur das Scheitern sieht und alles andere für Illusion hält. Wenn wir beides sehen und richtig gewichten, dann verhilft das zu einer hilfreichen Einsicht in die eigenen Grenzen und Möglichkeiten, zu einem gelassenen und engagierten Leben. Die christliche Hoffnung hat die Kraft, weder blindem Optimismus noch Pessimismus zu verfallen, sondern realistisch beides mit offenen Augen und Herzen wahrzunehmen und weiterzugehen im Vertrauen, dass wir nicht alles schaffen können oder müssen, doch manches Hilfreiche zu tun vermögen.

Es kann gut tun, so haben wir es an dem Einkehrtag erfahren, die zwiespältigen Erfahrungen in uns einmal gründlich zu bedenken, jede und jeder für sich, aber auch im gemeinsamen Gespräch im vertrauten Kreis, damit wir uns gegenseitig stärken.

Die Deutung

Paulus bleibt nicht stehen bei seinen zwiespältigen Erfahrungen. Er deutet sie aus dem Glauben und erkennt in ihnen die Gemeinschaft mit der Todeserfahrung Jesu und mit seiner Auferstehung. Jesus ist von der Engstirnigkeit der Menschen in den Tod getrieben worden, obwohl er doch nur dem Leben dienen wollte. Im heutigen Evangelium holt Jesus einen Mann mit einer gelähmten Hand vom Rand in die Mitte der Menschen und heilt ihn am Sabbat. Das provoziert seine Gegner so, dass sie gemeinsam überlegen, wie sie ihn beiseite schaffen können.

Beides gehört also zusammen: Die Heilung der gelähmten Hand als Vorbild der Auferstehung des ganzen Menschen und die Ablehnung durch die Frommen, deren Ordnung Jesus mit seiner Zuwendung zu den Menschen stört, das Kreuz. Die widersprüchliche Erfahrung des Paulus ist auch die widersprüchliche Erfahrung Jesu selbst. Darin liegen Trost und Kraft für den Apostel.

«Wir glauben doch an das Kreuz und die Auferstehung Jesu, da wissen wir, dass wir nie am Ende sind und immer wieder neu anfangen können,» sagten uns einmal brasilianische Freundinnen und Freunde auf die Frage nach dem Grund ihrer Kraft, in ihrem oft aussichtslosen Kampf nicht nachzulassen.

Kreuz und Auferstehung

Die Erfahrungen der Enttäuschung und des Kreuzes gehören zur Erfahrung aller, für die Jesus Weg, Wahrheit und Leben ist, aber ebenso die überraschenden Erfahrungen der Fülle des Lebens, die jetzt schon als Vorahnung und als Beginn des ewigen Lebens geschenkt werden. Wir sind deswegen nie am Ende, brauchen nicht «auszubrennen», sondern können getrost in Bescheidenheit und Dankbarkeit mit Paulus und miteinander weitergehen. «Wir tragen den Schatz in irdenen Gefäßen.» Der Schatz und die zerbrechlichen Gefäße gehören zu unserem Leben.

Gebet

Gott,
manchmal sind wir wie am Ende.
Deine Botschaft erreicht die Menschen nicht.
Sie lassen uns links liegen,
als hätten wir immer noch nicht begriffen,
worum es geht heute in der Welt.
Enttäuschung und Leid durchdringen uns.
Ist alles vergebens?

Oder liegt es an uns?
Leben wir zu wenig entschieden,
stehen wir deiner Botschaft im Wege?
Bange Fragen begleiten uns,
Fragen, die uns oft Angst machen und verzagen lassen.

Dein Sohn, unser Bruder, der Mann aus Nazareth,
hat selber beides erfahren müssen:
Ablehnung und Tod,
aber auch Zustimmung und Dankbarkeit.
Lass uns unsere bedrängenden Erfahrungen
bei ihm aufgehoben und von ihm geteilt wissen.
Dann werden wir mit ihm weitergehen können.

10. Sonntag im Jahreskreis

DAS NÖTIGE ÄRGERNIS

Du, lass dich nicht verhärten in dieser harten Zeit.
Die allzu hart sind, brechen. Die allzu spitz sind, stechen
und brechen ab sogleich.

Du, lass dich nicht verbittern in dieser bittren Zeit
Die Herrschenden erzittern – sitzt du erst hinter Gittern –
doch nicht vor deinem Leid.

Du, lass dich nicht erschrecken in dieser Schreckenszeit.
Das wolln sie doch bezwecken, dass wir die Waffen strecken
schon vor dem großen Streit.

Du, lass dich nicht verbrauchen. Gebrauche deine Zeit.
Du kannst nicht untertauchen. Du brauchst uns und wir brauchen
grad deine Heiterkeit.

Wir wolln es nicht verschweigen in dieser Schweigezeit.
Das Grün bricht aus den Zweigen. Wir wolln das allen zeigen.
Dann wissen sie Bescheid.

Wolf Biermann

1. Lesung: Gen 3,9–15

2. Lesung: 2 Kor 4,13–5,1

Evangelium nach Markus 3,20–35:

> In jener Zeit ging Jesus in ein Haus, und wieder kamen so viele Menschen zusammen, dass er und die Jünger nicht einmal mehr essen konnten. Als seine Angehörigen davon hörten, machten sie sich auf den Weg, um ihn mit Gewalt zurückzuholen; denn sie sagten: Er ist von Sinnen. Die Schriftgelehrten, die von Jerusalem herabgekommen waren, sagten: Er ist von Beelzebul besessen; mit Hilfe des Anführers der Dämonen treibt er Dämonen aus. Da rief er sie zu sich und belehrte sie in Form von Gleichnissen: Wie kann der Satan den Satan austreiben? Wenn ein Reich in sich gespalten ist, kann es keinen Bestand haben. Wenn eine Familie in sich gespalten ist, kann sie keinen Bestand haben. Und wenn sich der Satan gegen sich selbst erhebt und mit sich selbst im Streit liegt, kann er keinen Bestand haben, sondern es ist um ihn geschehen. Es kann aber auch keiner in das Haus eines starken Mannes einbrechen und ihm den Hausrat rauben, wenn er den Mann nicht vorher fesselt; erst dann kann er sein Haus ausplündern. Amen, das sage ich euch: Alle Vergehen und Lästerungen werden den Menschen vergeben werden, so viel sie auch lästern mögen; wer aber den Heiligen Geist lästert, der findet in Ewigkeit keine Vergebung, sondern seine Sünde wird ewig an ihm haften. Sie hatten nämlich gesagt: Er ist von einem unreinen Geist besessen.

Da kamen seine Mutter und seine Brüder; sie blieben vor dem Haus stehen und ließen ihn herausrufen. Es saßen viele Leute um ihn herum, und man sagte zu ihm: Deine Mutter und deine Brüder stehen draußen und fragen nach dir. Er erwiderte: Wer ist meine Mutter, und wer sind meine Brüder? Und er blickte auf die Menschen, die im Kreis um ihn herumsaßen, und sagte: Das hier sind meine Mutter und meine Brüder. Wer den Willen Gottes erfüllt, der ist für mich Bruder und Schwester und Mutter.

Jesus hat es nicht leicht. Viele Menschen kommen zu ihm und umdrängen ihn. Doch seine Angehörigen sehen das mit großem Misstrauen. Wer ist denn dieser Jesus? Sie kennen ihn doch. Sie sind mit ihm aufgewachsen. Jetzt kommt er groß raus. «Er ist ja von Sinnen», er ist ja verrückt, sagen sie. Irgendwann wird diese Luftblase mal platzen. Dann wird deutlich, dass er nichts anderes ist als die anderen. Dann bringt er Schande über die ganze Familie. Das muss verhindert werden. So ziehen sie aus, um ihn mit Gewalt zurückzuholen.

Die Schriftgelehrten, die eigens von Jerusalem hergekommen sind, sagen: «Er ist von Beelzebul besessen. Mit Hilfe des Herrschers der Dämonen treibt er die Dämonen aus.» Sie bestreiten nicht, dass Jesus Menschen von den Dämonen, von den unreinen Geistern befreit und sie heilt. Aber das passt überhaupt nicht in ihr Konzept, nicht in ihre Frömmigkeit. Deswegen müssen sie das Handeln Jesu auf den Teufel zurückführen.

So geht es immer wieder den Menschen, die eine neue Botschaft zu verkünden haben: Die einen nennen sie verrückt, die anderen vom Teufel besessen. Sie passen nicht in ihre Ordnung. Deswegen müssen sie weg. Propheten haben es nicht leicht. Die Wächter der alten Ordnung sind wachsam und mächtig.

Fortsetzungen

So geschah es vielen in Geschichte und Gegenwart, auch in der Kirche, die sich auf diesen Jesus beruft:

Die Christen, die wegen ihrer Kritik am Nationalsozialismus ins KZ kamen, mussten hören: Ihr hättet auch ein bisschen klüger sein können. Warum habt ihr denn so deutlich geredet? Ihr hättet es so machen sollen wie eure Bischöfe!

Franz Jägerstetter, Kriegsdienstverweigerer aus Gewissensgründen im Nazikrieg: sein Bischof bezichtigt ihn des falschen Glaubens.

Oscar Romero: Kardinal Baggio und der Nuntius in El Salvador haben ihn immer wieder zur Mäßigung aufgefordert. Er solle das Unrecht der Mächtigen nicht so laut kritisieren, sondern lieber mit ihnen kooperieren.

Samuel Ruiz, der Bischof von Chiapas, der Vermittler zwischen den Indios und der Regierung: Er sollte abgesetzt werden wegen seiner Einmischung in die Politik, weil seine Solidarität mit den Indios den Mächtigen in der Regierung und in der Kirche in Mexiko und Rom nicht in ihre Politik passte.

Erwin Kräutler, Bischof der Armen und Bischof für die Armen in Brasilien: er bekommt von seinem Salzburger Kollegen Redeverbot in der Diözese.

Jacques Gaillot, Bischof von Evreux, wird abgesetzt: Er äußert sich zu kritisch zur Politik der Regierung und zum Verhalten der Kirchenleitung und stört so den Frieden. Außerdem stellt er sich zu einseitig auf die Seite der aus der Gesellschaft Ausgegrenzten.

Viele Theologinnen und Theologen können Ähnliches berichten.

Immer wieder sind solche Menschen im Laufe der Geschichte als Ketzer verdächtigt und hingerichtet worden. Bei manchen dauerte die Rehabilitation Jahrhunderte.

Gemeinsam ist all diesen Vorgängen: Wer nicht in die vorgegebene Ordnung passt, muss weg, gleich ob es um die vorgegebene Ordnung der Familie, der Gemeinschaft, der Gesellschaft, der Kirche oder des Staates geht. Andersdenkende, Abweichler werden als Störenfriede gebrandmarkt und an den Rand gedrängt. Sie sind eben verrückt, von Sinnen, vom Teufel besessen.

Unordnung

Eines wird von den Vertretern der bestehenden Ordnung nicht bedacht: dass nämlich ihre Ordnung selber Unordnung sein kann, eine geschlossene Gesellschaft, die keine neuen Aufbrüche und Korrekturen zulässt. Darum geht es in der ersten Lesung vom Sündenfall. Diese Erzählung will nicht berichten, was damals geschah. Sie will die bestehende Unordnung unter den Menschen deuten.

In der damaligen Gesellschaft war die Frau dem Manne untertan. Das wurde als Ordnung im Namen Gottes verstanden und so verewigt. Die Erzählung vom Sündenfall aber macht deutlich: Die Herrschaft des Mannes über die Frau ist Folge der Sünde, nicht gottgewollt. Ursprünglich standen Mann und Frau auf der gleichen Stufe. Frauen und Männer, die für die Gleichberechtigung der Frau in Familie, Gesellschaft und Kirche kämpfen, wollen also die ursprüngliche Ordnung Gottes wiederherstellen, auch wenn sie oft bis in unsere Tage hinein als verrückt beschimpft werden, als «von Sinnen», als vom Teufel besessen. Die bestehende Ordnung muss sich also immer wieder befragen lassen, ob sie noch Geltung beanspruchen darf, oder ob nicht längst ihre Änderung um der Menschen willen ansteht.

Das Gegenbild

Da kommen die Mutter Jesu und seine Brüder (es mag hier unerörtert bleiben, ob es sich dabei um seine leiblichen Brüder, seine Vettern und Verwandten oder um seine Anhänger aus Nazareth handelt) und wollen ihn in die Familie zurückholen. Aber Jesus lässt sie gar nicht vor. Er ist nicht einzufangen in die alte Ordnung, auch nicht in die Ordnung der Familie. Gelassen weist er auf das Gegenbild hin, das sich vor aller Augen zeigt: Da sind die Menschen, die auf ihn hören, die auf Gottes Wort hören wollen, weil sie spüren, dass ihnen das zum Leben dient. Eine neue Familie entsteht: «Wer sind meine Mutter und meine Brüder?» Er blickt auf die Menschen, die im Kreis um ihn herumsaßen und sprach: «Das sind meine Mutter und meine Brüder. Wer den Willen Gottes tut, der ist für mich Bruder, Schwester und Mutter.» Das ist die Einladung Jesu an alle Menschen, auch an uns.

Seine Angehörigen müssen unverrichteter Dinge zurück. Was mag Maria wohl bei dieser Rückkehr gedacht und empfunden haben?

Wachsam sein

Nicht immer, wenn Christen mit einer neuen Botschaft auftreten, bedeutet das schon, dass sie sich auf Jesus berufen können. Aber eines wird deutlich: Alle Ordnung in Familie, Gesellschaft und Kirche muss immer neu befragt werden, ob sie noch den Menschen dient oder nur der eigenen Macht. Das macht kritischer gegenüber der bestehenden Ordnung und ihren schnellen Verurteilungen neuer Aufbrüche und gegenüber der Ausgrenzung von prophetischen Menschen unserer Zeit. Jesus geht es um ein neues Miteinander der Menschen, die gemeinsam den Willen Gottes tun und einander zum Leben dienen. Davon kann eine heilsame Kraft ausgehen in unsere Welt, die von Feindbildern, Hass und Gewalt zerrissen ist. Wir sind eingeladen, zu der neuen Familie Jesu zu gehören. Wir müssen dann allerdings mit Widerständen und Verdächtigungen rechnen – wie Jesus –, aber in der neuen Familie Jesu kann man auch gelassen damit umgehen, ohne an dem eigenen Weg irre zu werden.

Gebet

Guter Gott,
deine Boten haben immer wieder Unruhe gestiftet
und die bestehende Ordnung in Frage gestellt.
Sie sind deswegen für verrückt erklärt worden
und vom Teufel besessen,
obwohl sie doch nur deine Menschenfreundlichkeit verkünden wollten.

Lehre uns die Weisheit und die Kraft,
alles Bestehende daraufhin zu prüfen,
ob es noch dir und den Menschen dient.
Lehre uns die Weisheit,
die nötigen neuen Aufbrüche danach zu unterscheiden,
ob sie deinem Willen entsprechen
und dem Heil und dem Wohl der Menschen dienen,
oder ob sie uns auf Abwege und Irrwege führen.

Gib uns Entschlossenheit und Mut,
deine neuen Wege gelassen zu gehen,
damit deine Familie auch heute wachsen kann.

11. Sonntag im Jahreskreis

WACHSAME GEDULD

Als sie das Ziel aus den Augen verloren hatten, verdoppelten sie ihre Anstrengungen.

Herkunft unbekannt

1. Lesung: Ex 17,22–24

2. Lesung: 2 Kor 5,6–10

Evangelium nach Markus 4,26–34:

> In jener Zeit sprach Jesus zu der Menge: Mit dem Reich Gottes ist es so, wie wenn ein Mann Samen auf seinen Acker sät; dann schläft er und steht wieder auf, es wird Nacht und wird Tag, der Samen keimt und wächst, und der Mann weiß nicht, wie. Die Erde bringt von selbst ihre Frucht, zuerst den Halm, dann die Ähre, dann das volle Korn in der Ähre. Sobald aber die Frucht reif ist, legt er die Sichel an; denn die Zeit der Ernte ist da. Er sagte: Womit sollen wir das Reich Gottes vergleichen, mit welchem Gleichnis sollen wir es beschreiben? Es gleicht einem Senfkorn. Dieses ist das kleinste von allen Samenkörnern, die man in die Erde sät. Ist es aber gesät, dann geht es auf und wird größer als alle anderen Gewächse und treibt große Zweige, so dass in seinem Schatten die Vögel des Himmels nisten können. Durch viele solcher Gleichnisse verkündete er ihnen das Wort, so wie sie es aufnehmen konnten. Er redete nur in Gleichnissen zu ihnen; seinen Jüngern aber erklärte er alles, wenn er mit ihnen allein war.

Jesu Predigt begann mit der großen Verheißung: «Die Zeit ist erfüllt. Das Reich Gottes ist nahe.» (Mk 1,15) Doch was geschah? Gewiss, Menschen wurden auf ihn aufmerksam und hörten seine Botschaft. Aber nur eine kleine Gruppe folgte ihm. In diesem kümmerlichen Haufen, der mit Jesus durch Galiläa wanderte, sollte man den Anfang des Reiches Gottes erkennen? Fragen und Zweifel bedrängten die Jünger. Waren sie dem Richtigen gefolgt? Jesus schien das alles nicht zu berühren. Er zog durch die Städte und Dörfer, predigte, heilte Kranke und wandte sich diesem oder jenem zu, der ihn gerade brauchte. Hatte er nichts Größeres im Sinn?

Da erzählt er den Jüngern und dem ganzen Volk das Gleichnis von der selbstwachsenden Saat. Der Bauer muss das Seine tun: Er hat den Acker zu bereiten und zu säen. Aber dass der Same so ist, dass aus ihm die Ähre und dann das Korn wächst – das ist nicht seine Leistung. Der Bauer weiß auch nicht, wie das geschieht. Es ist wie ein Wunder. Der Bauer kann warten, Tag und Nacht. Er darf nicht ständig am Korn herumhacken, es herausreißen und nachschauen wollen, ob es schon keimt und wächst. Dann macht er alles kaputt. Die Saat wächst «automatisch», wie es im griechischen Text wörtlich heißt. Der Boden, Sonne und Regen tun das Ihre. Die Frucht kommt nicht vom Bauern, aber auch nicht ohne ihn. Erst bei der Ernte ist er wieder dran mit seiner Arbeit.

Jesus

Daher die Geduld Jesu. Er ist zum Säen gekommen, nicht zum Ernten. Deswegen ist sein Tun noch unscheinbar, leicht zu übersehen. Aber er hat nicht die Ernte aus den Augen verloren, das Reich Gottes. Deswegen hat er Zeit und Muße, sich dem einzelnen Menschen zuzuwenden, seine Sorgen, seine Not und seine Hoffnung wahrzunehmen und mit einfachen Worten und Gesten darauf zu antworten, ihn aufzurichten und ihm neue Zukunft zu ermöglichen, die auf das Kommen des Reiches Gottes hin offen ist.

Er erkennt die Fragen und Zweifel derer, die ihm folgen. Er will sie mit diesem Gleichnis ermutigen, den unscheinbaren Weg weiterzugehen, dabei nicht zu verzagen oder zu verzweifeln. Er lehrt sie – um ein modernes Wort zu gebrauchen – die revolutionäre Geduld. Es ist gut und notwendig zu warten, bis die Zeit reif ist. Wenn das Reich Gottes einfach von oben in die Welt einbräche, dann würde es den Menschen die Freiheit nehmen, es anzunehmen, es würde sie überwältigen. Aber Gott will nicht über die Menschen herfallen. Er will sie als freie Partner in seinem Bund. Das Reich Gottes soll in ihnen wachsen und durch sie. Dafür braucht es Zeit und Geduld, Vertrauen in den, von dem Boden und Saat, Sonne und Regen, Tag und Nacht stammen. Das sollen die Jünger lernen, die mit ihm unterwegs sind. Dieses Gleichnis ist keine Einladung zur Passivität, keine Einladung, die Hände in den Schoß zu legen, weil Gott schon alles richten wird. Aber es ist eine Einladung, sich selbst nicht zu wichtig zu nehmen, als ob man es selber schaffen könnte und müsste. Das ermöglicht den Raum und die Zeit, jetzt gelassen das Nötige zu tun, so unscheinbar es auch sein mag.

Die Kirche heute

Damit stehen wir mitten in den Fragen unserer Zeit. Es gab noch nie so viele ausgebildete Fachleute, Männer und Frauen, im Dienst der Verkündigung und der Pastoral wie heute. Es gab noch nie so viele qualifizierte Mitarbeiterinnen und Mitarbeiter in den Gemeinden, «Laien» genannt. Es gab noch nie so viel an guten liturgischen, homiletischen, religionspädagogischen Hilfen. Und doch geht die Zahl derer zurück, die den Sonntagsgottesdienst mitfeiern, die kirchliche Berufe ergreifen, die sich zum Glauben bekennen. Die Gründe dafür sind sicher vielfältig und können hier nicht erörtert werden. In weiten Landstrichen Deutschlands erscheinen die christlichen Kirchen wie ein kleine unbedeutende Gruppe in einer weltlichen Welt.

Trotz so großen Einsatzes, oft über die Kräfte hinaus, scheinen kaum Jugendliche nachzuwachsen, die morgen die Kirche bilden und tragen können. Da hilft keine hektische Betriebsamkeit. Aber es ist auch keine Resignation oder Verzweiflung angesagt. Das Gleichnis Jesu kann den Weg zeigen.

Wachsame Geduld

Wachsame Geduld ist nötig, die sich ehrlich den Gründen für die gegenwärtige Lage stellt, die auch den kirchlichen Betrieb und Apparat nicht ausnimmt von kritischen Nachfragen; wachsame Geduld, die weiß, dass ich nicht selbst das Reich Gottes schaffen kann oder muss, sondern mich gelassen und voll Vertrauen dem Menschen zuwenden kann, der mich jetzt braucht; wachsame Geduld, die sich nicht irre machen lässt, wenn Menschen sich wieder abwenden, die eine Zeitlang mitgegangen sind; wachsame Geduld auch mit mir selbst bei allem Versagen in dem Vertrauen, dass Gott mich nicht fallen lässt, der seine Wege mit den Menschen geht und Frucht reifen lassen kann, auch wo ich sie nicht vermute.

Neue Gemeinden

Ein Leiter einer Basisgemeinde in El Salvador sagte uns einmal: «In den Basisgemeinden sammeln sich die Katholiken, die Christen sein wollen.» Auf unsere erstaunte Rückfrage sagte er: «Katholiken sind doch hier alle, die Regierung, die Militärs, die Großgrundbesitzer. Aber die wollen doch nichts mit Jesus zu tun haben. Sie verfolgen doch die Christen hierzulande.»

Gewiss, hier bei uns werden die Christen nicht verfolgt, aber weltweit geschieht dies noch vielfach. Aber steuern wir nicht, was die Gemeinden angeht, in die gleiche Richtung: In den Gemeinden sammeln sich die Katholiken und Protestanten, die Christen sein wollen. Das wird nicht flächendeckend sein – so ist es auch von Jesus nicht verheißen. Es wird aber zunehmend so sein, dass sich die Christen in *einer* Gemeinde sammeln, gleich, ob sie katholischer oder evangelischer Herkunft sind. Wir können uns angesichts der Situation die Trennung gar nicht mehr leisten. Wir sitzen in *einem* Boot, ob es den Dogmatikern oder Kirchenleitungen gefällt oder nicht.

Es wird neue Gemeinden geben, kleiner vielleicht, als wir es gewohnt sind, aber selbstbestimmt, die ausstrahlen und eine neue Zukunft eröffnen können.

Das Senfkorn

Vielleicht sind das die neuen Senfkörner, die Gott sät, aus denen dann neue Bäume wachsen. Die Kleinheit der Gemeinden ist kein Argument gegen ihre Zukunft. Sicher müssen wir bescheidener werden, was die Machtansprüche der Kirche angeht. Das ist gut so. Aber lebendige Gemeinden können Trägerinnen der Hoffnung sein, Trägerinnen der Hoffnung nicht nur für sich selbst, sondern für andere Menschen. Ein Freund von uns in Brasilien erzählte, dass die verschiedenen Projekte, die von ausländischen Solidaritätsgruppen unterstützt würden, wie Hoffnungsnester wirkten, nicht nur für die unmittelbar Beteiligten, sondern für viele, die davon hörten und sich ermutigt sähen, ihre eigenen Kräfte neu zu mobilisieren. Die christlichen Gemeinden als ein Netz von Hoffnungsnestern: ein ermutigendes Bild für die Kirche von morgen! Diese Gemeinden müssen nicht von heute auf morgen alles umkrempeln, aber sie können getrost das Ihre tun, damit Gott das Seine tun kann. Er allein schenkt Wachsen und Gedeihen seiner Botschaft, bis die Welt reif wird für das Reich Gottes, das dann Werk seiner Gnade ist, aber auch Frucht unseres Lebens.

Gebet

Guter Gott,
ich bin so ungeduldig.
Ich will wachsen sehen, was ich gesät habe.
Ich will ernten, was ich wachsen sehe.

Viele mühen sich ab und sind enttäuscht:
Arme, die nicht aus ihrer Armut herauskommen;
Eine-Welt-Kreise, die erleben,
wie ein Wechsel im Dollarkurs alle Hilfe zunichte macht.
Frauen und Männer der Friedensbewegung,
die gewaltlos der Versöhnung dienen wollen
und erfahren müssen,
wie die nächste Welle der Gewalt alles wieder zerstört.
Christinnen und Christen,
die sich um die Erneuerung der Kirche mühen
und überall auf Widerstände stoßen.

Schenke uns die wachsame Geduld,
die einen langen Atem hat,
die sich durch Enttäuschungen nicht beirren lässt,
die die Ritzen im Beton erkennt,
in die man neuen Samen säen kann.
Schenke du das Wachsen und Gedeihen
bis zur Ernte!

12. Sonntag im Jahreskreis

STURM AUF DEM MEER

Ich glaube an die Sonne, auch wenn sie nicht scheint.
Ich glaube an die Liebe, auch wenn ich sie nicht spüre.
Ich glaube an Gott, auch wenn ich ihn nicht sehe.

Jüdische Inschrift im Warschauer Ghetto

1. Lesung: Ijob 38,1.8–11

2. Lesung: 2 Kor 5,14–17

Evangelium nach Markus 4,35–41:

An jenem Tag, als es Abend geworden war, sagte Jesus zu seinen Jüngern: Wir wollen ans andere Ufer hinüberfahren. Sie schickten die Leute fort und fuhren mit ihm in dem Boot, in dem er saß, weg; einige andere Boote begleiteten ihn. Plötzlich erhob sich ein heftiger Wirbelsturm, und die Wellen schlugen in das Boot, so dass es sich mit Wasser zu füllen begann. Er aber lag hinten im Boot auf einem Kissen und schlief. Sie weckten ihn und riefen: Meister, kümmert es dich nicht, dass wir zugrunde gehen? Da stand er auf, drohte dem Wind und sagte zu dem See: Schweig, sei still! Und der Wind legte sich, und es trat völlige Stille ein. Er sagte zu ihnen: Warum habt ihr solche Angst? Habt ihr noch keinen Glauben? Da ergriff sie große Furcht, und sie sagten zueinander: Was ist das für ein Mensch, dass ihm sogar der Wind und der See gehorchen?

Der Sturm auf dem Meer – ein Bild für unser Leben. Manchmal fließt es ruhig dahin. Dann aber, vielleicht plötzlich und unerwartet, kommt der Sturm aus der Tiefe des eigenen Innern herauf. Verdrängte Ängste wollen ans Licht. Was verscharren wir nicht alles in unseren eigenen Abgründen, weil wir im Augenblick nicht damit leben können: Enttäuschungen mit anderen Menschen oder mit uns selbst und unseren Plänen, Verletzungen durch andere, Lebenshoffnungen, die sich nicht erfüllen, Sehnsucht nach Liebe und Geborgenheit, die immer wieder scheitert, unsere eigene Einsamkeit, die wir uns nicht eingestehen wollen, das nichtgelebte Leben, der eigene Schatten. Das alles ist nicht weg oder tot, wenn wir es in uns begraben haben, es drängt ans Licht, manchmal wie in Eruptionen eines Vulkans, der das Magma aus der Tiefe in die Welt herausschleudert. Der See wird stürmisch, auf dem wir unser Lebensboot über Wasser halten wollen. Die Wogen drohen uns zu verschlingen.

Der Sturm von oben

Aber der Sturm kann auch von oben herunterkommen, von außen, von Krankheiten und Unfällen, von Schicksalsschlägen, von Arbeitslosigkeit oder Krieg. Dann gerät alles durcheinander. Die Angst vor der Zukunft bricht auf, die

Angst, nicht fertig zu werden mit dem, was da plötzlich auftaucht, Angst zu scheitern, das eigene Ansehen zu verlieren.

Der Sturm von innen heraus und der Sturm von außen: oft hängt beides zusammen. Der Sturm von außen zeigt uns, auf wie unsicherem Boden unser Leben steht. Er löst alle Sicherungen, so dass wir das unerlöste Leben in uns nicht mehr verdrängen können. Die Angst lähmt uns, wir fühlen uns ausgeliefert. Die Angst überschwemmt uns. Es geht um unser Leben, zunächst einfach um das Überleben in diesem Augenblick.

Der Sturm auf dem Meer: Die Jünger können nichts mehr tun. Sie haben nur Angst. Aller Sachverstand hilft nicht weiter.

Das Boot vor Anker

Man könnte versucht sein, diese Situationen zu vermeiden, indem man das Boot im Hafen fest macht, den Anker fallen lässt und es gut vertäut. Oder man zieht es ganz aufs trockene und sichere Ufer. Aber dann kann es seine Funktion als Boot nicht erfüllen.

Manche versuchen das in ihrem Leben: Risiken vermeiden, sich nicht hervortrauen, damit man nicht auffällt; möglichst unauffällig irgendwo mitschwimmen – beim Gerede auf der Straße, im Betrieb, Wegblicken, Weghören, wenn Ausländer beschimpft werden, wenn jemandem Unrecht geschieht. Das kann vielleicht für eine Zeitlang gelingen. Aber dann passiert auch nichts in unserem Leben. Wir leben nicht selbst, wir lassen uns leben. Wir verlieren uns selbst, bis das ungelebte Leben in uns wieder ans Licht will. Dann kann ein Sturm auch die Chance sein, unser Leben wieder zu finden und neu in die eigenen Hände zu nehmen.

Jesus schläft

Mitten im Sturm, mitten im umhergewirbelten Boot schläft Jesus. Ärgerlich für die Jünger! Sieht er denn nicht ihre Not? Das Bild des schlafenden Jesus zeigt deutlicher als alles, dass er ohne Angst ist. Deswegen kann er auch etwas tun und die Wogen besänftigen. Wie oft scheint Jesus in unserem Lebensboot zu schlafen! Wo ist er? Wo ist Gott? Wo bleibt er? Hat er denn kein Mitgefühl mit unserer Not und Hilflosigkeit? Diese Fragen können sich verdichten: Gibt es ihn überhaupt? Was soll ein Gott, der sich nicht um uns kümmert!

Die Jünger sind eingestiegen und haben das Boot losgemacht. Wir können den Lebenssturm nicht vermeiden. Aber es geht darum, wie wir mit der Angst umgehen. Jesus sagt zu den Jüngern: Ihr Kleingläubigen. Ich bin doch da.

Diese Geschichte lädt uns ein, darauf zu vertrauen, dass Jesus da ist, mitten in unserem Leben, auch wenn er zu schlafen scheint. Jesus hält den Jüngern ihren Kleinglauben vor. Glauben ist also das Vertrauen auf seine Nähe, auch wenn wir sie nicht spüren. Dieses Vertrauen weckt die Kraft, sich der Angst zu stellen und sich hinauszuwagen auf das Meer, in das Leben, sich hinauszuwagen in Neues hinein, das noch unerkannt vor uns liegt.

Die Kirche

Das Boot auf stürmischer See ist vielfach als Bild der Kirche in den Stürmen der Zeit verstanden worden. Auch da gibt es den doppelten Sturm, den Sturm von innen, von den verdrängten Fragen und verhinderten Aufbrüchen her, und den Sturm von außen, von den gesellschaftlichen und wirtschaftlichen Umbrüchen her, die die Rolle der Kirche verändern. Heute lassen diese beiden Stürme das Boot der Kirche kräftig schaukeln. Viele sind ratlos und sehen keine Zukunft mehr für die Kirche in einer säkularen Gesellschaft. Wir sitzen alle in einem Boot, und auch heute lähmt die Angst und verhindert Leben. Auch heute gibt es welche, die lieber die Kirche am Ufer der Dogmen und Gebote festmachen wollen. Aber sie muss raus auf das Meer der Zeit. Sie muss Neues wagen. Das Vertrauen, dass der Herr mit im Boot sitzt, kann da Mut machen, auch wenn der Herr zu schlafen scheint und nicht jeden Augenblick verfügbar ist, um die Wogen zu glätten. Das erwartet nur der Kleinglaube. Nur im offenen, vertrauensvollen Dialog können sich die Bootsinsassen gegenseitig neuen Mut machen. Nur so kann die Kirche neue Zukunft gewinnen aus der Mitte ihres Glaubens heraus. Wir können selber mit der Gemeinde, der Kirche ohne Angst beginnen.

Gesellschaft

Wir könnten diese Botschaft des Evangeliums auch noch einmal durchbuchstabieren im Blick auf unsere Gesellschaft und Politik. Auch da blockiert Angst voreinander: Angst vor dem politischen Gegner oder «Freund», vor den «Schurkenstaaten», vor «der Achse des Bösen», vor der Übermacht der anderen Seite, vor der nächsten Wahl, vor den Mächtigen in der Wirtschaft. So werden vernünftige, menschennahe Lösungen verzögert oder verhindert. Die Globalisierung verschlingt die «Boote» ganzer Völker. Angst führt zu Gewalt und Gegengewalt und verhindert so die Versöhnung. Das gegenseitige Sich-Auflauern verhindert Gerechtigkeit, das Misstrauen den anderen gegenüber verhindert den Frieden.

Die Christinnen und Christen können dazu beitragen aus der Mitte ihres Glaubens heraus das Vertrauen in die Zukunft zu stärken und die Angst zu vermindern. Viele tun dies auf der ganzen Welt, oft mit dem Einsatz ihres Lebens.

Jesus

Wer ist dieser, dass ihm Wind und Wellen gehorchen, auch der Wind und die Wellen in meinem Leben, in unserer Kirche und Gesellschaft? Wer ist dieser, der nicht von der Angst gelähmt wird? Er sitzt mit im Boot unseres Lebens. Darauf dürfen wir vertrauen und so das Leben mit all seinen Stürmen wagen.

Gebet

Unbegreiflicher Gott,
wo bleibst du inmitten aller Stürme meines Lebens,
in den Stürmen unserer Kirche und unserer Gesellschaft?
Kümmert dich nicht unsere Not und unsere Verzweiflung?

Es fällt oft so schwer zu glauben,
dass du dennoch da bist,
mittendrin in unserem Leben, in unserer Angst.
Schenk uns Zeichen deiner Nähe,
Menschen, die leben aus dem Vertrauen auf dich,
Menschen, die sich heraustrauen aus ihrer Angst
und neues Leben möglich machen auch für uns.

Wandle unsere Angst in Vertrauen,
unsere Ohnmacht in neuen Mut,
unsere Not in lebendige Hoffnung,
Dann werden wir das Leben wagen
mit dir.

13. Sonntag im Jahreskreis

GOTT WILL DAS LEBEN

Zahlen und Fakten: Unter einem Quadratmeter Wiesenboden leben 100 bis 200 Regenwürmer, 250 Asseln, 500 Spinnen, 1000 Tausendfüßler, 2000 Borstenwürmer, 50 000 kleine Insekten und 10 Millionen Fadenwürmer. In einer Fingerspitze Boden leben mehr Tiere als Menschen auf der Erde. Die Lebewesen im Boden wiegen etwa fünfzigmal mehr als alle Menschen und Tiere über dem Boden zusammen.

Burckhard Mönter, Christine Faltermayr

1. Lesung aus dem Buch der Weisheit 1,13–15; 2,23–24:

Gott hat den Tod nicht gemacht und hat keine Freude am Untergang der Lebenden. Zum Dasein hat er alles geschaffen, und heilbringend sind die Geschöpfe der Welt. Kein Gift des Verderbens ist in ihnen, das Reich des Todes hat keine Macht auf der Erde; denn die Gerechtigkeit ist unsterblich. Gott hat den Menschen zur Unvergänglichkeit erschaffen und ihn zum Bild seines eigenen Wesens gemacht. Doch durch den Neid des Teufels kam der Tod in die Welt, und ihn erfahren alle, die ihm angehören.

2. Lesung: 2 Kor 8,7.9.13–15

Evangelium: Mk 5,21–43

Wir erleben eine große Bedrohung unserer Welt durch uns Menschen selbst. Die Gefahr ist von vielen erkannt. So heißt es zum Beispiel 2001 in dem Bericht des Zwischenstaatlichen Ausschusses für den Klimawandel der Uno: «Die Gefahr von Überschwemmungen wird in großen Teilen Europas zunehmen. In Lateinamerika wird es zu häufigeren Überflutungen und Dürrekatastrophen kommen und das Gebiet, in dem übertragbare Krankheiten zu Hause sind, wird sich immer weiter in Richtung auf die Pole ausdehnen. In Nordamerika muss mit vermehrter Küstenerosion, Überflutungen und häufigeren Wirbelstürmen infolge des ansteigenden Meeresspiegels gerechnet werden, insbesondere in Florida und entlang der Atlantikküste. Kleine Inselstaaten werden durch den Klimawandel wahrscheinlich am stärksten betroffen werden. In allen Regionen werden vor allem die Entwicklungsländer die größten Schwierigkeiten haben, sich dem Klimawechsel anzupassen.»
  Solche und ähnliche Schreckensszenarien gibt es viele. Viele Arten von Lebewesen sterben aus, weil ihnen der Lebensraum genommen wird. Der Hunger in den Dürregebieten und vermeidbare Krankheiten verursachen vielfaches Sterben, vor allem von Kindern und Frauen. Das Abholzen der Urwälder schädigt die Luft ebenso wie der hohe CO_2-Ausstoß der Industrie, der Autos und

Flugzeuge. Die Atomkraft, auch die zivile Nutzung, gefährdet die Menschheit durch drohende Unfälle und durch den noch Jahrtausende strahlenden Abfall. Der kurzfristige Gewinn steht vor der langfristigen Sicherung unserer Lebensgrundlagen. Dabei haben wir «unsere Erde nur von unseren Kindern und Enkeln geliehen», wie es in Wahlsprüchen der Grünen heißt. Der größte Ausstoß von Ozonkillern stammt aus den USA, die sich aber weigern, dem Klimaprotokoll von Kyoto beizutreten, weil dadurch die Gewinnchancen ihrer Wirtschaft gefährdet seien.

Sicher, viele sind wach geworden und tragen die Sorgen für unsere Umwelt mit. Viele allerdings denken auch: Was ändert das bisschen, das ich vielleicht beitragen kann, an der allgemeinen Entwicklung?

Die christlichen Kirchen

Ich habe den Eindruck, dass die christlichen Kirchen diese bedrohliche Entwicklung vielfach verschlafen haben. Auch in den Kirchen waren und sind diese Fragen oft nur das Hobby weniger und kleiner Gruppen. Dabei sind die Schriften der jüdisch-christlichen Tradition voll vom Lobpreis Gottes für den Reichtum seiner Schöpfung! Doch die Schöpfungstheologie blieb ein Stiefkind unter den theologischen Wissenschaften. Lange diente sie vor allem der Sonderstellung des Menschen in seiner Gottebenbildlichkeit. Alles andere war bloß interessant als die Umwelt des Menschen, als das Material, das dem Menschen zur beliebigen Verfügung stand. Das Wort der Schöpfungsgeschichte «Macht euch die Erde untertan und herrscht über die Fische des Meeres, über die Vögel des Himmels und über alle Tiere, die sich auf dem Land regen!» (Gen 1,21) wurde als Freibrief verstanden, beliebig mit den Dingen und Lebewesen der Welt umzugehen und sie zum eigenen Nutzen zu gebrauchen.

Schöpfungstheologie

Erst etwa seit 30 Jahren werden neue Töne laut: Die Dinge und Lebewesen sind nicht die Umwelt des Menschen, die zu seiner beliebigen Verfügung steht, sondern seine Mitwelt, in der er tief verwurzelt ist. Er ist Geschöpf Gottes zusammen mit allem, was ist. «Zum Sein hat er alles geschaffen, und zum Heil sind die Geschöpfe der Welt.» heißt es in der heutigen Lesung aus dem Buch der Weisheit, dem jüngsten Buch des Alten Testaments, geschrieben in griechischer Sprache in Alexandria, dem Zentrum hellenistischer Wissenschaft, vermutlich im letzten Jahrhundert vor Christus. In diesem Buch fließt die Schöpfungstheologie Israels mit der griechischen Weisheit zusammen.

Die Weisheit des Schöpfergottes zeigt sich im Reichtum seiner Geschöpfe, zu denen auch der Mensch gehört. Staunend steht der Mensch vor dem All und seiner Ordnung und begreift sich als Teil im Ganzen. «Gott hat den Tod nicht gemacht, noch hat er Freude am Untergang der Lebenden.» Gott ist ein

Gott des Lebens für all seine Geschöpfe. «Kein Gift des Verderbens ist in ihnen.»

Im Blick auf unsere Zeit müssen wir sagen: Das Gift des Verderbens hat vielfach der Mensch ausgestreut. Er ist dabei, die Schöpfung und ihre weise Ordnung zu zerstören, weil er nur an sich selber und nicht an das Ganze denkt. Er ist auch nur gemeinsam mit allem Bild Gottes und kann auch nur gemeinsam mit allem überleben. Wenn es in der heutigen Lesung heißt: «Gott hat den Menschen zum Bild seines eigenen Wesens gemacht», so hat der Mensch auch Teil an der Sorge Gottes für das Ganze seiner Schöpfung. Schon in dem zweiten Schöpfungsbericht heißt es, dass «Gott, der Herr, den Menschen nahm und ihn in den Garten von Eden setzte, damit er ihn *bebaue und behüte*» (Gen 2,15), also nicht für sich ausbeute, beschädige und vernichte. Die Sorge des Menschen für die ganze Schöpfung ist Teil seiner Gottebenbildlichkeit.

Nur «durch den Neid des Teufels kam der Tod in die Welt, und ihn erfahren alle, die ihm angehören». Wenn Menschen dem Tod dienen, das Sterben der Natur vorantreiben oder auch nur zulassen, dann versündigen sie sich gegen ihre Gottebenbildlichkeit und dienen dem Teufel.

Heutige Aufgaben

Wenn der Sorge für die ganze Schöpfung ein so hoher Stellenwert gegeben wird, dann ergibt sich von hier aus eine neue Schöpfungstheologie, die der Verantwortung des Menschen gerecht wird. Alles, was heute unter dem Stichwort «Nachhaltigkeit» diskutiert wird, gehört hierhin: nachhaltige Entwicklung für alle Völker, Verbrauch der Ressourcen von Wald, Luft und Wasser, so wie sie nachwachsen oder sich erneuern können, gleicher Zugang zu den Ressourcen für alle Völker und Menschen. Nachhaltig, das heißt zukunftsfähig, offen für die Zukunft der Menschen und der gesamten Welt, sorgsamer Umgang mit Sachen, Pflanzen, Tieren und Menschen.

Dabei geht es nicht nur um die oben genannten Gefährdungen der Schöpfung und ihrer Ordnung. Wir erleben heute einen Machbarkeitswahn, der alles machen und verändern will, was er technisch kann. Gerade in der Biotechnologie, vor allem der Gentechnik, eröffnen sich neue Forschungsmöglichkeiten. Das Genom des Menschen ist weitgehend entziffert. Darf aber der Mensch sich selbst zum totalen Objekt seiner Forschung machen? Menschliches Leben wird zerstört, Embryos werden getötet, um mit ihnen forschen zu können. Sicher ist die Heilung von Krankheiten eine wichtige Aufgabe der Medizin. Aber sind dafür alle Forschungsmethoden erlaubt? Der Mensch wird zum Züchter des Menschen, des geplanten, angepassten, intelligenten Menschen, wie er in der Wirtschaft gebraucht wird. Der Behinderte soll möglichst schon vor seiner Geburt geheilt oder ausgesondert werden. Er ist für unser Sozialsystem zu teuer.

Doch den heilen Menschen wird es nicht geben. Der Mensch ist gefährdet, und es gehört zu seiner Weisheit, das auch zu akzeptieren. Der Mensch bleibt unvollkommen. Deswegen muss er auch Unvollkommenheiten anderer annehmen und jedes menschliche Leben achten. Er wird dem Leiden und Sterben nicht entfliehen können. Das gehört zu seiner Geschichtlichkeit und Endlichkeit, eben zu seinem Menschsein.

Vor allem darf er das Staunen nicht verlernen, das Staunen vor dem Leben in seiner Vielfalt, das Staunen vor sich selbst als einem Geschenk, das ihm anvertraut ist. Aus dem Staunen wächst die Dankbarkeit und die Ehrfurcht vor allem Lebendigen. Der Mensch kann nicht sein eigener Gott werden, er darf es auch nicht werden wollen. Er ist und wird nicht der Schöpfer seiner selbst. Nur so kann er Mensch bleiben.

Verantwortung

Hier stoßen wir auf die entscheidende Verantwortung der ganzen Menschheit. Vielleicht bedarf es der gemeinsamen religiösen Begründung vieler Religionen auf der Welt, um alle Möglichkeiten auszunützen, aber auch die Grenzen einzuhalten und so das Menschsein des Menschen zu retten. Woher soll sonst eine letzte Norm kommen? Allerdings darf für uns Christen die Bewahrung der Schöpfung nicht ein Hobby weniger sein und sich auf Einzelfragen beschränken. Die Verantwortung für die Schöpfung als Lebensraum für alles Lebendige muss das ganze Leben bestimmen. Wirtschaft, Politik und Kirchen haben da gemeinsame Verantwortung.

Gebet

Guter Gott und Schöpfer von allem, was ist:
Was ist der Mensch, dass du seiner gedenkst?
Was ist der Mensch, der alles machen will,
was er kann?
Was ist der Mensch, der dafür alles verbraucht,
Dinge, Pflanzen, Tiere, sich selbst?

Lehre uns das Staunen vor deiner Schöpfung,
zu der wir gehören dürfen,
aber nicht wir allein!
Lehre uns die Ehrfurcht vor allem Lebendigen,
zu dem wir gehören dürfen!

Lass uns die Grenzen erkennen,
die wir nicht überschreiten sollten,
damit wir nicht zerstören, wovon wir leben,
damit wir nicht zerstören, was wir sind.

Lass uns die Möglichkeiten entdecken und wahrnehmen,
die du in deiner Schöpfung für uns verborgen hast,
damit sich das Leben entfalten kann,
auch morgen und übermorgen,
bis die Schöpfung ihre Vollendung findet in dir!

14. Sonntag im Jahreskreis

DER MANN AUS NAZARETH

> Wenn ich das Wort «Jesus» höre, denke ich zuerst an «Kirche». Man sagt, dass Jesus auferstanden ist; aber ganz glauben kann ich das nicht. Manchmal glaube ich, dass Jesus gar nicht existiert. Leider kann ich nicht viel darüber schreiben, weil
> a) mir das Thema nicht liegt und
> b) ich mir darüber noch gar keine Gedanken gemacht habe.

Schüler, 8. Klasse

1. Lesung: Ez 2,2–5

2. Lesung: 2 Kor 12,7–10

Evangelium nach Markus 6,1–6a:

> In jener Zeit kam Jesus in seine Heimatstadt; seine Jünger begleiteten ihn. Am Sabbat lehrte er in der Synagoge. Und die vielen Menschen, die ihm zuhörten, staunten und sagten: Woher hat er das alles? Was ist das für eine Weisheit, die ihm gegeben ist! Und was sind das für Wunder, die durch ihn geschehen! Ist das nicht der Zimmermann, der Sohn der Maria und der Bruder von Jakobus, Joses, Judas und Simon? Leben nicht seine Schwestern hier unter uns? Und sie nahmen Anstoß an ihm und lehnten ihn ab. Da sagte Jesus zu ihnen: Nirgends hat ein Prophet so wenig Ansehen wie in seiner Heimat, bei seinen Verwandten und in seiner Familie. Und er konnte dort keine Wunder tun; nur wenigen Kranken legte er die Hände auf und heilte sie. Und er wunderte sich über ihren Unglauben. Und Jesus zog durch die benachbarten Dörfer und lehrte dort.

Viele kennen noch das große Glaubensbekenntnis, wie es früher bei der Eucharistiefeier gebetet wurde. Darin heißt es: «Ich glaube an den einen Herrn Jesus Christus, Gottes eingeborenen Sohn, aus dem Vater geboren vor aller Zeit, Gott von Gott, Licht vom Licht, wahrer Gott vom wahren Gott, gezeugt, nicht geschaffen, eines Wesens mit dem Vater; durch ihn ist alles geschaffen.» Das alte Glaubensbekenntnis umgibt Jesus ganz mit göttlichem Glanz. Er ist vor allem der Gottessohn, auf jeden Fall weit weg. Er ist der Weltenherrscher, der Weltenrichter, wie man ihn früher in die Apsiden und Kuppeln der Kirchen hineingemalt hat, umgeben von Gold als Zeichen der göttlichen Sphäre. Deswegen brauchte man auch Maria und die Heiligen als Fürsprecher, da sie näher an ihm dran waren als die gewöhnlichen Christen. Die 2000 Jahre religiöser Frömmigkeit und dogmatischer Lehre haben Jesus weit weggerückt.

Da stoßen wir im heutigen Evangelium auf die genau gegenteilige Erfahrung: «Ist das nicht der Zimmermann, der Sohn der Maria und der Bruder des Jakobus, Joses, Judas und Simon? Und leben nicht seine Schwestern hier unter uns?» Unsere Kinder haben doch mit diesem Jesus auf der Gasse gespielt! Was nimmt der sich bloß heraus? Er blamiert ja unser Dorf! So reagiert Nazareth.

Wir haben schon gehört, dass seine Mutter und seine Verwandten genau davor Angst hatten und ihn zurück in den Schoß der Familie holen wollten, als er mit seiner Predigt in Galiläa begann (vgl. 10. Sonntag im Jahreskreis). Jetzt ist der Skandal da!

Der nahe, ferne Jesus

Wer ist Jesus für uns, wer ist er für mich? Sicher, viele Christinnen und Christen haben das Bild des in den Himmel entfernten Gottessohnes hinter sich gelassen. Er ist ja auch schwer in unser Leben zu übersetzen. Vielen ist Jesus als der Mann aus Nazareth in den letzten Jahrzehnten näher gekommen. Aber das Ärgernis der Nazarener ist noch näher an Jesus dran: Er ist ja der Nachbar, mit uns groß geworden. Woher soll er das alles haben?

«Nirgends gilt ein Prophet weniger als in seiner Heimatstadt, bei seinen Verwandten und in seiner Familie.» Diese zum Sprichwort gewordene Antwort Jesu zeigt, worum es geht: Wenn einer aus der Ferne kommt als großer Prediger, dann hören wir ihm eher zu, als wenn es unser Bruder, unser Nachbar ist. Dem trauen wir einfach so große Worte und Taten nicht zu. Er ist ja einer von uns.

Wie Jesus als der Christus uns manchmal zu ferne ist, so ist er für die Nazarener zu nahe. Aber um ihm wirklich nahe zu kommen, müssen wir das Ärgernis der Nazarener unter unserer Haut spüren. Da geht es um den Ernst der Menschwerdung. Weihnachten hüllt diese Menschwerdung noch in ein mystisches Gewand. Da singen die Engel und verkünden die frohe Botschaft. Doch hier in Nazareth ist alles alltäglich mit diesem Jesus, wohl fast 30 Jahre lang. Da fällt der Glaube schwer. Wir wundern uns über Jesus, dass er sich über den Unglauben in Nazareth wundert. Er kann dort keine Wunder tun, denn Wunder setzen den Glauben der zu Heilenden voraus, sonst wären sie bloße Schau oder Beweismittel seiner Göttlichkeit. Beides lehnt Jesus ab.

Der Glaube

Der Glaube muss beides zusammenhalten: den Mann aus Nazareth und den Christus des Glaubens. Er muss gerade diese Spannung aushalten. Es ist deswegen wichtig, das Ärgernis der Nazarener ganz nahe an sich herankommen zu lassen, uns nicht davor zu drücken. Jesus ist ganz Mensch wie wir, geboren von einer Frau, der jungen Frau von nebenan, aufgewachsen in einer menschlichen Familie, ohne von sich Aufhebens zu machen und ohne etwas Besonderes darzustellen. Er war eben nicht immer schon der fromme Wunderknabe, von dem alle etwas Außergewöhnliches erwarteten.

Aber wir dürfen in diesem Mann aus Nazareth die Nähe Gottes ahnen. In der Weise, wie Jesus sich den Menschen zuwandte, wie er sie wahrnahm mit all ihrer Not, mit all ihren Fragen und Belastungen, wie er sich mit ihnen einließ, darin dürfen wir erkennen, wie Gott sich uns zuwendet, dir und mir. Das ist die Botschaft des Reiches Gottes, das ganz nahe herangekommen ist. Ohne den Menschen Jesus wäre es keine *menschliche* Erlösung, ohne die Nähe Gottes in ihm wäre es keine *wirkliche* Erlösung.

Chalkedon

Diese innere Spannung haben die Christen im 5. Jahrhundert auf dem Konzil von Chalkedon so ausgedrückt: Jesus ist wesensgleicher Natur mit Gott, aber zugleich wesensgleich mit uns Menschen; die göttliche und die menschliche Natur in Jesus Christus sind ungetrennt und unvermischt in einer Person. – Es ist ein Versuch, sich dem Unsagbaren zu nähern. Es ist keine angemessene Formel, die die Wirklichkeit Jesu beschreibt, sondern eine Formel, die die Spannung festhalten will, um die es in Jesus Christus geht. Diese Formel ist natürlich geprägt von dem damaligen philosophischen Nachdenken über den Menschen und über Gott. Das braucht uns nicht zu irritieren. Aber die Formel von Chalkedon war ein Versuch, an der wirklichen Erlösung durch den Menschen Jesus festzuhalten.

Meine Antwort

Wie ist meine Antwort? Wie ist mein Glaube? Ich denke, es geht auch für uns darum, die Spannung zwischen dem Mann aus Nazareth und dem Christus des Glaubens auszuhalten, ohne Verkürzung zu der einen oder anderen Seite hin. In der Frömmigkeitsgeschichte der Kirche oder auch in ihrer Lehre wird einmal die eine, einmal die andere Seite mehr im Vordergrund stehen. Auch in meiner lebensgeschichtlichen Entwicklung wird sich das Jesusbild wandeln. Aber es ist wichtig, sich dessen immer wieder zu vergewissern.

Vermittlung des Glaubens

Wenn uns der Mensch Jesus nahe ist und wir von ihm Heil und Erlösung erfahren, dann trauen wir es vielleicht auch einander zu: Auch in den Begegnungen mit anderen Menschen im Laufe unseres Lebens kann Heil geschehen, Heil, das wir empfangen, und Heil, das wir weiterschenken dürfen. Auch wir können einander helfen, den richtigen Weg zu finden. Auch wenn wir einander gut kennen, auch wenn wir um die Schwächen des anderen wissen, wenn es unser Kollege im Betrieb ist oder ein Verwandter: Er kann durch sein Wort und sein Verhalten, durch sein Leben für uns zum Mittler des Heils werden. Paulus kennt seine Schwächen (2. Lesung) und sieht zugleich, dass er anderen Menschen den Zugang zum Heil eröffnen kann. Da wird deutlich, dass das nicht seine eigene Leistung ist, sondern dass er durchlässig wird für die Liebe Gottes zu allen Menschen. Gott ist es, der das Heil schenkt durch den Menschen Jesus, aber auch durch Paulus, durch dich und mich. Das lehrt uns aufmerksam aufeinander zu hören, damit wir seinen Ruf nicht überhören, der uns tiefer in seine Liebe hineinziehen will.

In diesem Menschen Jesus, dem Mann aus Nazareth, unserem Bruder, ist uns Heil und Erlösung geschenkt. So können wir Menschen auch füreinander Heil und Erlösung bedeuten. Gott nimmt uns so ernst, dass wir nur darüber staunen können.

Gebet

Jesus, du Mann aus Nazareth,
Mensch wie wir, unser Bruder,
Freund aller Menschen.

Sei uns ganz nah, so nah,
dass wir dich verwechseln können
mit jedermann und jederfrau.
Geh mit uns durch Liebe und Leid,
durch Schuld und Versagen,
durch Freude und Enttäuschung.

Lass uns deine Nähe erfahren.
Lass uns in dir Gottes Nähe erfahren.
Lass uns in unserem menschlichen Miteinander
deine und Gottes Nähe erfahren.

15. Sonntag im Jahreskreis

DIE BOTEN

«Fitness-Gottesdienst» schließt «Marktlücke»

«Wir laufen auf der Stelle, Arme über den Kopf und hüpfen», ruft eine junge Frau im Fitness-Dress dem Publikum zu. 150 Männer und Frauen springen von ihren Stühlen und hüpfen zu Dancefloor-Musik durch den Raum. Was nach Fitness-Studio oder Club-Animation klingt, ist tatsächlich der Auftakt zu einem so genannten «Feel-Good-Gottesdienst» (zu Deutsch: «Wohlfühlgottesdienst») in der Nürnberger Kirchengemeinde Sankt Johannis am Sonntagabend. Schon das Thema der Messe schien mehr aus einer Fitness-Broschüre entlehnt denn aus der Bibel: «Der Winterspeck muss weg – im Gottesdienst zur Traumfigur», titelte Pfarrer Quirin Gruber.

Marler Zeitung 13. 3. 2001

1. Lesung aus dem Buch Amos 7,12–15:

In jenen Tagen sagte Amazja, der Priester von Bet-El, zu Amos: Geh, Seher, flüchte ins Land Juda! Iss dort dein Brot und tritt dort als Prophet auf! In Bet-El darfst du nicht mehr als Prophet reden; denn das hier ist ein Heiligtum des Königs und ein Reichstempel. Amos antwortete Amazja: Ich bin kein Prophet und kein Prophetenschüler, sondern ich bin ein Viehzüchter und ziehe Maulbeerfeigen. Aber der Herr hat mich von meiner Herde weggeholt und zu mir gesagt: Geh und rede als Prophet zu meinem Volk Israel.

2. Lesung: Eph 1,3–14

Evangelium: Mk 6,7–13

Die Propheten haben es nicht leicht in der Welt. Amos hat sich nicht dazu gedrängt, ein Prophet zu werden. Aber er ist dem Ruf gefolgt. Doch das wird ihm von den Mächtigen nicht abgenommen, auch von den Priestern nicht. Er wird weggeschickt. Leider wird der Grund dafür in dem heutigen Lesungsabschnitt nicht genannt. Deswegen ist er in dieser Verkürzung unverständlich.

Der Reichstempel

Der Grund für die Verbannung liegt nämlich in der prophetischen Predigt, die Amos im Reichstempel gehalten hat: «Gott will eure Opfer nicht. Er haßt eure Gottesdienste. Ihr verkauft die Armen für ein paar Sandalen. Ihr macht die Maße kleiner und die Preise größer.» – So etwas gehört nicht in den Tempel!

So etwas gehört nicht in den Tempel? Ja, es passt nicht in das «Heiligtum des Königs» und in den «Reichstempel», wo nur die eigene Macht zelebriert wird, der eigene Reichtum, der eigene Glanz. Die Antwort des Wächters, des Priesters Amazja, entlarvt sich selbst: Er spricht nicht vom Eigentum und vom Tempel Gottes, sondern vom Eigentum des Königs und seines Reiches. Die Oberschicht missbraucht Gott und Gottesdienst zur selbstherrlichen Darstellung der eigenen Größe und zur Unterdrückung des armen Volkes, auf dessen Kosten sie lebt. Deswegen muss Amos gerade hier im Reichstempel seine prophetische Rede halten und demaskieren, was hier eigentlich geschieht. Da ist die Reaktion der Mächtigen verständlich. Sie können die Botschaft Gottes nicht gebrauchen. Es würde ja nur ihre eigene Machtposition und ihre religiöse Verbrämung gefährden. Wie ein krummer Hund wird Amos aus dem Tempel und aus dem Reich gejagt.

Der Tempel Gottes

Dabei hat sich Amos ja nicht zur prophetischen Verkündigung gedrängt. Er ist nur ein Hirt und ein Maulbeerfeigenzüchter. Aber Gott hat ihn ergriffen und gesandt. Seine Botschaft passt nicht in das Eigentum des Königs und in den Reichstempel, aber sehr wohl in den Tempel des Gottes Israels, der auf der Seite der Armen und Unterdrückten steht. Gottes Botschaft ist immer eine Provokation für die Reichen und Mächtigen, weil sie zuerst eine frohe Botschaft für die Armen und Schwachen ist, auf deren Seite Gott steht. Das hat Amos erfahren müssen.

Die Priester, die Mächtigen und Reichen, verkehren die Botschaft Gottes in ihr Gegenteil, wenn sie nur ihre eigene Stellung und Macht zelebrieren! Das geschieht überall, wo eine Religion, welche auch immer, zur Staatsreligion wird. Es scheint eine ständige Versuchung für die zu sein, die oben sind, sich selber und ihre Stellung mit Gottes Willen zu verwechseln. Dieser Versuchung ist auch die Kirche immer wieder erlegen. Kardinal Arns von São Paulo sagte uns in einem Gespräch: «Wir verstehen nicht, wie die Kirche in Lateinamerika 500 Jahre im Bett der Reichen gehurt hat.»

Ähnlich ist es auch Jesus selbst gegangen. Er hat die Kreise der politisch und religiös Mächtigen gestört und musste dafür sein Leben lassen. Er verkündet den Gott für die Menschen. Deswegen richtet sich seine Mahnpredigt auch gegen die, die auf Kosten von anderen Menschen leben und meinen, Gott stünde auf ihrer Seite.

Die Boten Jesu

So schickt denn Jesus auch seine Boten aus (Evangelium): Nichts sollen sie mitnehmen, keine Vorratstasche, kein Geld im Gürtel, keine Macht für sich, sondern nur Macht über die bösen Geister. Sonst würde die Botschaft verfälscht, die sie zu überbringen haben. Die Boten ziehen aus und rufen zur Umkehr auf. Sie treiben die Dämonen aus und heilen Kranke. Die Dämonen, das sind die Mächte im Innern des Menschen, die ihn nicht zu sich selber kommen lassen, die Zwänge und Ängste, die Sucht und die Verzweiflung, die Depressionen, die den Menschen niederhalten. Aber die Dämonen, das sind auch die Mächte von außen: Ungerechtigkeit und Gewalt, das Geld, das meint, alles sei käuflich, auch die Armen, die für ein paar Sandalen, ein paar Turnschuhe und billige T-Shirts verkauft werden. «Das Maß der Stunden wird erhöht und der Lohn erniedrigt.» Das war nicht nur zur Zeit des Amos so. All diese Dämonen sollen durch die Boten Jesu entlarvt und ausgetrieben werden. Die Täter werden zur Umkehr gerufen und die Opfer werden befreit, ihre Würde und ihre Rechte werden wieder hergestellt. Die Boten heilen Krankheiten, die Krankheiten von Menschen und die Krankheiten der Gesellschaft. Die Boten Jesu, die nicht sich selber dienen, sondern den Menschen; die Dämonen austreiben und Menschen heil machen – wir brauchen sie auch heute.

Wir

Wenn wir dieses Evangelium hören, dann sind *wir* die Ausgesandten. Dann ist das *unser* Auftrag, seine Einladung an uns. Viele seiner Botinnen und Boten erfahren auch heute weltweit das Schicksal des Amos. Sie werden vertrieben von denen, die oben sind, die die Botschaft, die Botschaft Jesu, nicht hören wollen. Hierzulande werden sie höchstens für verrückt erklärt oder belächelt wie die Ordensleute für den Frieden mit ihrer regelmäßigen Demonstration vor der Deutschen Bank in Frankfurt, die für manche wie ein Reichstempel erscheint.

Wir müssen uns umschauen, Augen und Herzen offen halten, um zu erkennen, wie wir seine Botschaft durch Wort und Leben weitertragen können. Das gilt nicht nur für die offiziell bestellten Boten und Botinnen, sondern für jeden und jede, die sich von ihm angesprochen wissen. Die Menschen brauchen Menschen, die ihre Fragen und Sorgen ernst nehmen und gemeinsam mit ihnen neue Wege suchen, nicht auf Kosten anderer, der Ärmeren und Schwächeren, wie es die religiös verbrämte Gesellschaft tat, gegen die sich Amos wandte, und wie es der religiös verbrämte Neoliberalismus tut, mit dem wir es heute zu tun haben. Diese Botschaft, die zugleich religiös und politisch ist, gehört in unsere Tempel, in unsere Kirchen, in unsere Gottesdienste hinein, wenn wir uns nicht in einen nur scheinbar frommen Winkel verkriechen wollen.

Wir können erste Schritte tun, immer wieder neu, als Zeichen der Hoffnung auf Leben, als seine Botinnen und Boten.

Gebet

Guter Gott,
deine Botinnen und Boten haben es nicht leicht.
Sie sollen deine rettende Botschaft überbringen

und müssen doch zuerst selber umkehren.
Wir sind ja selber Adressaten deiner Botschaft,
bevor wir sie weitertragen können zu anderen.

Öffne uns für deine gute Botschaft,
die den Menschen zum Heile dient.
Lass uns diese Botschaft verkünden und leben,
unbekümmert und voll Vertrauen.

Bewahre uns vor Bitterkeit und Enttäuschung,
wenn wir Widerstand und Zurückweisung erfahren.
Lass uns wenigstens dann und wann erfahren,
dass deine Botschaft, die wir weitertragen,
anderen gut tut.

16. Sonntag im Jahreskreis

FERIEN – FRIEDEN

> Allmächtiger! Der Morgen graut. Die Pferde sind bepackt. Die Reise beginnt.
> Doch bevor wir aufbrechen, will ich meine Hände erheben und zu dir hin öffnen. Du kannst sie füllen, aber auch leer lassen. Wie es dir gefällt.
> Ich bin in deiner Hand.
> Trotzdem bitte ich dich, lass unsere Karawane nicht aus den Augen ...
> Sei du unser Beschützer. Sei du unser Freund,
> und führe uns – wenn du es so willst – sicher an das Ziel.

Segensgebet aus dem Himalaja

1. Lesung: Jer 23,1–6

2. Lesung: Eph 2,13–18

Evangelium nach Markus 6,30–34:

> In jener Zeit versammelten sich die Apostel, die Jesus ausgesandt hatte, wieder bei ihm und berichteten ihm alles, was sie getan und gelehrt hatten. Da sagte er zu ihnen: Kommt mit an einen einsamen Ort, wo wir allein sind, und ruht ein wenig aus. Denn sie fanden nicht einmal Zeit zum Essen, so zahlreich waren die Leute, die kamen und gingen. Sie fuhren also mit dem Boot in eine einsame Gegend, um allein zu sein. Aber man sah sie abfahren, und viele erfuhren davon; sie liefen zu Fuß aus allen Städten dorthin und kamen noch vor ihnen an. Als er ausstieg und die vielen Menschen sah, hatte er Mitleid mit ihnen; denn sie waren wie Schafe, die keinen Hirten haben. Und er lehrte sie lange.

Das Evangelium passt in diese Jahreszeit, wo vielfach die Ferien beginnen. Es ist ein tröstliches Evangelium: Jesus lädt seine Jünger ein, eine Pause zu machen und auszuruhen. Des Tages Last kann einen so auffressen, dass man nicht mehr zum Nachdenken, nicht mehr zu sich selbst kommt, dass man keine Zeit hat füreinander. Jesus und seine Jünger fanden nicht einmal mehr Zeit zum gemeinsamen Essen, so sehr wurden sie bedrängt. So kann es im Beruf gehen, auch in der pastoralen Arbeit. Im Stress des Berufs- und Familienlebens laufen wir oft aneinander und an uns selbst vorbei, immer mit irgend etwas beschäftigt. Aber wir sind doch nicht für die Arbeit da, sondern die Arbeit ist für uns da, für die Menschen, damit wir leben können.

Ferien, das ist nicht bloß die nötige Arbeitspause, nur um wieder Kraft zu sammeln für die Arbeit. Ferien sind vielmehr die nötige Unterbrechung eines sonst vielfach verzweckten Lebens. Deswegen dürfen wir die Ferien nicht noch einmal zum Leistungssport machen: möglichst viele Kilometer, möglichst viele

Gipfel, möglichst viel saufen. Dann werden die Ferien nur zu einer erneuten Flucht vor uns selbst. Ferien sind vielmehr anvertraute Zeit, Einladung zu einem erfüllten, freien Leben, Vorgeschmack des Lebens in Fülle, auf das wir zugehen. Um so Ferien zu feiern, bedarf es des Vertrauens, dass es gut ausgehen wird mit mir, mit dir, mit uns und der Welt. Das heutige Evangelium ist eine Einladung Jesu, guten Gewissens Ferien zu machen, Ferien als eine gefüllte Zeit des Lebens.

Jesus geht mit

Jesus sagt: Kommt mit mir! Er ist mit uns nicht nur im Einsatz, sondern auch in Ruhe und Besinnung. Es gab einmal ein Plakat: Es gibt keine Ferien vom lieben Gott! Das klang wie eine Drohung oder zumindest als eine Mahnung: Geh auch in den Ferien in den Gottesdienst. Ich würde auf mein Ferienplakat schreiben: Es gibt Ferien mit Gott! Das ist eine Einladung, eine Verheißung: Er ist bei uns. Wir haben Zeit, über seine Nähe nachzudenken, seiner Nähe inne zu werden. Einfach einmal da liegen, im Bett oder auf einer Wiese, auf einem Berggipfel oder in einer Kirche: Du bist da, bei mir, mit mir, zu Hause, bei der Arbeit, jetzt. Es gilt, dieses Bewusstsein tief eindringen zu lassen, damit es hält auch in Zeiten der Bedrängnis und der Dunkelheit, auch dann, wenn es Winter ist in mir und um mich herum.

Zeit füreinander

Die Ferien geben die Chance, Zeit zu haben füreinander. Das ist wichtig für die Partnerschaft, die Familie, die Freundinnen und Freunde. Wir geraten im Alltag in die Gefahr, aneinander vorbeizulaufen, den anderen nur zu gebrauchen, wo er uns nützlich ist: zum Essen-Kochen, zur Unterhaltung, zur Ablenkung. Ferien geben die Chance, wieder einander anzuschauen, aufeinander zu hören, wahrzunehmen, was den anderen eigentlich bewegt. Menschliche Begegnungen, Liebe und Freundschaft brauchen Zeit, nicht verzweckte Zeit miteinander. Im Alltag bestimmt oft die Uhr die Zeit der Begegnung. Ich bin erschrocken, wenn ich lese, dass selbst Eheleute im Durchschnitt nur 10 bis 15 Minuten am Tag miteinander reden. Wie kann das sein? Wie kann das gut gehen? Ferien bieten die Zeit, davon etwas aufzuarbeiten, nachzuholen, neue Perspektiven miteinander zu entwickeln.

Manche Partnerschaft gerät gerade nach 20, 30 Jahren in eine Krise, weil die Partner plötzlich merken, dass sie sich nichts mehr zu sagen, zu schenken haben.

Die Gefahr ist bekannt, dass gerade in der Ferienzeit Konflikte ausbrechen, die lange Zeit verdrängt wurden. Plötzlich hat man keine Ausrede mehr, man hat Zeit, kann dem Anderen nicht mehr ausweichen. Manche übertönen das mit einem pausenlosen Ferienprogramm und verspielen damit gerade die

Chance, neu zueinander zu finden. Es gilt vielmehr, die Zeit miteinander auszuhalten, auszunützen, Konflikte in Ruhe aufzuarbeiten ohne Angst. In den Ferien kann ein neues Miteinander geboren werden!

Dazu bedarf es der Zeit fürs Nachdenken und für Gespräche, in denen die anderen und auch ich selbst wirklich zur Sprache kommen, wo wir miteinander über unsere Sehnsüchte und Hoffnungen sprechen, aber auch unsere Enttäuschungen eingestehen, unser Versagen. Da brauchen wir nicht den Erfolgreichen und Großen zu spielen. Da können wir sein, wie wir sind.

Zeit für mich selbst

Wer bin ich eigentlich? Sind die Maßstäbe richtig, nach denen ich mein alltägliches Leben ausrichte, meine Zeit einteile, worüber ich mich aufrege, wo ich mich engagiere? Was ist eigentlich wichtig für mich? Nur wenn ich mit mir selbst gut umgehe, kann ich auch mit anderen gut umgehen. Nur wenn ich mir etwas gönne, kann ich auch dem anderen etwas gönnen. Das ist eine Konsequenz des Gebotes: Liebe deinen Nächsten *wie dich selbst*. In den Ferien kann ich mich selbst neu finden.

Frieden

All dies kann man auch zusammenfassen unter dem Gedanken des Friedens, von dem in der 2. Lesung die Rede ist. «Jesus selbst ist unser Friede.» Er hat die trennenden Mauern eingerissen zwischen den Juden und Heiden, zwischen den Menschen und Gott, zwischen dir und mir. Er eröffnet uns neue Möglichkeiten, Grenzen zu überschreiten. Sein Friede gilt den Fernen und Nahen, denen, die wir für fern oder nahe halten. Er will uns versöhnen mit Gott, mit den anderen und mit uns selbst. Bei ihm dürfen wir sein, wie wir sind. Weder die anderen, noch wir selbst müssen vor ihm perfekt sein, vollkommen. Deswegen brauchen wir auch nicht voreinander und vor uns selbst perfekt zu sein oder perfekt erscheinen zu wollen. Der Friede miteinander wird möglich trotz aller Belastungen, Vorurteile, Begrenzungen. Er führt zusammen, was getrennt ist. Hier wird eine Quelle von Frieden und Versöhnung sichtbar, die uns sonst nicht verfügbar ist, eine Quelle von Frieden und Versöhnung, die uns hilft, wirklich Frieden mit Gott, miteinander und mit uns selbst zu machen, Ferien zu feiern als erfülltes Leben.

Überraschungen

Gewiss, im heutigen Evangelium gelingen die Ferien noch nicht ganz. Da sind wieder Leute, die Jesus suchen. Man ist vor Überraschungen nie sicher. Doch Jesus sieht das als *seine* Aufgabe, die Jünger lässt er in Ruhe. Es kann Überraschungen geben, die uns an den Ferien hindern: die Krankheit von nahen Freunden oder Verwandten, die unsere Hilfe brauchen, eigene Krankheit, Unglücks- und Todesfälle. Doch das hindert nicht die Perspektive unseres Lebens. Vielleicht gelingt es ein andermal. Ferien sind der Vorgeschmack des Lebens, das Gott uns allen einmal und endgültig schenken will.

Gebet

Jesus, unser Bruder,
lass uns ein wenig ausruhen mit dir.
Stress und Hektik, Trauer und Not,
die ungelösten Probleme der Welt und des eigenen Lebens
drohen uns zu überwältigen.
Wir möchten manchmal fliehen,
fliehen vor uns selbst und vor den bohrenden Fragen.
Es ist zu viel.
Doch wohin sollen wir fliehen?
Fliehen ist keine Lösung.

Aber ausruhen möchten wir,
und neu das Leben ahnen,
schmecken, auskosten, spüren,
zu dem du uns gerufen hast.

Komm mit uns an einen einsamen Ort,
wo wir Zeit haben für dich,
füreinander und für uns selbst!

17. Sonntag im Jahreskreis

HUNGER UND DURST NACH LEBEN

Pro Klospülung fließt mehr Wasser durch die Schüssel als dem Durchschnittsbürger eines so genannten Entwicklungslandes täglich zum Trinken, Kochen und Waschen zur Verfügung steht. Politologen prophezeien bereits regionale Kriege ums spärliche Süßwasser.
Die Hälfte unseres Planeten leidet derzeit unter Süßwassermangel. Mehr als eine Milliarde Menschen haben keinen Zugang zu sauberem Trinkwasser. 2,4 Milliarden kennen keine sanitären Anlagen. Jeden Tag sterben 6000 Kinder an Leiden, die durch Wassermangel oder verseuchtes Wasser verursacht wurden.
In vielen Weltgegenden ist das Wasser nicht nur rar, sondern auch teuer. Ein Bewohner der Slums von Nairobi muss für Wasser fünf mal mehr bezahlen als ein US-Bürger.

Frankfurter Rundschau 3. 12. 2001

1. Lesung: 2 Kön 4,42–44

2. Lesung: Eph 4,1–6

Evangelium nach Johannes 6,1–15:

In jener Zeit ging Jesus an das andere Ufer des Sees von Galiläa, der auch See von Tiberias heißt. Eine große Menschenmenge folgte ihm, weil sie die Zeichen sahen, die er an den Kranken tat. Jesus stieg auf den Berg und setzte sich dort mit seinen Jüngern nieder. Das Pascha, das Fest der Juden, war nahe. Als Jesus aufblickte und sah, dass so viele Menschen zu ihm kamen, fragte er Philippus: Wo sollen wir Brot kaufen, damit diese Leute zu essen haben? Das sagte er aber nur, um ihn auf die Probe zu stellen; denn er wusste, was er tun wollte. Philippus antwortete ihm: Brot für zweihundert Denare reicht nicht aus, wenn jeder von ihnen auch nur ein kleines Stück bekommen soll. Einer seiner Jünger, Andreas, der Bruder des Simon Petrus, sagte zu ihm: Hier ist ein kleiner Junge, der hat fünf Gerstenbrote und zwei Fische; doch was ist das für so viele! Jesus sagte: Lasst die Leute sich setzen! Es gab dort nämlich viel Gras. Da setzten sie sich; es waren etwa fünftausend Männer. Dann nahm Jesus die Brote, sprach das Dankgebet und teilte an die Leute aus, soviel sie wollten; ebenso machte er es mit den Fischen. Als die Menge satt war, sagte er zu seinen Jüngern: Sammelt die übriggebliebenen Brotstücke, damit nichts verdirbt. Sie sammelten und füllten zwölf Körbe mit den Stücken, die von den fünf Gerstenbroten nach dem Essen übrig waren. Als die Menschen das Zeichen sahen, das er getan hatte, sagten sie: Das ist wirklich der Prophet, der in die Welt kommen soll. Da erkannte Jesus, dass sie kommen würden, um ihn in ihre Gewalt zu bringen und zum König zu machen. Daher zog er sich wieder auf den Berg zurück, er allein.

Dieser Text hat zwei Ebenen: Da ist der buchstäbliche Hunger. Jesus nimmt ihn ganz ernst. Er will, dass dieser Hunger gestillt wird und nimmt dafür seine

Jünger in Dienst. Dafür muss geteilt werden, was ein jeder bei sich hat, auch wenn es nur wenig erscheint. Nur so können alle leben.

Aber als die Menschen kommen, um ihn zum Brotkönig zu machen, da entzieht er sich. Wo man ihn besitzen oder gebrauchen will, da entzieht er sich. Er will dadurch auf die andere Ebene verweisen, auf den Hunger nach Leben und Sinn, auf den Hunger nach Gott, der auch gestillt werden soll.

Die Satten

Es scheint so, dass die Satten diesen zweiten Hunger nicht spüren. Sie sind zufrieden mit dem, was sie sich kaufen können. Wenn ein Brotkönig da ist, dann reicht das. Das Volk braucht Brot und Spiele, dann bleibt es ruhig – so sagten es damals schon die Römer. Durch Brot und Spiele kann man die Sehnsucht nach Freiheit und Gerechtigkeit unterdrücken.

Doch diesen Hunger nach Leben und Gott denen zu predigen, die nach Brot hungern, um zu überleben, ist nichts als blanker Zynismus. Wir müssen von Jesus lernen, beide Ebenen, den Hunger nach Brot und den Hunger nach Gott, auf gleiche Weise ganz ernst zu nehmen.

Der Papst in Peru 1985

Dafür lohnt es sich, an eine bewegende Begegnung zu erinnern, die sich bei der Reise des Papstes 1985 nach Peru ereignete. Am letzten Tag seines Peru-Aufenthaltes kam der Papst in das Elendsviertel El Salvador am Rande der Hauptstadt Lima. Zigtausende von Armen hatten sich versammelt, um ihn zu begrüßen. In ihrer aller Namen sprachen Victor und Irene Chero:

> Wir Bewohner der Elendsviertel, wir christlichen Gemeinden, die Arbeiterklasse von Peru und insbesondere in Villa El Salvador sind zutiefst dankbar für Ihren Pastoralbesuch, Heiliger Vater. Dadurch beweisen Sie einmal mehr Ihre Solidarität mit den Armen der Erde. Sie stärken unseren katholischen Glauben und unser christliches Engagement.
>
> Heiliger Vater: Wir haben Hunger, leiden unter dem Elend, wir haben keine Arbeit und sind krank. Der Schmerz bricht uns das Herz, wenn wir sehen, dass unsere schwangeren Frauen Tuberkulose haben, dass unsere Säuglinge sterben, dass unsere Kinder geschwächt und ohne Zukunft aufwachsen.
>
> Trotzdem glauben wir an den Gott des Lebens, des vollen Lebens in Natur und Gnade. Das Leben in den Elendshütten an den Berghängen oder auf den Sandflächen hat unseren Glauben nicht vermindert. Wir kämpfen für das Leben gegen den Tod. Aus Not haben wir unsere fernen Heimatdörfer verlassen, getrieben von der Sehnsucht nach menschlichem Leben. Unseren tiefen Glauben haben wir mit hierher gebracht. In den Elendsvierteln hat uns die gemeinsame Not geeint und organisiert. Sie machte uns solidarisch im Kampf für das Leben und in der Verteidigung unserer Rechte. Von Anfang an sind wir in der Kirche auf dem Weg; und die Kirche ist in uns und mit uns auf dem Weg; sie hilft uns, unsere Würde als Kinder Gottes und Geschwister Christi zu erkennen und zu leben.

Dank des Glaubens, der immer in uns lebte, konnte die Pastoralarbeit in unserem armen, aber gläubigen Volk kirchliche Gemeinden aus bewussten, engagierten Christen gründen. Wir verstehen uns als Gemeinden, die sich darum bemühen, die Sendung Jesu Christi fortzusetzen, des Sohnes Gottes, der Mensch wurde, um uns von der Sünde zu erlösen und ‹den Armen die gute Nachricht zu bringen; den Gefangenen zu verkünden, dass sie frei sein sollen, und den Blinden, dass sie sehen werden. Die Unterdrückten freizulassen und das Gnadenjahr Gottes auszurufen.› (Lk 4,18–19)

Heiliger Vater, Ihr Besuch soll einmal mehr die Worte Jesu Realität werden lassen: ‹Heute erfüllt sich die Verheißung, die ihr soeben gehört habt.› (Lk 4,21) Dann wird unser Hunger nach Gott und unser Hunger nach Brot beachtet. Wir spüren, Heiliger Vater, dass Sie uns sehr nahe sind als ein Papst, der Gerechtigkeit und die Verteidigung der Armen zu seiner Sache gemacht hat.

Diese Worte treffen den Papst ins Herz. Es ist einer der seltenen Fälle, wo er ganz spontan antwortet, ohne von dem vorbereiteten Manuskript abzulesen:

Es ist sehr bedeutsam, dass der letzte Augenblick meines Besuches in Peru hierher führt, in dieses Elendsviertel, das Villa El Salvador (Dorf des Erlösers) heißt. Mit großer Aufmerksamkeit habe ich die Worte Eurer Sprecher ... dieses Ehepaares gehört; ich habe sehr aufmerksam zugehört. Ich sehe, dass es hier Hunger nach Gott gibt. Dieser Hunger macht einen wahrhaftigen Reichtum aus, den Reichtum der Armen, der nicht verloren gehen darf. Deshalb wünsche ich Euch Hungernden einen immer größeren Hunger nach Gott.

Gibt es hier auch Hunger nach Brot? (Ja!) Gibt es hier Hunger nach Brot? (Ja!) Der Herr hat uns gelehrt jeden Tag zu beten: Unser tägliches Brot gib uns heute. Deshalb muss alles dafür getan werden, den Hungernden dieses tägliche Brot zu geben. In der peruanischen Gesellschaft ist dies eine Notwendigkeit zum Wohle Perus. Das tägliche Brot darf in den Elendsvierteln nicht fehlen. Man muss alles tun, damit das tägliche Brot nicht fehle, weil es ein Recht ist. Dieses Recht bringen wir zum Ausdruck, wenn wir beten: Vater unser ... unser tägliches Brot gib uns heute, gib uns *heute*!

Also wünsche ich Euch hier in Villa El Salvador und allen Elendsvierteln Perus, dass der Hunger nach Gott bleibe; dass aber der Hunger nach Brot verschwinde. Ich wünsche euch, dass Ihr nicht nach dem täglichen Brot hungert, dass ihr aber nach Gott hungert, nicht nach dem täglichen Brot. Das sei mein letztes Wort zur Sendung der Kirche und zum Wohl Eures Vaterlandes!

En camino, Rundbrief, Nr. 7, April 1985, Pastoralteam Pucara, Norbert Arntz, Marie-Theres Höfer-Schulze, Michael Schulze

Die Rede des Papstes wurde mehrfach durch lang anhaltenden Beifall unterbrochen.

Wir

Wir sind also als die Kirche Jesu mitverantwortlich für die Stillung des Hungers nach Brot, nach Freiheit und Gerechtigkeit, nach Leben in Freiheit. Dieser Aufgabe dürfen sich die Christen und ihre Kirchen nicht scheinbar fromm entziehen, um sich nur ihren religiösen Aufgaben zu widmen, dem Hunger nach Gott. Die Stillung des Hungers nach Brot verlangt persönliches Teilen und politischen Kampf um eine gerechtere Wirtschaftsordnung, damit alle auch genug zum Arbeiten haben und genug Brot, um davon zu leben.

Der Hunger nach Brot soll gestillt werden. Er ist ein Bild des Hungers nach Gott, der hier noch nicht gestillt werden kann, der aber auch einmal endgültig gestillt werden soll. Wir verstehen Jesus nur, wenn wir den doppelten Hunger spüren bei uns und bei anderen, wenn wir teilen, Brot und Liebe, damit alle satt werden. Dann wird Gott unseren Beitrag segnen und fruchtbar machen, damit alle leben können und einmal satt werden an Gottes Nähe.

Gebet

Guter Gott,
es gibt so viel Hunger und Durst auf der Welt:
Hunger nach Brot und nach Leben in Würde,
Durst nach sauberem Wasser und nach Gerechtigkeit.

Wir Menschen haben unsere Welt in Unordnung gebracht.
Die Erde, die du uns anvertraut hast,
bietet genügend Wasser und genügend Brot für alle.
Doch während die einen (wir!) im Überfluss leben,
verhungern und verdursten die anderen.

Lehre uns teilen, Brot, Wasser und Sehnsucht nach dir.
Stärke alle, die sich für mehr Gerechtigkeit einsetzen
in den Verteilungskämpfen unserer Zeit,
damit der Hunger nach Brot für alle gestillt werden kann.
Stärke alle, die in uns den Hunger nach dir wachhalten,
damit wir uns nicht vorschnell mit dem zufrieden geben,
was wir uns leisten können.

18. Sonntag im Jahreskreis

DER MÜHSAME WEG

> Aber manche Leute wollen Gott mit den Augen ansehen,
> mit denen sie eine Kuh ansehen,
> und wollen Gott lieben,
> wie sie eine Kuh lieben.
> Du liebst sie wegen der Milch und des Käses
> und deines eigenen Nutzens.
> So halten's all jene Leute,
> die Gott um äußeren Reichtums oder inneren Trostes willen lieben;
> die aber lieben Gott nicht recht,
> sondern sie lieben ihren Eigennutz.
>
> *Meister Eckhart*

1. Lesung aus dem Buch Exodus Ex 16,2–4.12–15:

In jenen Tagen murrte die ganze Gemeinde der Israeliten in der Wüste gegen Mose und Aaron. Die Israeliten sagten zu ihnen: Wären wir doch in Ägypten durch die Hand des Herrn gestorben, als wir an den Fleischtöpfen saßen und Brot genug zu essen hatten. Ihr habt uns deshalb in die Wüste geführt, um alle, die hier versammelt sind, an Hunger sterben zu lassen. Da sprach der Herr zu Mose: Ich will euch Brot vom Himmel regnen lassen. Das Volk soll hinausgehen, um seinen täglichen Bedarf zu sammeln. So will ich es prüfen, ob es nach meiner Weisung lebt oder nicht. Ich habe das Murren der Israeliten gehört. Sag ihnen: Am Abend werdet ihr Fleisch zu essen haben, am Morgen werdet ihr satt sein von Brot, und ihr werdet erkennen, dass ich der Herr, euer Gott bin. Am Abend kamen die Wachteln und bedeckten das Lager. Am Morgen lag eine Schicht von Tau rings um das Lager. Als sich die Tauschicht gehoben hatte, lag auf dem Wüstenboden etwas Feines, Knuspriges, fein wie Reif, auf der Erde. Als das die Israeliten sahen, sagten sie zueinander: Was ist das? Denn sie wussten nicht, was es war. Da sagte Mose zu ihnen: Das ist das Brot, das der Herr euch zu essen gibt.

2. Lesung: Eph 4,17.20–24

Evangelium: Joh 6,24–35

Wem ist das nicht schon so gegangen: Es galt, etwas Neues zu erobern, aber dann wurde der Weg zu lang und zu mühsam. Da sagte man sich: Wärest du doch nur zu Hause geblieben! Warum tust du dir das an? Am liebsten möchte man zurück.

Vielleicht geschah das im Urlaub beim Besteigen eines Berges. Die Sonne war zu heiß, ein Gewitter drohte oder der Weg war zu steil – warum diese Schinderei? Ich könnte doch jetzt unten im Tal in der Sonne liegen.

Das ist ein Bild für vieles, was geschieht: Zwei haben geheiratet, aber jetzt wird das Zusammenleben schwieriger als gedacht. Der Partner wird vielleicht krank oder verwirrt.

Ich habe mich auf die Pflege der alten Eltern eingelassen. Aber die beanspruchen mich immer mehr. Ich habe kaum Zeit mehr für die eigene Familie.

Ich kündige meinen festen Arbeitsplatz, weil er mich nicht befriedigt. Ich lerne weiter, aber was dann? Bisher hatte ich doch mein festes Einkommen.

Ich habe eine Firmgruppe zur Vorbereitung übernommen. Aber als ich die Jugendlichen bei der ersten Gruppenstunde sah, rutschte mir das Herz in die Hose: Wie soll ich bloß mit denen zu Rande kommen?

Jeder kann sicher weitere Beispiele erzählen. Irgendwann kommt dann die Nagelprobe: Gehe ich weiter oder ziehe ich mich zurück, steige ich aus? Vielleicht ist es ja das Richtigere, dass ich mich zurückziehe. Aber was gebe ich dann auf?

Das Volk in der Wüste

So ging es dem Volk in der Wüste: Gott hat uns herausgelockt, jetzt lässt er uns verhungern. Der Weg in die Freiheit wird hart und führt bis an die Grenze der Belastbarkeit. Lasst uns doch zurück nach Ägypten ziehen! Ägypten – das bedeutet Knechtschaft und Sklavendienst. Aber das spielt jetzt keine Rolle mehr. Lieber Sklavendienst und volle Fleischtöpfe als verhungern und verdursten. Sie murren gegen Gott und seinen Diener Mose. Mose ringt mit dem Volk und ringt mit Gott. Er wird fast in der Mitte zerrieben.

Da, an der äußersten Grenze ihrer Existenz, hört Gott ihr Murren und schenkt das, was sie zum Leben brauchen. Er schenkt nicht die Verpflegung für den ganzen Marsch, sondern Tag für Tag neu. Sie bleiben auf ihn angewiesen. Aber Gott will nicht ihren Tod, ihren Untergang, auch nicht die Rückkehr in die Knechtschaft, sondern ihre Freiheit. Er will sie in das verheißene Land führen.

Auf dem Weg durch die Wüste gab es mehrere solche Belastungen, die bis an die Grenze führten. Zweifel und Aufbegehren bestimmten den Weg des Volkes, doch auch immer wieder Erfahrungen der Rettung und der Ermutigung.

Eigene Erfahrungen

Haben wir das nicht auch schon erlebt: Wenn wir durchgehalten haben und dann auf dem Gipfel standen, wenn wir die Weite und den herrlichen Blick genießen konnten, dann lagen die Strapazen weit hinter uns. Wenn wir einen anderen Menschen nicht aufgaben, dann waren wir hinterher die Beschenkten. Wenn es gelang, den Jugendlichen etwas Mut zum Leben und zum Glauben zu geben, dann staunten wir darüber, dass wir dazu beitragen konnten.

Vielleicht kam von irgendwo Hilfe, Ermutigung zum Weitermachen. Wir wurden dankbar dafür, dass wir durchgehalten haben und nicht den scheinbar besseren, bequemeren Weg gingen. In solchen Erfahrungen wächst unser Vertrauen auf den Gott, der uns nicht endgültig fallen lässt. Sollten wir nicht mehr solche Erfahrungen einander weiter erzählen, nicht um selber dabei groß herauszukommen, sondern um andere zu ermutigen, ähnliche Erfahrungen zu machen?

Sicher, das geschieht nicht automatisch und nicht in jedem Fall. Es gibt auch bleibende Enttäuschungen. Es gibt auch Situationen, in denen es besser ist, sich rechtzeitig zurückzuziehen, weil die Aufgabe einen überfordert. Mancher Berg ist für mich zu steil und schwierig, so dass ich mich zurückziehen sollte, weil ich mich und andere nicht leichtsinnig gefährden darf. Eine Garantie des Erfolges gibt es nicht.

Der Weg durch die Wüste, die eigenen Erfahrungen der Grenze mit ihren Versuchungen und Chancen sind Bilder unserer Suche nach Leben, Freiheit und Sinn. Wir wissen: Nicht vom Brot allein lebt der Mensch, aber er braucht es zum Leben. Das Brot kann zum Zeichen werden, dass ein anderer mich sieht und nicht alleine lässt. Bei dem Zug des Volkes durch die Wüste war klar: Das Brot war lebensnotwendig, aber es war nicht das Ziel. Es sollte die Kraft geben, das Ziel der Freiheit zu erreichen. Alle Erfahrungen von Sättigung lassen neue Kraft wachsen, alles Erleben von geschenktem Gelingen lockt in den größeren Freiraum, der immer noch vor uns liegt. Wenn man sich mit dem Brot allein begnügt, dann betrügt man sich um seine eigentlichen Möglichkeiten. «Man stirbt auch am Brot allein» (Dorothee Sölle).

Jesus

Deswegen verweigert sich Jesus, als die Menschen ihn nach der Brotvermehrung zum König machen wollten. Sie waren satt vom Brot, und das reichte ihnen auch. Mehr wollten sie nicht, als immer satt zu sein. Das aber reicht Jesus nicht. Er will auch den tieferen Hunger stillen. Die Menschen fragen dann nach dem, was sie dafür leisten müssen. Die Antwort Jesu: «Ihr tut das Werk Gottes, wenn ihr an den glaubt, den er gesandt hat.» Da geht es gerade nicht um die Leistung des Menschen, mit der er sich das ewige Leben verdienen könnte. Es geht nur um den Glauben, die Offenheit, sich von Gott beschenken zu lassen durch diesen Jesus, es geht um das Vertrauen, dass er mehr schenken wird als das Brot, das sie gegessen haben.

Jesus öffnet sich den Menschen ganz, er liefert sich ihnen aus: «Ich bin das Brot des Lebens; wer zu mir kommt, wird nicht mehr hungern, und wer an mich glaubt, wird nicht mehr dürsten.» Da steht er nun mit seinem Angebot, mit seiner Einladung. Nicht mehr hungern, nicht mehr dürsten ... Wasser und Brot, Leben und Sinn, ewiges Leben.

Wie antworten wir auf seine Einladung mitten in der Wüste unseres eigenen Lebens und unserer Welt? Auch uns will er in das gelobte Land führen, in das Land der Freiheit und der Erfüllung. Achten wir darauf, dass wir nicht der Versuchung erliegen, vorzeitig diesen Weg abzubrechen und zurückzugehen. Unser Hunger und unser Durst wird dann – trotz aller vollen Fleischtöpfe – nie gestillt. Wir werden den Weg nur gemeinsam weitergehen können, miteinander und mit diesem Jesus. Wir dürfen darauf vertrauen: Er begleitet und stärkt auch die, die nichts von ihm wissen.

Gebet

Guter Gott,
wie oft sind Menschen am Ende ihrer Kraft.
Sie haben kein Brot zum Essen und kein Wasser zum Trinken.
Die Armut würgt ihr Leben ab.
Andere haben keinen Menschen, der zu ihnen steht,
am Ende der Kraft – auch mitten im Wohlstand.

Höre auf den Schrei der Menschen!
Schenke Nahrung und Kraft,
wenigstens jeweils für heute!
«Unser *tägliches* Brot gib uns *heute*!»

Schenke uns die Erfahrung,
dass du uns nahe bist und begleitest,
wenigstens jeweils heute,
damit wir nicht erliegen oder zurück wollen,
sondern offen bleiben für die Zukunft,
die du selber für uns bist.

19. Sonntag im Jahreskreis

DER ZWEITE MUT

Wir bitten dich um deinen Schutz:
Dass wir unterwegs gesund bleiben,
dass kein Pferd sich ein Bein bricht,
dass wir uns nicht verirren und den Pass erreichen,
dass uns der Steinschlag verschont und kein Unwetter überrascht,
dass wir auf Wasser stoßen, wenn wir durstig sind,
dass wir auf Hirten treffen, wenn unser Vorrat zur Neige geht,
dass wir unser Ziel erreichen, auf das wir zusteuern.

Segensgebet aus dem Himalaja

1. Lesung aus dem ersten Buch der Könige 19,1–8

In jenen Tagen ging Elija eine Tagereise weit in die Wüste hinein. Dort setzte er sich unter einen Ginsterstrauch und wünschte sich den Tod. Er sagte: Nun ist es genug, Herr. Nimm mein Leben; denn ich bin nicht besser als meine Väter. Dann legte er sich unter den Ginsterstrauch und schlief ein. Doch ein Engel rührte ihn an und sprach: Steh auf und iss! Als er um sich blickte, sah er neben seinem Kopf Brot, das in glühender Asche gebacken war, und einen Krug mit Wasser. Er aß und trank und legte sich wieder hin. Doch der Engel des Herrn kam zum zweitenmal, rührte ihn an und sprach: Steh auf und iss! Sonst ist der Weg zu weit für dich. Da stand er auf, aß und trank und wanderte, durch diese Speise gestärkt, vierzig Tage und vierzig Nächte bis zum Gottesberg Horeb.

2. Lesung: Eph 4,30–5,2

Evangelium: Joh 6,41–51

In der heutigen Lesung finden wir den Propheten Elija kurz nach seinem größten Triumph. Er hat die Baalspropheten herausgefordert und besiegt. Es war ein entscheidender Wendepunkt in der Glaubensgeschichte Israels, das in Gefahr war, Jahwe, den Gott der Befreiung, zu vergessen. Aber mit seinem Sieg über die falschen Propheten hat er auch die Rache der Königin auf sich gezogen, die ihm nun nach dem Leben trachtet. Da muss er fliehen. Er rennt um sein Leben. Er hält es nicht mehr aus: sich immer bewähren müssen, immer in Auseinandersetzung mit den Feinden, immer zwischen dem Sieg im Namen Gottes und der Schwäche im eigenen Herzen. Da setzt er sich unter einen Ginsterstrauch und wünscht sich den Tod. Er kann nicht mehr.

Propheten heute

In dieser Spannung stecken auch viele Propheten heute. Ich denke an die vielen Männer und Frauen, die in Lateinamerika und anderswo im Namen des befreienden Gottes, aufstehen gegen alles, was die Menschen wieder versklaven will. Sie treten auf gegen die Herrschaft von Markt und Fortschritt, von Gewinn und Konsum, denen Menschen geopfert werden, die im Wege stehe. Da sind Kirchenleute, Journalisten und Richter, die das Morden, die Verbrechen der Reichen und Mächtigen aufdecken wollen. Sie treten auf für die Armen und Ohnmächtigen. Oft sind es auch die Armen selbst, die aufstehen, die ihre Knechtschaft nicht länger ertragen wollen.

Aber dann kommen die Widerstände der Mächtigen, die sich die Macht über die Menschen nicht nehmen lassen wollen. Pistoleiros werden auf sie gehetzt, ihre Hütten in Brand gesetzt, ganze Familien bedroht. Viele müssen fliehen, um ihr Leben zu retten, oft außer Landes. Sie spüren den Auftrag, für die Wahrheit zu kämpfen, aber auch ihre eigene Ohnmacht.

Was liegt da näher als mit Elija unter dem Ginsterstrauch zu sagen: Ich kann nicht mehr. Ich will nicht mehr.

Der Engel

Doch das ist die Stunde des Engels. Gott bewahrt seinen Propheten nicht *vor* der Krise, nicht *vor* der Ohnmacht, sondern er bewahrt ihn *in* der Krise, *in* seiner Ohnmacht: Steh auf und iss! Gott lässt seinen Propheten nicht alleine. Er hat noch Großes mit ihm vor. Steh auf und iss! Gott weiß, dass der Prophet alleine den Weg nicht schafft. Steh auf und iss! Sonst ist der Weg zu weit für dich! Zweimal muss der Engel ihn anstoßen, bis Elija wahrnimmt, was da geschieht, so tief war er in seiner Trauer und Ohnmacht eingeschlossen. Da stand er auf, aß und trank und wanderte in der Kraft dieser Speise 40 Tage lang bis zum Gottesberg Horeb. Dort wurde ihm dann ganz persönlich eine tiefe Erfahrung Gottes geschenkt, von der er weiter lebte. So fand er Kraft, Gottes Prophet zu bleiben trotz aller Fragen und Krisen, trotz aller Verdächtigungen und Bedrohungen.

Das ist für mich das Erstaunliche in der Kirche unserer Tage: dass immer wieder Menschen aufstehen im Namen des menschenfreundlichen Gottes, des Vaters Jesu Christi, und für die Menschen eintreten. Oft genug wissen sie um ihre Bedrohung, aber sie überwinden ihre Angst, weil sie den Engel Gottes an ihrer Seite spüren, der ihnen Kraft und Mut gibt, selbst vor ihren Folterern. Manche Bischöfe sagen von sich, dass die Armen selber für sie zu Boten, zu Engeln Gottes geworden seien, dass die Armen sie zum Evangelium, zu Jesus Christus bekehrt hätten.

Der brasilianische Bischof Adriano Hypólito erzählte uns: «Damals war ich Spiritual im Kloster und hielt Vorlesungen über Frömmigkeit und Spiritualität. Aber die Menschen vor der Klosterpforte, die dort in der Gosse lagen und buchstäblich verfaulten, spielten in meiner Frömmigkeit und in meinen Vorträgen keine Rolle. Als ich dann Bischof in Nova Iguaçu wurde, haben die Armen mich zu Jesus bekehrt.» So hatte er die Kraft, selber Entführung, Verleumdung und Bedrohung auszuhalten, gelassen und mit großer Kraft, sogar mit Humor und Freude.

Bei uns

Ähnliches vollzieht sich auch bei uns (vgl. 18. Sonntag im Jahreskreis), wenn auch nicht so dramatisch. Auch bei uns engagieren sich viele in ganz unterschiedlichen Bereichen, spüren anhaltende Widerstände, reiben sich auf, werden müde, wollen aufgeben und sich zurückziehen. Es gibt ja so viele vernünftige Gründe aufzugeben! Wir brauchen den zweiten Mut, um neu anzufangen oder um durchzuhalten. Wir brauchen Engel, die uns aufrichten.

Wo sind unsere Engel, die uns anstoßen und uns Nahrung für unseren Weg anbieten? Vielleicht müssen sie uns auch mehrmals anstoßen, weil wir sie zunächst gar nicht wahrnehmen. Da sind Menschen, die uns brauchen, die noch etwas von uns erwarten, uns noch etwas zutrauen: Trau dir das doch zu! Du kannst das! Ich stütze dich dabei!

Wenn ich in meinem Leben zurückblicke: Ich könnte viele Menschen nennen, die für mich zu solchen Engeln geworden sind. Ich weiß nicht, ob ich sonst meinen Weg hätte weitergehen können. Wir sollten unseren Engeln auch danken, damit sie spüren, was sie für uns bedeuten! Wenn wir uns selber so getragen und gestärkt wissen dürfen, dann können wir auch Engel für andere werden.

Das Mahl

Wie es uns auch im Augenblick gehen mag, der Engel steht bereit und lädt uns ein zum stärkenden Mahl: «Ich bin das Brot, das vom Himmel herabgekommen ist. Wer von diesem Brote isst, wird leben in Ewigkeit.» (Evangelium) Jesus selbst ist unser Engel. Er lädt ein zum Mahl, in dem er selber die Speise ist. Dieses Mahl ist ein Bild für das, was er uns als Stärkung auf dem Wege schenken will. Es wird konkret in dem Mahl, zu dem sich Christengemeinden im Gedächtnis an ihn versammeln. So sind alle eingeladen, die sich von ihm stärken lassen wollen, gerade die Mühseligen und Beladenen, die nicht mehr weiter wissen, die sich am Ende glauben. Dieses Mahl ist nicht Belohnung für die Reinen, Starken und Guten, sondern Kraft für alle, die darniederliegen, aus welchem Grund auch immer. Deswegen dürfen die Christengemeinden auch keinen von diesem Mahl ausschließen, der sich von ihm stärken lassen will.

Gott hat Großes vor, auch noch mit uns! Er will uns die Erfahrung seiner Nähe schenken, uns zum Gottesberge Horeb führen, damit wir ihn erkennen und ihm dienen, allen anderen Mächten und Götzen zum Trotz, die heute seine Stellung einnehmen möchten, um uns zu beherrschen und auszunützen. Dann können wir ihn bezeugen als den Gott, der in die wahre Freiheit führt, in das ewige Leben, das Leben, wo er, Gott, alles in allem sein wird.

Gebet

Guter Gott,
viele Gefahren drohen auf unserem Weg,
Widerstände der Mächtigen, auch in der Kirche,
Widerstände in uns selbst, in unserem Egoismus,
in Müdigkeit und Resignation,
in Überforderung und mangelndem Vertrauen.

Schick uns Engel, die uns wecken,
die uns herausholen aus unserer Enge,
die uns den zweiten Mut schenken,
die Kraft weiterzugehen,
bis wir dich endgültig treffen.
Lass uns auch zu Engeln füreinander werden!

Wir danken dir für Jesus,
der zum Brot für unser Leben geworden ist,
zur Quelle der Kraft und der Liebe,
zum Grund unserer Hoffnung und Freude.
Er ist dein Engel für uns.

20. Sonntag im Jahreskreis

EWIGES LEBEN

> Wörter können zu Götzenbildern werden. Sie verlieren unter der Hand und ohne dass es jemand bemerkt, ihren einfachen Sinn. Sie werden zu Suggestionen und Befehlen, sie ersetzen die Argumente. Flexibilität, Fitness, Neuheit, Jugend, Schönheit, Erfolg können solche Wörter sein. Diese Wörter sind Aufforderungen und Ermahnungen: Wenn du ein moderner Mensch sein willst und auf der Höhe der Zeit, dann erkenne fraglos an; dann opfere und diene dem, was wir benennen; mache es zu deinem Letzten – zu Gott: den Erfolg, die Jugend, die Flexibilität! Die Sprache, die Dinge doch offenbaren soll, wird zum Deckmantel der Lüge.
>
> *Fulbert Steffensky*

1. Lesung: Spr 9,1–6

2. Lesung: Eph 5,15–20

Evangelium nach Johannes 6,51–58:

> In jener Zeit sprach Jesus zu der Menge: Ich bin das lebendige Brot, das vom Himmel herabgekommen ist. Wer von diesem Brot isst, wird in Ewigkeit leben. Das Brot, das ich geben werde, ist mein Fleisch, ich gebe es hin für das Leben der Welt. Da stritten sich die Juden und sagten: Wie kann er uns sein Fleisch zu essen geben? Jesus sagte zu ihnen: Amen, amen, das sage ich euch: Wenn ihr das Fleisch des Menschensohnes nicht esst und sein Blut nicht trinkt, habt ihr das Leben nicht in euch. Wer mein Fleisch isst und mein Blut trinkt, hat das ewige Leben, und ich werde ihn auferwecken am Letzten Tag. Denn mein Fleisch ist wirklich eine Speise, und mein Blut ist wirklich ein Trank. Wer mein Fleisch isst und mein Blut trinkt, der bleibt in mir, und ich bleibe in ihm. Wie mich der lebendige Vater gesandt hat und wie ich durch den Vater lebe, so wird jeder, der mich isst, durch mich leben. Dies ist das Brot, das vom Himmel herabgekommen ist. Mit ihm ist es nicht wie mit dem Brot, das die Väter gegessen haben; sie sind gestorben. Wer aber dieses Brot isst, wird leben in Ewigkeit.

Wovon leben wir eigentlich? Wofür leben wir? Was ist das für ein Leben, das wir suchen? Wie kommen wir dahin? Jetzt, hier und heute, zumindest morgen, nicht irgendwann einmal, vielleicht sogar erst nach dem Tod.

Die Bibel nennt das Angebot, die Einladung Gottes: ewiges Leben. Fragen Sie sich, fragen Sie einen Christen, was das ist: «ewiges Leben». Er wird Ihnen in der Regel mit dem Hinweis auf das Leben nach dem Tod antworten. Ewiges Leben – das wünschen und erbitten wir ja für die Toten. Ewiges Leben, das ist dann das Leben, das mit dem Tode beginnt und in Ewigkeit andauert. Ewig – das ist die unendliche, unbegrenzte Zeit. So denken wir meistens, und doch ist es falsch, zumindest einseitig und verstellend.

Mit dem Tod treten wir Menschen aus dem Zusammenhang von Raum und Zeit heraus. So ist die Vorstellung einer unendlichen Zeit nach dem Tode unsinnig, überflüssig, wenig hilfreich. Was sollte auch eine solche unendliche Zeit? Das Leben geht nach dem Tod nicht einfach weiter, sondern wird als ganzes von Gott angenommen und vollendet, so glauben die Christen. Wir brauchen nicht mehr weiterzugehen, sondern wir sind angekommen. Alles ist eingesammelt und ans Ziel gekommen. Unser Leben ist end-gültig geworden, gültig vor Gott. Dieses Leben nennt die Bibel «ewiges Leben».

Nicht Quantität, sondern Qualität

Dann aber ist «ewig» keine Bezeichnung der Quantität, sondern der Qualität des Lebens. Ewiges Leben ist das Leben, das vor Gott Gültigkeit besitzt, von ihm angenommen ist. Solches Leben braucht nicht erst mit dem Tod zu beginnen. Ewiges Leben ist das Leben, das schon jetzt beginnen kann, das aber von solcher Art ist, dass der Tod keine Macht darüber hat, das deswegen auch im Tode nicht zerstört werden kann. Deswegen heißt es in der Mitte des heutigen Evangeliums: «Wer mein Fleisch isst und mein Blut trinkt, *hat* das ewige Leben». Die Gemeinschaft zwischen Jesus und den Gläubigen ist von solcher Art, dass die Menschen schon jetzt teilhaben am Leben Jesu mit Gott, dem Vater.

Auf solche Art aufmerksam geworden, finden wir viele ähnliche Aussprüche in der Bibel. Von der Taufe: «Wir wurden mit ihm begraben durch die Taufe auf den Tod, damit so, wie Christus durch die Herrlichkeit des Vaters von den Toten auferweckt wurde, auch wir in dieser neuen Wirklichkeit leben.» (Röm 6,4) Von der Gemeinschaft mit Jesus, vom Glauben und von der Eucharistie, ineinander verschränkt: «Wer von diesem Brot isst, wird leben in Ewigkeit.» So am Anfang des heutigen Evangeliums. Vom Glauben: «Wer glaubt, *hat* das ewige Leben.» (Joh 3,36) Ich habe schon mehrfach Erstaunen geweckt, wenn ich diesen Satz zitierte. Wir hätten vielleicht gedacht: Wer glaubt, wird das ewige Leben erhalten. Aber so heißt es eben nicht. Wer glaubt, hat das ewige Leben, hier und jetzt und nicht erst später, aber so, dass das «hier und heute» kein Ende kennt, weil diese Gemeinschaft mit dem lebendigen Jesus vom Tod nicht mehr zerstört werden kann.

So heißt es von der Liebe: «Wir wissen, dass wir vom Tod zum Leben hinübergegangen sind, weil wir die Schwestern und Brüder lieben» (1 Joh 3,14). «Aus dem Tod in das Leben hinübergegangen» – das ist Perfekt, abgeschlossene Vergangenheit. Was in der Liebe getan ist, kann von der tötenden Macht des Todes nicht mehr eingeholt werden. Liebe ist ewiges Leben.

Es lohnt sich, die Schrift einmal unter diesem Gesichtspunkt zu lesen, dann stoßen wir in vielen Formulierungen darauf: Ewiges Leben ist Leben mit dem Auferstandenen, schon jetzt, mitten unter den Bedingungen der alten Welt, Leben aus seinem Geist, aus seiner Liebe, von der uns nichts und niemand mehr trennen kann: «Denn ich bin gewiss: weder Tod noch Leben, weder Engel noch Mächte, weder Gegenwärtiges noch Zukünftiges, weder Gewalten der Höhe oder der Tiefe noch irgendeine andere Kreatur können uns scheiden von der Liebe Gottes in Christus Jesus, unserem Herrn» (Röm 8,38).

Unser Leben

Leben wir Christinnen und Christen in dieser Gewissheit? Ich fürchte, wir vertrösten uns oft noch aufs Jenseits. Aber wenn wir diese Worte vom «ewigen Leben», an dem wir schon teilhaben können, bedenken, dann ahnen wir vielleicht etwas von der Fülle des Lebens, die uns jetzt schon geschenkt ist. Dann gewinnen alltägliche Erfahrungen von Liebe und Glück, von Sinn und Erfüllung eine neue Tiefe, weil sich in ihnen schon ankündigt, was jetzt schon Wirklichkeit ist, wenn auch noch verborgen. Es ist wichtig, sich immer wieder in Augenblicken der Stille dessen zu vergewissern, um daraus leben zu können.

Dann sind wir auch immun gegen die vielen Heilsangebote unserer Konsumgesellschaft, gegen die vielen Worte, die uns Erfüllung und Genuss versprechen, die sie aber höchstens vorübergehend, für ein paar Augenblicke der Betäubung gewähren können, uns aber hinterher um so leerer entlassen. Wir können die Dinge, die uns angeboten werden, für unser Leben gebrauchen, sie teilen, damit auch andere davon leben können. Dafür sind sie da, aber eben nicht als Götter, denen wir zu dienen haben oder denen wir alles andere opfern müssen.

Wirkungen

Wenn wir aus dieser Gewissheit zu leben versuchen, dann öffnen sich uns neue Perspektiven: Wir lernen, die Geister zu unterscheiden, den vorübergehenden Augenblick wichtig zu nehmen, weil in ihm Entscheidendes geschehen kann. Man hat den Christen vorgeworfen, sie nähmen die Gegenwart nicht ernst, weil sie nur auf das Jenseits starrten. Das mag für manche Frömmigkeitsformen zutreffen. Aber wenn wir aus dem Vertrauen auf das ewige Leben, das uns jetzt schon geschenkt ist, unser Leben zu gestalten versuchen, dann gewinnt gerade die Gegenwart, das Hier und Heute, ein besonders Gewicht. Die Begegnungen mit anderen Menschen, so vorübergehend sie auch sein mögen, bekommen Ewigkeitsgewicht. Jeder Augenblick unseres Leben kann mit ewigen Leben gefüllt werden. «Nutzt den rechten Augenblick, denn das Böse beherrscht die Zeit» (zweite Lesung). «Kommt, esset von meinem Mahl und trinket vom Wein, den ich gemischt», sagt die göttliche Weisheit (erste Lesung).

Vielleicht bedeutet ein Leben aus diesem Bewusstsein eine innere Umstellung unserer Frömmigkeit. Aber unser Leben gewinnt dadurch an Tiefe. Das Wort Jesu aus dem heutigen Evangelium «Wer mein Fleisch isst und mein Blut trinkt, der bleibt in mir und ich bleibe in ihm» können wir bildlich verstehen, aber auch auf die Mitfeier der Eucharistie beziehen. Das «Bleiben» ist endgültig, Teilhabe am ewigen Leben.

Doch damit nicht genug: «Wer von diesem Wasser trinkt, das ich ihm geben werde, wird nicht mehr durstig sein, vielmehr wird das Wasser, das ich ihm gebe, in ihm zur Quelle werden, die Wasser für das ewige Leben ausströmt» (Joh 4,14). Hier wird der Mensch, der sich von Jesus beschenken lässt, selber Quelle des ewigen Lebens für andere.

Gelingt es uns, zu ahnen, was uns hier angeboten ist? Gelingt es uns, daraus zu leben? Gelingt es uns, darüber zu staunen und dafür zu danken? Es würde unser Leben verändern.

Gebet

Guter Gott,
wir können es kaum glauben:
In uns soll schon jetzt ewiges Leben lebendig sein?
Wir spüren so wenig davon!
Die Zeit geht dahin, Alltag für Alltag.
Wir sind getrieben von diesem und jenem.
Wir lassen uns treiben.

Und dennoch soll in unserem Leben eine Tiefe verborgen sein,
in der du lebst, endgültig?
Ewiges Leben, Fülle des Lebens, schon jetzt,
gegen das kein Tod mehr ankommt?

Lass uns etwas davon spüren.
Lass uns ahnen, was in uns vorgeht.
Lass uns einander weiterschenken,
was wir von deiner Liebe erhalten.

21. Sonntag im Jahreskreis

ZEIT FÜR ENTSCHEIDUNG

Wir schaffen Verbindungen ohne Bindungen

Fernsehwerbung für Telekommunikation

1. Lesung: Jos 24,1–2a.15–17.18b

2. Lesung: Eph 5,21–32

Evangelium nach Johannes 6,60–69:

> In jener Zeit sagten viele der Jünger Jesu, die ihm zuhörten: Was er sagt, ist unerträglich. Wer kann das anhören? Jesus erkannte, dass seine Jünger darüber murrten, und fragte sie: Daran nehmt ihr Anstoß? Was werdet ihr sagen, wenn ihr den Menschensohn hinaufsteigen seht, dorthin, wo er vorher war? Der Geist ist es, der lebendig macht; das Fleisch nützt nichts. Die Worte, die ich zu euch gesprochen habe, sind Geist und sind Leben. Aber es gibt unter euch einige, die nicht glauben. Jesus wusste nämlich von Anfang an, welche es waren, die nicht glaubten, und wer ihn verraten würde. Und er sagte: Deshalb habe ich zu euch gesagt: Niemand kann zu mir kommen, wenn es ihm nicht vom Vater gegeben ist. Daraufhin zogen sich viele Jünger zurück und wanderten nicht mehr mit ihm umher. Da fragte Jesus die Zwölf: Wollt auch ihr weggehen? Simon Petrus antwortete ihm: Herr, zu wem sollen wir gehen? Du hast Worte des ewigen Lebens. Wir sind zum Glauben gekommen und haben erkannt: Du bist der Heilige Gottes.

Wie schwer wird es heute für viele Menschen sich zu entscheiden. Junge Menschen trauen sich die Ehe nicht zu. Sie wissen nicht, ob sie durchhalten können. Sie sehen ja auch, wie viele Ehen scheitern. Dahinter steckt oft eine große Unsicherheit: Wer bin ich denn eigentlich? Kenn ich mich selber? Ich muss mich doch erst einmal selber in der Hand haben, mich selbst gewonnen haben, bevor ich mich für einen anderen entscheiden kann. Ich muss erst noch mehr Erfahrungen machen mit mir selbst, mit anderen Menschen, damit ich das Vertrauen wagen kann, mich an einen anderen Menschen zu binden, das Selbstvertrauen, dass ein anderer sich an mich binden kann. Es gibt eine große Unsicherheit bei den eigenen Lebensentwürfen.

Die einmalige Entscheidung reicht ja auch nicht. Sie muss immer wieder eingeholt, erneuert werden, im zermürbenden Alltag miteinander, in neuen Situationen, in Krisen, bei neuen Aufgaben, Belastungen und auch in neuen Chancen, die mir vielleicht neue, andere Wege zeigen als die bisher begangenen. Entscheidungen lösen einen lebenslangen Lernprozess aus mit vielen Stationen. Davor haben viele Menschen heute Angst. Werde ich das schaffen? So bleiben Unsicherheit, flüchtige Begegnungen ohne Bindung, lieber keine Ehe, oder wenn Ehe, dann lieber keine Kinder. Wenn die Ehe dann nicht gelingt, lieber Scheidung als das mühsame Ringen darum, doch wieder zueinander zu finden.

Früher war vieles anders, manches leichter, manches schwerer: leichter weil der Weg mehr vorgezeichnet war von den gesellschaftlichen Bedingungen und Erwartungen, schwerer, weil der vorgezeichnete Weg auch unfreier war, wenig Alternativen zuließ, vor allem für Frauen. Die Ehepartner haben es heute schwerer: Zum einen wird die Ehe nicht mehr wie früher von außen gehalten, von der Großfamilie, der Gesellschaft und der Kirche. Das Gelingen der Ehe ist ganz von den beiden abhängig, von ihrer inneren Reife, ihrer Konflikt- und Kommunikationsfähigkeit, ihrer Durchhaltekraft. Die größere Freiheit weckt auch größere, oft zu große Erwartungen an personale Begegnung und Erfüllung, so dass eine Partnerschaft an ihrer eigenen Überforderung zerbrechen kann.

Wir würden es uns zu leicht machen, wenn wir andere aufgrund der vorgegebenen Moral oder der Dogmatik verurteilen, wenn ihre Ehe nicht gelingt. Es bedürfte vielmehr einer Solidarität, die gerade in dieser Situation weiter trägt, einer Solidarität gerade auch seitens der Kirche, einer verstehenden und helfenden Begleitung.

Glauben

Dieselben Erfahrungen, dieselben Unsicherheiten gelten auch für die Entwicklung des Glaubens. Nichts ist mehr selbstverständlich und einfach vorgegeben, vielleicht noch die Kindertaufe und die Erstkommunion bzw. die Konfirmation. Aber den Weg zum Glauben müssen sich die Kinder und Jugendlichen oft selbst bahnen, die Eltern, die Erwachsenen, die Gemeinde können da nur bedingt hilfreich sein.

Wichtig ist eine geduldige Begleitung ohne Vorwürfe an die Kinder und Jugendlichen, aber auch ohne Selbstvorwürfe der Eltern, sie wären an dem Nicht-Glauben-Können ihrer Kinder schuld. Vielleicht geschieht ja in den Umbrüchen unserer Zeit etwas ganz Wichtiges: Wir entdecken neu, dass der Glaube unsere eigene Entscheidung ist und nicht das fertig geprägte Milieu, in das wir nur hineinzuwachsen haben. Wenn der Glaube meine eigene Entscheidung sein soll, dann muss ich auch positive Erfahrungen mit ihm machen, muss ich spüren, dass der Glaube etwas mit meinem Leben zu tun hat, mit Sinn und Perspektive, hilfreicher Orientierung, mit Kraft und Mut. Ich muss spüren, dass der Glaube mir zu einem aufrechten Gang verhilft, zu Selbstvertrauen und Gelassenheit. Der Glaube ist selber nicht fertig, sondern ein lebenslanger Prozess. Aber er kann mir Mut geben, immer neu anzufangen. Versagen braucht nicht verdrängt zu werden. Es gibt Vergebung und Versöhnung.

Damit das alles auf einen guten Weg gebracht werden kann, bedarf es nicht in erster Linie fester Glaubenssätze und Moralvorschriften, sondern vor allem glaubwürdiger Menschen, an deren Leben ich ablesen kann, was Glauben bedeutet, wie er sich äußert im eigenen Leben und Handeln. Da haben die Eltern natürlich die erste Verantwortung. Doch da die oft in der gleichen Unsicherheit und Ungeklärtheit ihres Glaubens leben, bedarf es der Gemeinde und der Kirche.

Die Jünger

Die Jünger sind Jesus gefolgt, zunächst in einer spontanen Entscheidung, in der Hoffnung, in ihm den erwarteten Messias zu finden. Aber Jesus war ganz anders, als sie es erwartet hatten. Seine Rede und sein Verhalten sind fremd und hart. Viele gehen, die zunächst auch gefolgt waren. Was sollen die Jünger tun? Sollen sie jetzt auch das sinkende Schiff verlassen?

Jesus

Jesus spürt selber eine neue Einsamkeit, ist von den Menschen enttäuscht, die nur Brot wollen, aber nicht seine Botschaft. Aber er hält die Jünger nicht fest, versucht nicht mit irgendwelchen Tricks sie zu halten, mit Kompromissen, die ihnen den Weg vielleicht leichter machen. Er lässt sie frei, erwartet neue Entscheidung: «Wollt nicht auch ihr gehen?» Jesus weiß, dass eine halbe Entscheidung nicht weiter tragen wird. Es hilft auch nichts, wenn die Jünger meinen, ihn nicht alleine lassen zu dürfen. Sie müssen wissen, was *sie* wollen, jeder und jede Einzelne. Die gemeinsame Entscheidung kann sie dabei tragen, aber nicht die persönliche Entscheidung ersetzen.

Die Kirche (1)

Leider hat die Kirche diese Freiheit und Souveränität Jesu nicht immer gelebt. Dostojewski erzählt die Geschichte von Jesus und dem Großinquisitor: Jesus taucht wieder unter den Menschen auf, in seiner Kirche und stiftet Unruhe. Die Menschen hören ihm zu, sind fasziniert. Da lässt der Großinquisitor Jesus gefangen nehmen und ins Gefängnis stecken. Nachts geht er zu ihm und macht ihm Vorhaltungen: Stör nicht unsere Kreise. Mach die Menschen nicht wieder rebellisch. Die Menschen wollen deine Freiheit nicht. Sie wollen geführt werden. Wir haben dein Evangelium verbessert, damit die Leute damit leben können. Wir haben ihnen die furchtbare Freiheit wieder abgenommen. Jetzt leben sie zufrieden und folgen der Kirche.

Diese Geschichte ist die Gegengeschichte zum heutigen Evangelium. «Wollt nicht auch ihr gehen?» – «Wir haben ihnen die furchtbare Freiheit abgenommen.» So hat die Kirche ja immer wieder versucht, den «Pfarrkindern» diese Freiheit abzunehmen, sie zu gängeln. Doch das Zweite Vatikanische

Konzil hat endlich nach vielen Irrwegen erklärt: Glauben gibt es nur als freie Entscheidung oder es gibt ihn nicht. Gewiss gibt es in der Kirche immer noch Kräfte, die lieber nach der Methode des Großinquisitors agieren wollen, mit Treueiden, willkürlich erweiterten Glaubensbekenntnissen, mit Lehrverboten und Verweigerung von Lehrerlaubnissen. Aber das wird keine Zukunft haben. Solche Methoden verbieten sich nicht nur vom Evangelium, sie verbieten sich auch vom Selbstverständnis der Menschen her.

Die Kirche (2)

Der Weg Jesu ist ein anderer: Die Freiheit ist Voraussetzung des Glaubens und der Nachfolge. Jesus entlässt die Jünger in diese Freiheit: «Wollt nicht auch ihr gehen?» Simon Petrus antwortet ihm: «Herr, zu wem sollen wir gehen? Du hast Worte des ewigen Lebens.»

Ich wünsche mir eine Kirche, die wie Jesus damals auf die Glaubenskrise unserer Tage reagiert, die neue Lebensräume für die Menschen, vor allem auch für die Jugendlichen, erschließt, in denen sie gute Erfahrungen machen können, Erfahrungen mit Menschen, die wie sie um den richtigen Weg in ihrem Glauben ringen, die nicht schon meinen, damit fertig und am Ende zu sein. Ich wünsche mir eine Kirche, die ohne Druck auf die Gewissen zur Freiheit des Glaubens ermutigt und befähigt. Eine solche Kirche könnte dann das Menschenmögliche tun, um den Glauben zu wecken und weiterzugeben, Erfahrungen mit Gott zu ermöglichen, vielleicht auf ganz neuen Wegen, in neuartigen Gottesdiensten, die Begeisterung wecken und Gemeinschaft stiften. – Den Glauben muss Gott selber schenken. Wir können ihn nicht machen.

Eine solche Kirche würde gerade angesichts der eingangs geschilderten Unsicherheit im Leben vieler Zeitgenossen Aufmerksamkeit erregen, könnte echte Lebens- und Glaubenshilfe für die Menschen anbieten.

Ich wünsche mir eine solche Kirche. Ich möchte dazu gehören. «Wir sind Kirche» sagt das Kirchenvolksbegehren zu Recht. «Herr, wohin sollen wir gehen? Du hast Worte des ewigen Lebens.» Lassen wir uns einladen!

Gebet

Guter Gott,
wie sollen wir uns zurechtfinden im Labyrinth unserer Zeit?
So viele Wege, Umwege, Holzwege, Irrwege!
So viele Einladungen, Versprechungen, Verheißungen!
So viel Unsicherheit und Angst!

Wie soll ich mich finden?
Wie soll ich einen anderen Menschen finden,
an den ich mich binden kann?

Wie soll ich dich finden,
damit ich mich an dich binden kann?

Schenk mir Ahnungen und Erfahrungen deiner Nähe!
Schenk mir Menschen, die mir Mut machen,
Mut und Vertrauen zu mir selber,
Mut und Vertrauen zu anderen Menschen.
Sonst kann ich nicht leben.
Sonst kann ich nicht glauben!

22. Sonntag im Jahreskreis

FUNDAMENTALISMUS

Achte auf deine Gedanken, denn sie werden deine Worte.
Achte auf deine Worte, denn sie werden deine Handlungen.
Achte auf deine Handlungen, denn sie werden deine Gewohnheiten.
Achte auf deine Gewohnheiten, denn sie werden dein Charakter.
Achte auf deinen Charakter, denn er wird dein Schicksal.

Klosterinschrift in England

1. Lesung: Dtn 4,1–2.6–8

2. Lesung: Jak 1,17–18.21b–22.27

Evangelium nach Markus 7,1–8.14–15.21–23:

In jener Zeit hielten sich die Pharisäer und einige Schriftgelehrte, die aus Jerusalem gekommen waren, bei Jesus auf. Sie sahen, dass einige seiner Jünger ihr Brot mit unreinen, das heißt mit ungewaschenen Händen aßen. Die Pharisäer essen nämlich wie alle Juden nur, wenn sie vorher mit einer Handvoll Wasser die Hände gewaschen haben, wie es die Überlieferung der Alten vorschreibt. Auch wenn sie vom Markt kommen, essen sie nicht, ohne sich vorher zu waschen. Noch viele andere überlieferte Vorschriften halten sie ein, wie das Abspülen von Bechern, Krügen und Kesseln. Die Pharisäer und die Schriftgelehrten fragten ihn also: Warum halten sich deine Jünger nicht an die Überlieferung der Alten, sondern essen ihr Brot mit unreinen Händen? Er antwortete ihnen: Der Prophet Jesaja hat recht mit dem, was er über euch Heuchler sagte: Dieses Volk ehrt mich mit den Lippen, sein Herz aber ist weit weg von mir. Es ist sinnlos, wie sie mich verehren; was sie lehren, sind Satzungen der Menschen. Dann rief Jesus die Leute wieder zu sich und sagte: Hört mir alle zu und begreift, was ich sage: Nichts, was von außen in den Menschen hineinkommt, kann ihn unrein machen, sondern was aus dem Menschen herauskommt, das macht ihn unrein. Denn von innen, aus dem Herzen der Menschen, kommen die bösen Gedanken, Unzucht, Diebstahl, Mord, Ehebruch, Habgier, Bosheit, Hinterlist, Ausschweifung, Neid, Verleumdung, Hochmut und Unvernunft. All dieses Böse kommt von innen und macht den Menschen unrein.

Heute fällt immer wieder das Wort «Fundamentalismus», wenn es um Terror und Gewalt geht. Vor allem denken wir dabei an den muslimischen Fundamentalismus, an die Terroranschläge in New York und Washington, an die palästinensischen Selbstmordattentäter, an rigorose Gesetze in Pakistan, im Iran oder anderen muslimischen Ländern, die die Scharia, das religiös begründete Gesetz des Islam, überall einführen wollen, wo die Moslems die Mehrheit haben. Auch die Taliban und die El-Qaeda-Kämpfer gehören in diesen Zusammenhang.

Es gibt aber auch den jüdischen Fundamentalismus bis in die Kleidung und die Haartracht hinein. Sie werfen Steine auf ein Taxi, das am Sabbat fährt, oder siedeln widerrechtlich in palästinensischen Gebieten und provozieren damit Gewalt. Der Terrorismus, der von Israels Regierung ausgeht, hat ebenso einen fundamentalistischen Hintergrund: Man beansprucht das Land der Palästinenser, weil Gott es den Juden übergeben habe. Die jüdischen und die palästinensischen Fundamentalisten zerstören *gemeinsam* alle Hoffnung auf Frieden und Versöhnung in dieser Region.

Aber wir dürfen nicht nur Steine auf andere werfen: Es gibt auch den christlichen Fundamentalismus, das Pochen auf ein wortwörtliches Verständnis der Schrift, auf die Satzwahrheiten der Dogmen oder auf die Einhaltung kleinlicher Kirchengesetze. Ich erinnere die Älteren nur an die Nüchternheitsgebote vor der Kommunion, an die Diskussion, ab wieviel Gramm Fleisch am Freitag die Todsünde beginne, und an die Drohung, im Bereich der Sexualität gebe es nur schwere Sünden, die von Gott trennen.

Christliche Fundamentalisten gibt es auch heute in vielen kleinen Gruppen und Gemeinschaften innerhalb der Kirche. Die Auseinandersetzung um den Bischof Lefebvre und seine Nachfolgeorganisationen ist ja nur die Spitze des Eisbergs. Es gibt katholische Fundamentalisten auch in unseren Gemeinden. Sie denunzieren Priester und Gemeinden beim Bischof, oder den Bischof beim Papst, wenn Liturgievorschriften nicht exakt eingehalten werden, wenn Laien nach dem Evangelium in der Messe predigen, wenn evangelische Christen zur Kommunion gehen, und so fort ... Eins ist allerdings verschieden zum muslimischen und jüdischen Fundamentalismus: Die christlichen Fundamentalisten haben keine Staatsgewalt, keine Waffen und kein Feuer mehr wie zu Zeiten der Großinquisitoren.

Schwangerenkonfliktberatung

Einen schmerzlichen Konflikt erleben wir zur Zeit im Bereich der Schwangerenkonfliktberatung. Auch hier geht es nach meiner Überzeugung um katholischen Fundamentalismus: Der Papst hat die Ausstellung der Beratungsscheine, die zur straffreien Abtreibung berechtigen, verboten. Viele Bischöfe sind zähneknirschend gefolgt, obwohl es gegen ihre zuvor bekundete Gewissensentscheidung *für* die Beibehaltung der Beratung im Rahmen des Gesetzes war. Jetzt geben sie zu, dass die Schwangerenkonfliktberatung, die früher 20 bis 35 Prozent der Beratungen ausmachte, gegen Null tendiert. Die Frauen, die in ihrer Not unter Umständen an eine Abtreibung denken, kommen nicht mehr in kirchenamtliche Beratungsstellen. Bischof Kamphaus wurde von Rom gegen sein Gewissen gezwungen hinzunehmen, dass seine Diözese aus der Form der Beratung im Sinne des Gesetzes aussteigt. Ich frage: Wie wollen es die katholischen Kreise in Rom und auch hier in Deutschland vor ihrem Gewissen verantworten, an der Abtreibung vieler Kinder durch unterlassene Hilfeleistung mitschuldig zu werden? Ich habe schon Kinder getauft, die nur geboren wurden, weil die Mütter in den katholischen Beratungsstellen Hilfe und Ermutigung gefunden hatten. Zu einer Stelle, die gegebenenfalls keine Beratungsscheine ausstellen würde, wären sie nicht gegangen.

So sehr auch die Intention der katholischen Beratungsstellen darauf zielt, Frauen zu ermutigen, Ja zu ihren Kindern zu sagen, so sehr zielt *Beratung* zunächst darauf, Frauen zu einer eigenen verantwortlichen Entscheidung zu verhelfen, ohne die sie auch nicht Ja zu einem Kind sagen können. Diese verantwortliche Entscheidung kann aber auch zu einem Nein führen. Dies zu akzeptieren gehört zu einer verantwortungsvollen Beratung und zum Respekt vor der Freiheit der beteiligten Frauen, die auch bei einer Entscheidung zur Abtreibung weiter in den Beratungsstellen eine gute Begleitung finden sollten. Beratung ist eben Beratung und weder Überredung noch Bevormundung. Eine bloß fundamentalistische Verurteilung von außen hilft keiner Frau und keinem Kind.

Gott Dank, dass katholische «Laien», die sachkundiger sind und näher bei den Frauen, sich dazu entschlossen haben, selber Beratungsstellen im Rahmen des Gesetzes zu schaffen, die auch diesen Frauen beistehen («Donum vitae» und «Frauenwürde»). Die Erfahrung hat gezeigt, dass viele Frauen, die früher zu den offiziellen Beratungsstellen der katholischen Kirche kamen, jetzt die Konfliktberatung bei diesen Stellen aufsuchen. Auch diese Stellen sind für mich und für viele andere *kirchliche* Stellen.

Das Gesetz

Alle Fundamentalisten fragen nicht nach den Menschen, sondern nur nach der Einhaltung ihrer Ordnung, ihrer Gesetze, die oft bis ins kleinste Detail ausgearbeitet sind und keinen Spielraum für die unterschiedlichen Situationen der Menschen bieten. Sie fragen nicht mehr nach dem ursprünglichen Sinn und Sitz im Leben der alten Verordnungen. Darin zeigt sich das Reaktionäre und Menschenfeindliche des Fundamentalismus, wo immer er auftritt. Die Anfälligkeit für solchen Fundamentalismus ist sicher auch in der Unsicherheit der modernen, unübersichtlichen Welt begründet. Deswegen reicht auch nicht eine bloße Kritik dieses Verhaltens. Es geht um andere, glaubwürdige Lebensentwürfe. Die fundamentalistischen Kreise sind auch immer nur kleinere Kreise und besondere Gruppierungen innerhalb der verschiedenen Religionen. Aber viele von ihnen haben große Macht. Die Kritik am Fundamentalismus betrifft also nicht die Mehrheit der Gläubigen. Das ist gerade heute wichtig, wo leicht im Kampf gegen den Terrorismus ganze Religionen verdächtigt werden.

Jesus

Mit dem Fundamentalismus setzt sich auch Jesus im heutigen Evangelium auseinander. Seine Kritiker meinen, mit einer buchstäblichen Erfüllung der Gesetze und all der kleinlichen Reinigungsvorschriften sei alles getan. Sie verlieren den Sinn der Gebote aus den Augen: dem Leben der Menschen mit Gott zu dienen.

In der ersten Lesung heißt es: «Hört und folgt, damit ihr lebt ... Welche Nation hat solche Gebote und Rechtsnormen, die so *sachgemäß* sind ... Welches Volk hat Gott so nah.» Hier geht es gerade um die Sachgemäßheit, um die Menschenfreundlichkeit der Gebote Gottes, nicht um eine mit göttlicher Macht auferlegte Ordnung, die knechtet und die den Menschen nicht zum Leben dient.

Jesus hält seinen fundamentalistischen Kritikern entgegen: «Ihr gebt Gottes Gebot preis und haltet euch an die Überlieferung der Menschen.» Es scheint ja eine ständige Versuchung zu sein: Indem ich irgendwelche Vorschriften genau erfülle, erfülle ich meine Verpflichtungen gegenüber Gott. Dann kann ich ihm mein Herz vorenthalten. Damit ist immer auch eine Verurteilung der Leute verbunden, die nicht so leben.

Fundament des Glaubens oder Fundamentalismus

Die Texte des heutigen Sonntags legen nahe, zwischen dem Fundament unseres Glaubens und dem Fundamentalismus zu unterscheiden. Fundament ist der Gott, der in die Freiheit führen will, zum Leben, vor allem die Armen und Unterdrückten, die Witwen und Waisen, die Kleinen und Kinder, denen die Mächtigen so oft das Leben vorenthalten. So müssen wir unterscheiden zwischen Gotteswerk und Menschensatzung, zwischen dem Wesentlichen und dem bloß Äußeren, auch in unserem Glauben. Die eigentlichen Sünden kommen aus der falschen Gesinnung, sagt Jesus, aus dem Herzen. Da beginnen Feindschaft und Ungerechtigkeit, Bosheit und Gewalt, Habgier und Mord.

Deswegen trifft Gottes Gebot vor allem das Herz des Menschen, in dem die Entscheidung fällt. Diese innere Entscheidung muss sich dann natürlich auch im Verhalten zeigen. Dieses Verhalten bedarf einer vernünftigen gemeinsamen Ordnung des gesellschaftlichen und religiösen Lebens. Aber das Kriterium ist nicht eine peinlich buchstabengetreue Gesetzeserfüllung, sondern die Frage, ob das Verhalten der Gerechtigkeit dient, der Menschenwürde der Armen, dem Frieden und der Verständigung, dem Leben der Menschen und seiner Beziehung zu Gott. Dann kann ich auch erfahren, dass Gottes Gebote weise und verständig sind, dem Menschen angemessen. Sonst werden sie nichts mehr bedeuten.

Die christlichen Kirchen werden nur einen Beitrag dazu leisten können, den menschenfeindlichen Fundamentalismus in seinem religiösen Gewande mit seinen schrecklichen Folgen zu überwinden,

– wenn sie nicht ihre Gesetze und Gebote absolut setzen und Menschen unter Druck setzen,

– wenn sie den Egoismus und den Machtwillen erkennen und überwinden, der von innen her alles vergiftet, auch das Gottesverhältnis,

– wenn sie die tödlichen Mechanismen unserer Konkurrenzgesellschaft

überwinden zugunsten einer neuen Solidarität, die auch die Arbeitslosen und Flüchtlinge, die Armen auf der Welt mit einbeziehen,
– wenn sie unsere Welt als Mitwelt und Umwelt für die kommenden Generationen erhalten und wiederherstellen helfen,
– wenn sie Wege zur erfüllten Sexualität und Liebe aufzeigen können,
– wenn sie Wege zur Versöhnung finden, die den sinnlosen Verbrauch von Menschen und Ressourcen für Rüstung und Krieg überflüssig machen,
– wenn sie Begegnung mit den anderen suchen und sie nicht schon deswegen verurteilen, weil sie anders denken und leben,
– wenn sie nahe bei den Menschen sind, bei ihren Fragen und Sorgen,
– wenn sie so für ein sachgemäßes Leben, für das Überleben der Menschheit eintreten.
– wenn sie zeigen können, dass die Gebote Gottes das Leben nicht einschränken, sondern befreien, den Menschen Sinn und Erfüllung anbieten.
Dann werden die Menschen vielleicht sagen: Das ist ein Volk, in dem Gott nahe ist.

Gebet

Guter Gott,
Du willst das Leben aller Menschen!
Doch viele wollen in deinem Namen andere verurteilen
oder sie mit Gewalt auf den «richtigen» Weg zwingen.
Jeder Fundamentalismus führt
zu gegenseitiger Vernichtung,
zu Chaos und Unterdrückung.
Es fehlt der Respekt vor dem Anderssein des anderen,
vor seiner Freiheit und Würde.
Das kann doch nicht dein Wille sein!

Lehre die christlichen Kirchen
deine Liebe zu allen Menschen.
Lass uns aus dem Herzen heraus, aus der Mitte unseres Lebens,
gut sein und gut umgehen mit den Menschen,
auch mit denen, die anders sind als wir.
Lass uns gut sein und gut umgehen auch mit uns selbst.
Lehre uns deine Liebe, die aus der Mitte deines Herzens kommt.
Dann werden wir Welt und Menschen zum Leben dienen.

23. Sonntag im Jahreskreis

TAUBSTUMM

gott – im anfang ist das wort
und das wort ist bei gott – gott ist das wort
das wort das tröstet – das wort das heilt ...
das wort das mut macht – das wort das hoffnung nährt
das wort das blinde wieder sehend macht
das wort so schön dass taube wieder aufhorchen ...
das wort um das es sich lohnt zu leben
das wort das in uns fleisch werden will
das in uns hand und fuss bekommen will

Wilhelm Willms

1. Lesung: Jes 35,4–7a

2. Lesung: Jak 2,1–5

Evangelium nach Markus 7,31–37:

> In jener Zeit verließ Jesus das Gebiet von Tyrus und kam über Sidon an den See von Galiläa, mitten in das Gebiet der Dekapolis. Da brachte man einen Taubstummen zu Jesus und bat ihn, er möge ihn berühren. Er nahm ihn beiseite, von der Menge weg, legte ihm die Finger in die Ohren und berührte dann die Zunge des Mannes mit Speichel; danach blickte er zum Himmel auf, seufzte und sagte zu dem Taubstummen: Effata!, das heißt: Öffne dich! Sogleich öffneten sich seine Ohren, seine Zunge wurde von ihrer Fessel befreit, und er konnte richtig reden. Jesus verbot ihnen, jemand davon zu erzählen. Doch je mehr er es ihnen verbot, desto mehr machten sie es bekannt. Außer sich vor Staunen sagten sie: Er hat alles gut gemacht; er macht, dass die Tauben hören und die Stummen sprechen.

Jesus fackelt nicht lange. Er geht auf den Taubstummen zu. Er nimmt ihn beiseite. Er geht auf Tuchfühlung mit den Menschen. Er sucht Hautkontakt: die Finger in die Ohren, sogar den Speichel auf die Zunge. Und all das zielt auf das eine Wort: Effata, öffne dich! Er sagt nicht: Du sollst hören und sprechen können, sondern er sagt: Öffne *dich*! Da geht es nicht bloß um diese oder jene Fähigkeit, sondern um den ganzen Menschen. Der *Mensch* muß sich öffnen, wenn er richtig hören und sprechen will. Das ist nicht nur eine Sache der Ohren und der Zunge.

Taubheit

Wir wissen heute: Die Stummheit ist Folge der Taubheit. Alles Sprechen ist Nachsprechen. Jedes Wort von uns ist schon Antwort auf das Wort, das zu uns gesprochen wurde. Nur wer angesprochen wird und hört, kann auch selber sprechen lernen.

Das Hören ist nicht nur eine Sache der Akustik und des Ohres. Der ganze Mensch muß hören, muß offen sein für das, was ihm gesagt wird. «Du kannst heute wohl schlecht hören!», sagt die Mutter zu ihrem Kind, wenn es nicht gehorchen will. Hören und gehorchen hängen nicht nur sprachlich eng zusammen. Hören heißt Hinhorchen auf das, was der andere eigentlich meint. «Man hört nur mit dem Herzen gut!», so kann man in Abwandlung eines Wortes von Antoine de Exupéry sagen. Wenn ich hören will, muss ich auch hinschauen, das Gesicht, das Mienenspiel, den Ausdruck des anderen wahrnehmen. Nur so kann ich erkennen, was der andere meint, was er vielleicht hinter seinen Worten verbirgt, was er sich nicht zu sagen traut. Ich höre nur gut, wenn ich spüre, was den anderen bewegt. So hören manche sogar gut oder besser als ich, auch wenn ihr Ohr taub ist, weil sie ein inneres Gespür entwickelt haben für das, was den anderen bewegt und was sich in vielfacher Weise umsetzt und erfahrbar macht für den aufmerksamen Mitmenschen. Solches Hinhören, Hinhorchen gehört zu jeder Partnerschaft. Wenn ich nicht höre, was den anderen bewegt, kann ich auch nicht mit ihm sprechen.

Hineinhören in sich selber

Vielleicht kann ich nur so auf andere hören, wenn ich mich auch getraue, in mich hineinzuhören, wenn ich geduldig und gelassen auf das höre, was in mir vorgeht; wenn ich nicht fliehe vor meinen eigenen Ängsten und Erwartungen, vor meinen Enttäuschungen und Hoffnungen. Oft blockiere ich mich selbst, werde taub für andere, weil ich taub bin für mich selbst, weil ich verdränge, was in mir vorgeht, weil ich Angst habe vor meinen eigenen Untiefen. Wenn ich nicht in mich hineinhöre, werde ich stumm, auch wenn ich viele Worte sage, um diese Stummheit zu übertönen.

Unterscheiden

Es wird ja heute soviel geredet wie nie zuvor. Es kommen viel mehr Worte auf uns zu als in allen Zeiten früher: Die Medien, die vielen Fernsehprogramme und Zeitungen bringen Worte über Worte an unser Ohr und Bilder vor unser Auge. Es ist erstaunlich zu beobachten, wie Politiker oft mit vielen Worten nichts sagen. Die Parolen, die Werbung, die Reklame und Propaganda wollen ja auch nichts sagen, sondern nur überreden. Auch viele Kirchenworte scheinen leer, bloß fromme Floskel.

Um richtig zu hören, müssen wir unterscheiden lernen zwischen Wichtigem und Unwichtigem, zwischen Wahrem und Falschem, zwischen Worthülsen und Worten, die uns betreffen. Jeder Mensch wählt unbewusst schon aus, was er hören will. Das andere überhören wir einfach. Aber Vorsicht: es ist nötig, sich immer wieder darüber Gedanken zu machen, nach welchen Kriterien wir (bewusst oder unbewusst) auswählen, was wir hören wollen. Es kann auch sein, dass wir wichtige Nachrichten, wichtige Worte, die uns betreffen, schon deswegen ausschneiden und wegwerfen, weil wir insgeheim spüren, dass diese Worte uns unruhig machen und Änderungen in unserem Verhalten auslösen können. So achten wir vielleicht zu wenig darauf, wo uns ein anderer mit seiner Not anspricht und auf unser Zuhören wartet oder wo andere eine Änderung in unserem Verhalten anmahnen. Worte sprechen, die Menschen erreichen und ihnen helfen, kann ich nur, wenn ich vorher auf sie gehört hat, auf ihre Fragen und Hoffnungen, ihre inneren Verletzungen und Enttäuschungen. Sonst bleibe ich stumm.

Kommunikation in der Gesellschaft

Gerade heute bei der überall festgestellten Beliebigkeit und Unübersichtlichkeit, wo die Normen des gesellschaftlichen und politischen Lebens nicht mehr von vorn herein festliegen, ist das öffentliche Gespräch, die breite Diskussion Voraussetzung für das Gelingen des Gemeinwesens. Wir erleben das gerade bei den anstehenden Fragen der Bioethik, des wirksamen Kampfes gegen den Terror und der Verantwortbarkeit von Krieg überhaupt. Doch auch da gibt es ähnliche Blockaden des Dialogs wie im persönlichen Bereich. Da gibt es Taubheit und Stummheit trotz der vielen Worte, die gewechselt werden. Vielfach gilt etwas schon als verdächtig und falsch, da es der Vertreter einer anderen politischen Partei gesagt hat. Kritische Worte im eigenen Lager gelten schnell als Verrat. So kann kein Dialog über die anstehenden Fragen gelingen. Die Machtfrage überdeckt vielfach die Wahrheitsfrage.

Wenn die Verantwortlichen in der ehemaligen DDR oder in der Sowjetunion besser und früher gehört hätten, was im Volke vor sich ging, dann wäre die Entwicklung anders verlaufen. Das Wort von Gorbatschow: «Wer zu spät kommt, den bestraft das Leben,» können wir auch so übersetzen: Wer nicht auf die Menschen hören kann oder will, wer nur seine eigene Macht im Auge hat, der scheitert. Wir möchten wünschen, dass die Verantwortlichen und Mächtigen in aller Welt hinhören auf die Sehnsucht nach Gerechtigkeit und Frieden. Die Wirtschaft, die Weltbank und der Internationale Währungsfonds müssten ihre Politik ändern, wenn sie wirklich auf die Stimmen der Menschen, der Armen und Unterdrückten hören würden! Aber die Sorge um die eigene Macht und das eigene Geld macht sie taub und stumm. So eskalieren die Probleme in vielen Völkern, bis sie plötzlich ausbrechen und viele Menschen in den Abgrund ziehen. Dann fällt den Mächtigen nur ihr Militär ein, für das plötzlich viele Milliarden zur Verfügung stehen, die vorher für die Entwicklung der Völker nicht freigegeben wurden. Ein rechtzeitiges Hinhören auf die Probleme der Menschen und Völker und eine hilfreiche Antwort auf ihre Not wäre menschlicher und billiger. Wer nicht hören kann, hat vielleicht Macht, aber er hat nichts zu sagen.

Verheißung

Wir gleichen alle dem Taubstummen des heutigen Evangeliums. Wir brauchen die Tuchfühlung, den Hautkontakt mit Jesus. Er nimmt uns die Angst, in uns hineinzuhören und auf das hinzuhören, was die anderen uns wirklich sagen wollen. Er gibt uns seinen Geist, damit wir die Worte sprechen, von denen andere leben können. Am Schluss des heutigen Evangeliums heißt es: «Er hat alles gut gemacht. Den Tauben gibt er das Gehör und den Stummen Sprache.» So wird unser Bitten um das richtige Hören auch zum Bitten um die richtigen Worte, um die Worte, von denen ich selber und die anderen leben können.

Wir wollen darum bitten, dass dies auch heute geschieht, nicht nur für unser privates Miteinander, sondern auch für die kirchliche, gesellschaftliche und politische Öffentlichkeit. Nur so kann Frieden werden.

Gebet

Guter Gott,
du hast dich ausgesprochen im Wort des Lebens,
in Jesus, deinem Sohn, unserem Bruder und Freund.
Wir kommen zu dir mit unserer Taubheit und unserem Stummsein.

Tu uns die inneren Ohren auf.
Lass uns verstehen und annehmen, was in uns selber vorgeht.
Lass uns Menschen finden, die uns zuhören.
Lass uns hören, was sie uns sagen wollen.

Lehre uns Worte zu sprechen,
die nicht die Wahrheit verschleiern und lügen,
sondern die helfen und heilen.

Löse die Taubstummheit in unserer Weltgesellschaft.
Lass den Dialog in den Überlebensfragen der Menschheit gelingen,
damit nicht Interessen und Macht eine menschliche Zukunft blockieren,
sondern Gerechtigkeit und Frieden für alle möglich werden.

24. Sonntag im Jahreskreis

GLAUBEN IM ZWIESPALT

> Ja, diese sichere und beständige Lehre, der gläubig zu gehorchen ist, muss so erforscht und ausgelegt werden, wie unsere Zeit es verlangt. Denn etwas anderes ist das Depositum fidei oder die Wahrheiten, die in der zu verehrenden Lehre enthalten sind, und etwas anderes ist die Art und Weise, wie sie verkündet werden, freilich in dem gleichen Sinn und derselben Bedeutung. Hierauf ist viel Aufmerksamkeit zu verwenden; und, wenn es not tut, muss geduldig daran gearbeitet werden, das heißt, alle Gründe müssen erwogen werden, um die Fragen zu klären, wie es einem Lehramt entspricht, dessen Wesen vorwiegend pastoral ist.
>
> *Johannes XXIII., Eröffnungsansprache zum Zweiten Vatikanischen Konzil*

1. Lesung: Jes 50,5–9a

2. Lesung: Jak 2,14–18

Evangelium nach Markus 8,27–35:

> In jener Zeit ging Jesus mit seinen Jüngern in die Dörfer bei Cäsarea Philippi. Unterwegs fragte er die Jünger: Für wen halten mich die Menschen? Sie sagten zu ihm: Einige für Johannes den Täufer, andere für Elija, wieder andere für sonst einen der Propheten. Da fragte er sie: Ihr aber, für wen haltet ihr mich? Simon Petrus antwortete ihm: Du bist der Messias! Doch er verbot ihnen, mit jemand über ihn zu sprechen. Dann begann er, sie darüber zu belehren, der Menschensohn müsse vieles erleiden und von den Ältesten, den Hohenpriestern und den Schriftgelehrten verworfen werden; er werde getötet, aber nach drei Tagen werde er auferstehen. Und er redete ganz offen darüber. Da nahm Petrus ihn beiseite und machte ihm Vorwürfe. Jesus wandte sich um, sah seine Jünger an und wies Petrus mit den Worten zurecht: Weg mit dir, Satan, geh mir aus den Augen! Denn du hast nicht das im Sinn, was Gott will, sondern was die Menschen wollen. Er rief die Volksmenge und seine Jünger zu sich und sagte: Wer mein Jünger sein will, der verleugne sich selbst, nehme mein Kreuz auf sich und folge mir nach. Denn wer sein Leben retten will, wird es verlieren; wer aber sein Leben um meinetwillen und um des Evangeliums willen verliert, wird es retten.

Jesus lässt seine Jünger erzählen, was die Leute so alles über ihn sagen. Doch dann durchbricht er die Erzählungen, die ja interessant sein mögen, aber letztlich doch unverbindlich sind, und wendet sich direkt an die Jünger: «Ihr aber, für wen haltet ihr mich?» Da können sie nicht mehr ausweichen.

Ich fürchte, dass viele Gespräche über den Glauben heute in Unverbindlichkeit stecken bleiben. Über Jesus und den Glauben kann man trefflich streiten, vor allem über die Kirche. Dem einen ist *dies* wichtig, dem anderen *jenes*. Die unterschiedlichen Meinungen zeigen die Vielgestaltigkeit des Glaubens, der nicht in *eine* Formulierung einzufangen ist. Der eine hält für gefährlich, was dem anderen gerade wichtig und hilfreich erscheint. Schwierig wird es nur, wenn sich die eine Seite im Besitz des wahren Glaubens wähnt und den anderen dann Unglauben oder falschen Glauben unterstellt. Dann ist die Äußerung der eigenen Meinung gefährlich, Verständigung fast unmöglich und das Gespräch zu Ende. So scheint es mir in der letzten Zeit immer häufiger der Fall zu sein in den Auseinandersetzungen zwischen der Glaubenskongregation und vielen Theologen. Doch diese Auseinandersetzungen spiegeln sich (leider) auch in den Gemeinden wider. Es gibt einen Fundamentalismus in Glaubensfragen, der mich erschrecken lässt. Woher diese Sicherheit, dieser Rigorismus, die Verurteilung Andersdenkender?

Es ist wichtig, dass auf dem Hintergrund aller Gespräche über Glauben und Kirche immer wieder die Frage auftaucht: Du aber, für wen hältst du mich? Da kann ich nicht in unterschiedliche Theorien ausweichen. Da geht es um mein unverwechselbares Verhältnis zu diesem Jesus und zu dem Gott, in dessen Namen er auftritt. Wie antworte ich auf diese Frage?

Petrus

Petrus antwortet spontan: «Du bist der Messias!» Damit antwortet er mit der Hoffnung Israels auf den Gesalbten Gottes (hebräisch: Messias, griechisch: Christus, deutsch: der Gesalbte), der endlich alles im Sinne Gottes richten wird, der nicht seine eigene Macht und Herrschaft, seinen Reichtum und seinen Glanz sucht wie die «Gesalbten» vorher.

Jesus nimmt (anders als im Matthäusevangelium) nicht Stellung zu diesem Bekenntnis. Er sagt nicht, die Antwort des Petrus sei falsch, aber er verbietet seinen Jüngern, weiter darüber zu sprechen. Der Titel «Messias» hatte im zeitgenössischen Judentum einen politisch-nationalen Hintergrund. Man erwartete vom Messias, dass er das Volk Israel endlich aus der Herrschaft Roms befreie. Diesen Vorstellungen wollte Jesus aber nicht folgen. Ein richtiges Glaubensbekenntnis «Du bist der Messias» kann also wegen der Bedeutung dieses Wortes zum Missverständnis führen und vom Glauben ablenken. Jesus selbst hat sich sicher nicht so genannt. Deswegen das Verbot. Später wurde der Titel «Messias», «Christus» dann zum Eigennamen Jesu: Christus Jesus oder Jesus Christus.

Die Worte unserer Glaubensbekenntnisse fallen nicht einfach vom Himmel, sondern sind an das Verständnis einer bestimmten Zeit gebunden, so dass sie immer wieder «übersetzt» werden müssen, um die innere Wahrheit zu behalten. Das wird oft bei dem Streit um den richtigen Glauben vergessen, wenn einfach alte Bekenntnisse zum Maßstab genommen werden, um den Glauben von Menschen heute zu beurteilen. So müssen wir uns fragen, was denn dem Messias-Bekenntnis des Petrus heute entspricht.

Glaube im Zwiespalt (1)

Der Glaube ist also in einem tiefen Zwiespalt: Einerseits muss er sich aussprechen, sein Bekenntnis in allen Sprachen formulieren, es denkerisch durchdringen und in den gesellschaftlichen Diskurs einbringen, andererseits ist jedes Wort missverständlich und auch vielfach missbraucht worden. Das gilt auch von den Worten «Messias» und insbesondere von dem Wort «Gott». Nur wenn man um diesen Zwiespalt weiß, kann man *aus* dem Glauben und *über* den Glauben reden, ohne auf der einen Seite in eine Beliebigkeit oder auf der anderen Seite in einen fundamentalistischen Dogmatismus abzurutschen.

Glaube im Zwiespalt (2)

Im heutigen Evangelium wird aber noch ein anderer Zwiespalt deutlich, der alle Gläubigen betrifft: Petrus bekennt den wahren Glauben, aber er stellt sich Jesus in den Weg, als er vom Leiden und Kreuz spricht, das auf ihn warte. Petrus übersieht – da ist er vielleicht selber einem falschen Messias-Verständnis erlegen – ,dass der Retter angesichts des Zustandes dieser Welt selber in eine unrettbare Situation hineingerät, weil seine Botschaft auf Verhärtung sündiger Strukturen, auf religiöse und politische Machtinteressen stößt. Das Bekenntnis zu diesem Jesus führt seine Jüngerinnen und Jünger in die gleiche Enge hinein, die bis zum gewaltsamen Tod führen kann.

Petrus will keinen leidenden Messias. Er kann ihn nicht in seinen Vorstellungen unterbringen. Er stellt sich ihm in den Weg. Da wird er zum Widersacher Jesu, zum Satan. Es gibt kein schärferes Wort der Zurückweisung durch Jesus. Da liegt der Zwiespalt offen: der Zwiespalt zwischen dem wahren Glaubensbekenntnis und dem eigenen Leben. Dieser Zwiespalt hat noch tiefere Furchen durch die Kirchengeschichte gezogen als der Zwiespalt im Ringen um die richtige Glaubensaussage. Es waren oft blutige Spuren, die bis nach Auschwitz führen, Spuren «christlicher» Gleichgültigkeit gegenüber dem Leid, das den Juden angetan wurde, Spuren von Gewalt und Mord. Es waren aber auch Spuren europäisch-christlicher Überheblichkeit allen anderen Völkern der Welt und ihren Religionen gegenüber.

Nur im Wissen um diese schrecklichen Spuren können wir glaubwürdig den Zwiespalt aushalten zwischen der Verkündigung und dem Leben der christlichen Kirchen. In der Nachfolge Jesu sind sie gerufen, Opfer, nicht Täter der Gewalt zu werden.

Petrus musste das im Laufe seines Lebens immer neu lernen. Doch im Blick auf das heutige Evangelium können wir auch sagen: Er *durfte* das immer neu lernen. Denn die Zurückweisung durch Jesus enthält ein Wort, das leider nicht richtig übersetzt wird: «Weg von mir, Satan!», dies ist nur die eine Hälfte, die andere heißt «Hinter mich!» «Geh mir aus den Augen!», wie die Einheitsübersetzung sagt, trifft gerade nicht den Kern der Aussage. Jesus distanziert sich von Petrus, räumt ihn aus dem Weg, aber schickt ihn nicht wegen seines Versagens fort, sondern ruft ihn *hinter sich* in die Nachfolge, auch in die Nachfolge, die Leid und Kreuz mit sich bringt. Letztlich hat Petrus in seinem Glauben und Leben diesen Zwiespalt zwischen Bekenntnis und Leben ausgehalten, ist an ihm gereift, bis er dann zum ungeteilten Boten dieser Botschaft wurde.

Ehrlichkeit

Glaubwürdig können christliche Kirchen nur sein, wenn in ihrem Reden und Handeln das Bewusstsein dieses doppelten Zwiespaltes deutlich wird: das Wissen um die missverständlichen und oft missbrauchten Worte des Glaubens und um den Zwiespalt, oft den Widerspruch, zwischen Glauben und Leben. Ehrlichkeit auch in Bezug auf die dunklen Seiten der eigenen Geschichte und des eigenen Lebens gehört zu den Voraussetzungen von Glaubwürdigkeit und Zukunftshoffnung. Deswegen ist es gut, dass in den Evangelien (nicht nur an dieser Stelle) vom Glauben *und* Versagen der unmittelbaren Zeugen berichtet wird. Die Evangelien sind keine Heldengeschichten, sondern Versagens- *und* Glaubensgeschichten.

Das ist tröstlich. Denn das macht es uns auch möglich, ehrlich mit dem doppelten Zwiespalt im eigenen Leben umzugehen: Um Worte zu ringen, um unseren Glauben auszusagen trotz aller Vorläufigkeit unserer (und der kirchenamtlichen) Aussagen und an dem Zwiespalt zwischen Glauben und unserem Leben nicht zu zerbrechen. Dann können wir auch Versagen zugeben und um Vergebung bitten. Dann können wir getrost und voll Vertrauen, fragend und voller Hoffnung den Glaubensweg weitergehen, der uns in unserer Zeit vorgezeichnet ist, auch wenn er durch Einsamkeit, Enttäuschung, Leid und Kreuz hindurchführt. Jesus wechselt auch uns nicht aus.

Gebet

Jesus, Messias, Christus,
ich kann Petrus gut verstehen,
der dich nicht leiden sehen wollte.
Wer kann einen Unschuldigen leiden sehen?
Wer kann überhaupt Leiden mit offenen Augen zusehen?
Wer will sich denn selber auf einen Weg wagen,
der mit Leiden verbunden ist?

Du bist diesen Weg gegangen,
Schritt für Schritt,
im Vertrauen auf den Vater,
aber sicher auch in tiefer Angst.

Viele sind dir gefolgt bis in den Tod.
Viele haben aber auch in deinem Namen
Tod über andere gebracht,
guten Glaubens. Guten Glaubens?

Wechsele uns, wechsele deine Kirchen nicht aus,
weil wir, weil sie versagt haben.
Ruf uns immer wieder auf deinen Weg,
damit wir ihn gehen
nicht selbstsicher, aber voll Vertrauen,
barmherzig und voller Hoffnung!

25. Sonntag im Jahreskreis

WER IST DER GRÖSSTE?

Beliebiger Schauplatz: Schulhof, Jugendtreff, Wirtshaustisch, Autobahn. Wer kennt sie nicht, die vielfältigen und häufigen Gelegenheiten zum Kräftemessen und Größenvergleich? Wer kann von den tollsten Erlebnissen berichten? Wer ist am schnellsten? Wer hat die witzigsten Ideen? «Dumm gelaufen», wenn eine oder einer dabei nicht mithalten kann und dann auch noch zur Zielscheibe des Spotts der anderen wird.
Kann wirkliche Achtung durch Übertrumpfen, Hänseln oder gar Demütigung anderer gewonnen werden? Selbst größer erscheinen. Durch Abwertung und Erniedrigung anderer?! Ein beliebtes und scheinbar gut funktionierendes Spiel. Mit dem Ergebnis, dass es dabei letztendlich keine Gewinner, nur Verlierer gibt.

Ingrid Auernhammer, Materialien zur ökumenischen Friedensdekade 2000

1. Lesung: Weish 2,12.17–20

2. Lesung: Jak 3,16–4,3

Evangelium nach Markus 9,30–37:

Jesus und seine Jünger gingen weg und zogen durch Galiläa. Er wollte aber nicht, dass jemand davon erfahre; denn er wollte seine Jünger unterweisen. Er sagte zu ihnen: Der Menschensohn wird den Händen von Menschen ausgeliefert und sie werden ihn töten: doch drei Tage nach seinem Tod wird er auferstehen. Aber sie verstanden das Wort nicht, scheuten sich jedoch, ihn zu fragen.
Sie kamen nach Kafarnaum. Und als er im Hause war, fragte er sie: Worüber habt ihr unterwegs gesprochen? Sie schwiegen; denn sie hatten unterwegs miteinander darüber gesprochen, wer der Größte sei. Da setzte er sich, rief die Zwölf und sagte zu ihnen: Wer der Erste sein will, soll der Letzte von allen und der Diener aller sein. Und er stellte ein Kind in ihre Mitte, nahm es in seine Arme und sagte zu ihnen: Wer ein solches Kind in meinem Namen aufnimmt, nimmt mich auf; wer aber mich aufnimmt, nimmt nicht mich auf, sondern den, der mich gesandt hat.

Wer ist der oder die Größte, Stärkste, Schnellste, Schönste? Der Kampf um die ersten Plätze bestimmt vielfach das Leben und die Beurteilung von Menschen. Bei Olympia ist oft der Zweite schon der Verlierer. Im Zuge der Globalisierung häufen sich die Elefantenhochzeiten der Großen: Banken, Multis, UMTS-Lizenzen, Telekommunikation. Wer ist der Größte in der Show-Szene, wer verdient am meisten? Wer hat das Sagen im Medienbereich: Murdoch, Berlusconi oder Kirch? Nur wenige Große werden überleben und den Markt bestimmen.
Aber wer benennt die Opfer? Wer bekennt sich zu ihnen? Die Manager werden mit großen Summen abgefunden, die Kleinen in Arbeitslosigkeit und

Armut entlassen. Die Zahl der so Ausgegrenzten wächst und umfasst schon mehr als ein Drittel der Weltbevölkerung.

Das gleiche spielt sich auch in kleinerem Rahmen ab: Wer ist der Größte in der Familie, der Gruppe, der Schulklasse, dem Verein, am Arbeitsplatz? Der Streit darüber, wer denn der Größte sei, wurde schon unter den Jüngern geführt. Sie fühlen sich von Jesus ertappt, weil sie spüren, dass dies nicht in das Konzept Jesu passt. Doch die Frage geht auch heute in der Kirche weiter: Wer ist der Größte in der Kirche? Wer hat das Sagen? – Wiederum die Frage: Wer benennt die Opfer? Wer bekennt sich zu ihnen?

Rechtsradikalismus

Der Rechtsradikalismus in unserem Volk und auf unseren Straßen geht von der einfachen These aus: Wir sind die Besseren, unsere Nation, unsere Rasse. Uns gehört die Straße! Wir haben das Recht, uns zu wehren! Die Feinde, die uns das Leben streitig machen, das sind die Fremden, die Flüchtlinge, die Ausländer generell. So gibt es heute in Deutschland so genannte «Ausländerfreie Zonen» oder «Befreite Zonen», in die sich kein Ausländer mehr hineintraut, auch wenn er schon Jahre hier lebt und arbeitet. Doch dies betrifft nicht nur kleine Gruppen am Rande, sondern vielfach die Mitte der Gesellschaft. Überall, wo auf die jeweils Schwächeren eingehauen wird, mit Fäusten oder mit Vorurteilen, mit Worten oder mit Witzen, wo gar Wahlkampf betrieben wird mit der unterschwelligen Angst vor den Fremden, die uns alles wegnehmen, geht dieser Ungeist um. Ich treffe auf ihn auch inmitten christlicher Gemeinden.

Wiederum die Frage: Wer benennt die Opfer? Wer bekennt sich zu ihnen? Es gibt immer nur wenige Gewinner und immer mehr Verlierer bei diesem Kampf. Doch was gewinnen die Gewinner eigentlich?

Krieg

Die Lesung aus dem Jakobusbrief wird drastisch und deutlich:

> Wo Eifersucht und Ehrgeiz herrschen, da gibt es Unruhe und jede Art von Schlechtigkeit ... Woher kommen die Kriege bei euch, woher die Streitigkeiten? Doch nur vom Kampf der Leidenschaften in eurem Körper! Ihr begehrt und erhaltet doch nichts. Ihr mordet und seid eifersüchtig und könnt doch nichts erreichen. Ihr streitet und führt Krieg ... Ihr bittet und empfangt nichts, weil ihr in böser Absicht bittet, um es in eurer Leidenschaft zu verschwenden.

Der Krieg der USA und ihrer Verbündeten gegen den Terrorismus, die angedrohte Ausschaltung der Bösen, führt zu nichts anderem als zur Erhöhung der Zahl der Opfer. Der Krieg Israels gegen die Palästinenser führt zu mehr Selbstmordattentätern, zu mehr Opfern auf beiden Seiten, aber nicht zu Sicherheit und Frieden.

Die Einladung Jesu

Hier kann das Befreiende der Botschaft Jesu deutlich und hilfreich werden. Er verurteilt und beschimpft nicht seine Jünger, aber er stellt ihnen ein Gegenbild vor Augen. Er holt ein wehrloses, machtloses Kind und umfängt es mit seinen Armen, mit seiner Liebe und Zuneigung. Er identifiziert sich mit ihm: «Wer ein solches Kind aufnimmt, der nimmt mich auf.» *Er* benennt die Opfer und bekennt sich zu ihnen. Er weiß um den Preis für sein Verhalten. Nicht ohne Grund steht diese Szene im Zusammenhang mit seiner Leidensweissagung: Er wird leiden und getötet werden. Er spürt den Ring, der sich immer enger um ihn zusammenzieht. Aber er bleibt seiner Sendung treu. Er geht diesen Weg, nicht weil er das Kreuz sucht, sondern weil er seiner Sendung und den Opfern treu bleibt und mit ihnen solidarisch ist.

Unser Handeln

Jesu Leben und sein Wort sind Einladung an uns, die dummen Kämpfe um die ersten Plätze zu verlassen, uns ihnen zu verweigern. Unsere Frage richtet sich dann darauf, wie die Solidarität mit den Opfern wachsen kann.

Es beginnt damit, dass wir bei den Meldungen in den Medien darauf achten: Wer sind eigentlich die Verlierer des Geschehens, von dem berichtet wird? Aus welchem Interesse heraus wird so berichtet, wie wir es sehen, hören oder lesen? Was wollen die Mächtigen in Politik, Gesellschaft und Medien uns sehen, hören oder lesen lassen, was verschweigen sie uns? Das erste, was im Krieg, im Kampf um die ersten Plätze stirbt, ist die Wahrheit, die Wahrheit über die Opfer.

Das gleiche gilt beim Gespräch im vertrauten Kreis: Wer sind da die Unterlegenen, auf wessen Kosten werden Witze gemacht, wer will sich da als der Größte aufspielen? Wie wird über die Versager, die Fremden, die Arbeitslosen, die Flüchtlinge, die Juden, die Polen, die Schwarzen, die Schwulen und Lesben geredet? Mische ich mich ein, wenn andere diskriminiert werden? Wie mische ich mich ein, wenn es zur Gewalt gegen andere Menschen kommt, aus welchem Grund auch immer? Um das Beispiel Jesu aufzunehmen: Wie stehen wir zu einer kinderfreundlichen Gesellschaft und den Kosten, die das bedingt?

Wir brauchen dafür nicht das Leben zu riskieren wie Jesus es getan hat und später und heute viele seiner Jüngerinnen und Jünger tun. Aber es braucht unseren Einsatz für Verminderung der Gewalt, für eine menschenfreundliche, offene Gesellschaft, für den Schutz der Opfer. Es braucht unsere Solidarität mit den Verlierern des Kampfes um die ersten Plätze. Wichtig ist dabei vor allem, dass wir selbst uns auf die Schliche kommen, wo wir verstrickt sind im Kampf um die ersten Plätze, dass wir umkehren und durch unser Handeln die Opfer stärken. Das wäre noch nicht das Reich Gottes, aber eine kleine Vorahnung davon. Dafür hat Jesus gelebt und dafür ist er gestorben. Dazu lädt Jesus auch uns ein.

Gebet

Wer ist der Größte?
Du bist es Gott!
Aber du hast dich klein gemacht
in Jesus, deinem Sohn, unserem Bruder.
Du nimmst die Kleinen und Ausgeschlossenen
in deine Arme, in deine Liebe.

Hilf uns,
die dummen Kämpfe um die ersten Plätze zu beenden,
die nur Opfer fordern und uns selber zu Opfern machen.
Mach uns wachsam,
damit wir trotz Propaganda und Lüge durchschauen,
was wirklich geschieht.
Lass uns solidarisch
werden mit den Opfern, den Zukurzgekommenen, den Kindern.

Dann wird dein Reich schon aufscheinen mitten unter uns.
Dann wird es zur Hoffnung für alle Verlierer
und zur Mahnung für alle,
die sich für die Gewinner halten.

26. Sonntag im Jahreskreis

ÖKUMENE

Die Gläubigen an der Basis müssen, so komisch das klingt, zugleich mehr und weniger Geduld haben. Mehr Geduld in ihren Erwartungen an kirchenamtliche Entscheidungen – weil die Verantwortlichen leider immer noch etliche Gesichtspunkte mehr berücksichtigen müssen, als die einzelnen Gläubigen vor Augen haben können, nicht zuletzt die Rücksicht auf die Ängstlichen im Lande. Weniger Geduld, indem sie noch nachdrücklicher aussprechen, was sie an Gemeinsamkeit im Glauben erleben, um dadurch Kirchenleitungen und Theologen wie Theologinnen zu schärferem Nachdenken anzutreiben, ob die Gegensätze, die man immer noch beschwört, wirklich noch echt sind. Ohne solche antreibende Ungeduld an der «Basis» wäre die Ökumene heute nicht so weit, wie sie trotz allem schon ist.

Otto Hermann Pesch

1. Lesung: Num 11,25–29

2. Lesung: Jak 5,1–6

Evangelium nach Markus 9,38–40:

Johannes sagte zu Jesus: Meister, wir sahen, wie jemand, der uns nicht nachfolgt, in deinem Namen Dämonen austrieb, und wir wollten ihn daran hindern, weil er uns nicht nachfolgt. Jesus erwiderte: Hindert ihn nicht! Keiner, der in meinem Namen Wunder tut, kann so leicht schlecht von mir reden. Denn wer nicht gegen uns ist, der ist für uns. Wer euch auch nur einen Becher Wasser zu trinken gibt, weil ihr zu Christus gehört, amen, ich sage euch: Er wird nicht um seinen Lohn kommen.

Wenn die Vögel singen, dann ist das für uns eine schöne Erfahrung. Die Vögel sehen das anders: Für sie ist das Singen die Verteidigung ihres Reviers. Wenn Hunde bellen, wollen sie die anderen vertreiben. Katzen setzen ihre Duftmarken. Jeder hat sein Revier, um das er kämpft.

So ist es doch auch mit uns Menschen: Das ist mein Revier, mein Sportverein, mein Kegelclub, meine Partei, mein Volk, meine Rasse. Was *wir* machen, ist zunächst einmal gut. Was die anderen machen, steht zunächst unter dem Verdacht, dass sie es nicht ehrlich meinen, dass sie unfair, unsportlich sind, dass sie von der Sache nichts verstehen, dass sie ideologisch verblendet sind. Wir denken in Revieren und Grenzen und stiften dadurch vielfach Unfrieden, Misstrauen und Feindschaft. Das zeigt uns der tägliche Blick in die Zeitung oder die Fernsehnachrichten.

So dachten auch die Jünger Jesu: Da ist einer, der in deinem Namen die Dämonen austreibt, aber er will uns nicht folgen. Ärgerlich. Da ist einer, der

Gutes tut, sogar mit der Berufung auf Jesus. Aber er gehört nicht zu uns. Das kann doch nicht mit rechten Dingen zugehen. So versuchen sie es zu verhindern. Aber der Fremde handelt weiter so. Da kommen sie zu Jesus in der Hoffnung, dass er es dem Fremden verbietet. Doch darauf lässt Jesus sich nicht ein. Er denkt anders.

Die Weite Jesu und die Enge seiner Kirchen

Welch ein großartiges, befreiendes Wort: Lasst ihn doch! Wer nicht gegen uns ist, ist für uns! Da werden auf einmal alle Reviergrenzen geöffnet. Da werden die Augen geöffnet für das Gute, das die anderen, die Fremden, tun.

Die Meinung der Jünger findet ihre Fortsetzung im Streit der verschiedenen christlichen Konfessionen. Wieviel Blut ist da geflossen, nur weil da andere waren, die im Namen Jesu Gutes taten, die frohe Botschaft verkündeten, ohne sich der jeweils eigenen Konfession anzuschließen! Die anderen waren dann die Abtrünnigen, die Abgefallenen, die Ungläubigen. Sie sollten notfalls mit Gewalt zurückgeholt werden. Die Feindschaft zwischen den Konfessionen verstärkt dann noch die sozialen, geschichtlichen und völkischen Verschiedenheiten und Feindschaften: Katholiken und Protestanten in Nordirland, Katholiken, Orthodoxe und Moslems im ehemaligen Jugoslawien, Juden, Christen und Moslems in Israel und Palästina.

Was die anderen anders machen als wir, kann doch nicht gut sein! Zum Beispiel dass die evangelische Kirche und nun auch die anglikanische Kirche Frauen zu Priestern weiht, gar zu Bischöfinnen. Dagegen muss man doch einen harten Klotz setzen: Jesus selber hat das verboten, wie es der Papst sagt! Aber die Begründung dafür bleibt der Papst schuldig.

Die evangelischen und katholischen Christinnen und Christen, die gemeinsam das Abendmahl, die Eucharistie, feiern und miteinander an dem einen Mahl Jesu teilnehmen: Das darf doch nicht sein, weil die Kirchenleitungen sich noch nicht über den gemeinsamen Glauben geeinigt haben! Es gibt einen ökumenischen Kirchentag, aber das Zentrale des christlichen Glaubens, das Vermächtnis Jesu sollen die Gläubigen nicht miteinander feiern!

Römische Verlautbarungen sprechen den anderen christlichen Kirchen das Recht ab, sich Kirchen zu nennen. Da höre ich das Wort Jesu: «Hindert sie nicht! Keiner, der in meinem Namen Wunder tut, kann so leicht schlecht von mir reden. Denn wer nicht gegen uns ist, der ist für uns.» Überall, wo man versucht, die Verkündigung Jesu und das Verhalten der Gläubigen unter der (jeweils eigenen) Kontrolle zu behalten, versündigt man sich gegen das Wort Jesu.

Fremdprophetie

Jesu Antwort weist in eine andere Richtung: Wenn einer einem anderen auch nur einen Becher Wasser gibt, dann wird er seinen Lohn erhalten. Lasst die anderen doch! Überwindet euer Misstrauen, eure Vorurteile! Hört auf die Fremdprophetie, auf das, was die anderen euch voraus haben! Freut euch doch über das Gute, das die anderen tun! Tut es nach Möglichkeit mit ihnen zusammen, tut es gemeinsam! Das überwindet alle Konfessionsgrenzen, aber auch alle anderen Grenzen, die Menschen von Menschen abgrenzen.

Es waren auch Kommunisten, die gegen die Nazidiktatur mit ihrem eigenen Leben eintraten. Sie saßen im KZ neben katholischen Priestern, die von ihren Bischöfen allein gelassen waren. Es war und ist Amnesty International, das gegen die politische Verfolgung und Folter, unabhängig von den jeweiligen Regimen, auch unabhängig von der jeweiligen Religion, eintritt. Es waren nicht die christlichen Kirchen die ersten, die gegen den Kalten Krieg auftraten. Die Gleichberechtigung der Frauen wird von Frauen aus allen Lagern gemeinsam erkämpft, gleichsam revierübergreifend. So können wir – Gott sei Dank! – fortfahren und auf die Fremdprophetie aufmerksam werden, die uns die ökologische Bewegung, Pro Asyl, Ärzte gegen den Atomkrieg, die Kampagnen gegen Rüstungsexport und Landminen, Attac und viele andere anbieten.

Wer einem anderen nur einen Becher Wasser reicht, ihm ein bisschen mehr zum Leben hilft, der wird seinen Lohn erhalten, der gehört zu uns und wir gehören zu ihm, der dient der gemeinsamen Sache, auch wenn er nicht meinem Verein, meiner Partei, meiner Kirche angehört. Wir spüren, welche friedenstiftende und ermutigende Kraft von diesem Wort Jesu ausgeht, wenn wir es nur ernstnehmen und seine Weite ergreifen.

Mose

Schon die erste Lesung erzählt uns eine ähnliche Begebenheit. 70 Männer empfangen den Geist Gottes durch Mose. Da gab es jedoch auch die beiden letzten, die eigentlich überhaupt nicht für den Empfang des Geistes Gottes vorgesehen waren. Aber Gott schenkt ihnen seinen Geist und sie geraten in prophetische Begeisterung. Sofort laufen die Ängstlichen zu Mose: Hindere sie doch daran! Doch Mose ahnt etwas von der Weite Gottes, die er nicht verhindern darf: Das ganze Volk soll doch zu Propheten werden, denen der Herr seinen Geist schenkt!

Ja, wir müssen alle noch lernen. Wir denken in Revieren. Deswegen haben es die jeweils anderen, die andere Konfession oder Religion, die Fremden, die Asylsuchenden, die politisch Andersdenkenden so schwer bei uns. Jesus lehrt uns eine große Offenheit und Unbefangenheit im Umgang mit den anderen: Schaut doch zu! Freut euch über das Gute, das sie tun! Versucht schon gar nicht, es ihnen zu verbieten! Nur so kann das Gute wachsen, das Reich Gottes und der Menschen, der Friede und die Gerechtigkeit ohne Gewalt. Wir können damit anfangen.

Gebet

Guter Gott,
wir denken und handeln oft in Revieren und Grenzen.
Du aber führst ins Weite.
Immer wieder misstrauen wir den anderen, den Fremden,
allen, die nicht zu uns gehören.
Du aber schenkst deinen Geist grenzenlos,
du schenkst deinen Geist auch denen,
denen wir deinen Geist nicht zutrauen.

Lass uns teilhaben an deiner Weite!
Hilf allen christlichen Kirchen zur Einheit in deinem Geist.
Lass uns das Gute erkennen und anerkennen,
das Menschen tun,
was immer sie auch glauben oder nicht glauben mögen.
Hilf uns und allen,
denen einen Becher Wasser zu reichen,
die seiner bedürfen.

Dann wird unsere Welt menschlicher, friedlicher, gerechter,
und auch christlicher aus deinem Geist.

27. Sonntag im Jahreskreis

EHESCHEIDUNG

Zur Stellung der Geschiedenen und Wiederverheirateten in der Kirche:
– Die wiederverheirateten Geschiedenen sind wie alle anderen Christinnen und Christen zum Empfang der Kommunion eingeladen, d. h. unter der Voraussetzung von Reue und Trauerarbeit, insofern sie schuldig geworden sind. Die Auflösung der neuen Verbindung mit den daraus entstandenen Pflichten darf nicht zur Voraussetzung der Wiederzulassung zu den Sakramenten gemacht werden.
– Bei den arbeitsrechtlichen Fragen und Entscheidungen sind die gesamte menschliche Situation des/der Betroffenen sowie die berufliche Qualifikation und das Arbeitsfeld zu berücksichtigen, nicht nur die kirchenrechtliche Beurteilung der Ehe. Eine Scheidung ist auch kein hinreichender Grund, jemanden nicht an einem Bewerbungsverfahren teilnehmen zu lassen.

Aus einer Stellungnahme des Freckenhorster Kreises (Münster) von 1990

1. Lesung: Gen 2,18–24

2. Lesung: Hebr 2,9–11

Evangelium nach Markus 10,2–12:

In jener Zeit kamen Pharisäer zu Jesus und fragten: Darf ein Mann seine Frau aus der Ehe entlassen? Damit wollten sie ihm eine Falle stellen. Er antwortete ihnen: Was hat euch Mose vorgeschrieben? Sie sagten: Mose hat erlaubt, eine Scheidungsurkunde auszustellen und die Frau aus der Ehe zu entlassen. Jesus entgegnete ihnen: Nur weil ihr so hartherzig seid, hat er euch dieses Gebot gegeben. Am Anfang der Schöpfung aber hat Gott sie als Mann und Frau geschaffen. Darum wird der Mann Vater und Mutter verlassen, und die zwei werden *ein* Fleisch sein. Sie sind also nicht mehr zwei, sondern eins. Was aber Gott verbunden hat, darf der Mensch nicht trennen. Zu Hause befragten ihn die Jünger noch einmal darüber. Er antwortete ihnen: Wer seine Frau aus der Ehe entlässt und eine andere heiratet, begeht ihr gegenüber Ehebruch. Auch eine Frau begeht Ehebruch, wenn sie ihren Mann aus der Ehe entlässt und einen anderen heiratet.

Das Streitgespräch zwischen Jesus und den Pharisäern geht wohl auf ein Herrenwort zurück, das auch in anderen Zusammenhängen auftaucht (vgl. Mt 5,31f; Mt 19,3–9; 1 Kor 7,10). All diesen Stellen ist jedoch anzumerken, dass sie schon auf die konkrete Gemeindesituation Bezug nehmen. Sie sind formuliert im Blick auf die Ehekonflikte in den Gemeinden und versuchen, mit den Konflikten von der Weisung Jesu her pastoral umzugehen. Schon diese unterschiedlichen Auslegungen machen deutlich, dass die ersten Gemeinden das Herrenwort nicht als ein Gesetz ansahen, sondern als Weisung, als Zielgebot, dem man so gut wie möglich zu folgen hatte.

Ehen heute

Wir wissen alle, wie gefährdet heute die Ehen sind, wie viele scheitern. Jeder und jede von uns kennt Geschiedene und Wiederverheiratete. Wer noch in seiner ursprünglichen Ehe lebt, ist sicher dafür dankbar, weiß aber auch um die Schwierigkeiten und die Not, die oft damit verbunden sind. Wir alle bedürfen immer wieder eines neuen Anfangs, damit das lebendig bleibt und immer neu lebendig wird, wovon wir leben. Auch eine Ehe ist nie einfach fertig oder gelungen. Manche Frauen und Männer werden vielleicht erst richtig ehefähig, wenn sie das Scheitern ihrer ersten Ehe innerlich wahrnehmen und verarbeiten.

Es führt nicht weiter, wenn wir die Augen davor verschließen und blind weiter auf die Unauflöslichkeit der Ehe und ihre kirchenrechtlichen Konsequenzen pochen. Übrigens, ich finde dieses Wort gar nicht gut: «Unauflöslichkeit» – das riecht mir mehr nach chemischen Verbindungen als nach einer menschlichen Wirklichkeit. Sollten wir nicht lieber von der Endgültigkeit oder der Beständigkeit der ehelichen Treue sprechen?

Die Zeit Jesu

Schwierigkeiten mit der endgültigen Treue – die gab es auch zur Zeit Jesu. Sie wurden zu Lasten des schwächeren Teils in der Ehe, zu Lasten der Frauen, gelöst. Es gab zur Zeit Jesu unterschiedliche Schulen: Die einen sagten, der Mann dürfe seine Frau aus jedwedem Grunde entlassen; die anderen forderten wichtige Gründe. Für alle Männer war aber klar, dass sie ihre Frauen entlassen konnten. Die entlassenen, also weggeschickten, geschiedenen Frauen hatten in Israel kaum Rechte. Sie wurden oft auch aus ihren Ursprungsfamilien ausgestoßen und fanden kaum einen menschlichen Ort mehr. Die Frau galt fast wie eine Sache, wie das persönliche Eigentum des Mannes, mit dem er machen konnte, was er wollte.

Der letzte Satz des heutigen Evangeliums, der davon spricht, dass auch die Frau ihren Mann entlassen kann, ist vor jüdischem Hintergrund völlig undenkbar. Er ist erst eine Zufügung aus hellenistischer Zeit. Das zeigt, wie die Lehre schon in biblischer Zeit sich auf neue Situationen einstellte.

Die Antwort Jesu

Die Frage der Pharisäer an Jesus war also nichts als scheinheilig. Der Evangelist vermerkt dann auch, dass sie nur so fragten, um Jesus eine Falle zu stellen. Nach zwei Worten Jesu sitzen dann auch die Pharisäer auf der Anklagebank und mit ihnen alle Männer. Jesus greift in seiner Antwort hinter Mose zurück auf die Schöpfungsgeschichte und macht deutlich, dass die Ungleichheit von Mann und Frau, die Herrschaft des Mannes über die Frau nicht dem Schöpfungswillen Gottes entsprach (vgl. die 1. Lesung). Auch die Entlassung der Frau durch den Mann ist ja nichts anderes als eine Form von Herrschaft. Erst wenn der Mann auf die Herrschaft über die Frau verzichtet, wird er fähig zu partnerschaftlicher Treue. Erst dann wird er ehefähig. Jesu Eintreten für die endgültige Treue in der Ehe ist also zuallererst ein Eintreten für die Opfer der bisherigen Regelung, für die Frauen. Er hebt sie wieder auf dieselbe Stufe wie den Mann. Denn auch nur so wird die Frau ehefähig im Sinne Gottes. Beide, Mann und Frau, sollen sich auf derselben Ebene begegnen, einander lieben und schätzen lernen und so füreinander entscheiden.

Dann steht Gott hinter ihrer Liebe und Ehe: «Was Gott verbunden hat, darf der Mensch nicht trennen.» Hier steht nicht, wie es später das Kirchenrecht formuliert «*kann* der Mensch nicht trennen», sondern «*darf* der Mensch nicht trennen». Die Trennung kann also Schuld bedeuten, aber Schuld kann vergeben werden und so einen Neuanfang ermöglichen.

Schöpfungsgeschichte

Das ist gerade der Sinn der Schöpfungsgeschichte: Es ist nicht gut, dass der Mensch alleine ist. Aber alles andere Lebendige kann ihm nicht Partner oder Partnerin sein. Deswegen der neue Schöpfungsakt Gottes: Er bildet die Frau dem Menschen gleich, der dankbar ausruft: Das ist Fleisch von meinem Fleisch. Das heißt: Sie ist Partnerin auf derselben Ebene. So wird auch «der Mensch» erst zum Mann, also fähig, Partner für die Partnerin zu sein. Erst als Mann und Frau zusammen sind sie Bild Gottes (vgl. Gen 1,27), sie werden in ihm «ein Fleisch».

Mann und Frau sollen sich gegenseitig in ihrer Partnerschaft Fundament ihres Lebens werden, wo keiner Angst haben muss, dass der oder die andere dieses Fundament zurückzieht und man dann ins Bodenlose fällt.

Auf der Suche nach einer partnerschaftlichen Ehe

Viele junge Menschen suchen heute solche partnerschaftliche Liebe und Ehe, wo die Herrschaftsverhältnisse nicht das Miteinander blockieren, sondern die verschiedenen Rollen im Miteinander neu gewonnen werden. Das macht die Ehen personaler, aber auch gefährdeter, zumal sie nicht mehr von der Großfamilie, der Gesellschaft getragen werden und kaum gelungene Vorbilder haben. Manche Ehen zerbrechen vielleicht gerade an zu hohen Ansprüchen an die Partnerschaft. Aber wir können nicht mehr hinter die partnerschaftliche und personale Sicht der Ehe zurück. Ich denke, dass die jungen Leute da auf den Spuren des Schöpfungswillens Gottes und der Einladung Jesu gehen. Das ist ein offenes Abenteuer, das aber den Einsatz lohnt. Das Gelingen ist nicht einfach machbar, aber man kann vieles dafür tun. Vor allem ist es wichtig, dass die beiden miteinander im Gespräch sind, dass sie keine Angst voreinander haben und meinen, etwas verschweigen zu müssen. Solche Offenheit ist nicht selbstverständlich. Wo können junge Menschen das heute lernen?

Solche Partnerschaft läuft quer zu vielen gesellschaftlichen Entwicklungen unserer Tage, gerade wo der Kampf um die Arbeitsplätze immer härter wird und der Sinn des Lebens sich im für viele im Nebel verliert. Dass es da Scheitern gibt, auch falsche Entscheidungen, ist nicht verwunderlich und nicht einfach auf das Versagen der Beteiligten zurückzuführen. Sicher, ich habe auch den Eindruck, dass manche zu früh aufgeben, dass sie der Mühe des neuen Anfangs in der ersten Ehe ausweichen. Dann wird es in der zweiten oft die gleichen Fehler geben. Aber es gibt endgültiges Scheitern von Beziehungen. Und es gibt Neuanfänge, die weiterführen können, wenn der bisherige Weg ohne falsche Selbstrechtfertigungen offen aufgearbeitet wird. Ich denke, die Angehörigen der Betroffenen, die Nachbarschaft und auch die christlichen Gemeinden sollten solche Menschen mit Anteilnahme und Offenheit begleiten.

Solche Offenheit und Begleitung widerspricht nicht dem Gebot Jesu. Denn so sehr er auf endgültige Treue in der Ehe pocht, um Gottes und der beteiligten Menschen willen, so sehr kennt er auch die Barmherzigkeit gegenüber den Gescheiterten. Er richtet sie auf, vergibt die Schuld und ermutigt sie wieder neu zum Leben. Wenn Geschiedene und Wiederverheiratete gerade in ihrer schwierigen Situation aus dem Glauben heraus Kraft suchen, dann sind sie auch zur Kommunion eingeladen. Denn die Kommunion ist nicht Belohnung für die Reinen und Guten, sondern Kraft für den Weg aus dem Glauben und der Liebe. Ich meine, dass sich die Kirche nicht zwischen diese Menschen und Jesus stellen darf, dessen Barmherzigkeit keine Grenzen kennt.

So müssen wir die schwierige Balance halten zwischen der von Jesus eingeforderten und ermöglichten endgültigen Treue und seiner Barmherzigkeit und Vergebungsbereitschaft. Er schenkt uns allen immer neuen Mut zur Liebe in der Ehe, in verschiedenen dauerhaften Partnerschaften und in all unseren Lebensbezügen. Er ermutigt uns, ohne Selbstgerechtigkeit miteinander auf seinem Weg zu bleiben und einander zu stützen und zu begleiten.

Gebet

Guter Gott, wir haben deine Einladung zur Liebe gehört, aber wir spüren unser Ungenügen und die Gewalt in unserer Welt, die alle Liebe immer wieder gefährdet und zerstört. So kommen wir zu dir und bitten:

– Für die Eheleute, die es schwer miteinander haben und die mit der Enttäuschung ringen: Gib ihnen den Mut, einander neu zu suchen und zu finden.

– Für alle, die schmerzlich das Scheitern ihrer Ehe erleben mussten: Lass sie nicht verbittern und schenke ihnen neue Kraft zu Vertrauen und Liebe.

– Für die Geschiedenen und Wiederverheirateten: Lass gelingen, was sie erhoffen, und lass sie wieder Heimat finden in ihren Gemeinden.

– Für alle Kinder dieser Erde, vor allem für die aus gefährdeten oder getrennten Familien: Lass sie Menschen finden, die sie begleiten und an denen sie ablesen können, wie menschliches Leben möglich ist.

– Für uns alle, die wir mit unserer Liebe zeitlebens unterwegs sind: Mach uns dankbar für alle erfahrene Liebe und lass uns ohne Selbstgerechtigkeit einander beistehen.

– Für alle politischen Kräfte und Parteien: Hilf ihnen, die strukturellen und finanziellen Voraussetzungen für das Gelingen von Ehe und Familie und für eine menschenfreundliche Gesellschaft zu verbessern.

Gott und Vater aller Menschen. Dein Sohn hat uns gesagt und durch sein Leben gezeigt, dass du selbst die Liebe bist, barmherzig und treu. Dafür danken wir dir durch ihn, unseren Bruder und Herrn.

28. Sonntag im Jahreskreis

ALLES VERLASSEN?

Aktien steigen, wenn Arbeitnehmer fallen

> 2001: Drei Großbanken schließen 970 Filialen,
> da der Staat zahlt, die «abgewickelt» stempeln gehen.
> Deutsche Bank, ausgerechnet beim triumphalen
> Rekordgewinn, im 130. Jahr seit Bestehen:
>
> 9,4 Milliarden Reingewinn in *einem* Jahr! –
> schloss alle Filialen mit weniger als acht Angestellten.
> Aussaniert; Freigestellt, Outsourcing: Vokabular
> von Sadisten, die dank «Rechts»-Anwälten
>
> Treue Mitarbeiter wegschmeißen – für Geldautomaten:
> Felonie! Vorstandsdrohnen: Jahresgehalt 15,5 Millionen,
> dürfen alle Soziallast dem Staat aufladen;
> trotz regierender SPD ihre Shareholder schonen ...
>
> *Rolf Hochhuth*

1. Lesung: Weish 7,7–11

2. Lesung: Hebr 4,4,12–13

Evangelium nach Markus 10,17–30:

> In jener Zeit lief ein Mann auf Jesus zu, fiel vor ihm auf die Knie und fragte ihn: Guter Meister, was muss ich tun, um das ewige Leben zu gewinnen? Jesus antwortete: Warum nennst du mich gut? Niemand ist gut außer Gott dem Einen. Du kennst doch die Gebote: Du sollst nicht töten, du sollst nicht Ehe brechen, du sollst nicht stehlen, du sollst nicht falsch aussagen, du sollst keinen Raub begehen; ehre deinen Vater und deine Mutter! Er erwiderte: Meister, alle diese Gebote habe ich von Jugend an befolgt. Da sah ihn Jesus an, und weil er ihn liebte, sagte er: Eines fehlt dir noch: Geh, verkaufe, was du hast, gib das Geld den Armen, und du wirst einen bleibenden Schatz im Himmel haben; dann komm und folge mir nach! Der Mann aber war betrübt, als er das hörte, und ging traurig weg; denn er hatte ein großes Vermögen. Da sah Jesus seine Jünger an und sagte zu ihnen: Wie schwer ist es für Menschen, die viel besitzen, in das Reich Gottes zu kommen! Die Jünger waren über seine Worte bestürzt. Jesus aber sagte noch einmal zu ihnen: Meine Kinder, wie schwer ist es, in das Reich Gottes zu kommen! Eher geht ein Kamel durch ein Nadelöhr, als dass ein Reicher in das Reich Gottes gelangt. Sie aber erschraken noch mehr und sagten zueinander: Wer kann dann noch gerettet werden? Jesus sah sie an und sagte: Für Menschen ist das unmöglich, aber nicht für Gott, denn für Gott ist alles möglich.

Da sagte Petrus zu ihm: Du weißt, wir haben alles verlassen und sind dir nachgefolgt. Jesus antwortete: Amen, ich sage euch: Jeder, der um meinetwillen und um des Evangeliums willen Haus oder Brüder, Schwestern, Mutter, Vater, Kinder oder Äcker verlassen hat, wird das Hundertfache dafür empfangen: Jetzt in dieser Zeit wird er Häuser, Brüder, Schwestern, Mütter, Kinder und Äcker erhalten, wenn auch unter Verfolgungen, und in der kommenden Welt das ewige Leben.

Das Evangelium macht uns verlegen. Denn wir möchten wie dieser junge Mann beides zugleich sein: Reich und Jünger, Jüngerin Jesu. Wir dürfen dieses Evangelium nicht verharmlosen, etwa: Das ist nur etwas für Ordensleute, die die Armut gelobt haben. Es bleibt eine Anfrage an uns alle, wie wir mit unserem Reichtum, mit dem, was wir für uns zur Verfügung haben, umgehen. Denn Jesus will uns hier auf eine Gefahr aufmerksam machen, die in jedem Reichtum steckt: Dass wir nämlich alle Kraft einsetzen, um mehr zu haben. So wird der Reichtum selbst zum Gefängnis, zum Götzen, dem wir dienen, aber das Geld, der Reichtum dient nicht mehr den Menschen.

Ich sprach mit einem Wirtschaftswissenschaftler über die Sozialpflichtigkeit des Eigentums, die ja schließlich in unserem Grundgesetz festgeschrieben ist. Er sagte: Die Gesellschaft darf einem Reichem sein Geld nicht wegnehmen, etwa durch eine Vermögenssteuer, und umverteilen, sondern sie muss Anreize schaffen, damit die Reichen ihr Geld für die Allgemeinheit einsetzen, um selber noch dabei zu verdienen. Aber was wollen oder sollen die eigentlich noch mit mehr Geld? Mir wird manchmal schwindelig im Kopf, wenn ich die Zahl der Dollar-Milliardäre und der Einkommensmillionäre lese und höre, dass diese Zahl noch weiter steigt. Zur gleichen Zeit steigt die Zahl der Armen – weltweit und auch in unserer Gesellschaft. Was machen die Reichen eigentlich mit den vielen Nullen, die hinter einer Zahl, aber vor dem Komma stehen? Die Milliarden Dollar sind doch gar nicht mehr vorstellbar.

Aber das ist nicht bloß ein Problem der Super-Reichen. Der Reichtum im Sinne Jesu beginnt nicht erst bei den Millionen auf dem Konto, sondern überall dort, wo ich mehr habe, als ich zu einem verantwortlichen Leben und einer vernünftigen Zukunftssicherung gebrauche. Da sind die meisten von uns gefragt.

Der junge Mann

Der junge Mann erfüllt die Gebote Gottes. Er hat sich nichts vorzuwerfen. Auch Jesus wirft ihm nichts vor. Ja, er gewinnt den jungen Mann lieb, er küsst ihn, wie es im Originaltext heißt. Er verwirft ihn nicht, aber er lädt ihn zu Größerem ein. Da geht der junge Mann traurig weg. Sein Vermögen ist für ihn zu wichtig, um es einfach wegzugeben. Sein Vermögen wird für ihn zum Gefängnis, aus dem er nicht herauskommt. Jesus hat ihn lieb gewonnen und ist vermutlich selber traurig weggegangen, weil der junge Mann es doch nicht über sich bringen konnte, ihm ganz nachzufolgen.

Mich erinnert diese Szene an die Thesen von Erich Fromm: Es geht nicht darum, mehr zu haben, sondern darum, mehr zu sein. Dieses «mehr sein» meint die Kommunikation unter den Menschen, die Überwindung der Isolation, die der Reichtum immer mit sich bringt. Es meint die Offenheit für andere Werte, die nie zu bezahlen sind, die Offenheit für andere Menschen, die vielleicht nicht «mehr haben», aber einen inneren Reichtum in sich tragen, an dem ich teilhaben darf, das Gespür für das, was Sinn in mein Leben bringt.

Die Gefahr des «Mehr-haben-Wollens» ist die Fixierung auf den materiellen Reichtum, der mich dann ganz in Beschlag nimmt, so dass ich für wesentliche Dinge meines Menschseins, für die anderen Menschen und damit auch für das Reich Gottes blind werde. Darauf will uns Jesus hinweisen: «Wie schwer ist es für Leute, die viel besitzen, in das Reich Gottes zu kommen.»

Diese Mahnung gilt freilich nicht nur für die einzelnen Christinnen und Christen, sondern auch für die Ordenshäuser und Kirchen selber. Man spricht nicht ohne Grund von den armen Ordensleuten und den reichen Orden, von der reichen Kirche in Deutschland, die sich nicht in ihre Karten schauen lässt, sondern vornehmlich über die sinkende Kirchensteuer klagt.

Jetzt in dieser Welt

Petrus und die anderen Jünger haben nicht viel verlassen, weil sie nicht viel hatten. Aber sie haben *alles* verlassen, was sie hatten: Boote, Netze, Familie. Jesus tröstet sie nicht mit der vagen Verheißung: Ihr werdet alles im Himmelreich erstattet bekommen, sondern mit dem Hinweis auf ihre eigene Erfahrung: «Jeder, der Haus und Brüder, Schwestern, Mutter, Vater, Kinder und Äcker verlässt um meinetwillen und um des Evangeliums willen, wird das Hundertfache dafür erhalten: jetzt in dieser Welt wird er Häuser, Brüder, Schwestern, Mütter, Kinder und Äcker erhalten», «jetzt in dieser Welt», also nicht irgendwann oder irgendwo später.

Ich will es ganz persönlich sagen: Ich habe nicht alles verlassen, aber ich habe erfahren, dass das Wort Jesu zutrifft: Durch meinen Einsatz in der Kirche, in der Gemeinde, an verschiedenen Stellen auch außerhalb der Kirche habe ich viel gewonnen: Menschen, die mir fremd waren und jetzt nahe sind, Brüder und Schwestern, Freundinnen und Freunde, hier und weltweit, Häuser, die mir offen stehen, Kinder und Jugendliche, die mir vertrauen.

So können es sicher viele sagen, in welchen Bereichen sie sich auch engagiert haben. Sie setzen vieles ein: Zeit und Geld, Aufmerksamkeit, Mitsorge, Geduld. Sie tragen das Leid anderer Menschen mit. Ich hoffe, dass sie auch das andere erfahren: Getragensein von anderen Menschen, Offenheit und Dankbarkeit, Freundinnen und Freunde, mit denen man ein Stück Leben teilen kann. Das weitet das eigene Leben und macht reicher im «Mehr-Sein», wenn man dann auch weniger «hat».

Das Ganze ist nicht wie ein Geschäft auf anderer Ebene: Ich muss etwas hergeben, um etwas zu bekommen. Sondern es ist eher wie in der Liebe: Um den anderen bei mir einlassen zu können, muss ich Platz machen für ihn in meinem Leben, in meinen Gefühlen, in meinem Interesse. Das verändert dann mein Leben und macht mich reicher, auch wenn ich weiß, dass ich mit allem, was ich hergebe, mir das Vertrauen und die Liebe anderer Menschen nie erkaufen kann.

Und dann im kommenden Leben

So können wir getrost und voll Vertrauen leben und sind nicht gebunden daran, uns durch die Anhäufung von Reichtum selber den Sinn unseres Lebens besorgen zu müssen. So erfahren wir jetzt schon etwas von dem ewigen Leben, das uns dann in der kommenden Welt ganz geschenkt wird.

Gebet

Guter Gott,
Geld und Reichtum sind so verführerisch.
Sie befreien von vielen Sorgen,
die andere bedrücken und umtreiben,
bis an den Rand ihrer Existenz.
Aber sie schaffen auch viele Sorgen:
Wie das Geld und den Reichtum bewahren und vermehren?
Diese Sorgen können auch bedrücken und umtreiben
bis an den Rand der eigenen Existenz.
Das Goldene Kalb droht uns zu beherrschen.

Lass alle Menschen soviel haben,
wie sie zum Leben brauchen.
Lass uns das Übrige einsetzen füreinander,
damit auch andere leben können.
Lass uns eintreten für eine gerechte Verteilung der Güter,
von Geld und Zeit, von Aufmerksamkeit und Liebe.
Öffne unsere Herzen,
damit wir uns nicht an unseren Reichtum verkaufen,
sondern lernen, menschlich zu leben.

29. Sonntag im Jahreskreis

GEWALTLOSER DIENST

Franziskaner wollen Blutbad verhindern

Die im Gebäudekomplex der Geburtskirche von Bethlehem eingeschlossenen Franziskaner wollen ihren Konvent nicht verlassen, auch wenn dies ihren eigenen Tod bedeuten würde. Der Generalmagister des Ordens, Giacomo Bini, sagte am Freitag in Rom, die Ordensleute könnten nicht weggehen, weil sonst ein Blutbad in der Grabeskirche stattfände.

Die rund 40 Ordensmänner und vier Schwestern befänden sich derzeit zwischen zwei bewaffneten Gruppen, den Palästinensern auf der einen und den israelischen Panzern auf der anderen Seite. Die Franziskaner seien bereit, jedem, der seine Waffen niederlege, die Kutte des heiligen Franziskus als Zeichen des Friedens anzubieten, sagte Bini.

Frankfurter Rundschau vom 6. 4. 2002

1. Lesung: Jes 53,10–11

2. Lesung: Hebr 4,14–16

Evangelium nach Markus 10,35–45:

In jener Zeit traten Jakobus und Johannes, die Söhne des Zebedäus, zu Jesus und sagten: Meister, wir möchten, dass du uns eine Bitte erfüllst. Er antwortete: Was soll ich für euch tun? Sie sagten zu ihm: Lass in deinem Reich einen von uns rechts und den andern links neben dir sitzen. Jesus erwiderte: Ihr wisst nicht, um was ihr bittet. Könnt ihr den Kelch trinken, den ich trinke, oder die Taufe auf euch nehmen, mit der ich getauft werde? Sie antworteten: Wir können es. Da sagte Jesus zu ihnen: Ihr werdet den Kelch trinken, den ich trinke, und die Taufe empfangen, mit der ich getauft werde. Doch den Platz zu meiner Rechten und zu meiner Linken habe ich nicht zu vergeben; dort werden die sitzen, für die diese Plätze bestimmt sind. Als die zehn andern Jünger das hörten, wurden sie sehr ärgerlich über Jakobus und Johannes.

Da rief Jesus sie zu sich und sagte: Ihr wisst, dass die, die als Herrscher gelten, ihre Völker unterdrücken und die Mächtigen ihre Macht über die Menschen missbrauchen. Bei euch aber soll es nicht so sein, sondern wer bei euch groß sein will, der soll euer Diener sein, und wer bei euch der Erste sein will, soll der Sklave aller sein. Denn auch der Menschensohn ist nicht gekommen, um sich dienen zu lassen, sondern um zu dienen und sein Leben hinzugeben als Lösegeld für viele.

Wie Recht Jesus hatte und hat: Die Herrscher unterdrücken ihre Völker und die Mächtigen missbrauchen ihre Macht über die Menschen! Das lässt sich tausendfach bis in unsere Gegenwart belegen. Diese Unterdrückung und dieser Missbrauch haben viele Formen: militärisch und politisch, durch Polizei und Folter, durch korrupte Diktatoren und durch wirtschaftliche Macht.

Auch die demokratischen Regierungen und Staaten sind daran nicht unbeteiligt. Die vielen Korruptionsfälle, die illegalen Geldspenden und die schwarzen Konten der Parteien zeigen, dass auch wir in Deutschland nicht die Insel der Seligen sind. Unsere ganze Wirtschaft ist davon bestimmt. Dazu exemplarisch ein Zitat: «Gekauft wird, wo es am billigsten ist! Die Beschaffung, so liest man im adidas-Geschäftsbericht, sei das Herz des Geschäftes. Die Strategie ist einfach: Sparen bei der Produktion *dort*, und Unsummen für die Werbung *hier*. So erhält der Basketballsuperstar Kobe von adidas jährlich zehn Millionen Mark dafür, dass er in der US-amerikanischen Nike-Liga mit adidas-Stiefeln spielt. Das ist soviel wie 14 000 Näherinnen in Indonesien im Jahr verdienen,» die für adidas arbeiten (aus den Materialien der Kampagne «Fit for Fair» der «Christlichen Initiative Romero», Münster). Auch das ist Unterdrückung und Missbrauch von Menschen! Wir sind alle, ob wir das wollen oder nicht, mit den niedrigen Preisen, die wir bezahlen, Nutznießer dieser Unterdrückung und Ausbeutung.

Unsere Macht

Doch damit ist es nicht getan. Wir müssen genauer darauf schauen, wo wir selbst in Herrschaft und Macht eingebunden sind. Jede und jeder hat Macht über andere als Eltern, Lehrer und Lehrerinnen, als Vorgesetzte, als Arzt oder als Pfarrer, als Mann über die Frau, als der Stärkere und Wortgewaltigere über die Schweigsamen und Zurückgezogenen, als Gruppe gegenüber dem Außenseiter, als Deutsche gegenüber dem Fremden usw. Es wäre ein wichtiger Teil unserer Gewissenserforschung, darüber nachzudenken: Wo habe ich Macht über andere, vielleicht sogar, ohne dass mir das bewusst ist? Wie brauche ich meine Macht über andere? Brauche ich sie zum Dienst am Leben der anderen, an ihrer Würde, oder für eigennützige Zwecke?

Der Missbrauch der Macht kann sich auch als Dienst tarnen: Ich weiß, was dir dient! Handle deswegen so, wie ich es dir sage! Das mag in der Erziehungsphase angemessen sein, aber später? Wenn sich der Papst «Diener der Diener Gottes» nennt, habe ich meine Zweifel, ob das nicht auch eine Herrschaftsformel ist.

Die Jünger

Jakobus und Johannes nutzen die Abwesenheit der anderen Jünger, um bei Jesus Punkte zu sammeln für die ersten Plätze neben ihm. Doch Jesus verweist sie auf den Weg dorthin, der durch Leiden geht. Er verweist auf den Größeren, den Vater, der allein diese Plätze zu vergeben hat, die sich keiner verdienen kann. Die anderen Jünger sind ärgerlich über das Vorpreschen ihrer Kollegen. Sind sie ärgerlich wegen der Unangemessenheit ihrer Bitte um die ersten Plätze oder weil sie meinen, die anderen seien ihnen jetzt zuvorgekommen? Der

Kampf um die ersten Plätze ist ja den Jüngern selber nicht fremd. Er wird überall vorkommen, wo Menschen zusammen sind.

Jesus

Jesus sagt: «Bei euch soll es nicht so sein!» Ihr könnt anders miteinander umgehen! Wer groß sein will, soll den anderen dienen, wer der erste sein will, soll der Sklave der anderen werden. Wer sich auf Jesu Weg begibt, hört auf die Stimme der Opfer und nimmt ihre Erwartungen und Ängste wahr. Da kann der andere schwach sein, ohne dass ich es ausnütze. Da bin ich dem anderen diskret nahe, ohne mich und meine Meinung aufzudrängen. Da kann jemand meine Hilfe annehmen, ohne Angst zu haben, sein Gesicht zu verlieren. Da kann ich dem anderen helfen, auch dann aus dem Dreck herauszukommen, wenn er durch eigene Schuld hineingeraten ist. Es geht um das niederschwellige Angebot, das ganz nah am Menschen und seiner Not ist und so deutlich macht, dass es hier um Dienst und nicht um Herrschaft über Menschen geht. Ein Beispiel dafür ist die Hilfe, die die kirchlichen Beratungsstellen für Schwangerenkonfliktberatung früher leisteten. Heute ist ihnen diese Hilfe untersagt. Ist dieses Verbot nicht auch eine Form von Herrschaft über die Frauen?

Jesus lädt uns ein, frei zu werden von diesem Machtkampf um die ersten Plätze, von diesem Kampf um die Macht über andere. Wenn wir uns darauf einlassen, können wir selber mithelfen, Machtkämpfe zu entkrampfen und gewaltlos zu lösen. Da sind die christlichen Kirchen, da sind Christinnen und Christen in ihrer unauswechselbaren Eigenverantwortung gefragt wie die Franziskaner in Bethlehem. Sie stehen mit ihrem Leben dafür ein, dass die Palästinenser, die bei ihnen eingedrungen sind, «den Gebäudekomplex verlassen können, ohne misshandelt oder erschossen zu werden», wie es der Sprecher der Franziskaner in Israel gesagt hat. Gewaltlos zwischen den gewalttätigen Fronten: der Ort der Nachfolger und Nachfolgerinnen Jesu, Zeugen und Zeuginnen des neuen Friedens, den er bringen will. Dom Hélder Câmara: «Wir müssen jetzt schon dafür sorgen, dass die Unterdrückten von heute nicht die Unterdrücker von morgen werden.»

Doch das gilt auch für die kleinen Machtkämpfe, die geheimen und offenen in Familie und Gruppe, am Arbeitsplatz und an der Theke, in Gemeinde und Kirche.

Jesu Leben

Was Jesus sagt, ist nicht einfach seine Aufforderung an uns. Es ist sein Leben. «Wir haben einen Hohenpriester, der in allem mit uns fühlen kann» (vgl. 2. Lesung). «Als Gerechter wird mein Knecht die Vielen rechtfertigen und ihre Schuld auf sich laden» (1. Lesung). Wir dürfen ihm ähnlich werden, damit wir so den Missbrauch der Macht durch den Dienst befreiender Liebe überwinden. Wir können in seinem Geist füreinander eintreten, vor allem für die Opfer des Machtmissbrauchs und der Unterdrückung auf allen Ebenen. Jesus lädt uns dazu ein. Unsere Welt braucht diesen Dienst im Kleinen wie im Großen. Wir werden dadurch selber befreit zum Leben.

Gebet

Guter Gott,
Machtkämpfe im Kleinen wie im Großen
zerreißen unsere Welt und machen viele zu Opfern.
Wir alle sind darin verstrickt,
bewusst oder unbewusst.
Manchmal sind wir Täter, manchmal Opfer,
oft aber Nutznießer.
Auch deine Kirche ist nicht verschont davon.
Wir, deine Jünger und Jüngerinnen,
halten uns oft nicht an deine Weisung.

Hilf uns, mutig einzuspringen, wo es nötig ist,
den Teufelskreis des Bösen zu durchbrechen,
Machtkämpfe durch alternatives Verhalten zu verringern,
Gewalt durch Gewaltlosigkeit zu überwinden.

Schenke uns dazu den Geist Jesu,
den Geist, der uns frei macht
zum Dienst am Leben der Menschen.

30. Sonntag im Jahreskreis

BLINDE SEHEN

> Blind bin ich nicht. Aber Brillenträger. Ich besitze verschiedene Brillen. Für jede Gelegenheit ... Eine Sonnenbrille, stark getönt. Da blickt keiner durch. Bei mir. Sogar eine mit Spiegelreflexwirkung, das verunsichert die anderen besonders. Aber ich besitze noch mehr Brillen, ein ganzes Sortiment: meine Parteibrille und meine Kirchenbrille, meine Ausländerbrille, die Brille, durch die ich Frauen sehe oder Männer. Die Brille meiner Vorurteile.
> Ohne all meine Brillen wäre ich hilflos wie eine junge Katze. Ich brauche einen, der mir meine Brillen abnimmt, der mir den Star sticht, der meinen «blinden Fleck» heilt. Ich brauche einen, der mich sehen lehrt.
>
> *Hermann Josef Coenen*

1. Lesung: Jer 31,7–9

2. Lesung: Hebr 5,1–6

Evangelium nach Markus 10,46–52:

> In jener Zeit, als Jesus mit seinen Jüngern und einer großen Menschenmenge Jericho verließ, saß an der Straße ein blinder Bettler, Bartimäus, der Sohn des Timäus. Sobald er hörte, dass es Jesus von Nazaret war, rief er laut: Sohn Davids, Jesus, hab Erbarmen mit mir! Viele wurden ärgerlich und befahlen ihm zu schweigen. Er aber schrie noch viel lauter: Sohn Davids, hab Erbarmen mit mir! Jesus blieb stehen und sagte: Ruft ihn her! Sie riefen den Blinden und sagten zu ihm: Hab nur Mut, steh auf, er ruft dich. Da warf er seinen Mantel weg, sprang auf und lief auf Jesus zu. Und Jesus fragte ihn: Was soll ich dir tun? Der Blinde antwortete: Rabbuni, ich möchte wieder sehen können. Da sagte Jesus zu ihm: Geh! Dein Glaube hat dir geholfen. Im gleichen Augenblick konnte er wieder sehen, und er folgte Jesus auf seinem Weg.

Der blinde Bettler am Weg: ein ewig gültiges Bild der Menschheitsgeschichte. Dahinter steht die Not, die Ausweglosigkeit so vieler Menschen auch heute. Der blinde Bettler hat keinen eigenen Namen: Bartimäus heißt nichts anderes als Sohn des Timäus. Wer blind ist, ist arm. Er kann nicht für sich selber sorgen. Er ist zum Bettler geboren. Seine Würde als Mensch ist von Anfang an zerbrochen. Der Blinde steht stellvertretend für die vielen Namenlosen unserer Tage. Viele haben keine Identität, sind nirgendwo eingetragen, haben keinen Personalausweis. Die Öffentlichkeit nimmt keine Notiz von ihrem Leben. Wenn sie sterben, interessiert es kaum einen anderen. Namenloses Leid!

Zudem war es damals die allgemeine Meinung: Der ist selber Schuld, oder seine Eltern. Blindheit galt als Folge von Sünde, als Strafe Gottes. So haben manche Kirchenmänner auch beim Aufkommen von Aids gesprochen: Das ist eine Strafe Gottes! Die Armen in der Welt, die Sozialhilfeempfänger, die Flüchtlinge, die Arbeitslosen, die Suchtkranken, die Aids-Kranken: selber schuld!

Der Blinde und die Umstehenden

Eine paradoxe Situation: der Blinde kann nicht sehen, aber hören. Er ist sogar sehr hellhörig! Er hört die Unruhe und fragt nach ihrem Grund. Jesus! Da schreit er nach Erbarmen.

Die «normalen» Menschen können sehen und hören. Sie versprechen sich viel von Jesus, von seiner Nähe. Sie sind ganz Auge und Ohr für ihn, wollen kein Wort verpassen. Trotzdem: sie sind die Blinden und die Tauben. Sie hören wohl das Geschrei des Blinden, aber es stört sie nur. Sie hören nicht den Schrei der Not, den Schrei eines verletzten Menschen. Sie sehen den Blinden nicht. Denn sie kehren ihm den Rücken zu. Wenn sie sich umdrehen und ihn sehen, dann nur, um ihn anzufauchen: Sei still!

Aber der Blinde erkennt seine Chance. Er will sie nicht ungenützt vorüber gehen lassen. Er hat nichts zu verlieren. So ruft er noch lauter, als die anderen ihn zum Schweigen bringen wollen. Er ruft Jesus mit den Worten, mit denen wir immer wieder unsere Gottesdienste eröffnen: «Erbarme dich!» – Hat unser Rufen am Beginn unserer Gottesdienste etwas von dieser Sehnsucht, von dieser Kraft?

Jesus

Jesus *hört* den Schrei des Blinden. Er *sieht* ihn, seine Not, seine Hoffnung. Er lässt sich stören. Denn für solche Menschen ist er gekommen. Die Blinden und Lahmen, die Ausgestoßenen und Aussätzigen, die Zöllner und Sünder, die Witwen und Waisen finden seine Aufmerksamkeit. Er will ihnen neues Leben schenken, Heilung und Vergebung, Würde und Gemeinschaft. Er will sie trösten und begleiten. In seiner Zuwendung sollen sie die Zuwendung Gottes erfahren und erkennen. Bei ihm bekommen sie Namen und Identität. So wird diese Geschichte des Bartimäus zum Inbegriff der frohen Botschaft, die Jesus bringen will.

Wichtig ist dabei: Er ruft nicht den Blinden selbst zu sich. Sondern er spannt die Menschen, die ihm zuhören, in das Geschehen ein. Sie, die zunächst blind und taub waren für den Blinden und sein Rufen, sollen ihn nun zu Jesus führen. Auch sie will Jesus sehend und hörend machen. So kommen die, die den Blinden vorher nur weg oder stumm haben wollten, zu ihm und fordern ihn auf: «Nur Mut, steh auf, er ruft dich!» – Das ist vielleicht alles, was wir Menschen tun können: Wir können nicht heilen. Aber wir können einander Mut zusprechen: Steh auf aus all deinen Gebrechen, aus deiner Einsamkeit und Not, aus deiner Verzweiflung und Ohnmacht: Er ruft dich! Das Leben ruft dich! Gott ruft dich! Das Evangelium ist nicht eine Summe von Lehren und Geboten, sondern die Einladung, zu ihm hinzugehen: Nur Mut, er ruft dich! So werden die Blinden und Tauben selber zu Boten seiner Einladung.

Da springt der Blinde auf und geht Jesus entgegen, tastend und suchend, aber aufrechten Ganges. Jesus drängt sich nicht auf: «Was willst du, dass ich dir tun soll?» – «Ich möchte wieder sehen können!» – «Geh! Dein Glaube hat dich geheilt.» Dein Glaube hat dich geheilt? Es war doch Jesus! Aber Jesus gibt die Heilung an den Geheilten zurück: Dein Glaube war es! Der Blinde ist nicht Objekt der Heilung, sondern selber Subjekt. Er wird in diesem Heilungsprozess zum Subjekt, er findet zu seiner Identität, wird zum Du Gottes. Das gibt ihm die Kraft, jetzt in eigener Entscheidung Jesus zu folgen.

Wir sind die Einladenden

Diese Geschichte ermuntert uns, selber zu Einladenden zu werden. Das Entscheidende dabei ist, dass wir uns selber dem Schrei der Menschen in Not öffnen, dass die Armen für uns einen Namen bekommen, eine Identität als Mitmenschen.

Das ist zugleich die Botschaft der Befreiungstheologie, die so oft missverstanden und verdächtigt worden ist. Die «Option für die Armen» meint genau dies: unsere Wirklichkeit, unsere Welt, unser eigenes Verhalten aus der Sicht der Opfer zu sehen. Wir neigen nämlich in den reichen Ländern, auch in unserer bürgerlichen Kirche dazu, die Welt nur aus unserer Sicht zu sehen. Fortschritt, Wachstum, Wohlstand – das alles ist unsere Leistung. Wir haben das Recht dazu, den Erfolg unserer Arbeit zu genießen! Die Opfer sind selber schuld. Die Flüchtlinge und Asylsuchenden, die Arbeitslosen und Sozialhilfe-Empfänger sollen nicht so laut schreien! Sie stören uns in unserem Wohlbefinden! Sie sollen uns aus den Augen, aus der Mitte unserer Städte, unserer Konsumstraßen.

Wir Blinden und Tauben

Wenn wir Einladende werden wollen, müssen wir erst einmal Sehende und Hörende werden, Sehende und Hörende mit dem Herzen, in der Weise Jesu. Dann müssen wir uns und unsere Situation, unsere Kirche, unsere gesellschaftliche Organisation, unsere Weltwirtschaftsordnung aus den Augen der Opfer sehen, uns von ihnen in den scheinbaren Selbstverständlichkeiten stören lassen. Dann erst können wir auch selber einladen.

Wahrscheinlich können wir nur zu Einladenden werden, wenn wir uns zuerst selber als die Eingeladenen verstehen. Jesus ruft uns in unserer Ohnmacht, unserer Blindheit, unserer inneren Armut, unserer Verzweiflung. Wir sind – so scheint mir – in der Gefahr, unsere eigenen Defizite verdrängen. Doch erst wenn wir uns in unserer Armut, unserer Blindheit entdecken und annehmen, können wir auch schreien: Herr erbarme dich! Nur dann können wir geheilt werden.

So heißt es von dem geheilten Blinden: «Sogleich konnte er wieder sehen und folgte ihm.» Wenn wir sehend geworden sind mit seinen Augen, dann folgen wir ihm und finden das Leben.

Gebet

Guter Gott,
du siehst die Menschen in ihrer Not
und hörst ihren Schrei.
So höre auch heute
den Schrei der Armen und Ausgeschlossenen!.
Den Schrei, den wir so gerne überhören,
weil wir uns nicht stören lassen wollen.

Höre auch unsere stummen Schreie
aus der Armut unseres Wohlstandes
und unserer scheinbaren Selbstsicherheit.

Löse unsere Taubheit und Blindheit,
damit wir sehend und hörend werden
mit deinen Augen und Ohren.
Dann können wir einander sagen:
Nur Mut, steh auf, er ruft dich!
Dann können wir gemeinsam zu dir kommen
und das Leben finden.

31. Sonntag im Jahreskreis

DER EINZIGE GOTT

> Zu unterscheiden ist zwischen jenem vertrauten Gott der christlichen Tradition, der die Prädikate der alles bestimmenden Wirklichkeit, des höchstens Wesens, des allmächtigen Herrn an sich gezogen hat, eben dem Gott, mit dem das Christentum zur herrschenden Religion geworden ist, und dem Gott Abrahams, dem Gott des Mose, dem Gott Jesu Christi, dem biblischen Gott, der heute wiederzuentdecken ist.
>
> *Thomas Ruster*

1. Lesung: Dtn 6,2–6

2. Lesung: Hebr 7,23–28

Evangelium nach Markus 12,28b–34:

> In jener Zeit ging ein Schriftgelehrter zu Jesus hin und fragte ihn: Welches Gebot ist das erste von allen? Jesus antwortet: Das erste ist: Höre Israel, der Herr, unser Gott, ist der einzige Herr. Darum sollst du den Herrn, deinen Gott, lieben mit ganzem Herzen und ganzer Seele, mit all deinen Gedanken und all deiner Kraft. Als zweites kommt hinzu: Du sollst deinen Nächsten lieben wie dich selbst. Kein anderes Gebot ist größer als diese beiden. Da sagte der Schriftgelehrte zu ihm: Sehr gut, Meister! Ganz richtig hast du gesagt: Er allein ist der Herr, und es gibt keinen außer ihm, und ihn mit ganzem Herzen, ganzem Verstand und ganzer Kraft zu lieben und den Nächsten zu lieben wie sich selbst, ist weit mehr als alle Brandopfer und anderen Opfer. Jesus sah, dass er mit Verständnis geantwortet hatte, und sagte zu ihm: Du bist nicht fern vom Reich Gottes. Und keiner wagte mehr, Jesus eine Frage zu stellen.

«Der Herr, unser Gott, Jahwe, ist einzig.» – Dieser Satz der heutigen Lesung ist die Mitte des jüdischen Gebetes, morgens, mittags und abends, noch heute. Er steht im Buch Deuteronomium im Zusammenhang mit der Verkündigung der zehn Gebote an Moses und durch Moses an das Volk. Er erinnert an das erste Gebot: Du sollst keine anderen Götter neben mir haben!

Warum geht es Gott so sehr darum, dass kein anderer neben ihm verehrt wird? Ist er ein eifersüchtiger Gott, der niemand neben sich duldet, weil er alleine über die Menschen herrschen will? Wenn wir so denken, dann haben wir unsere menschlichen Maßstäbe auf Gott übertragen, dann haben wir unser Konkurrenzdenken und unser Machtverständnis auf ihn projiziert.

Freiheit und Wohlergehen

Aber vor dem ersten Gebot steht: «Ich bin Jahwe, dein Gott, der dich aus der Knechtschaft Ägyptens herausgeführt hat» (Dtn 5,6). Und in der heutigen Lesung heißt es: Befolge meine Gebote, «damit dein Leben auch lange währt... weil es dir dann wohlergeht und weil ihr dann so unermesslich zahlreich seid ... in dem Land, wo Milch und Honig strömen». Die Gebote Gottes sind Wege aus der Knechtschaft in die Freiheit, Wege ins verheißene Land, Wege zum Leben. Deswegen liegt Gott so sehr daran, dass wir keine anderen Götter haben, die uns wieder in die Knechtschaft führen.

Die anderen Götter

Wo Gott nicht ernst genommen wird, wo er – um es mit den Worten der heutigen Texte zu sagen – nicht mehr der einzige Herr ist, da melden sich schnell andere Herren und nehmen seinen Thron ein. Da benehmen sich Menschen wie Herrgötter. Da gibt es nicht nur die Herrgötter in Weiß, da sitzen sie als Vorgesetzte in Chefsesseln, in verschwiegenen Planungs- und Forschungsbüros oder auf Regierungsbänken. Heute sind es oft anonyme Strukturen, die zur alles bestimmenden Wirklichkeit werden. Wenn die Macht oder das Geld oder der Markt zum Gott werden, dem dann alles andere, auch die Menschen, zu dienen haben, dem dann alles andere, auch die Menschen, geopfert werden, dann wird unsere Welt mörderisch und selbstmörderisch, wie wir es heute weltweit erleben.

Doch wir brauchen nicht nur nach draußen oder nach oben zu schauen: Die kleinen Herrgötter können auch bei uns im Wohnzimmer sitzen. Manchmal ist es nur das Fernsehen oder der Sport, dem sich alles unterzuordnen hat. Es geht auch nicht bloß um die anderen, sondern auch um mich selbst: Wo bin ich in der Gefahr, mich als kleiner Herrgott aufzuspielen, als Vater oder als Mutter, als Mann, als Kind und Jugendlicher, als Nachbar oder Kollege?

Glaube als kritische Funktion

Unser Gott ist einzig. Das Gottesverständnis Israels, das Jesus im heutigen Evangelium selber aufgreift und bestätigt, bewahrt die Menschen vor allen falschen Herrgöttern, in welchem Gewand sie auch einherkommen. Es geht also nicht um eine abstrakte theologische Aussage: Es gibt nur einen Gott, sondern um die Erfahrung Israels: *Es gibt nur einen Gott, der in die Freiheit, in das Leben führt!* Der Glaube an diesen einen Gott hat also eine kritische Funktion gegenüber allem anderen, das sich als Gott und Herr über die Menschen aufspielen will und sie nur in neue Knechtschaften hineinführt. Die anonymen Zwänge sind von Menschen gemacht und können und müssen deswegen auch von

Menschen geändert werden. Lassen wir uns nicht zu schnell ins Boxhorn jagen von den falschen Götzen und ihren Heilszusagen!

Gentechnik

Gerade heute scheint es wichtig, die kritische Funktion des Glaubens an den einen Gott, der in Freiheit und Leben führt, in die gesellschaftliche Diskussion einzubringen. Das gilt nicht nur im Blick auf eine dem Menschen dienende Weltwirtschaftsordnung, die jetzt vielfach Menschen zu Sklaven macht und sie dem Profit opfert. Das gilt auch im Blick auf die anstehenden Fragen der Gentechnik. Der Mensch darf nicht alles, was er kann und was er will. Wo sind die Grenzen? Dient die Forschung dem Menschen oder verletzt sie seine Würde? Der Mensch bleibt nur Mensch, wenn er sich selber als Geschenk empfängt. Wenn er sich zum Schöpfer des neuen Menschen machen will, den er in der Petrischale nach eigenem Geschmack zusammenmischt, dann spielt er sich als Herrgott auf, der letzte Macht über die Menschen hat. Wo Menschen nach Rezept geklont werden, da braucht man auch nicht mehr den Menschen als Mann und Frau zur Fortpflanzung. Liebe wird dabei überflüssig. Die geheime oder offene Verheißung eines leidfreien Lebens hat eine große Verführungskraft. Wer bestimmt, was (wer?) fortgepflanzt werden soll? Was geschieht mit den Menschen, die doch behindert sind oder im Laufe ihres Lebens behindert werden? Was mit den Alten, die nicht mehr gebraucht werden?

Das alles führt zu einer neuen Herrschaft von wenigen Wissenden und Mächtigen über die Masse der Menschen. Da ist entschlossener Widerspruch nötig. Sicher ist die Entwicklung noch nicht so weit. Aber es gilt den Anfängen zu wehren, damit die Menschheit nicht auf eine schiefe Bahn gerät, auf der es dann kein Halten mehr gibt. Die Wissenschaft ist immer schneller als die gesellschaftliche und politische Diskussion über deren Aufgaben und Grenzen.

Freiheit zur Liebe

Die Freiheit, die wir erhalten, wenn wir Gott als den einzigen Herrn anerkennen, ist keine Freiheit *auf Kosten* anderer Menschen, sondern eine Freiheit *für* andere Menschen. Hier sind wir an der Wurzel dessen, was in den heutigen Texten «Liebe» heißt. Gott ist der einzige Gott, der uns frei macht zur Liebe. Deswegen verlangt er auch von uns nicht Kadaver-Gehorsam, sondern erhofft sich von uns Liebe. Die Liebe kann immer nur frei geschenkt werden: Gottes Liebe zu uns, aber auch unsere antwortende Liebe. Deswegen ist die Befreiung, die Freiheit Voraussetzung des Glaubens an diesen einen Gott und der Liebe zu ihm. Deswegen muss von Freiheit gesprochen werden, um von Glaube und Liebe sprechen zu können. Das hat die katholische Kirche erst nach langen und blutigen Irrwegen im Zweiten Vatikanischen Konzil in der Erklärung zur Religionsfreiheit gelernt.

Wenn wir diesen Gott als den einzigen anerkennen, dann stehen alle Menschen vor ihm auf der gleichen Stufe. Erst dann werden sie frei auch zur Liebe untereinander. So ist es der ganzen Bibel, der jüdischen und der christlichen so wichtig, das Bekenntnis zum einen Gott mit der Einladung zur Liebe zu verbinden, wie es die heutigen Texte verdeutlichen. Das Bekenntnis zum einzigen Gott macht frei zur Liebe, die ihm antwortet, zur Liebe der Menschen untereinander und zur Liebe zu mir selbst: «Höre, Israel, Jahwe, unser Gott ist der einzige Herr, und du sollst den Herrn, deinen Gott lieben mit deinem ganzen Herzen ...» Und: «Du sollst den Nächsten lieben wie dich selbst. Kein anderes Gebot ist größer als diese beiden!» Deswegen ist dieses Doppelgebot der Liebe eine einzige Einladung Gottes, der sich uns in seiner Freiheit zuwendet und uns liebt, der uns frei machen will von allen anderen Göttern und Götzen, die uns wieder versklaven, und der uns selber zur Liebe befreit.

Heilende Wirkung

So können wir dazu beitragen, in der Gesellschaft die nötigen Orientierungen zu finden, Perspektiven und Visionen für eine menschlichere Welt. Unser verheißenes Land ist nicht mehr dieser oder jener Landstrich. Jesus hat alle Grenzen gesprengt. Jedes Land kann zum verheißenen Land werden, wo Milch und Honig fließen, wo es den Menschen wohl ergeht, wo Menschen menschenwürdig miteinander leben können. Alles, was Menschen knechtet und kaputt macht, Hunger und Ungerechtigkeit, jedwede Manipulation und Gewalt, stammt von den falschen Göttern. Der einzige Gott, wir dürfen sagen, der einzige Gott Israels, der Christenheit und des Islam macht frei zum Leben, macht frei zur Liebe, so dass alle leben können. Wo in seinem Namen Kriege geführt und mörderische Gewalt ausgeübt werden, da handelt es sich um einen anderen Gott. Wo wir uns auf seine Wege begeben, wird die Welt nicht zum Paradies oder zum Reich Gottes, aber etwas davon wird schon erfahrbar. «Du bist nicht weit vom Reich Gottes,» sagt Jesus nach dem Gespräch zu dem Schriftgelehrten. Es lohnt sich, davon und dafür zu leben.

Gebet

Du Gott Israels, du Gott Jesu, unser Gott,
du bist einzig.
Kein anderer Gott steht neben dir.
Du führst in die Freiheit
und befreist uns zur Liebe,
wenn wir auf dich hören
und deine Wege gehen.

Doch es ist oft schwer,
deine Wege für uns zu erkennen.
Wir sehen uns so vielen Ansprüchen ausgesetzt.
Es gibt so viele Wegweiser.
So viele wollen unsere Herren sein.

Hilf uns zur Unterscheidung der Geister.
Gib uns Kraft zum Widerstand
den falschen Herren gegenüber
und Solidarität mit ihren Opfern.
Lass uns ohne Angst deine Wege gehen
und begleite uns dabei.

Allerheiligen

DIE HEILIGEN SIND UNTER UNS

Selig sind, die Brücken bauen zwischen Menschen und Völkern,
denn sie werden Farben sein in Gottes Regenbogen.
Selig sind, die Lust haben an Gottes Wort,
denn sie werden wachsen wie Bäume, die man an Wasserbächen pflanzt.
Selig sind, die Kummervolle im Verborgenen aufspüren
und mit Fröhlichen im Sonnenschein lachen,
denn sie werden Freundinnen und Freunde Jesu sein.
Selig sind, die in der Welt auf Widerstand stoßen,
denn sie werden Gottes tapfere Blumen sein und zwischen Steinen wurzeln.

Quelle unbekannt

1. Lesung: Off 7,2–4.9–14

2. Lesung: 1 Joh 3,1–3

Evangelium nach Matthäus 5,1–12a:

Als Jesus die vielen Menschen sah, stieg er auf einen hohen Berg. Er setzte sich und seine Jünger traten zu ihm. Dann begann er zu reden und lehrte sie: Selig, die vor Gott arm sind; denn ihnen gehört das Himmelreich. Selig, die trauern; denn sie werden getröstet werden. Selig, die keine Gewalt anwenden; denn sie werden das Land erben. Selig, die hungern und dürsten nach der Gerechtigkeit; denn sie werden satt werden. Selig, die barmherzig sind; denn sie werden Erbarmen finden. Selig, die ein reines Herz haben; denn sie werden Söhne Gottes genannt werden; Selig, die um der Gerechtigkeit willen verfolgt werden; denn ihnen gehört das Himmelreich. Selig, wenn ihr um meinetwillen beschimpft und verfolgt und auf alle mögliche Weise verleumdet werdet. Freut euch und jubelt: Euer Lohn im Himmel wird groß sein.

Allerheiligen ist ein tröstliches Fest. Heute stehen nicht die großen Namen im Vordergrund, sondern die vielen, die keiner zählen kann; die kleinen Leute, auf die keiner besonders geachtet hat. Sie haben nicht weniger in Gottes Nähe gelebt als die, deren Namen im Heiligenkalender der Kirche stehen. Heilige mit oder ohne Diplom, mit oder ohne Heiligsprechung – das spielt vor Gott keine Rolle. Es kommt darauf an, wer von seiner Liebe erfasst war. Das ist die frohe Botschaft des heutigen Festes: Gott ist leidenschaftlich interessiert am Gelingen des Menschen, eines jeden Menschen. Er sieht ins Herz, nicht auf die Fassade. Er kommt zum Ziel. Sein Bemühen um den Menschen kommt zum Ziel. Was Gott beginnt, ist nicht vergebens. Allerheiligen ist wie das Osterfest für die ganze Kirche. Hier geht es nicht nur um die Auferstehung des

Einen, sondern um die Frucht seines Sterbens und seiner Auferstehung, um die Auferstehung der Vielen.

Ein tröstliches Fest, auch von uns Menschen her gesehen: All unsere Sehnsucht nach Leben und Liebe, nach Fülle des Lebens, wird gestillt. Alle Hoffnung, die immer wieder aufbricht, auch inmitten von Niederlagen und Trauer, inmitten von Enttäuschungen und Versagen, all diese Hoffnung gegen alle menschliche Hoffnung, wird erfüllt. Inmitten aller Angst, unser Leben zu verpassen, dürfen wir aus dieser Hoffnung leben.

Die Seligpreisungen

Gott will, dass die Armen, die Traurigen, die Friedensstifter, selig seien, dass sie das Leben finden. Er will, dass nicht Hunger und Not, auch nicht Schuld und Tod das letzte Wort haben über den Menschen, sondern das Leben. Deswegen hat Gott den Menschen ja geschaffen, dass er nicht zugrunde gehe, sondern lebe.

Die Friedensstifter sind selig, auch wenn der Friede immer wieder zerstört wird. Die Barmherzigen sind selig, auch wenn Feindschaft und Gewalt immer wieder die Barmherzigkeit überrollen. Die Gewaltlosen sind selig, weil sie sich nicht die Methoden der Auseinandersetzung vom Gegner diktieren lassen. Selig: das ist also nicht einfach ein beschwingtes Leben, ein Vertrauen auf ein Happyend. Das «Selig» gilt gerade inmitten der Dunkelheit, inmitten der Not.

Aus der Bedrängnis

Sie kommen aus der Bedrängnis, sagt die heutige Lesung. Von dieser Bedrängnis erfahren wir Tag für Tag, nicht nur in den Kriegs- und Krisengebieten unserer Erde, sondern auch hier mitten unter uns. Wieviele Menschen fühlen sich übersehen, vernachlässigt, missbraucht, leiden unter Depressionen. – Ich bin oft ratlos, wenn ich die Klagen von solchen Menschen höre. Ich kann nur schweigend zuhören und staunen, dass viele Menschen das aushalten. Ich traue mich dann nicht, von diesen Seligpreisungen zu sprechen. Die Menschen könnten es als zynisch missverstehen. Aber insgeheim denke ich daran, und das gibt mir Zuversicht, diesen Menschen Mut zuzusprechen, sich nicht aufzugeben. Aus unserer zerrissenen Welt führt kein bruchloser Weg in die Vollendung. Da geschieht vieles, was uns den Mut raubt und den Atem nimmt, wo es nicht weiter zu gehen scheint mit uns selbst und mit der Welt, wo wir am Ende sind.

Es gibt den schönen Satz: Heilige sind Menschen, die es mir leichter machen, an Gott zu glauben. Jeder und jede kann sicher solche Menschen nennen. Vielleicht sind es unsere Eltern, vielleicht andere, die ohne großes Aufhebens aus dem Glauben leben und handeln, vielleicht sind es unsere Freundinnen und Freunde. Für mich sind viele darunter, die zu den «kleinen» Leuten gehören, deren Leben und Sterben ich ein Stück weit begleiten durfte. Das heutige Fest ist ein Anlass, ihnen und für sie einmal ausdrücklich vor Gott zu danken.

Unser Fest

Das heutige Fest will uns Mut machen, will uns sagen, dass auch wir uns und einander nicht aufzugeben brauchen. Wir feiern heute, dass Gottes Plan mit den Menschen nicht vergeblich ist. Dass die Sehnsucht der Menschen nicht ins Leere läuft. Heute feiern wir die Heiligen, die nach aller Bedrängnis jetzt bei Gott sein dürfen. Auch die, die vielleicht meinten, nicht an Gott glauben zu können, und doch schon immer auf seinen Wegen gingen.

Wir feiern heute auch unsere eigene Hoffnung für uns selbst und füreinander, für die Toten, derer wir in diesen Tagen, in diesem Monat, besonders gedenken.

Trost, nicht Vertröstung

Die Seligpreisungen gelten nicht bloß für ein Leben danach, sondern schon jetzt. Sie sind keine Vertröstung auf ein Jenseits. Manche übersetzen das «selig» auch anders: Freuen dürfen sich, die ... freuen hier und heute, nicht bloß irgendwann einmal. Wenn wir Hoffnung auf endgültiges Gelingen haben dürfen, dann ist jetzt schon der Bann der Resignation und der Trauer gebrochen. Dann brauchen wir nicht klein beizugeben, uns still zurückzuziehen. Dann brauchen auch wir uns selbst nicht aufzugeben. Dann wird alles sinnvoll, was wir in Richtung auf das Reich Gottes tun, auch wenn es unscheinbar ist oder von den Entwicklungen dieser Welt immer wieder überrollt wird. Bei Gott ist es aufgehoben. Das Gute in unserem Leben – wir haben es vielleicht schon wieder vergessen. Aber bei Gott ist es aufbewahrt. Im Tod, wenn wir ihm dann in seinem Licht begegnen, erkennen wir es wieder. Gott fügt dann alle Bruchstücke unseres Lebens wieder zusammen und macht daraus ein Ganzes, das er dann annimmt.

Unsere Verbundenheit mit den Verstorbenen

Unsere Toten sind bei Gott aufgehoben. Wir sprechen von der Fürsprache der Heiligen, wir beten für unsere Toten, wie beten zu unseren Toten: Wir leben in dem Vertrauen, dass der Tod nicht die Macht hat, die Solidarität und Liebe unter den Menschen zu zerstören. So bleiben wir mit unseren Toten verbunden und sie mit uns, auch hier in dieser Stunde. Das gilt, auch wenn wir nicht wissen, wie Gott unser Gebet für sie «verrechnet». Wir leben in dem Vertrauen, dass wir einander stützen und helfen können auf dem Weg mit Gott, auf dem Weg endgültig zu Gott.

In diesem Vertrauen können wir seine Wege gehen, in welcher Bedrängnis auch immer. Dann wird die Vollendung nicht allein Gottes Werk sein, sondern auch die Frucht unseres Lebens. Dann wird Allerheiligen auch einmal endgültig unser Fest.

Gebet

Guter Gott,
unsere Welt ist so schrecklich unheilig,
so voll von Ohnmacht und Gewalt.
Viele Menschen scheitern mit ihrem Leben,
mit ihrer Liebe.
Viele sterben vorzeitig oder werden umgebracht.

Sind da nicht die Seligpreisungen deines Sohnes
zynische Vertröstung der Menschen in Not,
Schönrederei, Beschwichtigung, Betrug?

Du willst doch das Leben und nicht den Tod.
In Jesus hast du gezeigt,
dass deine Liebe sich hineintraut in die Abgründe unseres Todes,
dass du an dem Gelingen unseres Lebens interessiert bist.

Lass deine Hoffnung mit uns Menschen nicht scheitern!
Lass unsere Hoffnung auf dich nicht scheitern!
Lass uns schon jetzt inmitten aller Not und aller Hoffnung erfahren,
was dein Sohn mit seinen Seligpreisungen meinte,
wenigstens etwas davon,
damit wir nicht erliegen.

32. Sonntag im Jahreskreis

DAS OPFER DER WITWE

Das Säkulare des Geldes reicht seit dessen Ursprüngen in mythologischer Weise ans Sakrale heran. Bis heute scheint der Eifer um Geld und noch mehr Geld dem einstigen Eifer um die Gunst von Gottheiten oder die Gnade des Heiligen in nichts nachzustehen. Das «Staatslexikon» beschreibt das uralte diesseitig-jenseitige Spiel der Farbe des Geldes so: «In der Entrichtung und Bemessung der Opfergaben sind die Vorläufer der Geldrechnung zu sehen. Erst wesentlich später übernahmen mit der Ausdehnung des Handels zunächst einzelne Produkte wie Muscheln, Perlen Geräte etc. und schließlich die Edelmetalle die Funktionen eines Tauschmittels und Wertmessers.» Die Opfergefühle, jene ersten Wert-Rechnungseinheiten, scheinen sich tief ins Gedächtnis der Menschheit eingegraben zu haben. Selbst in säkularen Zeiten wirkt jenes Sakral-Religiöse weiter, bis hin zu den eigenwilligen Opferritualen an der Börse: Ich gebe, damit du – als Gottheit ein Unternehmen – mir gibst.

Johannes Röser, Christ in der Gegenwart, Nr. 1, 2002

1. Lesung: 1 Kön 17,10–16

2. Lesung: Hebr 9,24–28

Evangelium nach Markus 12,38–44:

In jener Zeit lehrte Jesus eine große Menschenmenge und sagte: Nehmt euch in acht vor den Schriftgelehrten! Sie gehen gern in langen Gewändern umher, lieben es, wenn man sie auf den Straßen und Plätzen grüßt, und sie wollen in der Synagoge die vordersten Sitze und bei jedem Festmahl die Ehrenplätze haben. Sie bringen die Witwen um ihre Häuser und verrichten in ihrer Scheinheiligkeit lange Gebete. Aber um so härter wird das Urteil sein, das sie erwartet.
Als Jesus einmal im Tempel dem Opferkasten gegenübersaß, sah er zu, wie die Leute Geld in den Kasten warfen. Viele Reiche kamen und gaben viel. Da kam auch eine arme Witwe und warf zwei kleine Münzen hinein. Er rief seine Jünger zu sich und sagte: Amen, ich sage euch: Diese arme Witwe hat mehr in den Opferkasten hineingeworfen als alle andern. Denn sie haben alle nur etwas von ihrem Überfluss hergegeben; diese Frau aber, die kaum das Nötigste zum Leben hat, sie hat alles gegeben, was sie besaß, ihren ganzen Lebensunterhalt.

Das Evangelium gibt zunächst einmal mir selbst zu denken: Nehmt euch in acht vor den Schriftgelehrten! – Da muß ich mich fragen: Gibt es dieses falsche Verhalten auch bei mir? Bei meinem Auftreten als Schriftgelehrter in der Gemeinde, als Theologe, als Christ? Große Worte und Gesten, aber nichts dahinter, Selbstgefälligkeit und Scheinheiligkeit – das sind nicht nur Gefahren zur Zeit Jesu. Der Evangelist hat sie aufgeschrieben, weil sie auch für seine Gemeinden gelten. Das Verhalten der Schriftgelehrten ist Anfrage an uns alle.

Jeder muss diese Anfrage an sich selber stellen, nicht an die anderen. Das würde nur zu neuen Vergleichen und Vorwürfen führen.

Ich höre es oft von Menschen, die kaum noch in Kontakt mit Kirche und Gemeinde stehen: «Die immer zur Kirche gehen, sind auch nicht besser.» Manchmal heißt es sogar: «Die sind ja noch schlimmer! Die tun ja nur so scheinheilig, aber im Beruf sind sie die härtesten Chefs!» Das mag eine billige Ausrede sein, aber wer wollte bestreiten, dass nicht auch etwas Berechtigtes hinter dieser Anfrage steht! Leben wir so, dass unser Leben als Christinnen und Christen glaubwürdig und einladend wirkt und andere mitzieht? Glauben und Leben miteinander in Übereinstimmung zu bringen, bleibt eine lebenslange Aufgabe, die wir nie als erfüllt abhaken können.

Die beiden Witwen

Jesus verweist uns auf die Witwe als Gegenbild. Sie gleicht in ihrem Verhalten der Witwe von Sarepta, von der die erste Lesung erzählt. Was ist beiden Witwen gemeinsam? – Sie haben nur etwas für den heutigen Tag. Sie wissen, dass sie ihr Leben nicht langfristig sichern können. Und sie haben einen großen Glauben, dass es morgen weitergeht und dass Gott selbst dafür sorgt.

Welches Vertrauen strahlen diese beiden Witwen aus! Sie geben, was sie zum Leben brauchen – wie selbstverständlich, so scheint es fast. Dabei ist es keinesfalls zufällig, dass es um Witwen geht. Sie waren in der damaligen Gesellschaft die Rechtlosen und Ausgelieferten. Die Witwen (wie die Waisen) galten deswegen als Bild der Armen schlechthin, derer, die auf das Almosen, die Barmherzigkeit anderer angewiesen waren.

Täglich – heute

Jesus sagt in der Bergpredigt: «Sorgt also nicht um morgen; denn der morgige Tag wird für sich selber sorgen. Jeder Tag hat genug eigene Plage.» (Mt 6,34) Oft machen wir uns ja dadurch kaputt, dass wir uns immer schon die schrecklichen Ereignisse ausmalen, die möglicherweise auf uns zukommen. Da ist es schon eine Weisheit, die uns leben und auch die Schwierigkeiten besser bewältigen lässt: Jeder Tag hat an seiner Mühe genug. Was uns morgen wirklich trifft, dagegen können wir uns letztlich nicht absichern.

So beten wir auch im Vaterunser: Unser *tägliches* Brot gib uns *heute*, jeweils heute. Wir wissen, wie lebenswichtig diese Bitte für viele Menschen heute ist, die noch nicht wissen, wie sie morgen an Brot kommen sollen.

Und wir?

Wer ist von uns in einer solchen Situation? Wer gibt wie die beiden Witwen das hin, was er morgen zum Leben selber braucht? Wir geben in der Regel von unserem Überfluss. Vertrauen wir der Zukunft Gottes mit uns? Dabei geht es nicht nur ums Geld. Anderes ist vielleicht wichtiger und alltäglicher, vielleicht in mancher Hinsicht auch schwerer: Die Zeit, die ich für einen anderen einsetze, die Aufmerksamkeit für ihn, die Bereitschaft, Vorurteile zu überwinden, der Mut nach einem Streit auf den anderen zuzugehen und nicht bis zum nächsten Tag oder Jahr zu warten, das öffentliche Eintreten für andere, die gemobbt, oder für ganze Gruppen von Menschen, die an den Rand gedrängt werden. In unserer Gesellschaft wird so leicht alles auf die Schwächeren abgewälzt, für die im Evangelium die Witwen stehen, auf die Gescheiterten, die Kranken, die Unsicheren und Ängstlichen. Oft genug wälzen wir mit und achten nicht auf das, was diese Menschen selber an Lebensweisheit mitbringen. Da ist schon Bekehrung verlangt, neues Denken und neue Praxis, wenn wir auf das Evangelium Jesu hören wollen.

Tröstliche Geschichten

Und doch meine ich, dass diese Witwen-Geschichten auch sehr tröstlich sind. Es wird von ihnen nicht mehr verlangt, als sie geben können. Sie werden nicht am Maßstab der Schriftgelehrten gemessen, an deren Gesetzesauslegung und Gehorsam, sondern an ihren eigenen Möglichkeiten. Jeder von uns wird nur an seinen eigenen Möglichkeiten gemessen. Keiner wird über sein Maß gefordert, aber jeder ganz. Das Evangelium will uns einladen, unsere eigenen Möglichkeiten zu entdecken, auch wenn sie nur klein erscheinen nach den Maßstäben dieser Welt. Jesus sagt nicht: Tut genauso wie diese Witwe. Er will kein schlechtes Gewissen machen. Er sieht diese Frau und ihr Tun, so unscheinbar es auch in der Opferstatistik des Tempels sein mag, und erzählt davon seinen Jüngern. So sieht er auch mich und dich.

Gebet

Guter Gott,
schenke uns und allen das tägliche Brot für heute,
schenke uns und allen das tägliche Vertrauen,
dass du uns und allen heute nahe bist.
So soll es auch morgen sein
und immer.

Lass uns loslassen und hergeben,
was darüber hinausgeht.
Hilf uns, dass die Angst vor morgen
uns nicht blind macht für die Möglichkeiten von heute.

Sei barmherzig mit unserer Halbherzigkeit!

33. Sonntag im Jahreskreis

WELTUNTERGANG?

Es gibt so viele Orte des Todes
Von Golgatha bis Auschwitz, von Tschernobyl
bis zum Platz des Himmlischen Friedens.
Nicht nur im Geschichtsbuch,
auch auf der Landkarte meines Herzens.
Zellen der Einsamkeit, Folterkammern,
Friedhöfe einer gestorbenen Hoffnung.
Da suche ich nach Orten des Lebens,
baue kleine Biotope der Hoffnung.
Als Gegengewicht gegen all das Bedrohliche,
Giftige, Tödliche in mir und um mich.

Hermann Josef Coenen

1. Lesung: Dan 12,1–3

2. Lesung: Hebr 10,11–14.18

Evangelium nach Markus 13,24–32:

> Jesus sagte zu den Jüngern: In jenen Tagen, nach der Drangsal, wird die Sonne sich verfinstern und der Mond wird nicht mehr scheinen, die Sterne werden vom Himmel fallen und die Mächte des Himmels erschüttert werden. Dann wird man den Menschensohn mit großer Macht und Herrlichkeit in den Wolken kommen sehen. Und dann wird er die Engel aussenden und die Auserwählten von den vier Winden sammeln, vom Ende der Erde bis zum Ende des Himmels.
>
> Der Feigenbaum sei euch Gleichnis und Lehre: Wenn seine Zweige zu treiben beginnen und die Blätter hervorkommen, erkennt ihr daran, dass der Sommer nahe ist. Ebenso sollt ihr, wenn ihr all dies geschehen seht, erkennen, dass das Ende vor der Türe steht. Amen, ich sage euch: dieses Geschlecht wird nicht vergehen, ehe das alles geschieht. Himmel und Erde werden vergehen, aber meine Worte werden nicht vergehen. Jenen Tag aber und die Stunde kennt niemand, auch nicht die Engel im Himmel, auch nicht der Sohn, sondern nur der Vater.

In den letzten Wochen des Kirchenjahres werden wir immer wieder mit den Aussagen über den Weltuntergang konfrontiert. Das hören wir nicht gerne. Wir sprechen lieber von Zukunft und Weltgestaltung. Aber spüren wir nicht zugleich immer mehr die Begrenztheit unserer Welt? Die Zeit, wo man alles vom technischen Fortschritt erwartete, ist vorbei. Forschung und Technik geraten immer mehr an die Grenze, ins Zwielicht, wo ihr weiterer Fortschritt in die Gefahr eines kollektiven Selbstmordes umschlägt. Luft, Wasser und Erde sind durch das Handeln der Menschheit als Lebensraum für alles Lebendige gefährdet. Auch der Markt mit seinen Möglichkeiten wird das Heil nicht bringen. Fortschritt und Technik können zudem nicht die Fragen der eskalierenden Gewalt und Ungerechtigkeit in der Welt lösen. Durch all diese kaum lösbaren Fragen werden wir immer wieder an die Begrenztheit unserer Welt erinnert.

Da sind auch die Zusammenbrüche in meinem eigenen Leben, wo ich an meine Grenzen stoße. Meine Berufswelt entlässt mich. Ich werde «freigesetzt», wie es beschönigend heißt, entlassen in die Arbeitslosigkeit, argwöhnisch betrachtet von meinen Zeitgenossen. Die Wirtschaft hat keinen Platz mehr für mich. Ich bin mit 50 schon zu alt für neue Anfänge. Oder meine Ehe zerbricht, meine Familie geht auseinander. Der Arzt sagt mir, dass ich Krebs habe. Mein Ehepartner stirbt oder mein Kind. Ich selber werde älter und merke, wie meine Kräfte nachlassen.

Dazu die innere Leere, die Enttäuschungen mit anderen Menschen oder mit mir selbst, die begrabenen Hoffnungen, die Ratlosigkeit und Ohnmacht. Wir möchten daran nicht erinnert werden. Wir versuchen, darüber hinwegzuleben, uns das alles nicht anmerken zu lassen. Aber wir spüren auch, dass wir so nicht damit fertig werden.

Das Ende der Welt

Ein Glaube, der diese Erfahrungen mit unserer Welt und mit dem eigenen Leben nicht einbezöge, wäre ein trügerischer Glaube. Eine Erlösung und Befreiung, die unsere Zusammenbrüche einfach übersähe, wäre eine Illusion.

Die Rede vom Ende der Welt greift all unsere Grenzerfahrung auf. Im Zusammenbruch der Welt sind all unsere Zusammenbrüche mit gemeint und ernst genommen.

Jesus spricht vom Ende, Worte, die Angst machen können. Nichts bleibt beim Alten. Alles Gewohnte fällt in sich zusammen. Nichts ist mehr sicher. Selbst die Sterne fallen vom Himmel. Man kann sich auch nicht darauf einrichten, wann das geschieht. Immer wieder gab es Menschen, die ausrechnen wollten, wann denn das Ende der Welt käme. Einige Sekten versuchen das noch heute und wollen dieses Ende durch kollektiven Selbstmord vorwegnehmen. Aber die Vorzeichen sind zu vage. Die Unheilszeichen durchziehen nicht erst seit Jesu Predigt unsere Welt. Keiner kennt die Stunde, auch nicht der Sohn.

Die Rede vom Ende der Welt ist heilsame Ernüchterung für alle selbstmächtigen Träume von der Weltherrschaft, für alle Illusionen der Werbung, für die Heilspropaganda von Parteien, Führern und Gurus. So können wir uns ehrlich den Untergängen stellen und brauchen sie nicht zu verdrängen. Wir können zu unseren Grenzen stehen und brauchen an ihnen nicht zu zerbrechen. Da bleibt auch kein Platz für den Zynismus derer, die sagen: «Alles geht unter. Genießen wir deswegen alle Lust und alles Vergnügen, das wir hier und heute erreichen können, auf wessen Kosten auch immer.»

Das Ende ist nicht das Ende

Mitten im Ende der Welt sagt Gott einen neuen Anfang zu: Der Menschensohn wird mit großer Macht und Herrlichkeit kommen. Er sendet seine Engel aus, um alle Erwählten zusammenzuführen. Niemand wird dabei vergessen. Jeder ist in ihm geborgen, wenn er sich Gott anvertraut, unter welchem Namen er ihn auch gesucht und gefunden oder nicht gefunden hat. Gott hat unsere Namen in seine Hand geschrieben. Keinen will er verloren gehen lassen.

Hier werden all unsere Hoffnungen auf Leben, alles vorübergehende Gelingen in unserem Leben aufgenommen und bestätigt. Nichts geht verloren, alles wird eingesammelt, auch wenn wir es vielleicht schon vergessen haben.

Die Doppelerfahrung unseres Lebens

Die Rede vom Ende der Welt und von der Rettung der Auserwählten nimmt die doppelte Erfahrung unseres Lebens auf: die Erfahrungen von Grenze und Tod, aber auch die Hoffnungen darauf, dass alles Gute, alle Liebe, in meinem Leben und in der Welt nicht vergebens ist, sondern dass wir geborgen sind und geborgen werden.

So befreit die Rede vom Ende der Welt und die darin eingeschlossene Verheißung zu einem nüchternen Leben in dieser Welt. Ich kann die Augen aufmachen, kann das Elend in der Welt wahrnehmen, ohne es schön zu reden. Ich brauche auch meine eigenen Niederlagen, meine Schuld nicht zu verdrängen. Ich kann lernen, mit der Angst zu leben, ohne an ihr zu zerbrechen. Ich kann mir letztlich mein Leben nicht sichern, brauche es aber auch nicht. Deswegen kann ich es einsetzen für das, was Zukunft hat auch durch meinen Tod und durch das Ende der Welt hindurch, in wachsamer Geduld und zugleich in gelassener Leidenschaft.

So ist auch das Evangelium vom Ende der Welt frohe Botschaft. Es ist Kraft und Hoffnung, Ermutigung zu einem Leben, das sich auch in Leid und Untergang bewähren kann, in all den Zusammenbrüchen der Welt und des eigenen Lebens. Das Leben, das aus solchem Glauben wächst, hat ein Gespür für das Gute und setzt sich dafür ein, weil ihm die endgültige Zukunft zugesagt ist. Gott selbst wird kommen, uns zu retten und zu vollenden und mit uns alles, was der Rettung und der Vollendung bedürftig ist.

Gebet

Gott,
worauf läuft alles hinaus
mit unserer Welt, mit den Menschen
und mit uns selbst?

Viele Zeichen deuten auf Untergang.
Wir Menschen richten unsere Welt selbst zugrunde.
Viele Menschen zerbrechen
an den Widersprüchen ihres Lebens und der Welt.
Wie können wir uns aus den Untergängen retten?
Können wir das überhaupt?

Hilf, dass die Angst uns nicht lähmt
und die Niederlagen uns nicht zermürben.
Lass uns darauf vertrauen,
dass du uns durch alle Untergänge hindurch
retten wirst in dein Leben hinein.

34. Sonntag im Jahreskreis: Christkönigsfest

TROST FÜR DIE BEDRÄNGTEN

Der Schoß der Frau gehört nach alttestamentlicher Vorstellung Gott ... Religionsgeschichtlich älter als JHWHs Patronat ist die Zuständigkeit von Geburtsgöttinnen für den Uterus. Das Omega-Zeichen symbolisiert in Vorderasien ab dem 2. Jahrtausend v. Chr. den Schutz einer mütterlichen Göttin. Nicht nur die lebenden Ungeborenen und Neugeborenen, sondern auch die Fehlgeburten, Totgeburten und die vielen Kinder, die früh starben, hat man gern in die Obhut dieser wohlwollenden Herrinnen über Leben und Tod gegeben. Auch in Palästina/Israel wurden Amulette mit dem Omega-Zeichen in Kindergräbern dieser Zeit gefunden ...

Was die dauernde Beziehung Gottes mit Israel erhält und ihr Bestand gibt, sind die «mutterschößigen» Eigenschaften JHWHs, der eben Gott und nicht Mann ist.

Silvia Schroer

1. Lesung: Dan 7,13–14

2. Lesung aus der Offenbarung 1,5–8:

Jesus Christus ist der treue Zeuge, der Erstgeborene von den Toten, der Herrscher über die Könige der Erde. Er liebt uns und hat uns durch sein Blut befreit von unseren Sünden, er hat uns die Würde von Königen gegeben und uns zu Priestern gemacht für den Dienst vor seinem Gott und Vater. Ihm sei die Herrlichkeit und die Herrschermacht in Ewigkeit. Amen. Siehe, er kommt mit den Wolken, und schauen wird ihn jedes Auge und alle, die ihn durchbohrt haben; und alle Stämme der Erde werden seinetwegen wehklagen. So geschieht es! Amen! Ich bin das Alpha und das Omega, spricht Gott der Herr, der ist und der war und der kommen wird, er, der Allherrscher.

Evangelium: Joh 18,33b–37

Unser Vertrauen in Könige ist nicht sehr groß. Sie sind weitgehend zu Repräsentationsfiguren geworden, zu Lieblingsfiguren der Regenbogenpresse, die von schönen Kleidern, Liebesgeschichten und Skandalen lebt. In den letzten Jahren ist auch vielfach das Vertrauen in Politiker gesunken, die heute die Nachfolge der Könige angetreten haben und uns regieren. Zu undurchdringlich erscheint der Dschungel von Geld und Macht. Was soll da ein Christkönigsfest?

Die Verführung durch die Macht ist nicht eine Erfindung der heutigen Zeit. Sie ist so alt wie die Menschen. Sie ist ein Ausdruck dessen, was wir so missverständlich als «Erbsünde» bezeichnen. Sie gehört offenbar zur Struktur des menschlichen Zusammenlebens, zur Struktur unserer Gesellschaft. Schon Jesus sagt im Blick auf seine Zeit: «Ihr wisst, dass die, die als Herrscher gelten, ihre Völker unterdrücken und die Mächtigen ihre Macht über die Menschen missbrauchen.» (Mk 10,42) Das gilt nicht nur für die Macht der Großen in

Politik, Wirtschaft und Gesellschaft, sondern auch im Kleinen, im Beruf, in der Familie, in der Partei oder Gruppe. Sicher gibt es Ausnahmen, Gegentrends, Solidarität. Aber die wachsende Ungerechtigkeit in der Welt, die Schere zwischen Arm und Reich, die immer weiter auseinandergeht, die vielen Kriege und Bürgerkriege zeigen eine erschreckende Tendenz.

Christkönig als Gegenbild

Jesus ist das Gegenbild eines solchen Königtums, einer solchen Macht auf Kosten der Menschen. In dem schon zitierten Abschnitt aus dem Markusevangelium heißt es weiter: «Bei euch soll es nicht so sein, sondern wer bei euch groß sein will, soll euer Diener sein ... Denn auch der Menschensohn ist nicht gekommen, sich dienen zu lassen, sondern zu dienen.» (Mk 10,43.45; vgl. den 29. Sonntag im Jahreskreis). Im heutigen Evangelium bekennt sich Jesus erst zu seinem Königtum, als er ohnmächtig vor Pilatus steht. Da ist kein Missverständnis mehr möglich. Die Erbsünde der Macht wurde in der Ohnmacht des Königs besiegt.

Offenbarung

Lassen wir uns zum näheren Verständnis von der heutigen Lesung aus der Offenbarung des Johannes leiten. Es ist ein Trostbuch für bedrängte Gemeinden, die an der Ohnmacht Jesu teilhaben. Ihnen will Johannes durch seine Offenbarungen Mut machen. Er will sie in ihrem Glauben bestärken, Hoffnung und Vertrauen ermöglichen. Sie können sich darauf in aller Bedrängnis verlassen: Jesus Christus, auf den sie vertrauen, ist der treue Zeuge, der Erstgeborene von den Toten, der Herrscher auch über die Könige und Machthaber, die sie bedrängen. Er ist Anfang und Ende, Alpha und Omega, er ist der, der ist und war und kommen wird. Bei ihm sind die Bedrängten in guter Obhut, selbst im Tode.
    Jesus legt es nicht darauf an, die Seinen zu unterdrücken und abhängig zu machen. Ganz im Gegenteil: er gibt den Seinen die Würde von Königen und macht sie zu Priestern, alle, die zu ihm gehören, Männer und Frauen! Er ist König, nicht um die Menschen zu unterdrücken, sondern um ihnen an seiner Würde Anteil zu geben. Er ist Priester, nicht um die Menschen von sich abhängig zu machen, sondern um ihnen an seiner Würde Anteil zu geben. Der Dienst vor Gott, seinem Vater, erniedrigt nicht, sondern erhöht. Der 1. Petrusbrief drückt die gleiche Erfahrung aus: Wir sind «ein auserwähltes Geschlecht, eine königliche Priesterschaft, ein heiliger Stamm» (1 Petr 2,9).
    Aus diesem Bewusstsein leben die kleinen Gemeinden in all ihrer Bedrängnis und Angst, inmitten der Isolierung und der Verfolgung.

Die Macht der Ohnmächtigen

Das ist die frohe Botschaft dieses Festes: Jesus, der Christus, ist nicht König auf Kosten der Menschen, sondern er schenkt Anteil an seiner Würde. Das heutige Fest ist ein Fest unserer eigenen Würde als Könige und Priester vor Gott und den Menschen. Ein Grund zum Staunen und zum Danken!

Doch leben wir aus diesem Bewusstsein? Sind wir nicht doch kleinkarierte Untertanen der Mächtigen dieser Welt? Sind wir nicht wie sie auf Macht über andere aus, auf Herrschen statt Dienen? Kuschen wir nicht, wenn uns Vorteile winken? Wollen wir nicht auch möglichst viel von der Macht dieser Welt für uns? Ist nicht auch unsere Kirche in diese Unheilsstruktur von Herrschaft und Macht eingebunden? Das aber führt nur in die Verstrickung, in die Angst, in die Ohnmacht. Wir geben unsere Würde wieder ab. Wir werden schuldig an uns selbst!

Doch es gibt – Gott sei Dank – auch Gegenbeispiele, Menschen, die wie Jesus vor Pilatus ohnmächtig der Macht der Mächtigen trotzen. Wer sich von Jesus mit der Würde von Königen und Priestern beschenken lässt, ist von der Erbsünde der Macht nicht mehr verführbar und trotzt dem Machtgehabe der Mächtigen heute. So stehen viele gewaltlos auf gegen die Mörder unserer Zeit, gegen die Diktaturen, gegen die Verflechtung von Macht und Geld und gegen die Unterdrückung, die die Wirtschaftsordnung überall auf der Welt mit sich bringt. Solche Menschen sind nicht käuflich, weder für Geld noch für Anteile an der Macht über andere. Menschen verweigern sich dem Götzendienst der Macht in unserer Zeit.

Aus welchem Bewusstsein leben wir? Das heutige Fest will uns Mut machen, uns nicht in den kleinen und großen Machtkämpfen zu verbrauchen, sondern in unerschütterlichem Bewusstsein unserer Würde, die uns von Gott geschenkt ist, für die Würde aller Menschen einzutreten.

Gebet

Unser Bruder und Diener,
Jesus Christus, unser König!
Was ist mit dir,
dass du all unsere Machtverhältnisse auf den Kopf stellst?
Du beugst dich nicht den Selbstverständlichkeiten der Macht.
Ohnmächtig bekennst du dich vor Pilatus zu deinem Königtum.

Den Kleinen gibst du Anteil an deiner Würde,
den Bedrängten Anteil an deinem Priestertum.
So können sie aufrecht gehen,
ohne Angst und Niemandem untertan.

Sei heute mit uns
und mit allen Bedrängten unserer Tage.
Lass uns aufleben und Hoffnung schöpfen
gegen alle drohenden Untergänge unserer Tage.

VERZEICHNIS DER BIBELSTELLEN

Exodus 16,2–4.12–15	18. Sonntag im Jahreskreis	208
Exodus 20,1–17	Dritter Fastensonntag	61
Numeri 6,22–27	Neujahr	41
1. Buch Samuel 3,3b–10.19	2. Sonntag im Jahreskreis	142
1. Buch der Könige 19,1–8	19. Sonntag im Jahreskreis	212
Jesaja 40,1–5.9–11	Zweiter Adventssonntag	17
Jesaja 61,1–2a.10–11	Dritter Adventssonntag	21
Jeremias 31,31–34	Fünfter Fastensonntag	70
Hosea 2,16b.17b.21–22	8. Sonntag im Jahreskreis	167
Amos 7,12–15	15. Sonntag im Jahreskreis	196
Jonas 3,1–5.10	3. Sonntag im Jahreskreis	146
Weisheit 1,13–15; 2,23–24	13. Sonntag im Jahreskreis	187
Matthäus 5,1–12a	Allerheiligen	269
Markus 1,7–11	Taufe Jesu	49
Markus 1,12–15	Erster Fastensonntag	53
Markus 1,21–28	4. Sonntag im Jahreskreis	151
Markus 1,29–39	5. Sonntag im Jahreskreis	155
Markus 1,40–45	6. Sonntag im Jahreskreis	159
Markus 3,20–35	10. Sonntag im Jahreskreis	175
Markus 4,26–34	11. Sonntag im Jahreskreis	179
Markus 4,35–41	12. Sonntag im Jahreskreis	183
Markus 6,1–6a	14. Sonntag im Jahreskreis	192
Markus 6,30–34	16. Sonntag im Jahreskreis	200
Markus 7,1–8.14–15.21–23	22. Sonntag im Jahreskreis	225
Markus 7,31–37	23. Sonntag im Jahreskreis	230
Markus 8,27–35	24. Sonntag im Jahreskreis	234
Markus 9,2–10	Zweiter Fastensonntag	57
Markus 9,30–37	25. Sonntag im Jahreskreis	239
Markus 9,38–40	26. Sonntag im Jahreskreis	243

Markus 10,2–12	27. Sonntag im Jahreskreis	247
Markus 10,17–30	28. Sonntag im Jahreskreis	252
Markus 10,35–45	29. Sonntag im Jahreskreis	256
Markus 10,46–52	30. Sonntag im Jahreskreis	260
Markus 12,28b–34	31. Sonntag im Jahreskreis	264
Markus 12,38–44	32. Sonntag im Jahreskreis	273
Markus 13,24–32	33. Sonntag im Jahreskreis	276
Markus 13,33–37	Erster Adventssonntag	13
Markus 14,12–16.22–26	Fronleichnam	138
Markus 15,33–39	Palmsonntag	74
Markus 16,1–8	Ostern	87
Markus 16,15–20	Christi Himmelfahrt	119
Lukas 1,26–38	Vierter Adventssonntag	25
Lukas 2,1–14	Weihnachten	29
Lukas 2,22–40	Erster Sonntag nach Weihnachten	36
Lukas 24,13–35	Ostermontag	91
Lukas 24,35–48	Dritter Sonntag in der Osterzeit	101
Johannes 3,14–21	Vierter Fastensonntag	66
Johannes 6,1–15	17. Sonntag im Jahreskreis	204
Johannes 6,51–58	20. Sonntag im Jahreskreis	216
Johannes 6,60–69	21. Sonntag im Jahreskreis	220
Johannes 10,11–18	Vierter Sonntag in der Osterzeit	106
Johannes 15,9–17	Sechster Sonntag in der Osterzeit	115
Johannes 15,26–27; 16,1–3.12–15	Pfingstmontag	131
Johannes 17,11b–19	Siebter Sonntag in der Osterzeit	123
Johannes 18,33–19,8	Karfreitag	83
Johannes 20,19–31	Zweiter Sonntag in der Osterzeit	96
Apostelgeschichte 6,8–10; 7,54–59	Zweiter Weihnachtstag	33
Apostelgeschichte 9,26–31	Fünfter Sonntag in der Osterzeit	110
Römerbrief 8,14–17	Dreifaltigkeitsfest	134
1. Korintherbrief 11,17–27	Gründonnerstag	79
1. Korintherbrief 12,3b–7.12–13	Pfingsten	127
2. Korintherbrief 1,18–22	7. Sonntag im Jahreskreis	163
2. Korintherbrief 4,6–11	9. Sonntag im Jahreskreis	171
Epheserbrief 1,3–6.15–18	Zweiter Sonntag nach Weihnachten	45
Offenbarung 1,5–8	Christkönigsfest	280

Ein wichtiger Wegweiser in der gegenwärtigen Debatte um die Reform der Hochschulen

Edmund Arens
Jürgen Mittelstraß
Helmut Peukert
Markus Ries
Geistesgegenwärtig
Zur Zukunft universitärer Bildung

110 Seiten
ISBN: 3-905577-59-3